普通高等教育"十二五"系列教材
安徽省高等学校"十二五"省级规划教材

微积分

WEIJIFEN

（第二版）

主　编　梅　红

副主编　张裕生　赵衍才

编　写　孙礼俊　沙翠翠　高汝召

　　　　张　磊　高　悦　吴丽芳

　　　　陶桂秀

主　审　周之虎

中国电力出版社
CHINA ELECTRIC POWER PRESS

内 容 提 要

本书为普通高等教育"十二五"系列教材 安徽省高等学校"十二五"省级规划教材。

本书是根据编者多年的教学实践,结合经济管理专业的特点编写而成的。本书内容注意了与中学数学的衔接,增加了经济类方面的例题和习题,突出了微积分在经济方面的应用。

本书共分9章,主要内容包括函数、极限与连续、导数与微分、中值定理与导数应用、不定积分、定积分、多元函数微积分及其应用、微分方程与差分方程、无穷级数,每节末有习题,每章末有复习与小结和复习题,书末附有习题参考答案。

本书主要作为高等院校微积分课程教材,特别适合经济类专业本、专科学生使用,也可作为微积分学习者的参考书。

图书在版编目(CIP)数据

微积分/梅红主编. —2版. —北京:中国电力出版社,
2014.8(2024.6重印)

普通高等教育"十二五"规划教材

ISBN 978 - 7 - 5123 - 6288 - 8

Ⅰ.①微⋯ Ⅱ.①梅⋯ Ⅲ.①微积分—高等学校—教材
Ⅳ.①O172

中国版本图书馆 CIP 数据核字(2014)第 173227 号

中国电力出版社出版、发行

(北京市东城区北京站西街 19 号 100005 http://www.cepp.sgcc.com.cn)
北京九州迅驰传媒文化有限公司印刷
各地新华书店经售

*

2008 年 8 月第一版
2014 年 8 月第二版 2024 年 6 月北京第五次印刷
787 毫米×1092 毫米 16 开本 16.5 印张 399 千字
定价 **33.00** 元

前　言

　　本教材为普通高等教育"十二五"系列教材　安徽省高等学校"十二五"省级规划教材。本教材依据"以应用为目的,以必须够用为度"的原则,着重讲述了经济应用数学——微积分中的基础概念、基础理论和基本方法。教材内容力求深入浅出,尽量减小理论证明的难度;结合经济管理工作的实际,立足于应用,侧重于技能,强调数学的应用——特别是经济方面的应用;配备了较多的例题并附有一些解说,将基本知识和方法条理化;每章末都配有复习与小结,以便于学生系统理解和掌握;数学家的插图和数学家的介绍使教材内容更加新颖,形式更加活泼,更大程度上调动了学生的学习兴趣。

　　本教材第一版自 2008 年 8 月出版以来,得到很多高等院校经管类教师和学生的支持和鼓励,在此表示衷心的感谢。随着社会的进步和高等院校发展的需求,本课程也在不断地改进和发展以适应社会的需要,注重学生用数学知识和方法解决经济问题的能力的培养,突出基本性、数学的基本思想和应用背景。本教材在保持第一版的优点、特色的基础上,结合近几年的教学实践并根据同行们的宝贵建议进行修订,增添部分内容和习题,更加突出应用性和实用性,体现数学文化的精髓,更加适应经管类院校本、专科的教学需求。本书中带星号的章节和习题是选学和选做内容。

　　本教材由蚌埠学院数学与物理系多年从事经济管理专业微积分教学的教师们负责编写和修订,全书由梅红任主编,张裕生、赵衍才任副主编;第一章由孙礼俊修订,第二章由沙翠翠修订,第三章由高汝召修订,第四章由张磊修订,第五章由高悦修订,第六章由吴丽芳修订,第七章由梅红修订,第八章由陶桂秀修订,第九章由张裕生修订。

　　由于编者水平有限,书中不当之处在所难免,恳请各位同仁和读者批评指正。

编　者
2014 年 5 月

第一版前言

经济应用数学，即在经济中应用数学，是经济与数学相互交叉的一个新的跨学科领域。

随着新世纪的到来，我们已经进入"知识经济"时代，数学作为一门技术越来越受到各行各业的重视，但是传统的数学教育已远远不能适应时代的要求。新世纪的数学教育要教给学生的不仅仅是数学知识，还要培养学生应用数学的意识、兴趣和能力，让学生学会用数学的思维方式观察周围的事物，能用数学的思维方法分析解决经济应用领域的实际问题。在这种思想指导下，我们结合专业教学改革，在总结多年教学改革经验的基础上，编写了这本面向应用型经济管理本、专科的教材。

本书依据"以应用为目的、以必需够用为度"的原则，着重讲述了经济应用数学——微积分中的基础概念、基础理论和基本方法。教材内容突出以下特点：力求深入浅出，尽量减小理论证明的难度；结合经济管理工作的实际，立足于应用、侧重于技能，强调数学的应用，特别是经济方面的应用；配备了较多的例题并附有一些解说，能将基本知识和方法条理化，每章末都配有复习与小结，以便于学生系统理解和掌握；数学家的插图和数学家的介绍使教材内容更加新颖，形式更加活泼，较大程度上调动了学生的学习兴趣。本书中带星号的章节和习题是选学和选做内容。

本教材由蚌埠学院公共数学教研室多年从事经济管理专业数学教学的教师合作编写，全书由梅红任主编，张裕生、赵衍才任副主编。其中：第一章由孙礼俊执笔；第二章由沙翠翠执笔；第三章由高汝召执笔；第四章由张磊执笔；第五章由高悦执笔；第六章由吴丽芳执笔；第七章由梅红执笔；第八章由陶桂秀执笔；第九章由赵衍才执笔。全书由周之虎主审。

由于编者水平所限，书中疏漏之处在所难免，恳请同仁和读者批评指正。

编 者

2008 年 6 月 10 日

目　录

第一章 函 数

函数是微积分学中最重要、最基本的概念之一，其中初等函数是微积分研究的主要对象，也是本章的重点．

第一节 函 数

一、集合

1. 集合的概念

定义 1 集合是具有某种特定性质的事物所组成的全体，也简称为集，通常用大写字母 A、B、C…来表示．组成集合的各个事物称为该集合的元素．

若事物 a 是集合 M 的一个元素，就记 $a \in M$（读作 a 属于 M）；若事物 a 不是集合 M 的一个元素，就记 $a \notin M$ 或 $a \overline{\in} M$（读作 a 不属于 M）．

由数所组成的集合称为数集，常见的数集有：

N 表示所有自然数构成的集合，称为自然数集；

Z 表示所有整数构成的集合，称为整数集；

R 表示所有实数构成的集合，称为实数集．

定义 2 若 $x \in A$，必有 $x \in B$，则称 A 是 B 的子集，记为 $A \subset B$（读作 A 包含于 B）或 $B \supset A$；

如果集合 A 与集合 B 互为子集，即 $A \subset B$ 且 $B \subset A$，则称集合 A 与集合 B 相等，记为 $A = B$；

不含任何元素的集合称为空集，记作 $\varnothing$；规定空集是任何集合的子集，即 $\varnothing \subset A$．

2. 集合的运算

定义 3 设 A、B 是两个集合，由所有属于 A 或者属于 B 的元素组成的集合称为 A 与 B 的并集（简称并），记为 $A \cup B$，即

$$A \cup B = \{x \mid x \in A \text{ 或 } x \in B\}$$

定义 4 设 A、B 是两个集合，由所有既属于 A 又属于 B 的元素组成的集合称为 A 与 B 的交集（简称交），记为 $A \cap B$，即

$$A \cap B = \{x \mid x \in A \text{ 且 } x \in B\}$$

定义 5 设 A、B 是两个集合，由所有属于 A 而不属于 B 的元素组成的集合称为 A 与 B 的差集（简称差），记为 $A - B$，即

$$A - B = \{x \mid x \in A \text{ 且 } x \notin B\}$$

如果研究某个问题时限定在一个大的集合 I 中进行，所研究的其他集合 A 都是 I 的子集，此时称集合 I 为全集或基本集，称 $I - A$ 为 A 的余集或补集，记作 A^c．

3. 区间和邻域

区间也是微积分中常用的实数集合，通常用 I 表示，简述如下：

(1) 有限区间. 设 $a<b$，称数集 $\{x\,|\,a<x<b\}$ 为开区间，记为 (a,b)，即 $(a,b)=\{x\,|\,a<x<b\}$，类似地有：

$[a,b]=\{x\,|\,a\leqslant x\leqslant b\}$，称为闭区间；

$[a,b)=\{x\,|\,a\leqslant x<b\}$、$(a,b]=\{x\,|\,a<x\leqslant b\}$，称为半开区间.

式中：a 和 b 为上述区间的端点；$b-a$ 称为区间的长度.

(2) 无限区间. $[a,+\infty)=\{x\,|\,x\geqslant a\}$，$(a,+\infty)=\{x\,|\,x>a\}$，$(-\infty,b]=\{x\,|\,x\leqslant b\}$，$(-\infty,b)=\{x\,|\,x<b\}$，$(-\infty,+\infty)=\{x\,|\,|\,x\,|<+\infty\}$（即实数集 **R**）.

定义 6　设 δ 是一正数，则称开区间 $(x_0-\delta,x_0+\delta)$ 为点 x_0 的 δ 邻域，记为 $U(x_0,\delta)$，即

$$U(x_0,\delta)=\{x\,|\,x_0-\delta<x<x_0+\delta\}=\{x\,|\,|\,x-x_0\,|<\delta\}$$

式中：x_0 为邻域的中心；δ 为邻域的半径.

定义 7　把邻域的中心 x_0 去掉后的集合称为点 x_0 的去心邻域，记为 $\overset{\circ}{U}(x_0,\delta)$，即

$$\overset{\circ}{U}(x_0,\delta)=\{x\,|\,0<|\,x-x_0\,|<\delta\}$$

二、函数的概念

先观察以下两个例子.

例 1　正方形的边长 x 与面积 S 之间的关系为 $S=x^2$，显然当 x 确定了，S 也就确定了.

例 2　某工厂每年最多生产某产品 1000 台，固定成本为 20 万元，每生产 1 台产品成本增加 0.5 万元，则每年产品的总成本 C（万元）与年产量 x（台）的关系为

$$C=20+0.5x,\quad 0\leqslant x\leqslant 1000$$

上面两个例子实际意义虽然完全不同，但都表明在某一过程中变量之间往往存在着某种内在的联系. 它们在遵循某一规律时相互联系、相互约束.

定义 8　设 x 和 y 为两个变量，D 为一个给定的数集，如果对每一个 $x\in D$，按照一定的对应法则 f，变量 y 总有确定的数值与之对应，就称 y 为 x 的函数，记为 $y=f(x)$. x 称为自变量，y 称为因变量. 数集 D 称为该函数的定义域，函数的定义域就是自变量所能取的使算式有意义的一切实数值的全体.

当 x 取数值 $x_0\in D$ 时，按法则 f 所对应的值 y_0 称为函数 $y=f(x)$ 在 $x=x_0$ 时的函数值，记为 $y_0=f(x_0)$. 所有函数值组成的集合 $W=\{y\,|\,y=f(x),x\in D\}$ 称为函数 $y=f(x)$ 的值域.

例 3　求函数 $y=\dfrac{1}{x}-\sqrt{x^2-4}$ 的定义域.

解　$\because$ 使函数有意义，必须 $x\neq 0$，且 $x^2-4\geqslant 0$，解不等式得 $|\,x\,|\geqslant 2$.

$\therefore$ 函数的定义域为 $D=\{x\,|\,|\,x\,|\geqslant 2\}$，或 $D=(-\infty,-2]\cup[2,+\infty)$.

表示函数的主要方法有解析法（公式法）、列表法、图像法三种. 下面简单介绍解析法.

函数的对应法则是用数学式子给出的，这种表示函数的方法称为解析法（或公式法）. 本书中所涉及的函数大多数是用解析法给出的.

例 4　$y=\sin x$ 的定义域为 $(-\infty,+\infty)$，值域为 $[-1,1]$.

微积分中还经常碰到这样的情形，一个函数在其定义域的不同部分用不同的解析式表示，这种函数称为分段函数.

例 5 函数 $y=|x|=\begin{cases}x,\ x\geqslant 0\\-x,\ x<0\end{cases}$ 就是一个分段函数，称为绝对值函数．求函数值时要注意自变量的范围：当 $x\in(-\infty,0)$ 时，对应 $f(x)$ 的函数值用式子 $f(x)=-x$ 来计算；当 $x\in(0,+\infty)$ 时，对应 $f(x)$ 的函数值用式子 $f(x)=x$ 来计算．

例 6 函数 $y=\operatorname{sgn}x=\begin{cases}1,\ x>0\\0,\ x=0\\-1,\ x<0\end{cases}$ 称为符号函数，其定义域为 $D=(-\infty,+\infty)$．

应当注意，分段函数是用几个解析式合起来表示一个函数，不能理解为几个函数．

三、函数的几种特性

1. 函数的单调性

定义 9 若函数 $f(x)$ 对于在区间 (a,b) 内的任意两点 x_1 及 x_2，当 $x_1<x_2$ 时，恒有

$$f(x_1)<f(x_2)[\text{或} f(x_1)>f(x_2)]$$

则称函数 $f(x)$ 在区间 (a,b) 内是单调增加（或单调减少）的函数；称区间 (a,b) 为函数 $f(x)$ 的单调区间；称函数 $f(x)$ 为在区间 (a,b) 的单调函数．

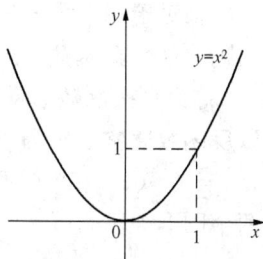
图 1-1

例 7 函数 $y=x^2$ 在区间 $(-\infty,0]$ 上是单调减少的，在区间 $[0,+\infty)$ 上是单调增加的，在 $(-\infty,+\infty)$ 上不是单调的，如图 1-1 所示．

2. 函数的奇偶性

定义 10 设函数 $f(x)$ 的定义域 D 关于原点对称（即若 $x\in D$，则 $-x\in D$）．如果对于任意 $x\in D$，有 $f(-x)=f(x)$，则称 $f(x)$ 为偶函数；如果对于任意 $x\in D$，有 $f(-x)=-f(x)$，则称 $f(x)$ 为奇函数．

偶函数的图形关于 y 轴对称，奇函数的图形关于原点对称．

例 8 判别函数 $f(x)=\dfrac{1}{2}(a^x-a^{-x})$，$a>1$ 的奇偶性．

解 $\because f(-x)=\dfrac{1}{2}[a^{-x}-a^{-(-x)}]=-\dfrac{1}{2}(a^x-a^{-x})=-f(x)$

$\therefore f(x)=\dfrac{1}{2}(a^x-a^{-x})$ 是奇函数

3. 函数的周期性

定义 11 设函数 $f(x)$ 的定义域为 D．如果存在一个正数 T，使得对于任意 $x\in D$，必有 $(x+T)\in D$，且 $f(x+T)=f(x)$ 成立，则称 $f(x)$ 为周期函数，称 T 为 $f(x)$ 的周期．周期函数的周期通常是指它的最小正周期．

周期函数的图形特点：在函数的定义域内、每个长度为 T 的区间上，函数的图形有相同的形状．

4. 函数的有界性

定义 12 设函数 $f(x)$ 在区间 (a,b) 内有定义，如果存在一个常数 $M>0$，使对任一 $x\in(a,b)$，有 $|f(x)|\leqslant M$，则称函数 $f(x)$ 在区间 (a,b) 内是有界的，函数 $f(x)$ 称为有界函数；反之，称函数 $f(x)$ 在区间 (a,b) 内是无界的，函数 $f(x)$ 称为无界函数．

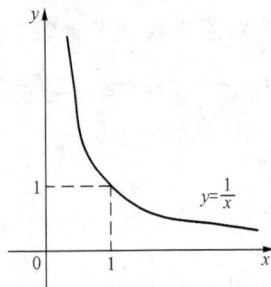

图 1 - 2

有界函数图形的特点是 $y = f(x)$ 的图形介于直线 $y = -M$ 与 $y = M$ 之间.

例 9 $y = \sin x$ 在 $(-\infty, +\infty)$ 上是有界的. 因为 $|\sin x| \leqslant 1$, 所以 $y = \sin x$ 在 $(-\infty, +\infty)$ 上是有界的.

例 10 函数 $f(x) = \dfrac{1}{x}$ 在开区间 $(0, 1)$ 内是无界的, 但它在 $(1, +\infty)$ 内有界, 如图 1 - 2 所示.

四、反函数与复合函数

定义 13 设 $y = f(x)$ 是定义在 D 上的一个函数, 值域为 W, 如果对于每一个 $y \in W$, 有唯一确定的 $x \in D$, 满足 $y = f(x)$ 与之对应, 称 x 是 y 的函数, 则称这个新函数为原来函数 $y = f(x)$ 的反函数, 记为 $x = f^{-1}(y)$. 原来的函数 $y = f(x)$ 称为直接函数. 常用 x 表示自变量, y 表示因变量, 所以反函数通常表示为 $y = f^{-1}(x)$.

$y = f^{-1}(x)$ 和 $y = f(x)$ 的图形画在同一坐标平面上, 这两个图形关于直线 $y = x$ 是对称的, 如图 1 - 3 所示.

例 11 函数 $y = x^3$, $x \in \mathbf{R}$, 其反函数为 $x = y^{\frac{1}{3}}$, $y \in \mathbf{R}$. 由于习惯上自变量用 x 表示, 因变量用 y 表示, 于是 $y = x^3$, $x \in \mathbf{R}$ 的反函数通常写作 $y = x^{\frac{1}{3}}$, $x \in \mathbf{R}$.

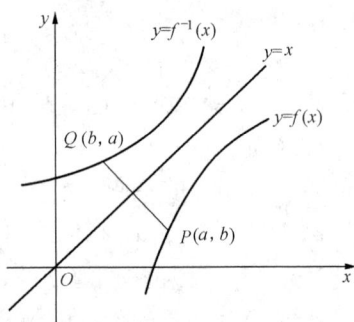

图 1 - 3

定义 14 设函数 $y = f(u)$, 定义域为 D_f, 而 $u = \varphi(x)$, 值域为 W_φ, 当 $W_\varphi \cap D_f \neq \varnothing$ 时, y 通过 u 的联系也是自变量 x 的函数, 称 y 为 x 的复合函数. 记为

$$y = f[\varphi(x)]$$

式中: u 为中间变量.

例 12 求由 $y = f(u) = \sqrt{u}$ 和 $u = \varphi(x) = 1 + x^2$ 复合的函数.

解 $\because$ $y = f(u) = \sqrt{u}$ 的定义域为 $D = [0, +\infty)$, $u = \varphi(x) = 1 + x^2$ 在 $(-\infty, +\infty)$ 上有定义, 且 $\varphi(x) \subset [1, +\infty) \subset D$

$\therefore$ $f(u)$ 与 $\varphi(x)$ 可构成复合函数 $y = \sqrt{1 + x^2}$, $x \in (-\infty, +\infty)$.

例 13 求由 $y = f(u) = \arcsin u$ 和 $u = \varphi(x) = 2\sqrt{1 - x^2}$ 复合的函数.

解 $\because$ $y = f(u) = \arcsin u$ 的定义域为 $[-1, 1]$, $u = \varphi(x) = 2\sqrt{1 - x^2}$ 在区间 $D = \left[-1, -\dfrac{\sqrt{3}}{2}\right] \cup \left[\dfrac{\sqrt{3}}{2}, 1\right]$ 上有定义, 且 $\varphi(D) \subset [-1, 1]$

$\therefore$ $f(u)$ 与 $\varphi(x)$ 可构成复合函数 $y = \arcsin 2\sqrt{1 - x^2}$, $x \in D$.

但函数 $y = f(u) = \arcsin u$ 和函数 $u = 2 + x^2$ 不能构成复合函数, 这是因为对任意 $x \in \mathbf{R}$, $u = 2 + x^2$ 的值域均不在 $y = \arcsin u$ 的定义域 $[-1, 1]$ 内.

以上所述的是由两个函数复合构成一个复合函数的情况, 还有由多个函数复合构成的复合函数.

例如, 由 $y = e^u$, $u = \sqrt{v}$ 和 $v = 1 + \sin x$ 可构成复合函数 $y = e^{\sqrt{1 + \sin x}}$.

例 14　求复合函数 $y = \arcsin \dfrac{3x+2}{4}$ 的定义域.

解　∵复合函数可分解为 $y = \arcsin u$，$u = \dfrac{3x+2}{4}$

又∵ $|u| \leqslant 1$，即 $\left| \dfrac{3x+2}{4} \right| \leqslant 1$，解得 $-2 \leqslant x \leqslant \dfrac{2}{3}$

∴复合函数 $y = \arcsin \dfrac{3x+2}{4}$ 的定义域为 $\left[-2, \dfrac{2}{3} \right]$.

容易得到多个函数的复合，但也要学会把一个复合函数分解为若干个简单函数，因为计算导数和积分时的常常需要分解一个复合函数.

例如，复合函数 $y = 2^{\sin(x^2+1)}$ 可以看成是由 $y = 2^u$，$u = \sin v$，$v = x^2 + 1$ 三个函数复合而成.

五、初等函数

下列函数称为基本初等函数：

常量函数：$y = C$.

幂函数：$y = x^{\alpha}$（$\alpha \in \mathbf{R}$）.

指数函数：$y = a^x$（$a > 0$ 且 $a \neq 1$）.

对数函数：$y = \log_a x$（$a > 0$ 且 $a \neq 1$，特别是当 $a = e$ 时，$y = \ln x$）.

三角函数：$y = \sin x$，$y = \cos x$，$y = \tan x$，$y = \cot x$，$y = \sec x$，$y = \csc x$.

反三角函数：$y = \arcsin x$，$y = \arccos x$，$y = \arctan x$，$y = \operatorname{arccot} x$.

这些函数在中学基本上都已学过.

定义 15　由基本初等函数经过有限次的四则运算和有限次的复合所构成并可用一个式子表示的函数，称为初等函数.例如

$$y = \sqrt{1-x^2}, \qquad y = \dfrac{\cot \dfrac{x}{2}}{x+1}, \qquad y = 2^{\sin x} - 2\ln(x^2-1) + 1$$

等都是初等函数.初等函数是微积分研究的主要对象.

习　题　1-1

1. 选择题

(1) 函数 $y = \dfrac{1}{|x|-x}$ 的定义域是（　　）.

A. $(-\infty, 0) \bigcup (0, +\infty)$　　　　　　B. $(-\infty, 0)$

C. $(0, +\infty)$　　　　　　　　　　　　D. $(-\infty, +\infty)$

(2) 已知 $f(x) = x^2 - 2x + 1$，则 $f(x+1) = $（　　）.

A. $x^2 - 2x + 1$　　　　　　　　　　　B. x^2

C. $x^2 + 4x$　　　　　　　　　　　　D. $x^2 - 4x + 2$

(3) 设函数 $f(x) = \dfrac{1-x}{1+x}$，则反函数 $f^{-1}(x) = $（　　）.

A. $\dfrac{1+x}{1-x}$

B. $\dfrac{1-x}{x}$

C. $\dfrac{x}{1+x}$

D. $\dfrac{1-x}{1+x}$

(4) 下列函数中 (　　) 是初等函数.

A. $f(x)=\sqrt{\sin x^2-3}$

B. $f(x)=\begin{cases} x+1 & x<0 \\ 0 & x=0 \\ x-1 & x>0 \end{cases}$

C. $f(x)=\arccos \dfrac{x^2+4}{2}$

D. $f(x)=\dfrac{\cos(e^x+1)}{\ln(2+x^2)}$

2. 计算题

(1) 求下列函数是由哪些简单函数复合而成的:

1) $y=\sin\sqrt{\ln x}$;

2) $y=\arctan\sqrt{e^{\frac{x}{2}+1}}$;

3) $y=\ln^3\cos(e^{-x^2+1})$;

4) $y=e^{\sin^2 x}$.

(2) 已知 $f(x)=e^x+1$, 又有 $\varphi(x)=\dfrac{2(x+2)}{x+1}$, 求 $f[\varphi^{-1}(x)]$.

(3) 试证: 两个奇函数之和仍为奇函数, 两个偶函数之和仍为偶函数.

第二节　常用的经济函数

一、需求函数与供给函数

产品的市场需求量和市场供给量都与产品的价格直接相关. 一般地, 降价使需求量增加, 涨价使需求量减少. 若不考虑其他影响需求量的因素 (如消费者收入等), 可以认为需求量 Q_d 是价格 p 的单调减函数, 称为需求函数, 记为

$$Q_d=f_d(p)$$

最简单的需求函数是线性需求函数, 即

$$Q_d=a-bp(a>0,\ b>0)$$

相反, 一种商品的市场供给量与价格的关系是: 涨价使供给量增加, 降价使供给量减少, 从而可以认为供给量 Q_s 是价格 p 的单调增函数, 称为供给函数, 记为

$$Q_s=f_s(p)$$

最简单的供给函数是线性供给函数, 即

$$Q_s=dp-c(c>0,\ d>0)$$

若市场上某种商品的供给量与需求量相等, 则说这种商品的供需达到了平衡, 此时该商品的价格称为均衡价格, 常用 p_e 表示.

例 1　某种产品每台售价 500 元时, 每月可销售 1500 台, 每台售价降为 450 元时, 每月可增销 250 台, 试求该产品的线性需求函数.

解 设所求函数为 $Q_d = a - bp$，由题设有

$$\begin{cases} 1500 = a - 500b \\ 1750 = a - 450b \end{cases}$$

解得 $a = 4000$，$b = 5$，从而所求需求函数为

$$Q_d = 4000 - 5p$$

二、成本函数与收益函数

在经济学的短期成本分析中，厂商生产既定的产量所花费的总成本包括租用土地、建筑物、设备、购买原材料所花费用，以及向工人支付的工资等．它由固定成本和可变成本两部分组成．固定成本是不取决于产量多少的成本，可变成本则是随产量 x 的增加而增加的成本．一般用字母表示 T_c 总成本，用 F_c 表示固定成本，用 V_c 表示可变成本，则有

$$T_c(x) = F_c + V_c(x)$$

式中：x 表示产量．

在经济学中常把产品的价格 p 与销售量 q 的乘积称为收益函数，记为 R，即

$$R = pq$$

根据反映 p、q 关系的需求函数 $Q = f(p)$ 或 $p = f^{-1}(Q)$，收益可有两种表示形式，即

$$R(p) = p \cdot f(p) \text{ 或 } R(Q) = Q \cdot f^{-1}(Q)$$

三、利润函数

在经济学中，收益与成本之差称为利润，故当产销平衡，即产量等于销售量时，利润 L 可表示为产量 q 的函数，即

$$L(q) = R(q) - C(q)$$

例 2 某种商品每台售价 90 元，成本 60 元，若顾客一次购买 100 台以上，则多出的部分实行降价，降价比例是每多出 100 台每台降价 1 元，但最低价为 75 元/台．试回答：

(1) 试将每台的实际售价 p 表示为销售量 x 的函数；

(2) 把利润 L 表示成一次性销售量 x 的函数；

(3) 当一次性销售量为 1000 台时，厂家可获多少利润？

解 (1) 由题设，当 $x \leq 100$ 时，$p = 90$ 元/台，而 $p = 90 - (x-100) \times 0.01 \geq 75$，即 $x \leq 1600$．故当 $100 \leq x \leq 1600$ 时，实际售价 $p = 90 - (x-100) \times 0.01$ 元/台．当 $x > 1600$ 时，实际售价 $p = 75$ 元/台．所以实际售价 p 一次性销售量 x 的函数关系为

$$p = \begin{cases} 90, & x \leq 100 \\ 90 - (x-100) \times 0.01, & 100 < x \leq 1600 \\ 75, & x > 1600 \end{cases}$$

(2) 总收入

$$R(x) = \begin{cases} 90x, & x \leq 100 \\ [90 - (x-100) \times 0.01](x-100) + 90 \times 100, & 100 < x \leq 1600 \\ 75(x-100) + 100 \times 90, & x > 1600 \end{cases}$$

总成本 $T_c(x) = 60x$，因此总利润函数为

$$L(x) = R(x) - T_c(x) = \begin{cases} 30x, & x \leq 100 \\ 30x - (x-100)^2 \times 0.01, & 100 < x \leq 1600 \\ 15x + 1500, & x > 1600 \end{cases}$$

(3) 由 (2) 可知 $L(1000)=30\times1000-(1000-100)^2\times0.01=21900$（元）.

习 题 1-2

1. 某厂生产某种商品的最高日产量为 200t，固定成本为 140 万元，每生产 1t，成本增加 7 万元. 试求该厂日产量的总成本函数.

2. 某企业生产某种产品，销售量在 100 件以内时，每件价格为 150 元；超过 100 件到 200 件的部分按九折出售；超过 200 件的部分按八五折出售. 试求该产品的总收入函数.

3. 某电子元件厂的年最大生产量为 M（万件），固定成本为 a（万元），每生产 1（万件）成本增加 b（万元），且每万件的售价为 p（万元），试求该元件厂的总利润函数及损益分歧点.

4. 设生产与销售某产品的总收益是产量 x 的二次函数，经统计得知：当产量 $x=0$，2，4 时，总收益 $R=0$，6，8. 试确定总收益 R 与产量 x 的函数关系.

复 习 与 小 结

一、复习

本章主要学习函数，它是微积分学中最重要、最基本的概念之一.

(1) 集合是具有某种特定性质的事物所组成的全体，也简称为集. 由数所组成的集合称为数集，常见的数集有自然数集、整数集、实数集、区间、领域.

区间通常用 I 表示：

1) 有限区间 (a, b)，$[a, b]$，$[a, b)$，$(a, b]$.

2) 无限区间 $[a, +\infty)$，$(a, +\infty)$，$(-\infty, b)$，$(-\infty, b]$，$(-\infty, +\infty)$.

设 δ 是一正数，则称开区间 $(x_0-\delta, x_0+\delta)$ 为点 x_0 的 δ 邻域；把邻域的中心去掉后的集合称为点 x_0 的去心邻域.

(2) 设 x 和 y 为两个变量，D 为一个给定的数集，如果对每一个 $x\in D$，按照一定的对应法则 f，变量 y 总有确定的数值与之对应，就称 y 为 x 的函数.

x 称为自变量，y 称为因变量. 数集 D 称为该函数的定义域. 当 x 取数值 $x_0\in D$ 时，依对应法则 f 的对应值称为函数 $y=f(x)$ 在 $x=x_0$ 时的函数值；所有函数值组成的集合称为函数 $y=f(x)$ 的值域.

表示函数的主要方法有解析法（公式法）、列表法、图像法三种.

函数有单调性、奇偶性、周期性和有界性 4 种特性.

(3) 设 $y=f(x)$ 是定义在 D 上的一个函数，值域为 W，如果对于每一个 $y\in W$，有唯一确定的 $x\in D$，满足 $y=f(x)$ 与之对应，则称 x 是 y 的函数，称这个新函数为 $y=f(x)$ 的反函数.

(4) 设函数 $y=f(u)$，定义域为 D_f，而 $u=\varphi(x)$，值域为 W_φ，当 $W_\varphi\bigcap D_f\neq\varnothing$ 时，y 通过 u 的联系也是自变量 x 的函数，称 y 为 x 的复合函数.

(5) 基本初等函数有：

常量函数：$y=C$.

幂函数：$y = x^{\alpha}$ $(\alpha \in \mathbf{R})$.

指数函数：$y = a^x$ $(a > 0$ 且 $a \neq 1)$.

对数函数：$y = \log_a x$ $(a > 0$ 且 $a \neq 1$，特别是当 $a = e$ 时，$y = \ln x)$.

三角函数：$y = \sin x$，$y = \cos x$，$y = \tan x$，$y = \cot x$，$y = \sec x$，$y = \csc x$.

反三角函数：$y = \arcsin x$，$y = \arccos x$，$y = \arctan x$，$y = \mathrm{arccot}\, x$.

(6) 由基本初等函数经过有限次的四则运算和有限次的复合所构成并可用一个式子表示的函数，称为初等函数. 初等函数是微积分研究的主要对象.

(7) 常用的经济函数：

一般地讲，降价使需求量增加，涨价使需求量减少. 若不考虑其他影响需求量的因素（如消费者收入等），可以认为需求量 Q_d 是价格 p 的单调减函数，称为需求函数.

最简单的需求函数是线性需求函数，即

$$Q_d = a - bp \,(a > 0,\ b > 0)$$

相反，涨价使供给量增加，降价使供给量减少，从而可以认为 Q_s 是价格 p 的单调增函数，称为供给函数.

最简单供给函数的是线性供给函数，即

$$Q_s = dp - c \,(c > 0,\ d > 0)$$

在经济学的短期成本分析中，总成本由固定成本和可变成本两部分组成. 固定成本是不取决于产量多少的成本，可变成本则是随产量 x 的增加而增加的成本.

在经济学中常把产品的价格 p 与销售量 q 的乘积称为收益函数. 收益与成本之差称为利润.

二、小结

要求：了解函数的概念，会求函数的定义域，掌握函数的简单性质；了解分段函数的意义、表示法及几何意义；了解复合函数的意义及其复合过程；熟练掌握 5 种基本初等函数（常量函数、幂函数、指数函数、对数函数、三角函数及反三角函数）的定义、几何意义、性质及其图像；了解经济学上一些常见函数的解析式及其图形，对常见的经济问题，会建立函数关系式.

复 习 题 一

1. 单项选择题

(1) 已知 $f\left(\dfrac{1}{\sqrt{x}}\right) = \dfrac{1}{x} + x + 2$，则 $f(x) = ($　　$)$.

A. $\dfrac{1}{x^2} + x^2 + 2$　　　　B. $\dfrac{1}{x} + x + 2$　　　　C. x^2　　　　D. $\dfrac{1}{x^2}$

(2) 已知 $f(x-1) = x^2 - 2x - 2$，则 $f(x)$ 是（　　）.

A. 非奇非偶函数　　　　　　　　B. 偶函数

C. 奇函数　　　　　　　　　　　D. 是奇函数又是偶函数

(3) 下列函数中（　　）是基本初等函数.

A. $f(x) = \left(\dfrac{1}{3}\right)^x$　　　　　　　　B. $f(x) = x^2 + 1$

C. $y = e^{-x^2}$　　　　　　　　　　　　　　　D. $y = x^x$

(4) 函数 $y = \begin{cases} \ln x & x > 0 \\ x^2 & x \leqslant 0 \end{cases}$ 是（　　）.

A. 复合函数　　　　　　　　　　　B. 一个函数

C. 初等函数　　　　　　　　　　　D. 基本初等函数

(5) 下面 4 个函数中，与 $y = |x|$ 不同的是（　　）.

A. $y = |e^{mx}|$　　　　　　　　　　　B. $y = \sqrt{x^2}$

C. $y = \sqrt[4]{x^4}$　　　　　　　　　　　D. $y = x \sin x$

(6) 下列函数中，$f(x)$ 与 $g(x)$ 相同的是（　　）.

A. $f(x) = \lg x^2$ 与 $g(x) = 2\lg x$　　　　B. $f(x) = x$ 与 $g(x) = \sqrt{x^2}$

C. $f(x) = |x|$ 与 $g(x) = \sqrt{x^2}$　　　　D. $f(x) = 1$ 与 $g(x) = \dfrac{x}{x}$

(7) 下列函数中既是奇函数又单调增加的是（　　）.

A. $\sin^2 2x$　　　　　B. $x^3 + 2$　　　　　C. $x^3 + x$　　　　　D. $x^3 - x$

2. 填空题

(1) 设函数 $f(x) = \dfrac{\sqrt{2-x}}{\lg(x^2-1)-1}$ 的定义域为＿＿＿＿＿＿.

(2) 设 $f(x) = \begin{cases} \dfrac{1}{x}, & x < 0 \\ 2x, & 0 \leqslant x < 1 \\ 1, & 1 \leqslant x \leqslant 2 \end{cases}$，则 $f(-1) = $＿＿＿＿＿＿，$f\left(\dfrac{1}{2}\right) = $＿＿＿＿＿＿，

$f\left(\dfrac{3}{2}\right) = $＿＿＿＿＿＿.

(3) 设 $f(x) = \begin{cases} e^x, & x < 1 \\ x, & x \geqslant 1 \end{cases}$，$g(x) = \begin{cases} x+1, & x < 0 \\ x^2-1, & x \geqslant 0 \end{cases}$，则 $f[g(x)] = $＿＿＿＿＿＿.

(4) 设 $f(x) = \begin{cases} 1, & |x| \leqslant 1 \\ 0, & |x| > 1 \end{cases}$，则 $f[f(x)] = $＿＿＿＿＿＿.

(5) 设 $f(\sin x) = \cos 2x$，则 $f(x) = $＿＿＿＿＿＿.

3. 计算题

(1) 已知 $f(e^x + 1) = e^{2x} + e^x + 1$，求 $f(x)$.

(2) 某收音机厂生产一个收音机的可变成本（劳动力与原材料费用等）为 15 元，每天的固定成本为 2000 元. 如果每个收音机的出厂价为 20 元不亏本，该厂每天至少应生产多少个收音机?

(3) 某商品供给量 Q 对价格 p 的函数关系为 $Q(p) = a + bc^p$，今知当 $p = 2$ 时 $Q = 30$、当 $p = 3$ 时 $Q = 50$、当 $p = 4$ 时 $Q = 90$. 试求 a，b，c.

(4) 某企业生产某种产品的固定成本为 5000 万元，每生产一件产品，成本增加 0.1 万元. 若企业产品的需求函数为 $Q = 20000 - 3p$，其中 Q 为产品件数，p 为价格（单位：万元/件）. 写出企业的总收益函数、总成本函数和总利润函数.

第二章　极 限 与 连 续

极限概念是微积分的基本概念之一，极限方法是研究变量的一种基本方法，微积分中的许多重要概念都是用极限来定义的．本章将介绍极限的概念、运算及基本性质，并在此基础上研究函数的连续性．

第一节　数 列 的 极 限

一、数列的概念

极限概念是由求某些实际问题而产生的，战国时代的哲学家庄周所著的《庄子·天下篇》中引用过一句话："一尺之棰，日取其半，万世不竭"，意思是说：一根一尺长的木棒，每天截取一半，是永远也截不完的．这句话具有极限的思想萌芽，下面我们来看看每天截后剩下的长度的变化如何．

如果令第 n 天截后剩下的棒长为 x_n，于是第一天剩下 $x_1 = \dfrac{1}{2}$，第二天剩下 $x_2 = \dfrac{1}{2^2}$，$\cdots$，第 n 天剩下 $x_n = \dfrac{1}{2^n}$，$\cdots$，这样就得到一个数列

$$\frac{1}{2}, \quad \frac{1}{2^2}, \quad \frac{1}{2^3}, \quad \cdots, \quad \frac{1}{2^n}, \quad \cdots$$

定义 1　以正整数 n 为自变量的函数 $x_n = f(n)$（称为整标函数），把它的函数值按自变量 n 增大的次序排出来：x_1，x_2，$\cdots$，$x_n \cdots$．这样一列有次序的数称为数列，记为 $\{x_n\}$，其中第 n 项 x_n 称为数列的一般项或通项．

例如

$$\frac{1}{2}, \frac{2}{3}, \frac{3}{4}, \frac{4}{5}, \cdots, \frac{n}{n+1}, \cdots$$

$$1, \frac{1}{2}, \frac{1}{3}, \frac{1}{4}, \cdots, \frac{1}{n}, \cdots$$

$$1, -1, 1, -1, \cdots, (-1)^{n+1}, \cdots$$

$$3, \frac{3}{2}, \frac{7}{3}, \frac{7}{4}, \cdots, \frac{2n+(-1)^{n-1}}{n}, \cdots$$

其一般项依次为

$$\frac{n}{n+1}, \frac{1}{n}, (-1)^{n+1}, \frac{2n+(-1)^{n-1}}{n}$$

从以上各例中可以看出，随着 n 的逐渐增大，每个数列都以一定的规律变化．数列可以看作是特殊的函数 $x_n = f(n)$，它的定义域为全体正整数．在几何上数列 $\{x_n\}$ 可以看作是数轴上的一个动点，它依次取数轴上的点 x_1，x_2，$\cdots$，x_n，$\cdots$．

对于上面所说的截棒问题，庄子只说万世不竭，但并没说余下的变化是怎么样的．可以

看出越到后来木棒剩余的越小, 几乎没有了. 也就是当天数无限增大时, 剩下的棒长是无限接近于零的. 也就是说数列 $\left\{\dfrac{1}{2^n}\right\}$ 的通项随着 n 的无限增大而无限接近于零. 这个例子反映了一类数列的某种特性: 当 n 逐渐增大时, 对应的 x_n 能无限接近于某个确定的常数.

二、数列的极限概念

定义 2 (描述性定义)   对于数列 $\{x_n\}$, 如果当 n 无限增大时, 数列的通项 x_n 无限地接近于某一确定的常数 A, 则称常数 A 是数列 $\{x_n\}$ 的极限, 或称数列 $\{x_n\}$ 收敛于 A, 记为

$$\lim_{n\to\infty} x_n = A \quad \text{或} \quad x_n \to A (\text{当 } n\to\infty \text{ 时})$$

例如

$$\lim_{n\to\infty}\frac{n}{n+1}=1, \ \lim_{n\to\infty}\frac{1}{2^n}=0, \ \lim_{n\to\infty}\frac{1}{n}=0, \ \lim_{n\to\infty}\frac{2n+(-1)^{n-1}}{n}=2$$

如果数列没有极限, 就称该数列是发散的或不收敛的.

例如, $\{(-1)^{n+1}\}$ 是发散的, 因为当 $n\to\infty$ 时, 其取值为 1 或 -1, 不可能趋向于一个确定的常数.

下面不加证明地给出数列极限的一些重要性质.

定理 1 (极限的唯一性)   如果一个数列有极限, 则极限是唯一的.

定理 2 (收敛数列的有界性)   如果数列 $\{x_n\}$ 收敛, 那么数列 $\{x_n\}$ 一定有界, 即存在一个常数 $M>0$, 使得 $|x_n|\leqslant M$, $n=1$, 2, 3, $\cdots$.

定理 2 的逆定理不成立, 如数列 $\{(-1)^{n+1}\}$ 虽然是有界的, 但却是发散的.

例 1   建立一项奖励基金, 每年年终发放一次, 奖金为 10 万元, 若以年复利率 5% 计算, 试求:

(1) 若奖金发放年限为 10 年时, 该奖励基金 p 应为多少万元?

(2) 若奖金发放永远继续下去, 即奖金发放年数 $n\to\infty$, 该奖励基金 p 又应为多少万元?

解   设 p 为第 n 年末年金现值, S_n 为第 n 年末年金, r 为年利率, 则复利基本计算公式为

$$S_n = p(1+r)^n$$

复利年金现值是指按复利计算时每年发生的年金现值之和, 若每年末年金 (奖金) 为 A, 由复利计算公式可得

第 1 年末年金 A 的现值为 $p_1 = \dfrac{A}{1+r}$;

第 2 年末年金 A 的现值为 $p_2 = \dfrac{A}{(1+r)^2}$;

第 3 年末年金 A 的现值为 $p_3 = \dfrac{A}{(1+r)^3}$;

$\vdots$

第 n 年末年金 A 的现值为 $p_n = \dfrac{A}{(1+r)^n}$;

所以每年年金现值之和为

$$p = \frac{A}{1+r} + \frac{A}{(1+r)^2} + \cdots + \frac{A}{(1+r)^n}$$

$$= \frac{A}{1+r} \cdot \frac{1 - \left(\frac{1}{1+r}\right)^n}{1 - \frac{1}{1+r}} = \frac{A}{r}\left[1 - \frac{1}{(1+r)^n}\right]$$

(1) 当 $n = 10$，$A = 10$ 万元，$r = 0.05$，则

$$p = \frac{10}{0.05}\left[1 - \frac{1}{(1+0.05)^{10}}\right] = 77.217(万元)$$

(2) 当 $n \to \infty$ 时，则

$$\lim_{n \to \infty} \frac{10}{0.05}\left[1 - \frac{1}{(1+0.05)^n}\right] = \frac{10}{0.05} = 200(万元)$$

习 题 2-1

1. 写出下列数列的前 5 项，并观察其变化趋势，求出它们的极限：

(1) $x_n = \frac{1}{2^n}$；(2) $x_n = (-1)^n \frac{1}{n}$；(3) $x_n = \frac{n+1}{n+2}$；(4) $x_n = \frac{n^2}{n+1}$.

2. 观察下列数列，判断下列数列是否收敛：

(1) $0, \frac{1}{2}, 0, \frac{1}{4}, 0, \frac{1}{6}, \cdots$；

(2) $1, \frac{3}{2}, \frac{1}{3}, \frac{5}{4}, \frac{1}{5}, \frac{7}{6}, \cdots$；

(3) $\frac{1}{3}, \frac{3}{5}, \frac{5}{7}, \frac{7}{9}, \frac{9}{11}, \frac{11}{13}, \cdots$.

第二节 函 数 的 极 限

前面讨论了数列 $x_n = f(n)$ 的极限，它是函数极限中的特殊情形．其特殊性在于 n 只取正整数，且 n 趋于无穷大．现在讨论 $y = f(x)$ 的极限，自变量 x 大致有两种变化形式：

(1) $x \to \infty$（x 的绝对值无限增大）；

(2) $x \to x_0$（有限数），并且 x 不是离散变化，而是连续变化的．

一、$x \to \infty$ 时函数的极限

例 1 函数 $f(x) = \frac{1}{x}$，当 $x \to \infty$ 时，对应的函数值 $f(x) = \frac{1}{x}$ 无限接近于零，如图 2-1 所示．

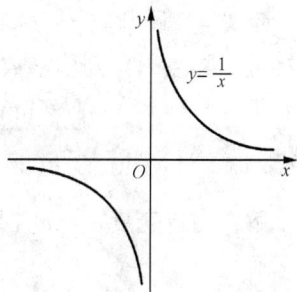

图 2-1

定义 1 设 $f(x)$ 在 $|x| > a (a > 0)$ 时有定义，当 $x \to \infty$ 时，如果函数 $f(x)$ 无限接近于某个确定的常数 A，则称常数

A 为函数 $f(x)$ 当 $x \rightarrow \infty$ 时的极限,记为

$$\lim_{x \to \infty} f(x) = A \quad 或 \quad f(x) \rightarrow A(x \rightarrow \infty)$$

类似地有如下定义

定义 2 设函数 $f(x)$ 在 $(a, +\infty)$ 内有定义,当 $x \rightarrow +\infty$ 时,如果函数 $f(x)$ 无限接近于某个确定的常数 A,则称常数 A 为函数 $f(x)$ 当 $x \rightarrow +\infty$ 时的极限,记为

$$\lim_{x \to +\infty} f(x) = A \quad 或 \quad f(x) \rightarrow A(x \rightarrow +\infty)$$

定义 3 设函数 $f(x)$ 在 $(-\infty, a)$ 内有定义,当 $x \rightarrow -\infty$ 时,如果函数 $f(x)$ 无限接近于某个确定的常数 A,则称常数 A 为函数 $f(x)$ 当 $x \rightarrow -\infty$ 时的极限,记为

$$\lim_{x \to -\infty} f(x) = A \quad 或 f(x) \rightarrow A(x \rightarrow -\infty)$$

由此有如下定理:

定理 1 $\lim\limits_{x \to \infty} f(x) = A \Leftrightarrow \lim\limits_{x \to -\infty} f(x) = A$ 且 $\lim\limits_{x \to +\infty} f(x) = A.$

例如 $\lim\limits_{x \to -\infty} \arctan x = -\dfrac{\pi}{2}$, $\lim\limits_{x \to +\infty} \arctan x = \dfrac{\pi}{2}$,但 $\lim\limits_{x \to \infty} \arctan x$ 不存在.

二、$x \rightarrow x_0$ 时函数的极限

例 2 对于函数 $f(x) = 2x + 1$,可以看出,当 $x \rightarrow 1$ 时,函数 $f(x) = 2x + 1$ 无限接近于 3,如图 2-2 所示.

例 3 对于函数 $f(x) = \dfrac{x^2 - 1}{x - 1}$,可以看出,当 $x \rightarrow 1$ 时,虽然函数在 $x = 1$ 处没有定义,但函数值无限接近于 2,如图 2-3 所示.

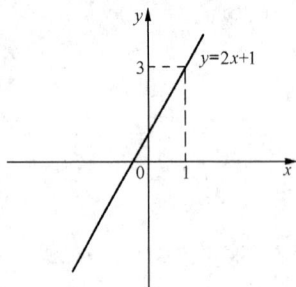

图 2-2

图 2-3

注意:函数在 $x = 1$ 是没有定义的,但这与函数在该点是否有极限并无关系.

不难看出,上述两例都反映了函数的某种特性,由此给出如下定义:

定义 4 设函数 $f(x)$ 在点 x_0 的某个去心邻域内有定义,当 $x \rightarrow x_0$ 时,函数 $f(x)$ 无限接近于常数 A,则称常数 A 为函数 $f(x)$ 当 $x \rightarrow x_0$ 时的极限,记为

$$\lim_{x \to x_0} f(x) = A \quad 或 f(x) \rightarrow A(当 x \rightarrow x_0 时)$$

例 4 证明 $\lim\limits_{x \to x_0} C = C.$

解 当自变量 $x \rightarrow x_0$ 时,函数都取相同的值 C,那么它当然也趋于常数 C,所以根据定义有

$$\lim_{x \to x_0} C = C$$

例 5　证明 $\lim\limits_{x\to x_0}x=x_0$.

解　当自变量 $x\to x_0$ 时，作为函数的 x 趋于 x_0，所以根据定义有 $\lim\limits_{x\to x_0}x=x_0$.

有时需要考虑从 x_0 的某一侧趋向于 x_0 时，函数 $f(x)$ 的变化趋势，下面给出单侧极限的概念.

定义 5　设函数 $f(x)$ 在 x_0 的某一左半邻域内有定义. 如果当 $x\to x_0^-$ 时，$f(x)$ 无限接近于某常数 A，则称常数 A 为函数 $f(x)$ 当 $x\to x_0$ 时的左极限，记为

$$\lim\limits_{x\to x_0^-}f(x)=A \text{ 或 } f(x)\to A(\text{当 } x\to x_0^- \text{ 时})$$

定义 6　设函数 $f(x)$ 在 x_0 的某一右半邻域内有定义. 如果当 $x\to x_0^+$ 时，$f(x)$ 无限接近于某常数 A，则称常数 A 为函数 $f(x)$ 当 $x\to x_0$ 时的右极限，记为

$$\lim\limits_{x\to x_0^+}f(x)=A \text{ 或 } f(x)\to A(\text{当 } x\to x_0^+ \text{ 时})$$

左极限和右极限统称为单侧极限.

讨论：当 $x\to x_0$ 时函数 $f(x)$ 的左、右极限与当 $x\to x_0$ 时函数 $f(x)$ 的极限之间的关系如何？

定理 2　$\lim\limits_{x\to x_0}f(x)=A\Leftrightarrow \lim\limits_{x\to x_0^-}f(x)=A \text{ 且 } \lim\limits_{x\to x_0^+}f(x)=A$.

此定理又提供了判断分段函数在分段点 x_0 处是否存在极限的方法.

例 6　讨论函数 $f(x)=\begin{cases}x-1, & x<0 \\ 0, & x=0 \\ x+1, & x>0\end{cases}$ 当 $x\to0$ 时的极限是否存在（见图 2-4）.

解　
$$\lim\limits_{x\to0^-}f(x)=\lim\limits_{x\to0^-}(x-1)=-1$$
$$\lim\limits_{x\to0^+}f(x)=\lim\limits_{x\to0^+}(x+1)=1$$
$$\lim\limits_{x\to0^-}f(x)\neq\lim\limits_{x\to0^+}f(x)$$

所以极限不存在.

定理 3（唯一性）　如果极限 $\lim\limits_{x\to x_0}f(x)$ 存在，则极限值唯一.

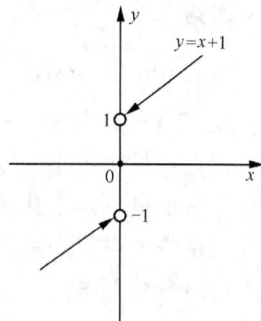

图 2-4

习 题 2-2

1. 下列函数极限是否存在？存在的话求出极限：

(1) $\lim\limits_{x\to2}(3x-5)$;　　(2) $\lim\limits_{x\to\infty}\dfrac{4x+1}{x}$;

(3) $\lim\limits_{x\to-2}\dfrac{x^2-4}{x+2}$;　　(4) $\lim\limits_{x\to0}|x|$.

2. 设函数 $f(x)=\begin{cases}x, & x<2 \\ 3x-2, & x\geq2\end{cases}$，试求：$\lim\limits_{x\to2^-}f(x)$ 与 $\lim\limits_{x\to2^+}f(x)$，并说明 $\lim\limits_{x\to2}f(x)$ 是否存在.

3. 设函数 $f(x)=\begin{cases} x+1, & x<0 \\ 0, & x=0 \\ (x-1)^2, & x>0 \end{cases}$ ，试求：$\lim\limits_{x\to0}f(x)$.

4. 求 $f(x)=\dfrac{x}{x}$ 、$\varphi(x)=\dfrac{|x|}{x}$ 当 $x\to0$ 时的左、右极限，并说明它们在 $x\to0$ 时极限是否存在 .

第三节　无穷小量与无穷大量

一、无穷小量

定义 1　如果函数 $y=f(x)$ 当 $x\to x_0$（或 $x\to\infty$）时的极限为零，那么称函数 $f(x)$ 为当 $x\to x_0$（或 $x\to\infty$）时的无穷小量，简称为无穷小 . 特别地，以零为极限的数列 $\{x_n\}$ 称为当 $n\to\infty$ 时的无穷小 . 常用 α、β、γ 来表示无穷小量 .

例如：

因为 $\lim\limits_{x\to\infty}\dfrac{1}{x+2}=0$，所以函数 $\dfrac{1}{x+2}$ 为当 $x\to\infty$ 时的无穷小；

因为 $\lim\limits_{x\to1}(x-1)=0$，所以函数 $x-1$ 为当 $x\to1$ 时的无穷小；

因为 $\lim\limits_{n\to\infty}\dfrac{1}{n+1}=0$，所以数列 $\left\{\dfrac{1}{n+1}\right\}$ 为当 $n\to\infty$ 时的无穷小；

因为 $\lim\limits_{x\to0}(1-\cos x)=0$，所以函数 $1-\cos x$ 为当 $x\to0$ 时的无穷小 .

类似地定义当 $x\to x_0^+$、$x\to x_0^-$、$x\to+\infty$、$x\to-\infty$ 时的无穷量的定义 .

讨论：很小很小的数是否是无穷小？0 是否为无穷小？

无穷小量不是表达量的大小，而是表达量的变化状态，所以它并不是一个绝对值很小的数，而是一个以零为极限的变量或函数 . 很小很小的数只要它不是零，作为常数函数在自变量的任何变化过程中，其极限就是这个常数本身，不会为零，所以不是无穷小 . 零是无穷小量 .

无穷小与函数极限的关系为如下定理：

定理 1　当 $x\to x_0$（或 $x\to\infty$）时，函数 $f(x)$ 存在极限 A 的充分必要条件是 $f(x)=A+\alpha$，其中 α 是 $x\to x_0$（或 $x\to\infty$）时的无穷小量 .

证　必要性：设 $\lim\limits_{x\to x_0}f(x)=A$，则 $\lim\limits_{x\to x_0}[f(x)-A]=0$. 令 $\alpha=f(x)-A$，则 α 为当 $x\to x_0$ 时的无穷小 . 故有

$$f(x)=A+\alpha$$

这就证明了 $f(x)$ 等于它的极限 A 与一个无穷小 α 之和 .

充分性：设 $f(x)=A+\alpha$，其中 A 是常数，α 为当 $x\to x_0$ 时的无穷小 . 于是

$$\lim\limits_{x\to x_0}f(x)=\lim\limits_{x\to x_0}(A+\alpha)=A$$

这就证明了 A 是 $f(x)$ 的极限 .

类似地可证明 $x\to\infty$ 时的情形 .

例如，$\dfrac{1+x^3}{2x^3}=\dfrac{1}{2}+\dfrac{1}{2x^3}$，而 $\lim\limits_{x\to\infty}\dfrac{1}{2x^3}=0$，所以 $\lim\limits_{x\to\infty}\dfrac{1+x^3}{2x^3}=\dfrac{1}{2}$.

二、无穷大量

定义 2　如果当 $x \to x_0$（或 $x \to \infty$）时，函数 $f(x)$ 对应的函数值的绝对值 $|f(x)|$ 无限增大，则称函数 $f(x)$ 为当 $x \to x_0$（或 $x \to \infty$）时的无穷大，记为

$$\lim_{x \to x_0} f(x) = \infty \quad [\text{或} \lim_{x \to \infty} f(x) = \infty]$$

注意：当 $x \to x_0$（或 $x \to \infty$）时为无穷大的函数 $f(x)$，按函数极限定义来说，极限是不存在的，但为了便于叙述函数的这一形态，也说"函数的极限是无穷大".

如果在定义中函数只取正值（或负值），则称函数 $f(x)$ 为当 $x \to x_0$（或 $x \to \infty$）时的正无穷大（或负无穷大），记为

$$\lim_{\substack{x \to x_0 \\ (x \to \infty)}} f(x) = +\infty \quad [\text{或} \lim_{\substack{x \to x_0 \\ (x \to \infty)}} f(x) = -\infty]$$

例 1　$\lim\limits_{n \to \infty} n^2 = \infty$，因为当 $n \to \infty$ 时，n^2 是无限增大的.

例 2　$\lim\limits_{x \to 0} \dfrac{1}{x} = \infty$，因为当 $x \to 0$ 时，$\left| \dfrac{1}{x} \right|$ 是无限增大的.

例 3　$\lim\limits_{x \to 1} \dfrac{1}{x-1} = \infty$，因为当 $x \to 1$ 时，$\left| \dfrac{1}{x-1} \right|$ 是无限增大的（见图 2-5）.

又有 $\lim\limits_{x \to 1^-} \dfrac{1}{x-1} = -\infty$，$\lim\limits_{x \to 1^+} \dfrac{1}{x-1} = +\infty$.

例 4　$\lim\limits_{x \to +\infty} 2^x = +\infty$，因为当 $x \to +\infty$ 时，对应的函数值 2^x 无限增大，所以它当 $x \to +\infty$ 时为无穷大量.

思考：很大很大的数是否为无穷大？

定理 2　（无穷大与无穷小之间的关系）在自变量的同一变化过程中，如果 $f(x)$ 为无穷大，则 $\dfrac{1}{f(x)}$ 为无穷小；反之，

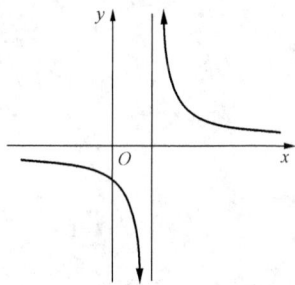

图 2-5

如果 $f(x)$ 为无穷小，且 $f(x) \neq 0$，则 $\dfrac{1}{f(x)}$ 为无穷大.

例如，$\lim\limits_{x \to 1}(x-1) = 0$，即函数 $x-1$ 为当 $x \to 1$ 时的无穷小，而 $\dfrac{1}{x-1}$ 为当 $x \to 1$ 时的无穷大量，即 $\lim\limits_{x \to 1} \dfrac{1}{x-1} = \infty$.

在求极限的过程中，有时要用到无穷小量和无穷大量的关系.

三、无穷小量的性质

定理 3　有限个无穷小量的代数和也是无穷小量.

例如，当 $x \to 0$ 时，x 与 $\sin x$ 都是无穷小量，$x + \sin x$ 也是无穷小量.

定理 4　有界函数与无穷小量的乘积仍是无穷小量.

例如，当 $x \to \infty$ 时，$\dfrac{1}{x}$ 是无穷小量，$\arctan x$ 是有界函数，所以 $\dfrac{1}{x} \arctan x$ 也是当 $x \to \infty$ 时的无穷小量.

推论 1　常数与无穷小量的乘积是无穷小量.

推论 2　有限个无穷小量的乘积也是无穷小量.

例 5 求 $\lim\limits_{x \to \infty} \dfrac{\sin x}{x}$.

解 当 $x \to \infty$ 时，分子及分母的极限都不存在，此时，$\dfrac{\sin x}{x} = \dfrac{1}{x} \cdot \sin x$，是无穷小与有界函数的乘积，所以 $\lim\limits_{x \to \infty} \dfrac{\sin x}{x} = 0$.

思考：两个无穷小量的商是否一定是无穷小量？

习 题 2-3

1. 下列变量中哪些是无穷小量，哪些是无穷大量？

(1) $\dfrac{x+1}{x^2-9}$ $(x \to 3)$；   (2) $\dfrac{x^2}{1+x}$ $(x \to 0)$；

(3) $\lg x$ $(x \to 0)$；   (4) $(-1)^{n+1} \dfrac{1}{2^n}$ $(n \to \infty)$.

2. 当 $x \to 0$ 时，下列变量中哪些是无穷小量？

$100x$，$\sqrt{x}$，$\dfrac{2}{x}$，$\dfrac{x}{0.1}$，$\dfrac{3x^2}{x}$，$\dfrac{x}{4x^2}$，$\sin x$，$\cos x$，$\tan x$，$\cot x$.

3. 利用无穷小量的性质，求下列函数的极限：

(1) $\lim\limits_{x \to 0} x \sin \dfrac{1}{x}$；   (2) $\lim\limits_{x \to \infty} \dfrac{1}{x^2} \arctan x$.

第四节　极限的运算法则

下面介绍极限的四则运算法则，这些法则对数列和函数极限都成立．在定理中，为了简便，记号"lim"下面没有标出自变量的变化过程，代表了对 $x \to x_0$（或 $x \to \infty$）都成立．

定理 1 如果 $\lim f(x) = A$，$\lim g(x) = B$，那么：

(1) $\lim [f(x) \pm g(x)] = \lim f(x) \pm \lim g(x) = A \pm B$；

(2) $\lim [f(x) \cdot g(x)] = \lim f(x) \cdot \lim g(x) = A \cdot B$；

(3) $\lim \dfrac{f(x)}{g(x)} = \dfrac{\lim f(x)}{\lim g(x)} = \dfrac{A}{B}$ [当 $\lim g(x) = B \neq 0$].

这里仅证明和、积的运算法则，其余法则读者自证．

证 (1) 因为 $\lim f(x) = A$，$\lim g(x) = B$，根据极限与无穷小的关系，有

$$f(x) = A + \alpha, \quad g(x) = B + \beta$$

其中 α 和 β 为无穷小，于是

$$f(x) \pm g(x) = (A + \alpha) \pm (B + \beta) = (A \pm B) + (\alpha \pm \beta)$$

即 $f(x) \pm g(x)$ 可表示为常数 $(A \pm B)$ 与无穷小量 $(\alpha \pm \beta)$ 之和，因此

$$\lim [f(x) \pm g(x)] = \lim f(x) \pm \lim g(x) = A \pm B$$

(2) $f(x) \cdot g(x) = (A + \alpha) \cdot (B + \beta) = A \cdot B + (B \cdot \alpha + A \cdot \beta + \alpha \cdot \beta)$

据无穷小的性质知，$B \cdot \alpha + A \cdot \beta + \alpha \cdot \beta$ 是无穷小量，因此

$$\lim[f(x) \cdot g(x)] = \lim f(x) \cdot \lim g(x) = A \cdot B$$

这些法则可以推广到有限多个函数的代数和及乘积的情况.

例如,如果 $\lim f(x)$、$\lim g(x)$、$\lim h(x)$ 存在,则有

$$\lim[f(x)g(x)h(x)] = \lim f(x) \cdot \lim g(x) \cdot \lim h(x)$$

推论 1 如果 $\lim f(x)$ 存在,而 c 为常数,则 $\lim[cf(x)] = c\lim f(x)$.

推论 2 如果 $\lim f(x)$ 存在,而 n 是正整数,则 $\lim[f(x)]^n = [\lim f(x)]^n$.

推论 3 如果 $\lim f(x)$ 存在,而 n 是正整数,则 $\lim \sqrt[n]{f(x)} = \sqrt[n]{\lim f(x)}$ [n 为偶数时,有 $\lim f(x) \geq 0$].

运用极限的四则运算法则时要注意:参加求极限的函数为有限个,且每一个函数的极限必须存在,否则不能应用这些法则.另外,应用商的运算法则时要求分母极限不为零.

例 1 求 $\lim\limits_{x \to 1}(3x^3 - 2x^2 + 5)$.

解
$$\begin{aligned}
\lim\limits_{x \to 1}(3x^3 - 2x^2 + 5) &= 3\lim\limits_{x \to 1}x^3 - 2\lim\limits_{x \to 1}x^2 + \lim\limits_{x \to 1}5 \\
&= 3(\lim\limits_{x \to 1}x)^3 - 2(\lim\limits_{x \to 1}x)^2 + 5 \\
&= 3 - 2 + 5 = 6
\end{aligned}$$

注意:若 $P(x) = a_0 x^n + a_1 x^{n-1} + \cdots + a_{n-1}x + a_n$,则

$$\begin{aligned}
\lim\limits_{x \to x_0}P(x) &= \lim\limits_{x \to x_0}(a_0 x^n) + \lim\limits_{x \to x_0}(a_1 x^{n-1}) + \cdots + \lim\limits_{x \to x_0}(a_{n-1}x) + \lim\limits_{x \to x_0}a_n \\
&= a_0 \lim\limits_{x \to x_0}(x^n) + a_1 \lim\limits_{x \to x_0}(x^{n-1}) + \cdots + a_{n-1}\lim\limits_{x \to x_0}x + \lim\limits_{x \to x_0}a_n \\
&= a_0 (\lim\limits_{x \to x_0}x)^n + a_1 (\lim\limits_{x \to x_0}x)^{n-1} + \cdots + a_n \\
&= a_0 x_0^n + a_1 x_0^{n-1} + \cdots + a_n = P(x_0)
\end{aligned}$$

所以 $\lim\limits_{x \to x_0}P(x) = P(x_0)$.

例 2 求 $\lim\limits_{x \to 2}\dfrac{x^3 - 1}{x^2 - 5x + 3}$.

解 $\lim\limits_{x \to 2}(x^2 - 5x + 3) = (\lim\limits_{x \to 2}x)^2 - 5\lim\limits_{x \to 2}x + \lim\limits_{x \to 2}3 = -3 \neq 0$,所以

$$\begin{aligned}
\lim\limits_{x \to 2}\frac{x^3 - 1}{x^2 - 5x + 3} &= \frac{\lim\limits_{x \to 2}(x^3 - 1)}{\lim\limits_{x \to 2}(x^2 - 5x + 3)} \\
&= \frac{\lim\limits_{x \to 2}x^3 - \lim\limits_{x \to 2}1}{\lim\limits_{x \to 2}x^2 - 5\lim\limits_{x \to 2}x + \lim\limits_{x \to 2}3} = \frac{(\lim\limits_{x \to 2}x)^3 - 1}{(\lim\limits_{x \to 2}x)^2 - 5 \cdot 2 + 3} \\
&= \frac{2^3 - 1}{2^2 - 10 + 3} = -\frac{7}{3}
\end{aligned}$$

思考:如下写法是否正确?

$$\lim\limits_{x \to 2}\frac{x^3 - 1}{x^2 - 5x + 3} = \frac{\lim\limits_{x \to 2}x^3 - 1}{\lim\limits_{x \to 2}x^2 - 5x + 3} = \frac{2^3 - 1}{2^2 - 10 + 3} = -\frac{7}{3}$$

$$\lim\limits_{x \to 2}\frac{x^3 - 1}{x^2 - 5x + 3} = \frac{\lim\limits_{x \to 2}(x^3 - 1)}{\lim\limits_{x \to 2}(x^2 - 5x + 3)} = \frac{\lim\limits_{x \to 2}(2^3 - 1)}{\lim\limits_{x \to 2}(2^2 - 10 + 3)} = -\frac{7}{3}$$

例 3　求 $\lim\limits_{x \to 3} \dfrac{x-3}{x^2-9}$.

解　因为 $\lim\limits_{x \to 3}(x^2-9)=0$,分母极限为零,所以不能应用极限的商的运算法则. 故

$$\lim_{x \to 3}\frac{x-3}{x^2-9}=\lim_{x \to 3}\frac{x-3}{(x-3)(x+3)}=\lim_{x \to 3}\frac{1}{x+3}=\frac{1}{\lim\limits_{x \to 3}(x+3)}=\frac{1}{6}$$

例 4　求 $\lim\limits_{x \to 1} \dfrac{2x-3}{x^2-5x+4}$.

解　因为 $\lim\limits_{x \to 1}(x^2-5x+4)=(\lim\limits_{x \to 1}x)^2-5\lim\limits_{x \to 1}x+\lim\limits_{x \to 1}4=0$,所以不能应用极限的商的运算法则. 考虑

$$\lim_{x \to 1}\frac{x^2-5x+4}{2x-3}=\frac{1^2-5 \cdot 1+4}{2 \cdot 1-3}=0$$

根据无穷大与无穷小的关系得 $\lim\limits_{x \to 1} \dfrac{2x-3}{x^2-5x+4}=\infty$.

思考:如下写法是否正确

$$\lim_{x \to 1}\frac{2x-3}{x^2-5x+4}=\frac{\lim\limits_{x \to 1}(2x-3)}{\lim\limits_{x \to 1}(x^2-5x+4)}=\frac{-1}{0}=\infty$$

例 5　求 $\lim\limits_{x \to 2} \dfrac{x^2-5x+6}{x^2-4x+4}$.

解　因为 $\lim\limits_{x \to 2}(x^2-4x+4)=0$, $\lim\limits_{x \to 2}(x^2-5x+6)=0$,所以不能应用极限的商的运算法则,而

$$\lim_{x \to 2}\frac{x^2-5x+6}{x^2-4x+4}=\lim_{x \to 2}\frac{(x-2)(x-3)}{(x-2)^2}=\lim_{x \to 2}\frac{x-3}{x-2}$$

对于 $\lim\limits_{x \to 2} \dfrac{x-3}{x-2}$,求 $\lim\limits_{x \to 2} \dfrac{x-2}{x-3}=\dfrac{\lim\limits_{x \to 2}(x-2)}{\lim\limits_{x \to 2}(x-3)}=0$,所以 $\lim\limits_{x \to 2} \dfrac{x^2-5x+6}{x^2-4x+4}=\infty$.

注意:如果函数 $P(x)$、$Q(x)$ 是多项式,则 $\dfrac{P(x)}{Q(x)}$ 就称为有理函数,在下列情况下求 $\lim\limits_{x \to x_0} \dfrac{P(x)}{Q(x)}$:

(1) 当 $Q(x_0) \neq 0$ 时, $\lim\limits_{x \to x_0} \dfrac{P(x)}{Q(x)}=\dfrac{P(x_0)}{Q(x_0)}$;

(2) 当 $Q(x_0)=0$ 且 $P(x_0) \neq 0$ 时, $\lim\limits_{x \to x_0} \dfrac{P(x)}{Q(x)}=\infty$;

(3) 当 $Q(x_0)=P(x_0)=0$ 时,将分子分母的公因式 $(x-x_0)$ 约去,再按照 (1) 或 (2) 中的方法求出极限值.

由上面的一些例子看出,对于多项式函数和有理函数 $f(x)$,只要在 x_0 处有定义,则求 $f(x)$ 在点 x_0 的极限,只需求 $f(x)$ 在 x_0 处的函数值. 不加证明给出,初等函数都有这个性质,即如果 $f(x)$ 是初等函数,且 x_0 是 $f(x)$ 的定义区间内的一点,则求 $f(x)$ 在点 x_0 的极限,只需求 $f(x)$ 在 x_0 处的函数值,即 $\lim\limits_{x \to x_0}f(x)=f(x_0)$.

例 6　求 $\lim\limits_{x \to 0} \sqrt{1-x^2}$.

解　初等函数 $f(x) = \sqrt{1-x^2}$ 在点 $x_0 = 0$ 是有定义的，所以

$$\lim\limits_{x \to 0} \sqrt{1-x^2} = \sqrt{1-0^2} = 1$$

例 7　求 $\lim\limits_{x \to \frac{\pi}{2}} \ln\sin x$.

解　初等函数 $f(x) = \ln\sin x$ 在点 $x_0 = \dfrac{\pi}{2}$ 是有定义的，所以

$$\lim\limits_{x \to \frac{\pi}{2}} \ln\sin x = \ln\sin\frac{\pi}{2} = 0$$

下面再来看一些类型的极限，这些极限都不能直接应用极限的四则运算法则，介绍另外一些方法．

例 8　求 $\lim\limits_{x \to \infty} \dfrac{5x^2}{x^2+1}$.

解　因为 $\lim\limits_{x \to \infty} 5x^2 = \infty$，$\lim\limits_{x \to \infty}(x^2+1) = \infty$，所以不能用极限的四则运算法则，可以将分子和分母同除以 x^2，得

$$\lim\limits_{x \to \infty} \frac{5x^2}{x^2+1} = \lim\limits_{x \to \infty} \frac{5}{1+\dfrac{1}{x^2}} = \frac{\lim\limits_{x \to \infty} 5}{\lim\limits_{x \to \infty} 1 + \lim\limits_{x \to \infty} \dfrac{1}{x^2}} = 5$$

例 9　求 $\lim\limits_{x \to \infty} \dfrac{3x^2 - 2x - 1}{2x^3 - x^2 + 5}$.

解　将分子和分母同除以 x^3，得

$$\lim\limits_{x \to \infty} \frac{3x^2 - 2x - 1}{2x^3 - x^2 + 5} = \lim\limits_{x \to \infty} \frac{\dfrac{3}{x} - \dfrac{2}{x^2} - \dfrac{1}{x^3}}{2 - \dfrac{1}{x} + \dfrac{5}{x^3}} = \frac{0}{2} = 0$$

例 10　求 $\lim\limits_{x \to \infty} \dfrac{2x^3 - x^2 + 5}{3x^2 - 2x - 1}$.

解　因为 $\lim\limits_{x \to \infty} \dfrac{3x^2 - 2x - 1}{2x^3 - x^2 + 5} = 0$，所以

$$\lim\limits_{x \to \infty} \frac{2x^3 - x^2 + 5}{3x^2 - 2x - 1} = \infty$$

一般地

$$\lim\limits_{x \to \infty} \frac{a_0 x^m + a_1 x^{m-1} + \cdots + a_{m-1} x + a_m}{b_0 x^n + b_1 x^{n-1} + \cdots + b_{n-1} x + b_n} = \begin{cases} \dfrac{a_0}{b_0}, & m = n \\ 0, & m < n \\ \infty, & m > n \end{cases}$$

其中：a_m，b_n 为常数，且 $a_0 \neq 0$，$b_0 \neq 0$；m，n 为正整数．

对于数列的极限也有上述相同的结果．

例 11　求 $\lim\limits_{x \to 0} \dfrac{x}{2 - \sqrt{4+x}}$.

解　由于 $\lim\limits_{x\to 0}(2-\sqrt{4+x})=0$，所以不能用极限的商的运算法则．可以先分母有理化，得

$$\lim_{x\to 0}\frac{x}{2-\sqrt{4+x}}=\lim_{x\to 0}\frac{x(2+\sqrt{4+x})}{(2-\sqrt{4+x})(2+\sqrt{4+x})}$$
$$=\lim_{x\to 0}(-1)\cdot(2+\sqrt{4+x})=-4$$

例 12　求 $\lim\limits_{x\to 1}\left(\dfrac{1}{x-1}-\dfrac{2}{x^2-1}\right)$．

解　因为 $\lim\limits_{x\to 1}\dfrac{1}{x-1}$ 与 $\lim\limits_{x\to 1}\dfrac{2}{x^2-1}$ 都不存在，所以不能直接利用四则运算法则，可以先通分，再求极限，得

$$\lim_{x\to 1}\left(\frac{1}{x-1}-\frac{2}{x^2-1}\right)=\lim_{x\to 1}\frac{x+1-2}{x^2-1}=\lim_{x\to 1}\frac{x-1}{(x-1)(x+1)}$$
$$=\lim_{x\to 1}\frac{1}{x+1}=\frac{1}{2}$$

例 13　求 $\lim\limits_{n\to\infty}\left(\dfrac{1}{n^2}+\dfrac{2}{n^2}+\cdots+\dfrac{n}{n^2}\right)$．

解　$\lim\limits_{n\to\infty}\left(\dfrac{1}{n^2}+\dfrac{2}{n^2}+\cdots+\dfrac{n}{n^2}\right)=\lim\limits_{n\to\infty}\dfrac{n(n+1)}{2n^2}=\lim\limits_{n\to\infty}\dfrac{n^2+n}{2n^2}=\dfrac{1}{2}$．

注意：
(1) 无穷多项函数的和差不能用和的极限运算法则；
(2) 无穷多个无穷小之和未必是无穷小．

习 题 2-4

1. 求下列极限：

(1) $\lim\limits_{x\to -2}(3x^2-4x+5)$；

(2) $\lim\limits_{x\to 2}\dfrac{x+2}{x^2+3x-10}$；

(3) $\lim\limits_{x\to -1}\dfrac{x^2-x-2}{x^2+6x+5}$；

(4) $\lim\limits_{x\to 0}\left(1-\dfrac{4}{3x+5}\right)$；

(5) $\lim\limits_{x\to\infty}\dfrac{x^2+x}{x^4-3x^2+1}$；

(6) $\lim\limits_{x\to\infty}\dfrac{x^3-1}{x^2+2x+3}$；

(7) $\lim\limits_{x\to\sqrt{3}}\dfrac{x^2-3}{x^4+x^2+1}$；

(8) $\lim\limits_{x\to\infty}\left(1+\dfrac{1}{x}\right)\left(3-\dfrac{1}{x^3}\right)$．

2. 求下列极限：

(1) $\lim\limits_{n\to\infty}\dfrac{1+2+3+\cdots+(n-1)}{n^2}$；

(2) $\lim\limits_{x\to 1}\left(\dfrac{3}{1-x^3}-\dfrac{2}{1-x^2}\right)$；

(3) $\lim\limits_{x\to 1}\dfrac{2-\sqrt{x+3}}{x^2-1}$；

(4) $\lim\limits_{n\to\infty}(\sqrt{n+1}-\sqrt{n})$；

(5) $\lim\limits_{x\to 0^+}\dfrac{\sqrt{x^3+x^2}}{x}$；

(6) $\lim\limits_{t\to 4}\dfrac{t-4}{\sqrt{t}-2}$．

3. 利用初等函数的性质求下列极限：

(1) $\lim\limits_{x\to\frac{1}{2}}x\ln\left(1+\frac{1}{x}\right)$；

(2) $\lim\limits_{x\to1}\dfrac{\sqrt{x^2+3x-1}}{e^{x-1}}$.

4. 已知某厂生产 x 个汽车轮胎的成本（单元：元）为 $c(x)=300+\sqrt{1+x^2}$，生产 x 个汽车轮胎的平均成本为 $\dfrac{c(x)}{x}$. 当产量很大时，每个轮胎的成本大致为 $\lim\limits_{x\to+\infty}\dfrac{c(x)}{x}$，试求这个极限.

第五节 极限存在准则和两个重要极限

一、极限存在准则

准则 I （夹逼准则） 如果函数 $f(x)$、$g(x)$、$h(x)$ 满足下列条件：

(1) $g(x)\leqslant f(x)\leqslant h(x)$；

(2) $\lim g(x)=A$，$\lim h(x)=A$.

那么 $\lim f(x)$ 存在，且 $\lim f(x)=A$.

注：如果上述极限过程是 $x\to x_0$，要求函数在 x_0 的某一去心邻域内有定义；上述极限过程是 $x\to\infty$，要求函数当 $|x|>M$ 时有定义.

准则 II 单调有界数列必有极限.

这一准则在几何上是非常显然的. 例如，设数列 $\{x_n\}$ 单调增加且有上界 A. 在数轴上将数列的各项画出来，它严格地依次从左向右延伸，且前方有点 A 挡住去路. 因此，这些点必在某点处"聚集"，即数列 x_n 收敛.

二、两个重要极限

1. $\lim\limits_{x\to0}\dfrac{\sin x}{x}=1$（第一个重要极限）

从表 2-1 可以观察这个函数的变化趋势.

表 2-1

x	±1	±0.5	±0.1	±0.01	$\cdots$
$\dfrac{\sin x}{x}$	0.84147	0.95885	0.99833	0.9998	$\cdots$

可以发现 $\dfrac{\sin x}{x}$ 当 $x\to0$ 时趋近于常数 1，所以 $\lim\limits_{x\to0}\dfrac{\sin x}{x}=1$.

例 1 求 $\lim\limits_{x\to0}\dfrac{\tan x}{x}$.

解 $\lim\limits_{x\to0}\dfrac{\tan x}{x}=\lim\limits_{x\to0}\dfrac{\sin x}{x}\cdot\dfrac{1}{\cos x}=\lim\limits_{x\to0}\dfrac{\sin x}{x}\cdot\lim\limits_{x\to0}\dfrac{1}{\cos x}=1$.

例 2 求 $\lim\limits_{x\to0}\dfrac{1-\cos x}{x^2}$.

解 $\lim\limits_{x\to0}\dfrac{1-\cos x}{x^2}=\lim\limits_{x\to0}\dfrac{2\sin^2\frac{x}{2}}{x^2}=\dfrac{1}{2}\lim\limits_{x\to0}\dfrac{\sin^2\frac{x}{2}}{(\frac{x}{2})^2}=\dfrac{1}{2}\lim\limits_{x\to0}\left(\dfrac{\sin\frac{x}{2}}{\frac{x}{2}}\right)^2=\dfrac{1}{2}\cdot1^2=\dfrac{1}{2}$.

例 3　求 $\lim\limits_{x\to 0}\dfrac{\sin kx}{x}$ （k 为非零常数）.

解　将 kx 看作一个新的变量，即令 $t=kx$，则当 $x\to 0$ 时，$kx\to 0$，即 $t\to 0$，于是

$$\lim_{x\to 0}\frac{\sin kx}{x}=\lim_{x\to 0}k\cdot\frac{\sin kx}{kx}=k\cdot\lim_{t\to 0}\frac{\sin t}{t}=k$$

注：极限 $\lim\dfrac{\sin\alpha(x)}{\alpha(x)}$ 中，只要 $\alpha(x)$ 为无穷小，就有 $\lim\dfrac{\sin\alpha(x)}{\alpha(x)}=1$.

因为，令 $u=\alpha(x)$，则 $u\to 0$，所以 $\lim\dfrac{\sin\alpha(x)}{\alpha(x)}=\lim\limits_{u\to 0}\dfrac{\sin u}{u}=1$.

2. $\lim\limits_{n\to\infty}\left(1+\dfrac{1}{n}\right)^n=\mathrm{e}$（第二个重要极限）

从表 2-2 可以观察这个函数的变化趋势.

表 2-2

n	1	2	10	100	1000	…
$\left(1+\dfrac{1}{n}\right)^n$	2	2.25	2.59374	2.70481	2.71692	…

可以看出数列 $y_n=\left(1+\dfrac{1}{n}\right)^n$ 是单调增加的，而且有界. 根据准则Ⅱ，数列 $y_n=\left(1+\dfrac{1}{n}\right)^n$ 必有极限. 这个极限用 e 来表示，即

$$\lim_{n\to\infty}\left(1+\frac{1}{n}\right)^n=\mathrm{e} \tag{2-1}$$

类似可以证明

$$\lim_{x\to\infty}\left(1+\frac{1}{x}\right)^x=\mathrm{e} \tag{2-2}$$

如果令 $u=\dfrac{1}{x}$，当 $x\to\infty$时，$u\to 0$，则式（2-2）可以改写为

$$\lim_{u\to 0}(1+u)^{\frac{1}{u}}=\mathrm{e} \tag{2-3}$$

这是第二个重要极限常用的另一种形式.

e=2.718281828459045……是个著名的无理数，它和无理数 π 一样是数学中最重要的常数之一，1727 年欧拉（瑞士人，1707—1783，18 世纪最伟大的数学家之一）首先用字母 e 表示了这个无理数.

在自然界和经济管理方面，有很多问题与这个重要极限有直接关系，例如利用这个极限来计算连续复利息问题.

例 4　求 $\lim\limits_{x\to\infty}\left(1-\dfrac{1}{x}\right)^x$.

解　令 $t=-x$，则当 $x\to\infty$时，$t\to\infty$，于是

$$\lim_{x\to\infty}\left(1-\frac{1}{x}\right)^x=\lim_{t\to\infty}\left(1+\frac{1}{t}\right)^{-t}=\lim_{t\to\infty}\frac{1}{\left(1+\dfrac{1}{t}\right)^t}=\frac{1}{\mathrm{e}}$$

或　　　　$$\lim_{x\to\infty}\left(1-\frac{1}{x}\right)^x=\lim_{x\to\infty}\left(1+\frac{1}{-x}\right)^{-x(-1)}=\left[\lim_{x\to\infty}\left(1+\frac{1}{-x}\right)^{-x}\right]^{-1}=\mathrm{e}^{-1}$$

例 5 求 $\lim\limits_{x\to\infty}\left(1+\dfrac{2}{x}\right)^{3x}$.

解 令 $u=\dfrac{x}{2}$，则当 $x\to\infty$ 时，$u\to\infty$，于是

$$\lim_{x\to\infty}\left(1+\frac{2}{x}\right)^{3x}=\lim_{u\to\infty}\left(1+\frac{1}{u}\right)^{6u}=\lim_{u\to\infty}\left[\left(1+\frac{1}{u}\right)^{u}\right]^{6}=\left[\lim_{u\to\infty}\left(1+\frac{1}{u}\right)^{u}\right]^{6}=\mathrm{e}^{6}$$

注：$\lim[1+\alpha(x)]^{\frac{1}{\alpha(x)}}$ 中，只要 $\alpha(x)$ 为无穷小，就有 $\lim[1+\alpha(x)]^{\frac{1}{\alpha(x)}}=\mathrm{e}$. 因为令 $u=\dfrac{1}{\alpha(x)}$，则

当 $u\to\infty$ 时，$\lim[1+\alpha(x)]^{\frac{1}{\alpha(x)}}=\lim\limits_{u\to\infty}\left(1+\dfrac{1}{u}\right)^{u}=\mathrm{e}$.

例 6 求 $\lim\limits_{x\to0}(1+2x)^{\frac{1}{x}}$.

解 令 $u=2x$，则当 $x\to0$ 时，$u\to0$，于是

$$\lim_{x\to0}(1+2x)^{\frac{1}{x}}=\lim_{u\to0}(1+u)^{\frac{2}{u}}=\lim_{u\to0}\left[(1+u)^{\frac{1}{u}}\right]^{2}=\left[\lim_{u\to0}(1+u)^{\frac{1}{u}}\right]^{2}=\mathrm{e}^{2}$$

例 7 求 $\lim\limits_{x\to\infty}\left(\dfrac{2-x}{3-x}\right)^{2x}$.

解 $\lim\limits_{x\to\infty}\left(\dfrac{2-x}{3-x}\right)^{2x}=\lim\limits_{x\to\infty}\left[\left(1+\dfrac{1}{x-3}\right)^{x-3}\right]^{2}\cdot\left(1+\dfrac{1}{x-3}\right)^{6}=\mathrm{e}^{2}\cdot1=\mathrm{e}^{2}$.

例 8 （连续复利）设某顾客向银行存款的本金为 A_0 元，年利率为 r，若立即产生、立即结算，则 t 年后本利和 A 是多少？

解 若每年结算一次，则满一年时，本利和为 $A_0+A_0\cdot r=A_0(1+r)$；满两年时，本利和为 $A_0(1+r)+A_0(1+r)\cdot r=A_0(1+r)^2$，$\cdots$；满 t 年时，本利和为 $A_0(1+r)^t$. 若每年结算 m 次，利率为 $\dfrac{r}{m}$，到第 t 年共结算 mt 次，第 t 年后存款的本利和为 $A_m=A_0\left(1+\dfrac{r}{m}\right)^{mt}$；若每年结算无数次，即 $m\to\infty$，满 t 年后存款的本利和为

$$A=\lim_{m\to\infty}A_0\left(1+\frac{r}{m}\right)^{mt}$$

为了求出上面的极限，令 $m=nr$，则当 $m\to\infty$ 时，$n\to\infty$，于是

$$A=\lim_{m\to\infty}A_0\left(1+\frac{r}{m}\right)^{mt}=A_0\cdot\lim_{n\to\infty}\left(1+\frac{1}{n}\right)^{nrt}=A_0\cdot\left[\lim_{n\to\infty}\left(1+\frac{1}{n}\right)^{n}\right]^{rt}=A_0\mathrm{e}^{rt}$$

这个公式反映了现实世界中许多事物增长和衰减的规律，例如生物的生长、细胞的繁殖、人口的增长以及设备折旧价值等都服从这个公式.

习 题 2-5

1. 求下列极限：

(1) $\lim\limits_{x\to0}\dfrac{\sin2x}{x}$；

(2) $\lim\limits_{x\to0}\dfrac{\sin3x}{\sin5x}$；

(3) $\lim\limits_{x\to+\infty}x\cdot\sin\dfrac{1}{x}$；

(4) $\lim\limits_{x\to0}x\cdot\cot x$；

(5) $\lim\limits_{x\to 0}\dfrac{x^2}{\sin^2\dfrac{x}{3}}$;

(6) $\lim\limits_{x\to 0}\dfrac{\arcsin x}{x}$.

2. 求下列极限:

(1) $\lim\limits_{x\to\infty}\left(\dfrac{x+3}{x}\right)^x$;

(2) $\lim\limits_{x\to\infty}\left(1+\dfrac{2}{x}\right)^{-x}$;

(3) $\lim\limits_{x\to\infty}\left(1+\dfrac{2}{x}\right)^{x-1}$;

(4) $\lim\limits_{x\to\infty}\left(\dfrac{x+1}{x-1}\right)^x$;

(5) $\lim\limits_{x\to 0}(1-x)^{\frac{1}{x}}$;

(6) $\lim\limits_{x\to 0}(1+\tan x)^{\cot x}$;

(7) $\lim\limits_{x\to 0}(1+x)\dfrac{3}{\tan x}$;

(8) $\lim\limits_{n\to\infty}\{n[\ln(n+2)-\ln n]\}$.

3. 某企业计划发行公司债券, 规定以年利率 6.5% 的连续复利计算利息, 10 年后每份债券一次偿还利息 1000 元. 问发行时每份债券的价格应定为多少元?

第六节　无 穷 小 的 比 较

观察下列两个无穷小比值的极限

$$\lim_{x\to 0}\frac{x^2}{3x}=0,\quad \lim_{x\to 0}\frac{3x}{x^2}=\infty,\quad \lim_{x\to 0}\frac{\sin x}{x}=1$$

两个无穷小比值的极限的不同情况, 反映了不同的无穷小趋于零的 "快慢" 程度. 在 $x\to 0$ 的过程中, $x^2\to 0$ 比 $3x\to 0$ "快些", 反过来 $3x\to 0$ 比 $x^2\to 0$ "慢些", 而 $\sin x\to 0$ 与 $x\to 0$ "快慢相仿".

下面就无穷小比值的极限存在或为无穷大时, 来说明两个无穷小阶的比较.

定义　设 α 及 β 都是在同一个自变量的变化过程中的无穷小, 那么:

(1) 如果 $\lim\dfrac{\beta}{\alpha}=0$, 就说 β 是比 α 高阶的无穷小, 记为 $\beta=o(\alpha)$;

(2) 如果 $\lim\dfrac{\beta}{\alpha}=\infty$, 就说 β 是比 α 低阶的无穷小;

(3) 如果 $\lim\dfrac{\beta}{\alpha}=c\neq 0$, 就说 β 是与 α 同阶的无穷小;

(4) 如果 $\lim\dfrac{\beta}{\alpha}=1$, 就说 β 是与 α 等价的无穷小, 记为 $\alpha\sim\beta$.

举例如下:

例1　因为 $\lim\limits_{x\to 0}\dfrac{3x^2}{x}=0$, 所以当 $x\to 0$ 时, $3x^2$ 是比 x 高阶的无穷小, 即 $3x^2=o(x)\,(x\to 0)$.

例2　因为 $\lim\limits_{n\to\infty}\dfrac{\dfrac{1}{n}}{\dfrac{1}{n^2}}=\infty$, 所以当 $n\to\infty$ 时, $\dfrac{1}{n}$ 是比 $\dfrac{1}{n^2}$ 低阶的无穷小.

例3　因为 $\lim\limits_{x\to 3}\dfrac{x^2-9}{x-3}=6$, 所以当 $x\to 3$ 时, x^2-9 与 $x-3$ 是同阶无穷小.

例 4 因为 $\lim\limits_{x\to 0}\dfrac{\sin x}{x}=1$，所以当 $x\to 0$ 时，$\sin x$ 与 x 是等价无穷小，即 $\sin x \sim x\,(x\to 0)$.

由第五节知，常见的等价无穷小有：

当 $x\to 0$ 时

$$\sin x \sim x, \qquad \tan x \sim x, \qquad \arcsin x \sim x$$

$$\arctan x \sim x, \qquad \mathrm{e}^x-1 \sim x, \qquad 1-\cos x \sim \frac{x^2}{2}$$

$$\ln(1+x) \sim x, \qquad \sqrt{1+x}-1 \sim \frac{x}{2}, \qquad \sqrt[n]{1+x}-1 \sim \frac{x}{n}$$

下面给出关于等价无穷小的代换定理：

定理 设 $\alpha\sim\alpha'$，$\beta\sim\beta'$，且 $\lim\dfrac{\beta'}{\alpha'}$ 存在，则 $\lim\dfrac{\beta}{\alpha}=\lim\dfrac{\beta'}{\alpha'}$.

证 由 $\alpha\sim\alpha'$，$\beta\sim\beta'$，得 $\lim\dfrac{\alpha'}{\alpha}=1=\lim\dfrac{\beta}{\beta'}$，从而

$$\lim\frac{\beta}{\alpha}=\lim\left(\frac{\beta}{\beta'}\cdot\frac{\beta'}{\alpha'}\cdot\frac{\alpha'}{\alpha}\right)=\lim\frac{\beta}{\beta'}\cdot\lim\frac{\beta'}{\alpha'}\cdot\lim\frac{\alpha'}{\alpha}=\lim\frac{\beta'}{\alpha'}$$

定理表明，求两个无穷小之比的极限时，分子及分母都可用其等价无穷小来代换．因此，如果用来代换的等价无穷小选取得适当，则可使计算简化．

例 5 求 $\lim\limits_{x\to 0}\dfrac{\tan 2x}{\sin 5x}$.

解 当 $x\to 0$ 时，$\tan 2x\sim 2x$，$\sin 5x\sim 5x$，所以

$$\lim_{x\to 0}\frac{\tan 2x}{\sin 5x}=\lim_{x\to 0}\frac{2x}{5x}=\frac{2}{5}$$

例 6 求 $\lim\limits_{x\to 0}\dfrac{\sin 3x}{x^3+3x}$.

解 当 $x\to 0$ 时，$\sin 3x\sim 3x$，所以 $\lim\limits_{x\to 0}\dfrac{\sin 3x}{x^3+3x}=\lim\limits_{x\to 0}\dfrac{3x}{x^3+3x}=1$.

例 7 求 $\lim\limits_{x\to 0}\dfrac{x^5\sin\frac{1}{x}}{\sin^2 x^2}$.

解 $\lim\limits_{x\to 0}\dfrac{x^5\sin\frac{1}{x}}{\sin^2 x^2}=\lim\limits_{x\to 0}\dfrac{x^5\sin\frac{1}{x}}{x^4}=\lim\limits_{x\to 0}x\sin\frac{1}{x}=0$.

例 8 求 $\lim\limits_{x\to 0}\dfrac{2\sin x-\sin 2x}{x^2\,(\mathrm{e}^x-1)}$.

解 $\lim\limits_{x\to 0}\dfrac{2\sin x-\sin 2x}{x^2\,(\mathrm{e}^x-1)}=\lim\limits_{x\to 0}\dfrac{2\sin x\,(1-\cos x)}{x^2\cdot x}=\lim\limits_{x\to 0}\dfrac{x^3}{x^3}=1$.

思考：在例 7 中，$\sin\dfrac{1}{x}$ 可以用 $\dfrac{1}{x}$ 来代替吗？

注意：在利用等价无穷小量代换求极限时，只有对所求极限式中相乘或相除的因式才能用等价无穷小量替代，而对极限式中的相加或相减部分则不能用等价无穷小量替代．

习 题 2-6

1. 试证当 $x \to \infty$ 时, $\beta = \dfrac{1}{2x}$ 与 $\alpha = \dfrac{1}{x}$ 是同阶的无穷小量.

2. 当 $x \to 0$ 时, $2x - x^2$ 与 $x^2 - x^3$ 相比, 哪一个是高阶的无穷小量?

3. 利用等价无穷小定理来求下列极限:

(1) $\lim\limits_{x \to 0} \dfrac{\tan 2x}{\arcsin 3x}$;

(2) $\lim\limits_{x \to 0} \dfrac{\tan x - \sin x}{\sin^3 x}$

(3) $\lim\limits_{x \to 0^+} \dfrac{\sin 5x}{\sqrt{1 - \cos^2 x}}$;

(4) $\lim\limits_{x \to 0} \dfrac{\ln (1 - 2x)}{\sin 5x}$

(5) $\lim\limits_{x \to 0} \dfrac{1 - \cos mx}{x^2}$;

(6) $\lim\limits_{x \to 0} \dfrac{\sin x^n}{\sin^m x}$ (n、m 为正整数).

第七节 函 数 的 连 续 性

自然界中有许多现象都是连续变化的, 如气温的变化、河水的流动、植物的生长、物体运动的路程等, 这些现象反映在数学上就是函数的连续性, 是微积分的又一个重要概念, 连续函数是微积分中着重讨论的一类函数. 从几何形象上粗略地说, 如果函数是连续的, 则其图像是一条连续不断的曲线. 下面要给出其精确定义.

一、函数连续定义

设函数 $y = f(x)$ 在点 x_0 的某个邻域内有定义, 记 $\Delta x = x - x_0$ 为自变量 x 在 x_0 处的改变量 (或称为增量), 相应地函数 $f(x)$ 的改变量 (或称为增量) 为

$$\Delta y = f(x) - f(x_0) = f(x_0 + \Delta x) - f(x_0)$$

注: 改变量可以是正的, 也可以是零或负数.

一般 Δx 改变, Δy 也改变, 但当 $\Delta x \to 0$ 时, Δy 未必趋于零. 例如, 图 2-6 中当 $\Delta x \to 0$ 时, Δy 趋于零, $f(x)$ 在 x_0 处 "连续". 图 2-7 中的 Δy 在 $\Delta x \to x_0$ 时不趋于零, $f(x)$ 在 x_0 处 "断开", 由此给出连续的定义如下:

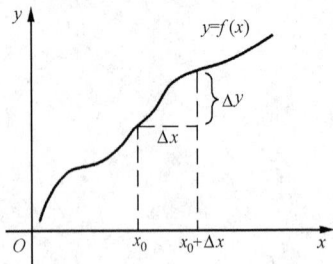

图 2-6

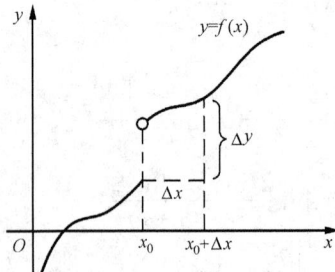

图 2-7

定义 1 设函数 $f(x)$ 在点 x_0 的某个邻域内有定义, 如果

$$\lim_{\Delta x \to 0} \Delta y = \lim_{\Delta x \to 0} [f(x_0 + \Delta x) - f(x_0)] = 0$$

则称函数 $f(x)$ 在 x_0 处连续.

函数在 x_0 处连续性还有另一种描述方法：

设 $x = x_0 + \Delta x$，则当 $\Delta x \to 0$ 时，$x \to x_0$，因此

$$\lim_{\Delta x \to 0} \Delta y = 0 \Leftrightarrow \lim_{x \to x_0} [f(x) - f(x_0)] = 0 \Leftrightarrow \lim_{x \to x_0} f(x) = f(x_0)$$

定义 2 设函数 $f(x)$ 在点 x_0 的某个邻域内有定义，如果函数 $f(x)$ 满足

$$\lim_{x \to x_0} f(x) = f(x_0)$$

则称函数 $f(x)$ 在点 x_0 处连续，点 x_0 称为 $f(x)$ 的连续点.

由于函数的连续性是用极限来定义的，由左、右极限的概念可以来定义左、右连续的概念.

定义 3 如果 $\lim_{x \to x_0^-} f(x) = f(x_0)$，则称 $f(x)$ 在点 x_0 处左连续；如果 $\lim_{x \to x_0^+} f(x) = f(x_0)$，则称 $f(x)$ 在点 x_0 处右连续.

据定义可得如下定理：

定理 1 函数 $y = f(x)$ 在点 x_0 处连续 $\Leftrightarrow$ 函数 $y = f(x)$ 在点 x_0 处既左连续又右连续.

定义 4 如果函数 $f(x)$ 在开区间 (a, b) 内每一点都连续，则称 $f(x)$ 在区间 (a, b) 内连续，或称 $f(x)$ 为区间 (a, b) 内的连续函数. 如果函数 $f(x)$ 在开区间 (a, b) 内连续，且在左端点 a 处右连续，右端点 b 处左连续，则称 $f(x)$ 在闭区间 $[a, b]$ 上连续.

例 1 证明函数 $f(x) = 5x^2 + 2$ 在 $(-\infty, +\infty)$ 内连续.

解 任取 $x_0 \in (-\infty, +\infty)$，当自变量 x 在 x_0 处取得改变量 Δx 时，函数 $f(x)$ 的改变量

$$\Delta y = [5(x_0 + \Delta x)^2 + 2] - (5x_0^2 + 2) = 10x_0 \cdot \Delta x + 5(\Delta x)^2$$
$$\lim_{\Delta x \to 0} \Delta y = \lim_{\Delta x \to 0} [10x_0 \cdot \Delta x + 5(\Delta x)^2] = 0$$

所以函数 $f(x)$ 在 x_0 处连续，由 x_0 的任意性知，$f(x) = 5x^2 + 2$ 在 $(-\infty, +\infty)$ 内连续.

类似地可以证明基本初等函数在其定义域内是连续的.

二、函数的间断点

定义 5 若函数 $f(x)$ 在点 x_0 处不满足连续性定义，则称函数 $f(x)$ 在点 x_0 处不连续或间断，点 x_0 称为函数 $f(x)$ 的间断点.

根据函数 $f(x)$ 在点 x_0 处连续的定义知，函数在点 x_0 处间断必出现下列三种情形之一：

(1) $f(x)$ 在 x_0 处没有定义；

(2) $f(x)$ 在 x_0 处有定义，但 $\lim_{x \to x_0} f(x)$ 不存在；

(3) $\lim_{x \to x_0} f(x)$ 存在，但不等于 $f(x_0)$.

出现这三种情况中的任何一种，函数 $f(x)$ 在点 x_0 处间断.

例 2 考察 $y = \dfrac{1}{x-1}$ 在 $x = 1$ 处的连续性.

解 因为 $y = \dfrac{1}{x-1}$ 在 $x = 1$ 处没有定义，所以 $y = \dfrac{1}{x-1}$ 在 $x = 1$ 处间断，即 $x = 1$ 是 $y = \dfrac{1}{x-1}$ 的间断点. 又因为

$$\lim_{x\to 1}\frac{1}{x-1}=\infty$$

所以称 $x=1$ 是 $y=\dfrac{1}{x-1}$ 的无穷间断点.

例 3　考察 $y=\dfrac{x^2-1}{x-1}$ 在 $x=1$ 处的连续性.

解　因为 $y=\dfrac{x^2-1}{x-1}$ 在 $x=1$ 处没有定义，所以 $x=1$ 是函数的间断点.

又因为 $\lim\limits_{x\to 1}\dfrac{x^2-1}{x-1}=\lim\limits_{x\to 1}(x+1)=2$，如果补充定义，令 $x=1$，$y=2$，则函数在 $x=1$ 处连续，称 $x=1$ 为该函数的可去间断点.

例 4　讨论函数 $y=f(x)=\begin{cases}x, & x\neq 1\\[4pt]\dfrac{1}{2}, & x=1\end{cases}$ 在 $x=1$ 处的连续性.

解　因为 $\lim\limits_{x\to 1}f(x)=\lim\limits_{x\to 1}x=1$，$f(1)=\dfrac{1}{2}$，$\lim\limits_{x\to 1}f(x)\neq f(1)$，所以 $x=1$ 是 $f(x)$ 的间断点.如果改变函数 $f(x)$ 在 $x=1$ 处的定义，令 $f(1)=1$，则函数 $f(x)$ 在 $x=1$ 处连续，所以 $x=1$ 为该函数的可去间断点.

例 5　讨论函数 $f(x)=\begin{cases}x-1, & x<0\\0, & x=0\\x+1, & x>0\end{cases}$ 在 $x=0$ 处的连续性.

解　因为 $\lim\limits_{x\to 0^-}f(x)=\lim\limits_{x\to 0^-}(x-1)=-1$，$\lim\limits_{x\to 0^+}f(x)=\lim\limits_{x\to 0^+}(x+1)=1$，$\lim\limits_{x\to 0^-}f(x)\neq\lim\limits_{x\to 0^+}f(x)$，所以极限 $\lim\limits_{x\to 0}f(x)$ 不存在，$x=0$ 是函数 $f(x)$ 的间断点.因函数 $f(x)$ 的图形在 $x=0$ 处产生跳跃现象，称 $x=0$ 为函数的跳跃间断点.

三、连续函数的运算法则

定理 2　若函数 $f(x)$ 和 $g(x)$ 在点 x_0 处连续，则函数 $f(x)\pm g(x)$、$f(x)\cdot g(x)$、$\dfrac{f(x)}{g(x)}$ [当 $g(x_0)\neq 0$ 时] 在点 x_0 处连续.

证　因为函数 $f(x)$ 和 $g(x)$ 在点 x_0 处连续，所以它们在点 x_0 处有定义，从而 $f(x)\pm g(x)$ 在点 x_0 处也有定义，再由连续性和极限运算法则，有

$$\lim_{x\to x_0}[f(x)\pm g(x)]=\lim_{x\to x_0}f(x)\pm\lim_{x\to x_0}g(x)=f(x_0)\pm g(x_0)$$

所以 $f(x)\pm g(x)$ 在点 x_0 处连续.同理可证 $f(x)$、$g(x)$、$\dfrac{f(x)}{g(x)}$ [当 $g(x_0)\neq 0$ 时] 在点 x_0 处连续.

例如，$\sin x$ 和 $\cos x$ 都在区间 $(-\infty,+\infty)$ 内连续，故由定理 2 知 $\tan x$、$\cot x$、$\sec x$、$\csc x$ 在其定义域内是连续的.

定理 3（复合函数的连续性）　设函数 $u=\varphi(x)$ 在点 x_0 处连续，$y=f(u)$ 在点 u_0 处连续，且 $u_0=\varphi(x_0)$，则复合函数 $y=f[\varphi(x)]$ 在点 x_0 处连续.

注：定理的结论可写为 $\lim\limits_{x\to x_0}f[\varphi(x)]=f[\lim\limits_{x\to x_0}\varphi(x)]$.

四、初等函数的连续性

由连续性定义可以证明基本初等函数在其定义域内都是连续的.

因为初等函数是由基本初等函数经过有限次的四则运算和复合所构成的,由基本初等函数的连续性以及本节定理可得下列重要结论:一切初等函数在其定义区间内都是连续的. 所谓定义区间,就是包含在定义域内的区间.

例 6　求 $\lim\limits_{x \to 0} \dfrac{\log_a(1+x)}{x}$.

解　$\lim\limits_{x \to 0} \dfrac{\log_a(1+x)}{x} = \lim\limits_{x \to 0} \log_a(1+x)^{\frac{1}{x}} = \log_a \mathrm{e} = \dfrac{1}{\ln a}$

例 7　求 $\lim\limits_{x \to 3} \sqrt{\dfrac{x-3}{x^2-9}}$.

解　$y = \sqrt{\dfrac{x-3}{x^2-9}}$ 是由 $y = \sqrt{u}$ 与 $u = \dfrac{x-3}{x^2-9}$ 复合而成的. 而 $\lim\limits_{x \to 3} \dfrac{x-3}{x^2-9} = \dfrac{1}{6}$,函数 $y = \sqrt{u}$ 在点 $u = \dfrac{1}{6}$ 连续,所以

$$\lim_{x \to 3} \sqrt{\frac{x-3}{x^2-9}} = \sqrt{\lim_{x \to 3} \frac{x-3}{x^2-9}} = \sqrt{\frac{1}{6}}$$

五、闭区间上连续函数的性质

定理 4（有界性定理）　若函数 $f(x)$ 在闭区间 $[a,b]$ 上连续,则它在 $[a,b]$ 上有界.

定理 5（最大值最小值定理）　若函数 $f(x)$ 在闭区间 $[a,b]$ 上连续,则它在 $[a,b]$ 上一定有最大值和最小值.

定理 6（介值定理）　若函数 $f(x)$ 在闭区间 $[a,b]$ 上连续,M、m 分别是函数 $f(x)$ 在 $[a,b]$ 上的最大值和最小值,则对于任意 $c \in [m,M]$,至少存在一点 $\xi \in [a,b]$（见图 2-8）,使得

$$f(\xi) = c$$

定理 7（零点定理）　若函数 $f(x)$ 在闭区间 $[a,b]$ 上连续,且 $f(a)$ 与 $f(b)$ 异号[即 $f(a) \cdot f(b) < 0$],那么在开区间 (a,b) 内至少存在一点 ξ（见图 2-9）使

$$f(\xi) = 0$$

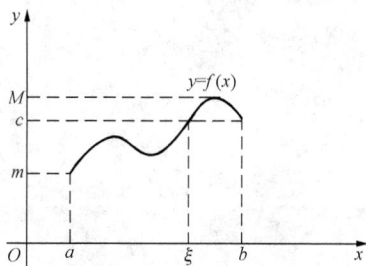

图 2-8

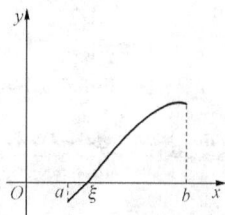

图 2-9

例 8　证明方程 $2x^3 - 1 = 0$ 在区间 $(0,1)$ 内至少有一个实根.

证　设函数 $f(x) = 2x^3 - 1$ 在闭区间 $[0,1]$ 上连续,又因为

$$f(0)=-1<0, \quad f(1)=1>0$$

根据零点定理，在 (0, 1) 内至少有一点 ξ 使 $f(\xi)=0$，即 $2\xi^3-1=0$，故 ξ 是方程的一个实根．

习 题 2-7

1. 设 $f(x)=\begin{cases} a+x, & x\leqslant 1 \\ \ln x, & x>1 \end{cases}$，问 a 为何值时函数 $f(x)$ 在 $x=1$ 处连续？

2. 求下列函数的间断点：

(1) $f(x)=\dfrac{1}{(x-1)^2}$；　　(2) $f(x)=\dfrac{x-2}{x^2-x-2}$；　　(3) $f(x)=\dfrac{\sin x}{x}$．

3. 证明方程 $x^5-3x=1$ 在 1 与 2 之间至少存在一实根．

复 习 与 小 结

本章给出了极限的概念，并在此基础上定义了连续的概念．

一、极限的概念

1. 数列的极限

对于数列 $\{x_n\}$，如果当 n 无限增大时，数列的通项 x_n 无限地接近于某一确定的数值 A，则称常数 A 是数列 $\{x_n\}$ 的极限，或称数列 $\{x_n\}$ 收敛于 A，记为

$$\lim_{n\to\infty}x_n=A \quad 或 \quad x_n\to A(当\ n\to\infty\ 时)$$

2. 函数的极限

(1) 设 $f(x)$ 在 $|x|>a(a>0)$ 时有定义，当 $x\to\infty$ 时，如果函数 $f(x)$ 无限接近于某个确定的常数 A，则称常数 A 为函数 $f(x)$ 当 $x\to\infty$ 时的极限，记为

$$\lim_{x\to\infty}f(x)=A \quad 或\ f(x)\to A(x\to\infty)$$

对于 $x\to-\infty$，$x\to+\infty$，可类似定义．

注：$\lim_{x\to\infty}f(x)=A\Leftrightarrow \lim_{x\to-\infty}f(x)=A$ 且 $\lim_{x\to+\infty}f(x)=A$.

(2) 设函数 $f(x)$ 在点 x_0 的某个去心邻域内有定义，如果当 $x\to x_0$ 时，函数 $f(x)$ 无限接近于常数 A，则称常数 A 为函数 $f(x)$ 当 $x\to x_0$ 时的极限，记为

$$\lim_{x\to x_0}f(x)=A \quad 或\ f(x)\to A(当\ x\to x_0\ 时)$$

对于 $x\to x_0^-$，$x\to x_0^+$，可类似定义．

注：$\lim_{x\to x_0}f(x)=A\Leftrightarrow \lim_{x\to x_0^-}f(x)=A$ 且 $\lim_{x\to x_0^+}f(x)=A$.

二、无穷小量与无穷大量

1. 无穷小量

如果函数 $y=f(x)$ 当 $x\to x_0$（或 $x\to\infty$）时的极限为零，那么称函数为当 $x\to x_0$（或 $x\to\infty$）时的无穷小量，简称无穷小．

2. 无穷大量

如果当 $x\to x_0$（或 $x\to\infty$）时，函数 $f(x)$ 对应的函数值的绝对值 $|f(x)|$ 无限增大，

就称函数 $f(x)$ 为当 $x \rightarrow x_0$ （或 $x \rightarrow \infty$ ）时的无穷大量，记为

$$\lim_{x \rightarrow x_0} f(x) = \infty \quad \left[或 \lim_{x \rightarrow \infty} f(x) = \infty \right]$$

3. 无穷大量与无穷小量的关系

在自变量的同一变化过程中：如果 $f(x)$ 为无穷大量，则 $\dfrac{1}{f(x)}$ 为无穷小量；反之，如果 $f(x)$ 为无穷小量，且 $f(x) \neq 0$ ，则 $\dfrac{1}{f(x)}$ 为无穷大量．

4. 无穷小量的性质

(1) 有限个无穷小量的代数和也是无穷小量．

(2) 有界函数与无穷小量的乘积仍是无穷小量．

(3) 在自变量的同一变化过程中 $x \rightarrow x_0$ （或 $x \rightarrow \infty$ ），函数 $f(x)$ 存在极限 A 的充分必要条件是 $f(x) = A + \alpha$ ，其中 α 是 $x \rightarrow x_0$ （或 $x \rightarrow \infty$ ）时的无穷小量．

三、极限的计算方法

(1) 利用四则运算法则：如果 $\lim f(x) = A$ ， $\lim g(x) = B$ ，那么

1) $\lim [f(x) \pm g(x)] = \lim f(x) \pm \lim g(x) = A \pm B$ ；

2) $\lim [f(x) \cdot g(x)] = \lim f(x) \cdot \lim g(x) = A \cdot B$ ；

3) $\lim \dfrac{f(x)}{g(x)} = \dfrac{\lim f(x)}{\lim g(x)} = \dfrac{A}{B}$ ［当 $\lim g(x) = B \neq 0$ 时］．

(2) 利用无穷小和无穷大的关系．

(3) 利用等价无穷小代换．

(4) 利用两个重要极限：

1) $\lim_{x \rightarrow 0} \dfrac{\sin x}{x} = 1$ ；

2) $\lim_{n \rightarrow \infty} \left(1 + \dfrac{1}{n} \right)^n = \mathrm{e}.$

(5) 利用无穷小的性质．

(6) 利用初等函数的连续性．

四、函数的连续性和间断点

1. 定义

设函数 $f(x)$ 在点 x_0 的某个邻域内有定义，如果函数 $f(x)$ 满足

$$\lim_{x \rightarrow x_0} f(x) = f(x_0)$$

则称函数 $f(x)$ 在点 x_0 处连续，点 x_0 称为 $f(x)$ 的连续点．

2. 间断

(1) $f(x)$ 在 x_0 处没有定义；

(2) $f(x)$ 在 x_0 处有定义，但 $\lim_{x \rightarrow x_0} f(x)$ 不存在；

(3) $\lim_{x \rightarrow x_0} f(x)$ 存在，但不等于 $f(x_0)$ ．

出现这三种情况中的任何一种，函数 $f(x)$ 在点 x_0 处间断．

3. 连续函数的运算性质

（1）若函数 $f(x)$ 和 $g(x)$ 在点 x_0 处连续，则函数 $f(x) \pm g(x)$、$f(x) \cdot g(x)$、$\dfrac{f(x)}{g(x)}$［当 $g(x_0) \neq 0$ 时］在点 x_0 处连续.

（2）设函数 $u = \varphi(x)$ 在点 x_0 处连续，$y = f(u)$ 在点 u_0 处连续，且 $u_0 = \varphi(x_0)$，则复合函数 $y = f[\varphi(x)]$ 在点 x_0 处连续.

（3）一切初等函数在其定义区间内都是连续的.

4. 连续函数在闭区间上的性质

定理 1（有界性定理）　若函数 $f(x)$ 在闭区间 $[a, b]$ 上连续，则它在 $[a, b]$ 上有界.

定理 2（最大值最小值定理）　若函数 $f(x)$ 在闭区间 $[a, b]$ 上连续，则它在 $[a, b]$ 上一定有最大值和最小值.

定理 3（介值定理）　若函数 $f(x)$ 在闭区间 $[a, b]$ 上连续，M、m 分别是函数 $f(x)$ 在 $[a, b]$ 上的最大值和最小值，则对于任意 $c \in [m, M]$，至少存在一点 $\xi \in [a, b]$，使得 $f(\xi) = c$.

定理 4（零点定理）　若函数 $f(x)$ 在闭区间 $[a, b]$ 上连续，且 $f(a)$ 与 $f(b)$ 异号［即 $f(a) \cdot f(b) < 0$］，那么在开区间 (a, b) 内至少存在一点 ξ 使 $f(\xi) = 0$.

复习题二

1. 单项选择题

（1）下列数列中收敛的是（　　）.

A. $(-1)^n \dfrac{n+1}{n}$　　B. $\dfrac{\sin n}{n}$　　C. $\sin \dfrac{n\pi}{2}$　　D. $\dfrac{1+(-1)^n}{2}$

（2）函数 $f(x)$ 在点 $x = x_0$ 处有定义是 $f(x)$ 在 $x = x_0$ 连续的（　　）.

A. 必要条件　　B. 充分条件　　C. 充要条件　　D. 无关条件

（3）下列极限存在的有（　　）.

A. $\lim\limits_{x \to \infty} \dfrac{x(x+1)}{x^2}$　　B. $\lim\limits_{x \to 0} \dfrac{1}{2^x - 1}$　　C. $\lim\limits_{x \to 0} e^{\frac{1}{x}}$　　D. $\lim\limits_{x \to +\infty} \sqrt{\dfrac{x^2+1}{x}}$

（4）函数 $f(x)$ 在点 $x = x_0$ 处有定义是 $x \to x_0$ 时 $f(x)$ 有极限的（　　）.

A. 必要条件　　B. 充分条件　　C. 充要条件　　D. 无关条件

（5）设 $f(x) = |x|$，则 $\lim\limits_{x \to 1} f(x) = $（　　）.

A. 0　　B. 1　　C. 2　　D. 不存在

（6）设 $f(x) = \begin{cases} \dfrac{\sin bx}{x}, & x \neq 0 \\ a, & x = 0 \end{cases}$（$a$，$b$ 是常数）为连续函数，则 $a = $（　　）.

A. 1　　B. 0　　C. b　　D. $-b$

（7）若 $\lim\limits_{x \to 3} \dfrac{x^2 - 2x + k}{x - 3} = 4$，则 $k = $（　　）.

A. 3　　B. -3　　C. 1　　D. -1

(8) 设 $f(x) = \begin{cases} \dfrac{x}{|x|} & x \neq 0 \\ 0 & x = 0 \end{cases}$ ，则（   ）.

A. $f(x)$ 在 $x=0$ 点极限存在且连续

B. $f(x)$ 在 $x=0$ 点极限存在但不连续

C. $f(x)$ 在 $x=0$ 点的左、右极限存在但不相等

D. $f(x)$ 在 $x=0$ 点左、右极限不存在

（9）下列变量在给定变化过程中是无穷小量的有（   ）.

A. $2^{-x} - 1$ $(x \to 0)$ B. $\dfrac{\sin x}{x}$ $(x \to 0)$

C. $\dfrac{x^2}{\sqrt{x^2 - 3x + 1}}$ $(x \to +\infty)$ D. $\dfrac{1}{e^x}$ $(x \to \infty)$

（10）对任意的 x 总有 $\varphi(x) \leqslant f(x) \leqslant g(x)$ 且 $\lim\limits_{x \to \infty}[g(x) - \varphi(x)] = 0$，则 $\lim\limits_{x \to \infty} f(x)$（   ）.

A. 为 0   B. 一定存在

C. 一定不存在   D. 不一定存在

2. 填空题

（1）当 $x \to 1$ 时，$(1 - x^2)$ 是 $(1 - \sqrt{x})$ 的_____无穷小量；

（2）$\lim\limits_{x \to 0} \dfrac{\tan 3x}{\sin 4x} = $ _____；

（3）$\lim\limits_{n \to \infty} \left(1 + \dfrac{2}{n}\right)^{2n} = $ _____；

（4）$f(x) = \dfrac{2x - 1}{x^2 + x}$ 的间断点是 $x = $ _____；

（5）设函数 $f(x) = \begin{cases} 5e^{2x} & x < 0 \\ 3x + a & x \geqslant 0 \end{cases}$ 在 $x = 0$ 处连续，则 $a = $ _____.

（6）$\lim\limits_{x \to 0} \dfrac{x \ln(1 + x^2)}{\sin^3 x} = $ _____；

（7）$\lim\limits_{x \to 1} \dfrac{x^2 - ax + 4}{x - 1} = -3$，则 $a = $ _____；

（8）$\lim\limits_{x \to 1} (1 - x) \sin \dfrac{1}{x - 1} = $ _____；

（9）$\lim\limits_{x \to 0^+} \dfrac{1 - \cos \sqrt{x}}{x} = $ _____；

（10）$\lim\limits_{x \to \infty} \left(\dfrac{1 - x}{4 - x}\right)^x = $ _____.

3. 利用极限四则运算法则求下列极限：

（1）$\lim\limits_{n \to \infty} \dfrac{3n^3 + n^2 - 3}{5n^3 + 2n + 4}$；   （2）$\lim\limits_{n \to \infty} \dfrac{2^{n+1} + 3^{n+1}}{2^n + 3^n}$；

(3) $\lim\limits_{x\to\infty}(\sqrt{x^2+x}-\sqrt{x^2+1})$;

(4) $\lim\limits_{x\to\infty}\left(\dfrac{x}{x+1}\right)^{-2x+1}$;

(5) $\lim\limits_{x\to0}\dfrac{x-\sin x}{x+\sin x}$;

(6) $\lim\limits_{x\to0}\left(1-\dfrac{x}{2}\right)^{\frac{1}{3x}}$;

(7) $\lim\limits_{x\to1}\dfrac{\sin^2(x-1)}{x^2-1}$;

(8) $\lim\limits_{x\to0}\dfrac{\sqrt{1+x}-1}{\sin x}$.

4. 求下列极限：

(1) $\lim\limits_{x\to\infty}x\sin\dfrac{1}{x}$;

(2) $\lim\limits_{x\to0}x\sin\dfrac{1}{x}$;

(3) $\lim\limits_{x\to0}\sin5x\cdot\cot2x$;

(4) $\lim\limits_{x\to0}\dfrac{x^2\sin\dfrac{1}{x}}{\ln(1+2x)}$.

5. 利用函数的连续性来求下列极限：

(1) $\lim\limits_{x\to0}\ln\dfrac{\sin x}{x}$;

(2) $\lim\limits_{x\to\pi}\left(\sin\dfrac{x}{2}\right)^3$.

6. 设函数 $f(x)=\begin{cases}3x+2 & x\leqslant0 \\ x^2+1 & 0<x\leqslant1 \\ \dfrac{1}{x} & x>1\end{cases}$，讨论在 $x=0$、$x=1$ 处是否连续？

7. 若 $\lim\limits_{x\to\infty}\left(\dfrac{x^2+1}{x+1}-ax-b\right)=0$，求 a、b 的值．

8. 国家向某企业投资 2 万元，这家企业将投资作为抵押品向银行贷款，得到相当于抵押品价格 80% 的贷款．该企业将这笔贷款再次进行投资，并且又将投资作为抵押品向银行贷款，得到相当于新抵押品价格 80% 的贷款，该企业又将新贷款进行再投资．这样如此反复扩大再投资，问其实际效果相当于国家投资多少万元所产生的直接效果？

阅读材料

极 限 思 想 的 发 展

极限概念经历了从简单到复杂、由粗糙到精确的发展过程．

我国战国时代哲学家庄周所著的《天下篇》中引用过一句话："一尺之棰，日取其半，万世不竭．"这句话就具有极限的思想萌芽．还有从计算圆周率 π 的历史就可以看到古今极限思想的运用．对于圆周率 π 的精确值到底是多少，几千年来有多少人为之呕心沥血．公元前 1 世纪的《周髀算经》有"径一周三"的记载，即 π＝3. 公元前 3 世纪，古希腊数学家阿基米德利用圆内接和圆外切正多边形逼近于圆的极限思想，算到 96 边形，得到 π＝3.141666. 到公元 3 世纪，我国魏晋时期的数学家刘徽在注释《九章算术》时创立了有名的"割圆术"，他的极限思想是"割之弥细，所失弥少，割之又割，以至于不可割，则与圆合体，而无所失矣"．他用内接正多边形的面积逼近圆的面积，算到 192 边形时得到 $\pi=\dfrac{157}{50}=$

3.14，算到 3072 边形时得到 $\pi=\dfrac{3927}{1250}=3.1416$. 到公元 5 世纪，我国大数学家祖冲之（429—500）同样用"割圆术"算到 24 576 边形时得到 $3.1415926<\pi<3.1415927$. 直到公元 15 世纪，中亚细亚的阿尔卡希算到小数点后 16 位才突破了祖冲之的精度.

在计算圆周率 π 的历史中，19 世纪前遵循的是朴素的极限思想，19 世纪后用计算机来进行计算，使得圆周率 π 的精度有了突飞猛进的进步. 而它的理论渊源就是柯西和维尔斯特拉斯的极限思想.

数学家柯西

柯西（Cauchy, Augustin-Louis）是法国数学家，1789 年 8 月 21 日生于巴黎，1857 年 5 月 23 日卒于巴黎附近的索镇. 柯西的父亲是一位精通古典文学的律师，曾任法国参议院秘书长，和拉格朗日、拉普拉斯等人交往甚密，因此柯西从小就认识了一些著名的科学家. 柯西自幼聪敏好学，在中学时曾获得希腊文、拉丁文作文和拉丁文诗奖，在中学毕业时赢得全国大奖赛和一项古典文学特别奖. 拉格朗日曾预言他日后必成大器. 1805 年他年仅 16 岁就以第二名的成绩考入巴黎综合工科学校，1807 年又以第一名的成绩考入道路桥梁工程学校. 1810 年 3 月柯西完成了学业离开了巴黎，"行李不多（在行李中有四本书：拉普拉斯的《天体力学》、拉格朗日的《解析函数论》、托马斯的《效法基督》和一册维吉尔的作品）、满怀希望"前往瑟堡就任对他的第一次任命，但后来由于身体欠佳，又颇具数学天赋，便听从拉格朗日与拉普拉斯的劝告转攻数学. 从 1810 年 12 月起，柯西就把数学的各个分支从头到尾再温习一遍，从算术开始到天文学为止，把模糊的地方弄清楚，应用他自己的方法去简化证明和发现新定理. 柯西于 1813 年回到巴黎综合工科学校任教，1816 年晋升为该校教授，以后又担任了巴黎理学院及法兰西学院的教授.

柯西对数学的最大贡献是在微积分中引进了清晰和严格的表述与证明方法. 正如著名数学家冯·诺伊曼所说："严密性的统治地位基本上是由柯西重新建立起来的." 在这方面他写下了三部专著：《分析教程》（1821 年）、《无穷小计算教程》（1823 年）、《微分计算教程》（1826～1828 年）. 他的这些著作，摆脱了微积分单纯地对几何、运动的直观理解和物理解释，引入了严格分析基础上的叙述和论证，从而形成了微积分的现代体系. 在数学分析中，可以说柯西比任何人的贡献都大，微积分的现代概念就是柯西建立起来的. 鉴于此，人们通常将柯西看作是近代微积分学的奠基者. 阿贝尔称颂柯西"是当今懂得应该怎样对待数学的人". 柯西将微积分严格化的方法虽然也利用无穷小的概念，但他改变了以前数学家所说的无穷小是固定数，而把无穷小或无穷小量简单地认为是一个以零为极限的变量. 他定义了上下极限，最早证明了 $\lim\limits_{n\to\infty}\left(1+\dfrac{1}{n}\right)^n$ 的收敛，并在这里第一次使用了极限符号. 他以正确的方法建立了极限和连续性的理论，并且以精确的极限概念定义了函数的连续性、无穷级数的收敛性、函数的导数、微分和积分以及有关理论. 柯西对微积分的论述，使数学界大为震惊. 例如，在一次科学会议上，柯西提出了级数收敛性的理论，著名数学家拉普拉斯听过后

非常紧张，便急忙赶回家，闭门不出，直到对他的《天体力学》中所用到的每一级数都核实过是收敛的以后，才松了口气．柯西上述三部教程的广泛流传和他一系列的学术演讲，使他对微积分的见解被普遍接受，一直沿用至今．当然，在柯西的时代，实数的严格理论还未建立起来，对连续性、一致连续性、可微性、可积性以及它们之间的关系也不可能彻底地阐述清楚，所以在他的论著中也存在一些错误．他的这些错误，相继被后来的数学家澄清．现今所谓极限的柯西定义或"ε—δ"定义经过了魏尔斯特拉斯的加工．

柯西对物理学、力学和天文学都做过深入研究，特别是在固体力学方面，他奠定了弹性理论的基础，在这门学科中以他的姓氏命名的定理和定律就有 16 个之多，仅凭这项成就，就足以使他跻身于杰出的科学家之列．柯西的创造力惊人，在他的一生中发表了 789 篇论文，出版专著 7 本，全集共有十四开本 24 卷．从 23 岁写出第一篇论文到 68 岁逝世的 45 年中，他平均每月发表一至两篇论文．1849 年 9 月的一次会议上，他就提交了 24 篇短文和 15 篇研究报告．柯西 27 岁即当选为法国科学院院士，还是英国皇家学会会员和许多国家的科学院院士．

维 尔 斯 特 拉 斯

维尔斯特拉斯（Karl Weierstrass，1815—1897）生于德国威斯特法伦的一个小村落奥斯坦非，曾入波恩大学学习商业和法律，但是他坚持自学数学．1839 年，他师从古德曼学习数学，不久后在明斯特做中学教师，他除了教数学、物理之外，还教德语、作文、地理，1845 年之后还兼教体育．由于白天有繁重的教学任务，他只好利用业余时间研究数学．1853 年的一天早晨，他任课的班级吵吵嚷嚷乱成一团，校长生气地找到他的住所，见他仍在捂得严严实实的窗前，在微弱的灯光下奋笔疾书．他对校长说："对不起，先生，我正在完成一项重要的工作，无法中断．"不久，他把这篇论文寄给有名的杂志社，次年得以发表．从此，他的名字震惊数学界．人们惊讶道："这样一篇伟大的杰作竟然出自一位名不见经传的乡村教师之手．"格尼斯堡大学授给他名誉博士学位．由于库麦尔的推荐，1856 年他成为柏林大学的助理教授，1864 年近 50 岁的他成为正教授，并成为柏林科学院和法国科学院的院士．

维尔斯特拉斯对数学发展的贡献是多方面的，最突出的是改进了柯西的仍保留运动和结合直观的极限概念，由动态的叙述改为静量的叙述．他用形式化的数学语言来描述极限概念，即用数字、字母、四则运算和绝对值、不等式等数学符号来描述极限概念．这样易于按照算术运算来操作，便于做定量分析，从而将严格的论证引入微积分．维尔斯特拉斯除了自己的研究工作外，还培养了大批著名数学家，为 19 世纪数学的发展做出了重要贡献．

第三章　导 数 与 微 分

导数是一元函数微分学中非常重要的一个概念，也是经济学中经常用到的一个数学工具．本章将讲述导数的概念，并结合一些经济概念来讲述导数在经济中的应用．

第一节　导 数 的 概 念

一、引例

为了方便理解导数的意义，先给出几个应用问题．

例 1　切线问题：设 $M_0(x_0, y_0)$ 为曲线 $y=f(x)$ 上的一个定点，如图 3-1 所示．

在该曲线上另取一点 $M(x_0+\Delta x, y_0+\Delta y)$，做割线 M_0M，设其倾斜角（即与 x 正向的夹角）为 α，记 $\Delta y = f(x_0+\Delta x)-f(x_0)$，则割线 M_0M 的斜率为

$$\tan\alpha = \frac{\Delta y}{\Delta x} = \frac{f(x_0+\Delta x)-f(x_0)}{\Delta x}$$

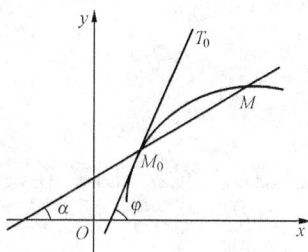

图 3-1

现在考察，当 $\Delta x \to 0$ 时，割线 M_0M 的运动情况．会发现随着 $\Delta x \to 0$，点 $M(x_0+\Delta x, y_0+\Delta y)$ 沿着曲线 $y=f(x)$ 无限接近点 $M_0(x_0, y_0)$．在点 $M(x_0+\Delta x, y_0+\Delta y)$ 沿着曲线 $y=f(x)$ 无限接近点 $M_0(x_0, y_0)$ 的过程中，割线 M_0M 绕着点 $M_0(x_0, y_0)$ 逐渐旋转到直线 M_0T_0 的位置，称直线 M_0T_0 为曲线 $y=f(x)$ 在点 $M_0(x_0, y_0)$ 的切线．在点 $M(x_0+\Delta x, y_0+\Delta y)$ 沿着曲线 $y=f(x)$ 无限接近点 $M_0(x_0, y_0)$ 的过程中，割线 M_0M 的倾斜角 α 趋向于切线 M_0T_0 的倾斜角 φ，故曲线 $y=f(x)$ 在点 $M_0(x_0, y_0)$ 的切线 M_0T_0 的斜率应为

$$\tan\varphi = \lim_{\Delta x \to 0}\tan\alpha = \lim_{\Delta x \to 0}\frac{\Delta y}{\Delta x} = \lim_{\Delta x \to 0}\frac{f(x_0+\Delta x)-f(x_0)}{\Delta x}$$

例 2　平均成本变化率问题：设成本关于产量的函数为 $C=C(Q)$（经济学上称之为成本函数），则当产量从 Q_0 增加到 $Q_0+\Delta Q$ 的过程中，平均成本变化率为

$$\frac{\Delta C}{\Delta Q} = \frac{C(Q_0+\Delta Q)-C(Q_0)}{\Delta Q}, \quad \Delta C = C(Q_0+\Delta Q)-C(Q_0)$$

当 $|\Delta Q|$ 很小时，它可以近似地表示 $C=C(Q)$ 在 Q_0 点的变化率，$|\Delta Q|$ 越小，其近似程度越好，那么当 $\Delta Q \to 0$ 时，若上式的极限存在，则此极限值即为 $C=C(Q)$ 在 Q_0 点的变化率，即

$$\lim_{\Delta Q \to 0}\frac{\Delta C}{\Delta Q} = \lim_{\Delta Q \to 0}\frac{C(Q_0+\Delta Q)-C(Q_0)}{\Delta Q}$$

上式的极限实际上表示的是，在产量为 Q_0 时，增加一单位产量所需增加的成本，在经济学上称为在产量为 Q_0 时的边际成本．后面还会看到类似的例子．

虽然上述两个例题所表达的实际意义不同，但从数学的角度来看，其实质都是一样的．实际上都是在某一点，当自变量的改变量趋向于零时，函数改变量与自变量改变量之比（称之为平均变化率）的极限，这个极限就是下面将要学习的"导数"．

二、函数的变化率——导数的概念

定义 设函数 $y = f(x)$ 在点 x_0 的某邻域内有定义，当自变量 x_0 在该邻域内取得改变量 Δx 时（即 $x_0 + \Delta x$ 仍在该邻域内），对应函数改变量 $\Delta y = f(x_0 + \Delta x) - f(x_0)$，如果 $\Delta x \rightarrow 0$ 时，下式极限

$$\lim_{\Delta x \to 0} \frac{\Delta y}{\Delta x} = \lim_{\Delta x \to 0} \frac{f(x_0 + \Delta x) - f(x_0)}{\Delta x} \tag{3-1}$$

存在，则称函数 $y = f(x)$ 在点 x_0 可导，此极限值称为函数 $y = f(x)$ 在点 x_0 处的导数〔或称为函数 $y = f(x)$ 在点 x_0 处的变化率〕，记为

$$f'(x_0), \ y' \big|_{x = x_0}, \ \frac{\mathrm{d}y}{\mathrm{d}x}\bigg|_{x = x_0} \quad \text{或} \frac{\mathrm{d}f(x)}{\mathrm{d}x}\bigg|_{x = x_0}$$

即

$$f'(x_0) = \lim_{\Delta x \to 0} \frac{\Delta y}{\Delta x} = \lim_{\Delta x \to 0} \frac{f(x_0 + \Delta x) - f(x_0)}{\Delta x} \tag{3-2}$$

若式（3-1）的极限不存在，就称函数 $y = f(x)$ 在点 x_0 处不可导，或者称函数 $y = f(x)$ 在点 x_0 处的导数不存在．

若令 $x = x_0 + \Delta x$，则 $\Delta x \rightarrow 0 \Leftrightarrow x \rightarrow x_0$，故式（3-2）也可写成

$$f'(x_0) = \lim_{x \to x_0} \frac{f(x) - f(x_0)}{x - x_0} \tag{3-3}$$

因此，式（3-1）和式（3-3）均可作为求一个函数在某一点的导数的方法．

有了"导数"的概念，前面两个引例可以这样理解：

（1）曲线 $y = f(x)$ 在点 $M_0(x_0, y_0)$ 的切线 $M_0 T_0$ 的斜率就是函数 $y = f(x)$ 在点 x_0 处的导数；

（2）产量为 Q_0 时的边际成本就是成本函数 $C = C(Q)$ 在点 Q_0 处的导数．

由于导数实际上是一种特殊类型的极限，故下面两个特殊类型的极限

$$\lim_{\Delta x \to 0^+} \frac{\Delta y}{\Delta x} = \lim_{\Delta x \to 0^+} \frac{f(x_0 + \Delta x) - f(x_0)}{\Delta x}$$

和

$$\lim_{\Delta x \to 0^-} \frac{\Delta y}{\Delta x} = \lim_{\Delta x \to 0^-} \frac{f(x_0 + \Delta x) - f(x_0)}{\Delta x}$$

分别称为函数 $y = f(x)$ 在点 x_0 处的右导数和左导数，并分别记为 $f'_+(x_0)$ 和 $f'_-(x_0)$．

根据函数导数的定义和函数左、右极限的性质可以得到如下定理．

定理 1 函数 $y = f(x)$ 在点 x_0 处可导的充要条件是函数 $y = f(x)$ 在点 x_0 处的右导数和左导数都存在并且相等．

如果函数 $y = f(x)$ 在区间 (a, b) 内每一点处都可导，则称函数 $y = f(x)$ 在区间 (a, b) 内可导．这样，如果函数 $y = f(x)$ 在区间 (a, b) 内可导，则对于区间 (a, b) 内任意一点 x，都有唯一确定的一个数值 $f'(x)$ 与之对应，这实际上是确定了一个定义在区间

(a,b) 内的函数，称此函数为函数 $y=f(x)$ 在区间 (a,b) 内的导函数，有时也简称导数，记为

$$f'(x), \quad y', \quad \frac{\mathrm{d}y}{\mathrm{d}x} \quad 或 \quad \frac{\mathrm{d}f(x)}{\mathrm{d}x}$$

易知函数 $y=f(x)$ 在点 x_0 处的导数就是函数 $y=f(x)$ 的导函数 $f'(x)$ 在点 x_0 处的函数值.

利用导数定义，可以得到求一个函数的导数的步骤：

(1) 求函数改变量 $\Delta y = f(x+\Delta x) - f(x)$；

(2) 做比值 $\dfrac{\Delta y}{\Delta x} = \dfrac{f(x+\Delta x)-f(x)}{\Delta x}$；

(3) 求极限 $f'(x) = \lim\limits_{\Delta x \to 0} \dfrac{\Delta y}{\Delta x} = \lim\limits_{\Delta x \to 0} \dfrac{f(x+\Delta x)-f(x)}{\Delta x}$.

例 3 求常数函数 $y=C$ 的导数.

解 在 x 点处，给 x 一个改变量 Δx，则

$$\Delta y = C - C = 0$$

计算比值

$$\frac{\Delta y}{\Delta x} = \frac{0}{\Delta x} = 0$$

求极限

$$\lim_{\Delta x \to 0} \frac{\Delta y}{\Delta x} = \lim_{\Delta x \to 0} \frac{0}{\Delta x} = 0$$

所以 $(C)' = 0$.

例 4 求线性函数 $y=ax+b$ 的导数.

解 在 x 点处，给 x 一个改变量 Δx，则

$$\Delta y = a(x+\Delta x)+b-(ax+b) = a\Delta x$$

计算比值

$$\frac{\Delta y}{\Delta x} = \frac{a\Delta x}{\Delta x} = a$$

求极限

$$\lim_{\Delta x \to 0} \frac{\Delta y}{\Delta x} = \lim_{\Delta x \to 0} \frac{a\Delta x}{\Delta x} = a$$

所以 $(ax+b)' = a$.

例 5 求函数 $y=x^2$ 的导数.

解 在 x 点处，给 x 一个改变量 Δx，则

$$\Delta y = (x+\Delta x)^2 - (x)^2 = 2x\Delta x + (\Delta x)^2$$

于是

$$\frac{\Delta y}{\Delta x} = \frac{2x\Delta x + (\Delta x)^2}{\Delta x} = 2x + \Delta x$$

所以

$$(x^2)' = \lim_{\Delta x \to 0} \frac{\Delta y}{\Delta x} = \lim_{\Delta x \to 0} (2x + \Delta x) = 2x$$

例 6   求函数 $y = x^3$ 的导数.

解   在 x 点处

$$\Delta y = (x + \Delta x)^3 - (x)^3 = 3x^2 \Delta x + 3x(\Delta x)^2 + (\Delta x)^3$$

于是

$$\frac{\Delta y}{\Delta x} = \frac{3x^2 \Delta x + 3x(\Delta x)^2 + (\Delta x)^3}{\Delta x} = 3x^2 + 3x \Delta x + (\Delta x)^2$$

所以

$$(x^3)' = \lim_{\Delta x \to 0} \frac{\Delta y}{\Delta x} = \lim_{\Delta x \to 0} \left[3x^2 + 3x \Delta x + (\Delta x)^2 \right] = 3x^2$$

比较一下例 5 与例 6 会发现两题具有一定的规律. 一般地，对于幂函数 $y = x^\alpha$ （α 为实数），有 $(x^\alpha)' = \alpha x^{\alpha-1}$. 这个公式将在后面给出证明.

例如函数 $y = x^{\frac{2}{3}}$ 的导数是 $(x^{\frac{2}{3}})' = \frac{2}{3} x^{\frac{2}{3}-1} = \frac{2}{3} x^{-\frac{1}{3}}$ ，又如函数 $y = \frac{1}{x}$ 的导数是 $\left(\frac{1}{x} \right)' = (x^{-1})' = (-1) \cdot (x^{-1-1}) = -(x^{-2}) = -\frac{1}{x^2}$.

例 7   求三角函数 $y = \sin x$ 的导数.

解   在 x 点处

$$\Delta y = \sin(x + \Delta x) - \sin x = 2\cos\left(x + \frac{\Delta x}{2}\right) \sin \frac{\Delta x}{2}$$

于是

$$\frac{\Delta y}{\Delta x} = \frac{2\cos\left(x + \frac{\Delta x}{2}\right) \sin \frac{\Delta x}{2}}{\Delta x}$$

所以

$$(\sin x)' = \lim_{\Delta x \to 0} \frac{2\cos\left(x + \frac{\Delta x}{2}\right) \sin \frac{\Delta x}{2}}{\Delta x}$$

$$= \lim_{\Delta x \to 0} \cos\left(x + \frac{\Delta x}{2}\right) \cdot \lim_{\Delta x \to 0} \frac{\sin \frac{\Delta x}{2}}{\frac{\Delta x}{2}}$$

$$= \cos x$$

同理可得 $(\cos x)' = -\sin x$.

例 8   求对数函数 $y = \log_a x$（$a > 0$，且 $a \neq 1$）的导数.

解   在 x 点处

$$\Delta y = \log_a(x + \Delta x) - \log_a x = \log_a\left(\frac{x + \Delta x}{x}\right) = \log_a\left(1 + \frac{\Delta x}{x}\right)$$

于是

$$\frac{\Delta y}{\Delta x} = \frac{\log_a\left(1+\dfrac{\Delta x}{x}\right)}{\Delta x} = \frac{1}{x} \cdot \frac{\log_a\left(1+\dfrac{\Delta x}{x}\right)}{\dfrac{\Delta x}{x}}$$

所以

$$(\log_a x)' = \lim_{\Delta x \to 0} \frac{1}{x} \cdot \frac{\log_a\left(1+\dfrac{\Delta x}{x}\right)}{\dfrac{\Delta x}{x}} = \frac{1}{x}\lim_{\Delta x \to 0} \frac{\log_a\left(1+\dfrac{\Delta x}{x}\right)}{\dfrac{\Delta x}{x}}$$

$$= \frac{1}{x}\lim_{\Delta x \to 0}\log_a\left(1+\frac{\Delta x}{x}\right)^{\frac{x}{\Delta x}} = \frac{1}{x}\log_a \mathrm{e} = \frac{1}{x\ln a}$$

即

$$(\log_a x)' = \frac{1}{x\ln a}$$

特别地，当 $a = \mathrm{e}$ 时，$(\ln x)' = \dfrac{1}{x}$.

三、可导与连续的关系

可导与连续是一元函数中非常重要的两个概念，二者的关系满足以下定理：

定理 2 若函数 $y = f(x)$ 在点 x_0 处可导，则该函数在点 x_0 处一定连续（简称"可导必连续"）.

证 在点 x_0 处，因为函数 $y = f(x)$ 在点 x_0 处可导，所以有

$$\lim_{\Delta x \to 0}\frac{\Delta y}{\Delta x} = f'(x_0)$$

可得

$$\lim_{\Delta x \to 0}\Delta y = \lim_{\Delta x \to 0}\Delta x \cdot \frac{\Delta y}{\Delta x} = \lim_{\Delta x \to 0}\Delta x \cdot \lim_{\Delta x \to 0}\frac{\Delta y}{\Delta x} = f'(x_0) \cdot 0 = 0$$

说明函数 $y = f(x)$ 在点 x_0 处一定连续.

注意：该定理反过来不一定成立，即若函数 $y = f(x)$ 在点 x_0 处连续，函数 $y = f(x)$ 在点 x_0 处不一定可导. 考察函数 $y = |x|$ 在原点处的情况，因为

$$\lim_{\Delta x \to 0}\Delta y = \lim_{\Delta x \to 0}(|0+\Delta x| - |0|) = \lim_{\Delta x \to 0}|\Delta x| = 0$$

所以函数 $y = |x|$ 在原点连续. 再来考察 $y = |x|$ 在原点处的导数情况

$$f'_+(0) = \lim_{\Delta x \to 0^+}\frac{\Delta y}{\Delta x} = \lim_{\Delta x \to 0^+}\frac{|\Delta x|}{\Delta x} = \lim_{\Delta x \to 0^+}\frac{\Delta x}{\Delta x} = 1$$

而

$$f'_-(0) = \lim_{\Delta x \to 0^-}\frac{\Delta y}{\Delta x} = \lim_{\Delta x \to 0^-}\frac{|\Delta x|}{\Delta x} = \lim_{\Delta x \to 0^-}\frac{-\Delta x}{\Delta x} = -1$$

所以

$$f'_+(x_0) \neq f'_-(x_0)$$

故函数 $y=|x|$ 在原点处不可导.

因此, 函数 $y=f(x)$ 在点 x_0 处连续是函数 $y=f(x)$ 在点 x_0 处可导的必要条件而非充分条件.

习 题 3-1

1. 设 $f'(x_0)=2$, 求下列极限:

(1) $\lim\limits_{\Delta x \to 0} \dfrac{f(x_0+2\Delta x)-f(x_0)}{\Delta x}$; (2) $\lim\limits_{k \to 0} \dfrac{f(x_0+k)-f(x_0-k)}{k}$.

2. 根据导数定义, 求函数 $y=\dfrac{1}{x}$ 的导数.

3. 求曲线 $y=\dfrac{1}{x}$ 在点 (1, 1) 处的切线方程.

4. 设 $\lim\limits_{\Delta x \to 0} \dfrac{f(x_0+k\Delta x)-f(x_0)}{\Delta x}=\dfrac{1}{3}f'(x_0)$, 则 k 值应为多少?

5. 讨论当 a、b 取何值时, 函数

$$f(x)=\begin{cases} x^2 & x \leqslant 2 \\ ax+b & x>2 \end{cases}$$

在 $x=2$ 处连续且可导.

第二节　导 数 的 运 算 法 则

上一节学习了导数的定义, 并结合例题给出了利用导数定义来求函数导数的方法、步骤. 但是利用导数的定义来求函数的导数比较麻烦. 本节给出导数运算的运算法则和一些基本初等函数的导数公式, 利用这些运算法则和导数公式可以求一些函数的导数.

一、导数的四则运算法则

定理 1　设函数 $u(x)$ (下面简记为 u)、$v(x)$ (下面简记为 v) 在点 x 处可导, 则函数 $u \pm v$、uv、$\dfrac{u}{v}(v \neq 0)$ 在点 x 也可导, 且有:

(1) $(u \pm v)'=u' \pm v'$;

(2) $(uv)'=u'v+uv'$;

(3) $\left(\dfrac{u}{v}\right)'=\dfrac{u'v-uv'}{v^2}$ $(v \neq 0)$.

下面仅给出 (1)、(2) 的证明.

证　(1) 在点 x 处, 对应于自变量 x 的改变量 Δx, 函数 $y=u+v$ 有

$$\Delta y=[u(x+\Delta x)+v(x+\Delta x)]-[u(x)+v(x)]$$
$$=[u(x+\Delta x)-u(x)]+[v(x+\Delta x)-v(x)]$$
$$\frac{\Delta y}{\Delta x}=\frac{u(x+\Delta x)-u(x)}{\Delta x}+\frac{v(x+\Delta x)-v(x)}{\Delta x}$$

$$= \frac{\Delta u}{\Delta x} + \frac{\Delta v}{\Delta x}$$

从而

$$(u+v)' = \lim_{\Delta x \to 0} \frac{\Delta y}{\Delta x} = \lim_{\Delta x \to 0} \left(\frac{\Delta u}{\Delta x} + \frac{\Delta v}{\Delta x} \right) = u' + v'$$

同理可证 $(u-v)' = u' - v'$.

(2) 在点 x 处，对应于自变量 x 的改变量，函数 $y = uv$ 有

$$\Delta y = u(x+\Delta x)v(x+\Delta x) - u(x)v(x)$$
$$= u(x+\Delta x)v(x+\Delta x) - u(x)v(x+\Delta x) + u(x)v(x+\Delta x) - u(x)v(x)$$
$$= [u(x+\Delta x) - u(x)]v(x+\Delta x) + u(x)[v(x+\Delta x) - v(x)]$$
$$\frac{\Delta y}{\Delta x} = \frac{u(x+\Delta x) - u(x)}{\Delta x}v(x+\Delta x) + u(x)\frac{v(x+\Delta x) - v(x)}{\Delta x}$$

从而

$$(uv)' = \lim_{\Delta x \to 0} \frac{\Delta y}{\Delta x} = \lim_{\Delta x \to 0} \left[\frac{u(x+\Delta x) - u(x)}{\Delta x}v(x+\Delta x) + u(x)\frac{v(x+\Delta x) - v(x)}{\Delta x} \right]$$
$$= \lim_{\Delta x \to 0} \frac{u(x+\Delta x) - u(x)}{\Delta x}v(x+\Delta x) + \lim_{\Delta x \to 0} u(x)\frac{v(x+\Delta x) - v(x)}{\Delta x}$$
$$= u'v + uv'$$

显然，上述定理中的 (1)、(2) 可以推广到多个函数的情形. 例如，设 $u(x)$（下面简记为 u）、$v(x)$（下面简记为 v）、$\omega(x)$（简记为 ω）在点 x 处可导，则函数 $u \pm v \pm \omega$、$uv\omega$ 也在点 x 处可导，且有

$$(u \pm v \pm \omega)' = u' \pm v' \pm \omega'$$
$$(uv\omega)' = u'v\omega + uv'\omega + uv\omega'$$

特别是，当 C 为常数时，有

$$(Cu)' = Cu'$$
$$\left(\frac{C}{v} \right)' = -\frac{Cv'}{v^2} \quad (v \neq 0)$$

下面通过例题讲述上述法则的运用.

例 1 求 $y = x^4 + \sqrt{x} + 5\ln x - \cos x + 2$ 的导数.

解
$$y' = (x^4 + \sqrt{x} + 5\ln x - \cos x + 2)'$$
$$= (x^4)' + (x^{\frac{1}{2}})' + (5\ln x)' - (\cos x)' + (2)'$$
$$= 4x^3 + \frac{1}{2\sqrt{x}} + \frac{5}{x} + \sin x$$

例 2 求 $y = x^2 \sin x$ 的导数.

解
$$y' = (x^2 \sin x)' = (x^2)' \sin x + x^2 (\sin x)'$$
$$= 2x\sin x + x^2 \cos x$$

例 3 求 $y = \sin 2x$ 的导数.

解
$$y' = (\sin 2x)' = (2\sin x \cos x)' = 2(\sin x \cos x)'$$

$$= 2(\sin x)'\cos x + 2\sin x(\cos x)' = 2\cos^2 x - 2\sin^2 x = 2\cos 2x$$

例 4　求 $y = \tan x$ 的导数.

解
$$y' = (\tan x)' = \left(\frac{\sin x}{\cos x}\right)' = \frac{(\sin x)'\cos x - \sin x(\cos x)'}{\cos^2 x}$$

$$= \frac{\cos^2 x + \sin^2 x}{\cos^2 x} = \sec^2 x$$

即 $(\tan x)' = \sec^2 x$.

用类似的方法可以得到 $(\cot x)' = -\csc^2 x$.

例 5　求 $y = \sec x$ 的导数.

解
$$y' = (\sec x)' = \left(\frac{1}{\cos x}\right)'$$

$$= -\frac{(\cos x)'}{\cos^2 x} = \frac{\sin x}{\cos^2 x} = \tan x \sec x$$

即 $(\sec x)' = \tan x \sec x$.

用类似的方法可以得到 $(\csc x)' = -\cot x \csc x$.

例 6　求 $y = \dfrac{x^2}{1+x}$ 的导数.

解
$$y' = \left(\frac{x^2}{1+x}\right)' = \frac{(x^2)'(1+x) - x^2(1+x)'}{(1+x)^2}$$

$$= \frac{2x(1+x) - x^2}{(1+x)^2} = \frac{2x + x^2}{(1+x)^2}$$

下面不加证明地给出如下函数的导数

$$(\arcsin x)' = \frac{1}{\sqrt{1-x^2}}, \quad (\arccos x)' = -\frac{1}{\sqrt{1-x^2}}$$

$$(\arctan x)' = \frac{1}{1+x^2}, \quad (\text{arccot} x)' = -\frac{1}{1+x^2}$$

二、复合函数的求导法则

在第一节的例题中曾经讲过 $y = \sin 2x$ 的导数，利用三角函数公式和导数的四则运算法则得到 $(\sin 2x)' = 2\cos 2x$. 若设 $u = 2x$，则

$$\sin 2x = \sin u, \quad (\sin u)' = \cos u = \cos 2x, \quad (2x)' = 2$$

观察后会发现

$$(\sin 2x)' = 2\cos 2x = (\sin u)'(2x)'$$

而 $y = \sin 2x$ 可以看成是由 $y = \sin u$ 与 $u = 2x$ 复合而成的. 上面的结论是一个巧合，不是一个一般的结论？实际上有下面的复合函数求导法则.

定理 2（复合函数求导法则）　如果函数 $u = \varphi(x)$ 在点 x 处可导，$y = f(u)$ 在对应点 u 处可导，则复合函数 $y = f[\varphi(x)]$ 在点 x 处可导，且有

$$\frac{dy}{dx} = f'(u)\varphi'(x) \tag{3-4}$$

*证明　设在点 x 处，Δx 对应于 Δu（注意：当 $\Delta x \neq 0$ 时，Δu 有可能为 0）.

由于 $y=f(u)$ 在点 u 处可导，即 $\lim\limits_{\Delta u \to 0} \dfrac{\Delta y}{\Delta u}=f'(u)$，故

$$\frac{\Delta y}{\Delta u}=f'(u)+\alpha$$

式中：α 满足 $\alpha \to 0(\Delta u \to 0)$，当 $\Delta u=0$ 时，$\alpha=0$. 由上式可以得到

$$\Delta y=f'(u)\Delta u+\alpha \Delta u$$

所以

$$\frac{\Delta y}{\Delta x}=f'(u)\frac{\Delta u}{\Delta x}+\alpha \frac{\Delta u}{\Delta x}$$

又因为函数 $u=\varphi(x)$ 在点 x 处可导，所以

$$\lim_{\Delta x \to 0}\frac{\Delta y}{\Delta x}=\lim_{\Delta x \to 0}\left[f'(u)\frac{\Delta u}{\Delta x}+\alpha \frac{\Delta u}{\Delta x}\right]=f'(u)\lim_{\Delta x \to 0}\frac{\Delta u}{\Delta x}+\lim_{\Delta x \to 0}\alpha \lim_{\Delta x \to 0}\frac{\Delta u}{\Delta x}$$
$$=f'(u)\varphi'(x)+0 \cdot \varphi'(x)=f'(u)\varphi'(x)$$

上述公式推导过程中利用了函数 $u=\varphi(x)$ 在点 x 处可导，则当 $\Delta x \to 0$ 时，$\Delta u \to 0$. 有的教科书上也将式（3-4）记为 $y'_x=y'_u \cdot u'_x$.

上述定理实际上是说复合函数的导数等于复合函数对中间变量的导数乘以中间变量对自变量的导数.

反复利用上述定理，可以将其推广到多次复合的情形，后面的例题中将会出现多次复合的情形. 上述定理也称为复合函数求导的链式法则.

例 7　求函数 $y=(2x^2+3)^5$ 的导数.

解　函数 $y=(2x^2+3)^5$ 可以看作是由函数 $y=u^5$ 与函数 $u=2x^2+3$ 复合而成的，所以由复合函数求导法则可得

$$y'=(u^5)' \cdot (2x^2+3)'=5u^4 \cdot 4x=20x(2x^2+3)^4$$

例 8　求函数 $y=\sin\sqrt{x}$ 的导数.

解　函数 $y=\sin\sqrt{x}$ 可以看作是由函数 $y=\sin u$ 与函数 $u=\sqrt{x}$ 复合而成的，所以由复合函数求导法则可得

$$y'=(\sin u)' \cdot (\sqrt{x})'=\cos u \cdot \frac{1}{2\sqrt{x}}=\frac{\cos\sqrt{x}}{2\sqrt{x}}$$

例 9　求函数 $y=\tan(\ln x)$ 的导数.

解　函数 $y=\tan(\ln x)$ 可以看作是由函数 $y=\tan u$ 与函数 $u=\ln x$ 复合而成的，所以由复合函数求导法则可得

$$y'=(\tan u)' \cdot (\ln x)'=(\sec^2 u) \cdot \frac{1}{x}=\frac{1}{x} \cdot \sec^2(\ln x)$$

对复合函数求导法则掌握熟练了以后，可以不必写出中间变量，直接按复合的先后顺序层层进行求导.

例 10　求函数 $y=\ln(\sin x+\sqrt{1+x})$ 的导数.

解　$$y'=[\ln(\sin x+\sqrt{1+x})]'=\frac{1}{\sin x+\sqrt{1+x}} \cdot (\sin x+\sqrt{1+x})'$$

$$= \frac{1}{\sin x + \sqrt{1+x}} \cdot \left[\cos x + (\sqrt{1+x})'\right]$$

$$= \frac{1}{\sin x + \sqrt{1+x}} \cdot \left[\cos x + \frac{1}{2\sqrt{1+x}} \cdot (1+x)'\right]$$

$$= \frac{2\sqrt{1+x}\cos x + 1}{2\sqrt{1+x}(\sin x + \sqrt{x+1})}$$

例 11 求函数 $y = \tan^2 \dfrac{1}{\ln x}$ 的导数.

解 $y' = \left(\tan^2 \dfrac{1}{\ln x}\right)' = 2\tan \dfrac{1}{\ln x} \cdot \left(\tan \dfrac{1}{\ln x}\right)' = 2\tan \dfrac{1}{\ln x} \cdot \sec^2 \dfrac{1}{\ln x} \cdot \left(\dfrac{1}{\ln x}\right)'$

$$= -2\tan \frac{1}{\ln x} \cdot \sec^2 \frac{1}{\ln x} \cdot \left(\frac{1}{\ln^2 x}\right) \cdot (\ln x)' = -\frac{2\tan \dfrac{1}{\ln x} \cdot \sec^2 \dfrac{1}{\ln x}}{x \cdot \ln^2 x}$$

例 12 求函数 $y = a^x (a > 0,$ 且 $a \neq 1)$ 的导数.

解 因为 $y = a^x$，所以 $\ln y = \ln a^x = x\ln a$，两边同时对 x 求导数得 $(\ln a^x)' = (x\ln a)'$，从而根据复合函数求导法则可得

$$\frac{1}{a^x}(a^x)' = \ln a$$

即 $(a^x)' = a^x \ln a$. 特别地，当 $a = e$ 时，有 $(e^x)' = e^x$.

例 13 求函数 $y = e^{2x} + e^{-\frac{1}{x}}$ 的导数.

解 $y' = (e^{2x} + e^{-\frac{1}{x}})' = e^{2x} \cdot 2 + e^{-\frac{1}{x}} \cdot \dfrac{1}{x^2} = 2 \cdot e^{2x} + \dfrac{1}{x^2}e^{-\frac{1}{x}}$

例 14 求函数 $y = x^a$（a 为实数）的导数.

解 因为 $y = x^a = e^{a\ln x}$，所以

$$y' = (x^a)' = (e^{a\ln x})' = e^{a\ln x} \cdot a \cdot \frac{1}{x} = x^a \cdot a \cdot \frac{1}{x} = ax^{a-1}$$

即 $(x^a)' = ax^{a-1}$.

例 15 求函数 $y = \arcsin\sqrt{x}$ 的导数.

解 $$y' = (\arcsin\sqrt{x})' = \frac{1}{\sqrt{1-(\sqrt{x})^2}} \cdot (\sqrt{x})'$$

$$= \frac{1}{\sqrt{1-x}} \cdot \frac{1}{2\sqrt{x}} = \frac{1}{2\sqrt{x-x^2}}$$

例 16 求函数 $y = \arctan\ln x$ 的导数.

解 $$y' = (\arctan\ln x)' = \frac{1}{1+\ln^2 x} \cdot (\ln x)' = \frac{1}{x(1+\ln^2 x)}$$

三、基本初等函数的求导公式

$(C)' = 0$（C 为常数）　　　　$(x^a)' = ax^{a-1}$

$$(\log_a x)' = \frac{1}{x\ln a} \qquad (\ln x)' = \frac{1}{x}$$

$$(a^x)' = a^x \ln a \qquad (e^x)' = e^x$$

$$(\sin x)' = \cos x \qquad (\cos x)' = -\sin x$$

$$(\tan x)' = \sec^2 x \qquad (\cot x)' = -\csc^2 x$$

$$(\sec x)' = \tan x \sec x \qquad (\csc x)' = -\cot x \csc x$$

$$(\arcsin x)' = \frac{1}{\sqrt{1-x^2}} \qquad (\arccos x)' = -\frac{1}{\sqrt{1-x^2}}$$

$$(\arctan x)' = \frac{1}{1+x^2} \qquad (\text{arccot}\, x)' = -\frac{1}{1+x^2}$$

＊四、参数方程所确定的函数的求导法则

最后给出由参数方程所确定的函数的求导法则.

如果两个变量 x、y 之间的函数关系是由如下参数方程

$$\begin{cases} x = \varphi(t) \\ y = \psi(t) \end{cases} \qquad (\alpha \leqslant t \leqslant \beta)$$

所决定，并且 $x = \varphi(t)$ 存在反函数 $t = \tilde{\varphi}(x)$，则上述参数方程可以确定一个复合函数 $y = \psi[\varphi(x)]$，如果 $x = \varphi(t)$、$y = \psi(t)$ 均可导，并且 $\varphi'(t) \neq 0$，则

$$\frac{dy}{dx} = \frac{dy}{dt} \cdot \frac{dt}{dx} = \psi'(t) \cdot \frac{1}{\varphi'(t)} = \frac{\psi'(t)}{\varphi'(t)}$$

这就是由参数方程所确定的函数的求导法则.

例 17 求由方程 $\begin{cases} x = a\cos t \\ y = b\sin t \end{cases}$ $(0 < t < \pi)$ 所确定的函数的导数 $\frac{dy}{dx}$.

解
$$\frac{dy}{dx} = \frac{(b\sin t)'}{(a\cos t)'} = -\frac{b}{a}\cot t$$

例 18 求由方程 $\begin{cases} x = \ln t \\ y = t^2 \end{cases}$ 所确定的函数的导数 $\frac{dy}{dx}$.

解
$$\frac{dy}{dx} = \frac{(t^2)'}{(\ln t)'} = 2t^2$$

习 题 3-2

1. 求下列函数的导数：

(1) $y = x^2\sqrt{x^3}$;　　(2) $y = x^2(2x+1)$;

(3) $y = \frac{x^2}{1-x}$;　　(4) $y = \sin x - 2\cos x$;

(5) $y = \ln x - 3\log_4 x$;　　(6) $y = \frac{\sin x}{x}$.

2. 求下列函数在指定点处的导数：

(1) 设 $y = \dfrac{1 - \ln x}{1 + x}$ ，求 $y'|_{x=1}$；

(2) 设 $y = (1 + \sec x)\cos x$ ，求 $y'|_{x=\frac{\pi}{6}}$．

3. 求曲线 $y = x e^x$ 在原点处的切线方程．

4. 求曲线 $y = x \ln x$ 的与直线 $y = x + 1$ 平行的切线的方程．

5. 求下列各函数的导数：

(1) $y = (1 + 2x)^5$；　　　　　　(2) $y = \sqrt[3]{x^2 + 1}$；

(3) $y = \sin(x^2 + 2)$；　　　　　(4) $y = \sin e^x$；

(5) $y = \ln(2x + e^x)$；　　　　　(6) $y = \ln \tan x$；

(7) $y = x \sec \dfrac{1}{x}$；　　　　　(8) $y = \sqrt{\ln(\tan x)}$．

6. 求下列各函数的导数：

(1) $y = \arcsin e^x$；　　　　　　(2) $y = e^{\sin x}$；

(3) $y = \arctan \sqrt{x}$；　　　　　(4) $y = \ln(3 + \arctan x)$．

7. 求曲线 $y = \sin x$ 在点 $x = \pi$ 处的切线方程．

8. 求下列各参数方程表示的函数的导数：

(1) $\begin{cases} x = 2t^2 \\ y = 3t^3 \end{cases}$；　　　　　　(2) $\begin{cases} x = \cos t \\ y = \sin 2t \end{cases}$．

第三节　隐函数求导方法与对数求导法

如果两个变量 x、y 满足方程 $F(x, y) = 0$，并且对于每一个 x 都有唯一一个确定的 y 通过上述方程与之对应，则上述方程实际上确定了一个变量 y 关于变量 x 的函数，称这样表示的函数为隐函数．对于隐函数，如果能够解出 y，将 y 表示成 x 的形式，则可以利用求导法则进行求导，但是有的隐函数不易将 y 表示成 x 的形式，为此本节给出一种新的求导法则——隐函数求导法则，不必将 y 表示成 x 的形式，而是直接进行求导．最后给出它的一个应用——对数求导法．

一、隐函数求导方法

对于由方程 $F(x, y) = 0$ 所确定的隐函数，可以在方程 $F(x, y) = 0$ 两端同时求关于变量 x 的导数，在求导时要注意，对于含有 y 的项，要想着变量 y 是变量 x 的函数，要运用复合函数求导法则，然后从新的方程中解出 y' 即可．

例 1　求由方程 $e^y = xy$ 所确定的变量 y 关于变量 x 的函数的导数 $\dfrac{\mathrm{d}y}{\mathrm{d}x}$．

解　方程两端同时对变量 x 求导，要注意变量 y 是变量 x 的函数，复合求导，可得
$$y' e^y = y + x y'$$

由上述方程解得 $y' = \dfrac{y}{e^y - x}$ （当 $e^y - x \neq 0$ 时）．

例 2　求由方程 $e^y + x = \sin y$ 所确定的变量 y 关于变量 x 的函数的导数 $\dfrac{\mathrm{d}y}{\mathrm{d}x}$．

解 对方程两端同时求关于变量 x 的导数得

$$y'e^y + 1 = y'\cos y$$

由上述方程解得

$$y' = \frac{1}{\cos y - e^y}(\text{当 } \cos y - e^y \neq 0 \text{ 时})$$

例 3 求曲线 $e^y = \ln x$ 在点（e，0）处的切线方程.

解 导数的几何意义是曲线的切线的斜率，因此求出曲线 $e^y = \ln x$ 在点（1，0）处的导数，此问题就容易解决了. 对方程两端求关于变量 x 的函数的导数得

$$y'e^y = \frac{1}{x}$$

所以 $y'|_{(e,0)} = \dfrac{1}{x\,e^y}\Big|_{(e,0)} = \dfrac{1}{e}$，因此所求的切线方程为

$$y - 0 = \frac{1}{e}(x - e)$$

即

$$ey - x + e = 0.$$

二、对数求导法

对于有些函数，直接求导有可能不太方便，但当把它们化为对数函数后，利用隐函数求导反而会更加简便，如下面几个例题.

例 4 求函数 $y = \sqrt[3]{(x-1)(x^2-2)}$ 的导数.

解 以 $x > \sqrt{2}$ 时为例，对等式两边取对数得 $\ln y = \dfrac{1}{3}\ln(x-1) + \dfrac{1}{3}\ln(x^2-2)$，再对其两边求关于变量 x 导数得

$$\frac{y'}{y} = \frac{1}{3(x-1)} + \frac{2x}{3(x^2-2)}$$

所以 $y' = y\left[\dfrac{1}{3(x-1)} + \dfrac{2x}{3(x^2-2)}\right] = \left[\dfrac{1}{3(x-1)} + \dfrac{2x}{3(x^2-2)}\right]\sqrt[3]{(x-1)(x^2-2)}$.

当 x 属于其他范围时，结论相同.

例 5 求函数 $y = (x^2+3)^{\cos x}$ 的导数.

解 对其两边取对数得 $\ln y = \cos x \cdot \ln(x^2+3)$，对其两边求关于变量 x 的导数得

$$\frac{y'}{y} = -\sin x \cdot \ln(x^2+3) + \frac{2x\cos x}{x^2+3}$$

所以 $y' = y\left[-\sin x \cdot \ln(x^2+3) + \dfrac{2x\cos x}{x^2+3}\right] = \left[-\sin x \cdot \ln(x^2+3) + \dfrac{2x\cos x}{x^2+3}\right](x^2+3)^{\cos x}$.

习 题 3-3

1. 求由下列方程所确定的变量 y 关于变量 x 函数的导数 $\dfrac{dy}{dx}$：

(1) $x^2 + y^2 = -4x$;　　　　(2) $x - y = \arctan y$;

(3) $y = \tan(x + y)$;　　　　(4) $xy = e^{x+2y}$;

(5) $y = e^{\sin(x+y)}$;　　　　(6) $y = \arctan[\ln(x + y)]$.

2. 求曲线 $1 + \sin(x + y) = e^{-xy}$ 在点（0，0）处的切线方程.

3. 利用对数求导法求下列函数的导数:

(1) $y = x \cdot \sqrt{\dfrac{1-x}{1+x}}$;　　　　(2) $y = \dfrac{x^2}{1-x}\sqrt{\dfrac{x+1}{x^2+x+1}}$;

(3) $y = x^{\sin x}$;　　　　(4) $y = x^2\sqrt{\dfrac{2x-1}{x+1}}$.

第四节　微分及高阶导数

一、微分的概念

根据函数极限与连续的关系，当函数 $y = f(x)$ 在 x_0 点处可导时，有

$$\frac{\Delta y}{\Delta x} = f'(x_0) + \alpha$$

其中，$\alpha \to 0(\Delta x \to 0)$. 从而有

$$\Delta y = f'(x_0)\Delta x + \alpha \Delta x = f'(x_0)\Delta x + o(\Delta x) \quad (\Delta x \to 0)$$

因此，当 $|\Delta x|$ 很小时，对增量 Δy 起主要作用的是上式中的第一项 Δx 的线性函数 $f'(x_0)\Delta x$，称为增量 Δy 的线性主要部分或主要部分、线性主部，同时又称为函数 $y = f(x)$ 在点 x_0 处的微分.

定义 1　如果函数 $y = f(x)$ 在 x_0 点处的改变量 Δy 可以表示为 $\Delta y = A\Delta x + o(\Delta x)$，其中 A 与 Δx 无关，而 $o(\Delta x)$ 是比 Δx 高阶的无穷小量，则称函数 $y = f(x)$ 在 x_0 点处可微，而 $A\Delta x$ 称为函数 $y = f(x)$ 在 x_0 点处的微分，记为 $dy\,|_{x=x_0}$ 或 $df(x)\,|_{x=x_0}$，即

$$dy\,|_{x=x_0} = A\Delta x, \quad df(x)\,|_{x=x_0} = A\Delta x$$

由定义易知：当 $\Delta x \to 0$ 时，函数的改变量 Δy 与函数在 x_0 点处的微分 $dy\,|_{x=x_0} = A(\Delta x)$ 只相差一个比 Δx 高阶的无穷小量. 当 $A \neq 0$ 时，微分 $dy = A\Delta x$ 是函数的改变量 Δy 的主要部分，故我们称函数在 x_0 点处的微分 $dy\,|_{x=x_0} = A(\Delta x)$ 是函数的改变量 Δy 的线性主要部分或主要部分、线性主部. 下面来看它的一个应用.

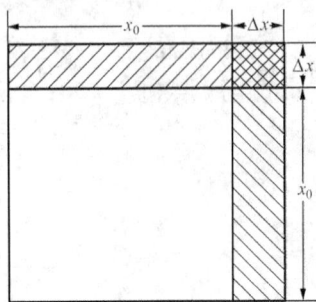

图 3 - 2

例 1　一块正方形金属薄片受温度变化影响，其边长由 x_0 变到 $x_0 + \Delta x$，如图 3 - 2 所示. 求金属薄片的面积 S 的改变量 ΔS.

解　$\Delta S = (x_0 + \Delta x)^2 - x_0^2 = 2x_0\Delta x + (\Delta x)^2$

在上式中面积 S 的改变量 ΔS 的第一项 $2x_0\Delta x$ 是 Δx 的线性函数，且其系数 $2x_0$ 是与 Δx 无关的常数，第二项 $(\Delta x)^2$ 是 Δx 的高阶的无穷小量. 当 $|\Delta x|$ 很小时，第一项 $2x_0\Delta x$ 就是面积 S 的改变量 ΔS 的主要部分，即为函数 $S =$

x^2 在点 x_0 的微分.

下面讨论函数 $y=f(x)$ 在 x_0 点处可微与可导的关系.

若函数 $y=f(x)$ 在 x_0 点处可微,则由可微的定义可得函数 $y=f(x)$ 在 x_0 点处的改变量 Δy,可以表示为 $\Delta y=A\Delta x+o(\Delta x)$,用 Δx 除其可得

$$\frac{\Delta y}{\Delta x}=A+\frac{o(\Delta x)}{\Delta x}$$

再对上式两端取极限得

$$\lim_{\Delta x\to 0}\frac{\Delta y}{\Delta x}=\lim_{\Delta x\to 0}\left[A+\frac{o(\Delta x)}{\Delta x}\right]=\lim_{\Delta x\to 0}A+\lim_{\Delta x\to 0}\frac{o(\Delta x)}{\Delta x}=A$$

因此

$$f'(x_0)=\lim_{\Delta x\to 0}\frac{\Delta y}{\Delta x}=A$$

所以,若函数 $y=f(x)$ 在 x_0 点处可微,则它在 x_0 点处可导,且有 $dy\,|_{x=x_0}=f'(x_0)\Delta x$;反过来,若函数 $y=f(x)$ 在 x_0 点处可导,则有 $\lim_{\Delta x\to 0}\frac{\Delta y}{\Delta x}=f'(x_0)$.

根据函数极限与连续的关系可得 $\frac{\Delta y}{\Delta x}=f'(x_0)+\alpha$,其中,$\alpha\to 0(\Delta x\to 0)$,从而 $\Delta y=f'(x_0)\Delta x+a\Delta x$. 其中,$f'(x_0)\Delta x$ 是 Δx 的线性函数,且其系数 $f'(x_0)$ 与 Δx 无关,$a\Delta x$ 是 Δx 的高阶无穷小量. 因此,根据可微的定义可得函数 $y=f(x)$ 在 x_0 点处可微.

定理 函数 $y=f(x)$ 在 x_0 点处可微的充要条件是函数 $y=f(x)$ 在 x_0 点处可导,并且当函数 $y=f(x)$ 在 x_0 点处可微时,$dy\,|_{x=x_0}=f'(x_0)\Delta x$.

如果函数 $y=f(x)$ 在区间 I 内每一点都可微,称函数 $y=f(x)$ 在区间 I 上可微. 函数 $y=f(x)$ 在区间 I 内任一点 x 处的微分记为 $dy=f'(x)\Delta x$. 它不仅与 Δx 有关,也与 x 有关.

对于函数 $y=x$,由于 $(x)'=1$,因此有 $dy=dx=\Delta x$,从而,函数 $y=f(x)$ 的微分可以记为 $dy=f'(x)dx$.

进一步,又可以得到 $\frac{dy}{dx}=f'(x)$.

这就是说 $y=f(x)$ 的导数 $f'(x)$ 就是函数的微分 dy 与自变量的微分 dx 的商,因此导数也称微商. 有了"微商"这一概念之后,导数符号 $\frac{dy}{dx}$ 不仅仅是一个整体符号,而且也可以看作函数的微分 dy 与自变量的微分 dx 的商.

例 2 求函数 $y=x+3$ 在 $x=1$ 处的微分.

解
$$dy\,|_{x=1}=(x+3)'\,|_{x=1}dx=dx$$

例 3 求函数 $y=x^3$ 当 $x=2$、$\Delta x=0.02$ 时的微分.

解 函数 $y=x^3$ 在任意点处的微分为
$$dy=(x^3)'dx=3x^2dx$$
所以,函数 $y=x^3$ 当 $x=2$、$\Delta x=0.02$ 时的微分为

$$\left. dy \right|_{\substack{x=2 \\ \Delta x=0.02}} = \left. (x^3)' \Delta x \right|_{\substack{x=2 \\ \Delta x=0.02}}$$

$$= \left. 3x^2 \right|_{\substack{x=2 \\ \Delta x=0.02}} \Delta x = 3 \times 2^2 \times 0.02 = 0.24$$

二、微分的几何意义

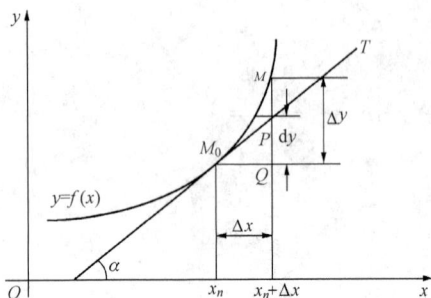

图 3-3

函数 $y = f(x)$ 的图形如图 3-3 所示，直线 $M_0 P$ 是曲线上过点 $M_0(x_0, y_0)$ 处的切线，设直线 $M_0 P$ 的倾斜角为 α，当自变量 x 有改变量 Δx 时，得到曲线上另一点 $M(x_0 + \Delta x, y_0 + \Delta y)$.

从图 3-3 可知，$M_0 Q = \Delta x$，$QM = \Delta y$，则 $QP = M_0 Q \tan\alpha = f'(x_0)\Delta x$，即

$$dy = QP$$

由此可知，微分 $dy = f'(x_0)\Delta x$ 是当自变量 x 有改变量 Δx 时，曲线 $y = f(x)$ 在点 $M_0(x_0, y_0)$ 处的切线的纵坐标的改变量. 用 dy 近似代替 Δy 就是用点 $M_0(x_0, y_0)$ 处的切线的纵坐标的改变量 QP 来近似代替曲线 $y = f(x)$ 的纵坐标的改变量 QM，并且有 $|\Delta y - dy| = PM$.

三、微分的运算法则

因为函数 $y = f(x)$ 的微分等于 $dy = f'(x)dx$，所以由函数的求导公式和导数的运算法则易得函数微分的运算法则.

1. 基本初等函数的微分公式

$d(C) = 0$（C 为常量）　　　　　　　$d(x^\alpha) = \alpha x^{\alpha-1} dx$（$\alpha$ 为常量）

$d(\sqrt{x}) = \dfrac{1}{2\sqrt{x}} dx$　　　　　　　$d\left(\dfrac{1}{x}\right) = -\dfrac{1}{x^2} dx$

$d(\log_a x) = \dfrac{1}{x \ln a} dx \,(a > 0,\ a \neq 1)$　　$d(\ln x) = \dfrac{1}{x} dx$

$d(a^x) = a^x \ln a\, dx \,(a > 0,\ a \neq 1)$　　$d(e^x) = e^x dx$

$d(\sin x) = \cos x\, dx$　　　　　　　$d(\cos x) = -\sin x\, dx$

$d(\tan x) = \dfrac{1}{\cos^2 x} dx = \sec^2 x\, dx$　　$d(\cot x) = -\dfrac{1}{\sin^2 x} dx = -\csc^2 x\, dx$

$d(\arcsin x) = \dfrac{1}{\sqrt{1-x^2}} dx$　　　$d(\arccos x) = -\dfrac{1}{\sqrt{1-x^2}} dx$

$d(\arctan x) = \dfrac{1}{1+x^2} dx$　　　　$d(\text{arccot} x) = -\dfrac{1}{1+x^2} dx$

$d(\sec x) = \sec x \cdot \tan x\, dx$　　　　$d(\csc x) = -\csc x \cdot \cot x\, dx$

2. 函数微分的四则运算法则

若已知 $u = u(x)$（下面简记为 u）、$v = v(x)$（下面简记为 v）在点 x 处可微，则有

$$d(u \pm v) = du \pm dv$$

$$d(u \cdot v) = u\,dv + v\,du$$

$$d(Cu) = C du (C 为常数)$$

$$d\left(\frac{u}{v}\right) = \frac{v du - u dv}{v^2} \quad (v \neq 0)$$

3. 复合函数微分法则

设函数 $y = f(u)$、$u = \varphi(x)$，函数 $u = \varphi(x)$ 在点 x 可微，函数 $y = f(u)$ 在对应点 u 可微，则由可微的定义可得

$$dy = f'(u) du , \quad du = \varphi'(x) dx$$

所以 $dy = f'(u) du = f'(u)\varphi'(x) dx$.

上述公式实际上说明无论 u 是自变量还是中间变量，函数 $y = f(u)$ 的微分形式总是 $dy = f'(u) du$，这个性质称为函数的一阶微分形式不变性.

例 4 求 $y = x^3 \ln x$ 的微分.

解 $dy = (x^3)' \ln x dx + x^3 (\ln x)' dx = 3x^2 \ln x dx + x^2 dx = (3x^2 \ln x + x^2) dx$

例 5 求 $y = e^{\cos(ax+b)}$ 的微分.

解
$$dy = e^{\cos(ax+b)} d\cos(ax+b)$$
$$= -e^{\cos(ax+b)} \sin(ax+b) d(ax+b)$$
$$= -a e^{\cos(ax+b)} \sin(ax+b) dx$$

例 6 求函数 $y = \ln(\tan x^2)$ 的微分.

解
$$dy = \frac{1}{\tan x^2} d\tan x^2 = \frac{1}{\tan x^2} \sec^2 x^2 d(x^2)$$
$$= \frac{2x \sec^2 x^2}{\tan x^2} dx = \frac{4x}{\sin 2x^2} dx$$

四、微分在近似计算中的应用

由微分的定义可知，若函数 $y = f(x)$ 在 x_0 点可微，在 x_0 点，当自变量 x 有改变量 Δx 时，则有

$$\Delta y = f'(x_0) \Delta x + o(\Delta x)$$

当 $|\Delta x|$ 很小时，上式可近似为

$$\Delta y \approx f'(x_0) \Delta x \tag{3-5}$$

或者 $\qquad\qquad f(x_0 + \Delta x) - f(x_0) \approx f'(x_0) \Delta x$

即 $\qquad\qquad f(x_0 + \Delta x) \approx f(x_0) + f'(x_0) \Delta x \tag{3-6}$

式（3-5）和式（3-6）常用来做近似计算.

例 7 求 $\cos 60°12'$ 的近似值.

解 将 $\cos 60°12'$ 化为弧度得

$$\cos 60°12' = \cos\left(\frac{\pi}{3} + \frac{12}{60} \times \frac{\pi}{180}\right) = \cos\left(\frac{\pi}{3} + \frac{12\pi}{10800}\right)$$

令 $f(x) = \cos x$，$x_0 = \frac{\pi}{3}$，$\Delta x = \frac{12\pi}{10800}$，则

$$f(x_0) = \cos\frac{\pi}{3}, \quad f'(x_0) = f'(x) \big|_{x=x_0} = -\sin\frac{\pi}{3}$$

所以，由式 (3-6) 得

$$\cos 60°12' \approx \cos\left(\frac{\pi}{3}\right) - \left(\sin\frac{\pi}{3}\right)\frac{12\pi}{10800} = \frac{1}{2} - \frac{\sqrt{3}}{2}\frac{12\pi}{10800} \approx 0.4970$$

例 8　求 $\sqrt[3]{65}$ 的近似值.

解
$$\sqrt[3]{65} = \sqrt[3]{64+1} = \sqrt[3]{64\left(1+\frac{1}{64}\right)} = 4\sqrt[3]{\left(1+\frac{1}{64}\right)}$$

令 $y = f(x) = 4\sqrt[3]{x}$，$x_0 = 1$，$\Delta x = \frac{1}{64}$，则

$$f(1) = 4\sqrt[3]{1} = 4,\quad f'(1) = 4(x^{\frac{1}{3}})'\big|_{x=1} = \frac{4}{3}$$

由式 (3-6) 得

$$\sqrt[3]{65} = f\left(\frac{65}{64}\right) \approx f(1) + f'(1)\frac{1}{64} = 4.0208$$

五、高阶导数

定义 2　若函数 $y = f(x)$ 的导函数 $f'(x)$ 在点 x_0 处仍可导，则称函数 $y = f(x)$ 在点 x_0 处二阶可导，并称 $f'(x)$ 在点 x_0 处的导数为函数 $y = f(x)$ 在点 x_0 处的二阶导数，记为

$$f''(x_0),\quad y''\big|_{x=x_0},\quad \frac{\mathrm{d}^2 y}{\mathrm{d}x^2}\bigg|_{x=x_0}\quad \text{或}\quad \frac{\mathrm{d}^2 f}{\mathrm{d}x^2}\bigg|_{x=x_0}$$

即 $f''(x_0) = \lim\limits_{\Delta x \to 0}\dfrac{f'(x_0 + \Delta x) - f'(x_0)}{\Delta x}$.

若函数 $y = f(x)$ 在区间 I 内每一点都二阶可导，则称函数 $y = f(x)$ 在区间 I 内二阶可导，并称 $f''(x)(x \in I)$ 为函数 $y = f(x)$ 在区间 I 内的二阶导函数，简称二阶导数.

类似地，可以定义三阶导数 $f'''(x)$、四阶导数 $f^{(4)}(x)$ 等. 一般地，可以用函数 $y = f(x)$ 的 $n-1$ 阶导数来定义函数 $y = f(x)$ 的 n 阶导数，函数 $y = f(x)$ 的 n 阶导数记为

$$f^{(n)}(x),\quad y^{(n)},\quad \frac{\mathrm{d}^n y}{\mathrm{d}x^n}\quad \text{或}\quad \frac{\mathrm{d}^n f}{\mathrm{d}x^n}$$

二阶和二阶以上的导数统称高阶导数，相对于高阶导数来说，$f'(x)$ 也称为函数 $y = f(x)$ 的一阶导数.

由高阶导数的定义可知，求一个函数 $y = f(x)$ 的高阶导数只要对函数 $y = f(x)$ 逐阶求导即可.

例 9　求函数 $y = a^x (a > 0$，且 $a \neq 1)$ 的 n 阶导数 $y^{(n)}$.

解　$y' = (a^x)' = a^x \ln a$，$y'' = (a^x \ln a)' = a^x \ln^2 a$，$y''' = (a^x \ln^2 a)' = a^x (\ln a)^3$，$\cdots$
所以

$$(a^x)^{(n)} = a^x \ln^n a$$

特别是，当 $a = e$ 时有 $(e^x)^{(n)} = e^x$.

例 10　求函数 $y = \sin x$ 和 $y = \cos x$ 的 n 阶导数.

解
$$(\sin x)' = \cos x = \sin\left(x + \frac{\pi}{2}\right)$$

$$(\sin x)'' = \left[\sin\left(x + \frac{\pi}{2}\right)\right]' = \cos\left(x + \frac{\pi}{2}\right) = \sin\left(x + 2 \cdot \frac{\pi}{2}\right)$$

$$(\sin x)''' = \left[\sin\left(x + 2 \cdot \frac{\pi}{2}\right)\right]' = \cos\left(x + 2 \cdot \frac{\pi}{2}\right) = \sin\left(x + 3 \cdot \frac{\pi}{2}\right)$$

$$\cdots$$

$$(\sin x)^{(n)} = \sin\left(x + n \cdot \frac{\pi}{2}\right)$$

同样地，可以得到

$$(\cos x)^{(n)} = \cos\left(x + n \cdot \frac{\pi}{2}\right)$$

例 11　求函数 $y = \ln(1 + x)$ 的 n 阶导数.

解
$$y' = [\ln(1 + x)]' = (1 + x)^{-1}$$
$$y'' = [(1 + x)^{-1}]' = (-1)(1 + x)^{-2}$$
$$y''' = [(-1)(1 + x)^{-2}]' = (-1)(-2)(1 + x)^{-3}$$
$$\cdots$$
$$y^{(n)} = (-1)^{n-1}(n - 1)!\ (1 + x)^{-n}$$

例 12　求函数 $y = x^{\mu}$（μ 为实数）的 n 阶导数.

解
$$y' = (x^{\mu})' = \mu x^{\mu-1}$$
$$y'' = (\mu x^{\mu-1})' = \mu(\mu - 1)x^{\mu-2}$$
$$y''' = [\mu(\mu - 1)x^{\mu-2}]' = \mu(\mu - 1)(\mu - 2)x^{\mu-3}$$
$$\cdots$$
$$y^{(n)} = \mu(\mu - 1)(\mu - 2)\cdots(\mu - n + 1)x^{\mu-n}$$

特别是，当 $\mu = n$ 时有

$$(x^n)^{(n)} = n!,\ \ (x^n)^{(n+1)} = 0$$

习 题 3-4

1. 求函数 $y = x(x^2 - 1)$ 当 $x = 2$、$\Delta x = 0.01$ 时的微分.

2. 求下列函数的微分：

(1) $y = \sin x + \ln x + 1$；

(2) $y = x\cos 2x$；

(3) $y = x e^x$；

(4) $y = \ln^2 x$；

(5) $y = e^{\sin x}$；

(6) $y = e^x \cos x$.

3. 利用微分求下列各式的近似值：

(1) $e^{-0.005}$；

(2) $\ln 1.03$.

4. 求下列函数的二阶导数：

(1) $y = \ln x + x^2$；

(2) $y = x\cos x$；

(3) $y = \dfrac{x^2}{1 - x^2}$；

(4) $y = (1 + x^2)\arctan x$；

(5) $y = \ln(2 + \sin x)$；

(6) $y = \tan x$.

5. 求函数 $y = xe^x$ 的 n 阶导数.

第五节　导数与微分在经济中的应用

一、边际分析

在本章第一节讲述导数概念时，曾经讲述过导数可以表示成本函数的边际成本．类似地，在经济学上，经常要分析当两个经济变量 x、y 之间具有函数关系 $y = f(x)$ 时，在点 x_0 处，当自变量 x 改变一个单位时，变量 y 的变化情况［实际上对应着函数 $y = f(x)$ 在点 x_0 处的导数 $f'(x)$］，称为边际分析．下面通过几个例题来讲述这一应用．

例 1　（边际需求）设某产品的需求 D 是价格 P 的函数，具有函数关系 $D = D(P)$，则需求 D 对价格 P 的导数 $D'(P)$ 就是需求对价格的边际需求函数，简称边际需求，表示当价格 P 发生一单位变化时，市场需求 D 的变化．

若需求函数是 $D(P) = a - bP^2$，则边际需求是 $D'(P) = -2bP$．当 $P = 2$ 时，$D'(2) = -4b$ 表示在价格为 2 时，若价格上升（或下降）一单位，需求将减少（或增加）$4b$ 单位，负号表示两个变量之间是反向变化的．

类似地，也可以同样地分析边际供给．若某产品的供给 S 是价格 P 的函数，具有函数关系 $S = S(P)$，则供给 S 对价格 P 的导数 $S'(P)$ 就是供给对价格的边际供给函数，表示当价格 P 发生单位变化时，市场供给 S 的变化．

例 2　（边际收益、边际利润）设某产品的收益函数为 $R = R(Q)$，表示在价格不变时，收益 R 与产量 Q 的关系，则收益 R 对产量 Q 的导数 $R'(Q)$ 就是收益 R 对产量 Q 的边际收益，表示增加（或减少）一单位产量时，收益的变化．

例如，若某产品的收益函数为 $R(Q) = cQ - dQ^2$，则边际收益函数 $R'(Q) = c - 2dQ$．如前所述，若某产品的成本函数为 $C = C(Q)$，则厂商的利润函数为 $L(Q) = R(Q) - C(Q)$，那么，边际利润即为 $L'(Q) = R'(Q) - C'(Q)$，表示增加（或减少）一单位产量时，利润的变化．

二、弹性分析

在经济学中，有时要考虑当两个经济变量 x、y 之间具有函数关系 $y = f(x)$ 时，变量 y 对变量 x 的变化的反应的敏感程度．它用变量 x 变化的百分比所引起的变量 y 变化的百分比与变量 x 变化的百分比的比值来衡量，用数学式子表示就是

$$\frac{\Delta y / y}{\Delta x / x}$$

对其整理取极限得

$$\lim_{\Delta x \to 0} \frac{\Delta y / y}{\Delta x / x} = f'(x) \frac{x}{y}$$

这就是变量 y 对变量 x 的弹性函数．

例 3　（需求弹性）设某产品的需求 D 是价格 P 的函数，具有函数关系 $D = D(P)$，则需求 D 对价格 P 的导数 $D'(P)$ 乘价格 P 与需求 D 的比值，即为需求对价格的弹性，表示在价格为 P 时，若价格变动 1%，则需求变动 $\left| D'(P) \dfrac{P}{D} \right| \%$．加绝对值是因为一般情况

下，产品的需求 D 是价格 P 的减函数，二者反方向变化.

若需求函数是 $D(P)=a-bP^2$，则在价格为 P 时的弹性为

$$D'(P)\frac{P}{D}=-2bP\frac{P}{D}=-\frac{2bP^2}{a-bP^2} \qquad (3\text{-}7)$$

负号表示产品的需求 D 与价格 P 反方向变化. 式（3-7）表示在价格为 P 时，若价格变动 1%，需求变动 $\dfrac{2bP^2}{a-bP^2}\%$.

类似地，也可以同样地分析供给弹性. 若某产品的供给 S 是价格 P 的函数，具有函数关系 $S=S(P)$，则供给 S 对价格 P 的导数 $S'(P)$ 乘价格 P 与供给 S 的比值，即为供给对价格的弹性，表示在价格为 P 时，若价格变动 1%，则供给变动 $S'(P)\dfrac{P}{S}$.

例4 （收益弹性）设某产品的收益函数为 $R=R(Q)$，表示在价格不变时收益 R 与产量 Q 的关系，则收益 R 对产量 Q 的导数 $R'(Q)$ 乘产量 Q 与收益 R 的比值，即为收益对产量的弹性，表示在产量为 Q 时，若产量变动 1%，则收益变动 $R'(Q)\dfrac{Q}{R}$. 若其符号为正，表示二者同向变化；若其符号为负，表示二者反向变化.

例如，若收益函数为 $R(Q)=cQ-dQ^2$，则在产量为 Q 时，收益对产量的弹性为

$$R'(Q)\frac{Q}{R}=(c-2dQ)\frac{Q}{R}=\frac{c-2dQ}{c-dQ}$$

如前所述，若某产品的成本函数为 $C=C(Q)$，则厂商的利润函数为 $L(Q)=R(Q)-C(Q)$，那么厂商的利润弹性为

$$L'(Q)\frac{Q}{L}=[R'(Q)-C'(Q)]\frac{Q}{R(Q)-C(Q)}$$

表示在产量为 Q 时，若产量变动 1%，则厂商的利润变动为 $L'(Q)\dfrac{Q}{L}=[R'(Q)-C'(Q)]$ $\dfrac{Q}{R(Q)-C(Q)}$. 若其符号为正，表示二者同向变化；若其符号为负，表示二者反向变化.

三、增长率分析

在经济学中有时还要考察变量的变化率的变动速率（简称增长率），通常用变化率的百分比来表示，下面通过一个例题来说明其含义.

例5 在某产品的生产过程中，若产量 Q 是时间 t 的函数，即 $Q=Q(t)$，根据导数的定义易知，在时间 t 时产量 Q 的变化率为 $Q'(t)$，则在时间 t 时，产量的增长率就是 $\dfrac{Q'(t)}{Q(t)}$，它表示在时间 t 时产量 Q 增长的速率. 类似地，也可以考虑收益、利润、需求等的增长率，在此不再举例了.

习 题 3-5

1. 设某产品的成本函数为 $C=0.001Q^3-0.3Q^2+40Q+1000$，求当生产水平 $Q=50$ 时

的边际成本.

2. 已知某商品的反需求函数为 $P = 12 - \dfrac{Q}{10}$,求当产量为 50 时的边际收益和总收益.

3. 已知某商品的反需求函数为 $P = 12 - \dfrac{Q}{10}$,成本函数为 $C = Q - \dfrac{Q^2}{20}$,求当产量为 10 时的边际利润.

4. 求第 2 题中当价格 $P = 10$ 时需求对价格的弹性.

5. 求第 1 题中当生产水平 $Q = 50$ 时成本对产量的弹性.

6. 已知某产品的生产函数为 $Q = 50 + t^2$,求当 $t = 10$ 的增长率.

复 习 与 小 结

本章讲述了导数与微分的相关概念、性质、运算法则及其在经济中的应用. 导数是一元函数微分学中非常重要的一个概念,同时也是一个非常重要的研究函数的工具,因此本章内容具有承上启下的重要作用. 主要内容如下.

(1) 导数的概念、性质、运算法则:设函数 $y = f(x)$ 在点 x_0 的某邻域内有定义,当自变量 x_0 在该邻域内取得改变量 Δx 时(即 $x_0 + \Delta x$ 仍在该邻域内),对应函数改变量 $\Delta y = f(x_0 + \Delta x) - f(x_0)$,当 $\Delta x \to 0$ 时,极限

$$\lim_{\Delta x \to 0} \frac{\Delta y}{\Delta x} = \lim_{\Delta x \to 0} \frac{f(x_0 + \Delta x) - f(x_0)}{\Delta x}$$

存在,则称函数 $y = f(x)$ 在点 x_0 可导,此极限值称为函数 $y = f(x)$ 在点 x_0 处的导数 [或称为函数 $y = f(x)$ 在点 x_0 处的变化率]. 因此,导数实际上是当自变量的改变量趋近于零时,函数改变量与自变量改变量比值的极限,故极限的一些相关性质与导数的相关性质类似. 由函数在某一点处的导数的定义可以定义函数在一个区间上的导数,在此不重复了. 导数运算满足四则运算法则(在用除法法则时,要求分母上的函数值不能为零). 若一个函数是经过多次复合而成的,并且在对应点处所对应的函数可导,则该函数可导,其求导过程利用链式法则. 一个函数在某点连续是函数在该点可导的必要条件,即"可导必连续,连续不一定可导".

(2) 一个函数的导函数若仍可导,则可以利用导数来定义二阶导数,依次类推,可以定义高阶导数. 微分是一元函数微分学中的另一个重要概念,它要求一个函数当自变量改变量很小时,函数改变量可以用一个关于自变量的改变量的线性函数的函数变化量来近似. 导数表示函数在该点处的切线的斜率. 微分的几何意义则是:当函数自变量的改变量很小时,函数的变化量可以用该点的切线的纵坐标的改变量来近似. 在一元函数微分学中,可微与可导是等价的.

(3) 有的函数关系是用一个方程来确定的,这时可以利用隐函数求导法则. 该方法是直接对方程两端求关于自变量的导数,此时要注意因变量是自变量的函数,对于含有因变量的项要利用复合函数求导法则. 作为隐函数求导法则的一个应用,讲了对数求导法,这只是一种为了简化求导的方法. 由参数方程所确定的函数的求导法则为选学内容来讲述的,有兴趣的同学可以学习一下.

（4）讲述了导数在经济中的应用，主要讲述了利用导数来进行边际分析、弹性分析及求增长率．目的是为了让学生对导数的运用有所了解，增加学习兴趣，至于更多的导数在经济中的运用，可以参阅一些中、高级经济学或金融学方面的文献．

复 习 题 三

1. 单项选择题

（1）函数 $f(x)$ 在点 x_0 处连续是函数 $f(x)$ 在点 x_0 可导的（　　）．

A. 必要条件　　　　　　　　B. 充分条件

C. 充要条件　　　　　　　　D. 毫不相关

（2）函数 $y=f(x)$ 可微，则当 $\Delta x \to 0$ 时，$\Delta y - \mathrm{d}y$ 是 Δx 的（　　）．

A. 等价无穷小　　　　　　　B. 同价无穷小

C. 低阶无穷小　　　　　　　D. 高阶无穷小

（3）函数 $f(x)$ 在点 x_0 处可微是函数 $f(x)$ 在点 x_0 可导的（　　）．

A. 必要条件　　　　　　　　B. 充分条件

C. 充要条件　　　　　　　　D. 毫不相关

（4）若曲线 $y=\ln(1+2x)$ 在点 $x=x_0$ 处的切线平行于直线 $y=2x-3$，则 $x_0=$（　　）．

A. -1　　　　　B. 0　　　　　C. 1　　　　　D. 2

（5）若函数 $f(x)$ 在点 $x=3$ 处可导，则 $\lim\limits_{\Delta x \to 0} \dfrac{f(3-2\Delta x)-f(3)}{\Delta x}=$（　　）．

A. $f'(3)$　　　　B. $2f'(3)$　　　　C. $-f'(3)$　　　　D. $-2f'(3)$

（6）已知 $y=2\sin u$，$u=x^2+1$，则 $\dfrac{\mathrm{d}^2 y}{\mathrm{d}x^2}=$（　　）．

A. $2\cos(x^2+1)$　　　　　　　　B. $2\cos u$

C. $4\cos(x^2+1)-8x^2\sin(x^2+1)$　　D. $-2\sin^2(x^2+1)$

（7）极限 $\lim\limits_{x \to \mathrm{e}} \dfrac{\ln x-1}{x-\mathrm{e}}$ 的值为（　　）．

A. 1　　　　　B. e^{-1}　　　　　C. e　　　　　D. 0

（8）下列函数在 $x=0$ 处可导的是（　　）．

A. $y=|x|$　　　B. $y=\sqrt{x^2}$　　　C. $y=\ln|x|$　　　D. $y=|x+1|$

（9）已知 $f(x)=\begin{cases} \dfrac{\sin x}{x} & x \neq 0 \\ 0 & x=0 \end{cases}$，则下列说法正确的是（　　）．

A. $f(x)$ 在 $x=0$ 处不连续　　　　B. $f(x)$ 在 $x=0$ 处连续

C. $f(x)$ 在 $x=0$ 处可导　　　　　D. $f(x)$ 在 $x=0$ 处可微

（10）已知 $f(x)=x|x-2|$，则下列说法正确的是（　　）．

A. $f(x)$ 在 $(-\infty,+\infty)$ 上可导

B. $f(x)$ 在 $(-\infty,+\infty)$ 上存在左导数，但不存在右导数

C. $f(x)$ 在 $(-\infty,+\infty)$ 上存在右导数，但不存在左导数

D. $f(x)$ 在 $(-\infty, +\infty)$ 上连续

2. 下列各题中均假定 $f'(x_0)$ 存在，按导数的定义观察下列极限，并指出 a 表示什么.

(1) $\lim\limits_{\Delta x \to 0} \dfrac{f(x_0 - \Delta x) - f(x_0)}{\Delta x} = a$;

(2) $\lim\limits_{x \to 0} \dfrac{f(x)}{x} = a$ ，其中 $f(0) = 0$，且 $f'(0)$ 存在;

(3) $\lim\limits_{h \to 0} \dfrac{f(x_0 - h) - f(x_0 + h)}{h} = a$.

3. 求下列函数的导数：

(1) $y = 2x^5$;   (2) $y = \cos^3 x$;

(3) $y = (\arcsin 2x)^3$;   (4) $y = \dfrac{\cos 3x}{x^2}$;

(5) $y = \ln(\cos x + \tan x)$;   (6) $y = \ln \sin 2x$;

(7) $y = e^{2\arctan\sqrt{3x}}$;   (8) $y = e^{-\frac{x}{3}} \cdot \sin 5x$.

4. 如果 $f(x)$ 为偶函数，且 $f'(0)$ 存在，证明 $f'(0) = 0$.

5. 求曲线 $y = \cos x$ 上点 $\left(\dfrac{\pi}{3}, \dfrac{1}{2}\right)$ 处的切线方程.

6. 求由下列方程所确定的隐函数的导数：

(1) $xy^2 - e^{x+y} = 0$;   (2) $y = 3 - x^2 e^y$.

7. 求下列函数的二阶导数：

(1) $y = 5x^3 + \ln x$;   (2) $y = e^{3x-4}$.

8. 求下列函数的微分：

(1) $y = \dfrac{2}{x} + 3\sqrt{x}$;   (2) $y = x^2 \cos 3x$.

9. 已知某商品的需求函数为 $Q = 12 - \dfrac{P}{2}$，求该商品的边际需求函数和弹性函数.

10. 已知某产品的生产函数为 $Q = \ln(1 + t^2)$，求 $t = 2$ 时的增长率.

第四章 中值定理与导数应用

第三章介绍了导数的概念以及求导数的方法．本章先引入导数应用的理论基础拉格朗日中值定理，后面几节利用导数研究函数的有关性质，即函数的单调性、极值及曲线的凸凹性与拐点等．

第一节 中值定理与罗必塔法则

一、拉格朗日中值定理

拉格朗日中值定理 如果函数 $y=f(x)$ 在闭区间 $[a，b]$ 上连续，在开区间 $(a，b)$ 内可导，则在 $(a，b)$ 内至少存在一点 $\xi(a<\xi<b)$，使得

$$f'(\xi)=\frac{f(b)-f(a)}{b-a}$$

或

$$f(b)-f(a)=f'(\xi)(b-a)$$

这个定理的正确性可以用图 4-1 直观地反映出来．$\dfrac{f(b)-f(a)}{b-a}$ 正是曲线两端点所成的弦 AB 的斜率，而曲线弧上至少存在一点 $[\xi，f(\xi)]$，过该点的切线平行于弦 AB，即斜率相等，而该点切线斜率为 $f'(\xi)$，所以有 $f'(\xi)=\dfrac{f(b)-f(a)}{b-a}$．

例 1 若函数 $y=f(x)$ 在闭区间 $[a，b]$ 上连续，在开区间 $(a，b)$ 内可导，且 $f(a)=f(b)$．求证在 $(a，b)$ 内至少有一点 ξ，使得 $f'(\xi)=0$．

证 由于函数 $y=f(x)$ 在闭区间 $[a，b]$ 上连续，在开区间 $(a，b)$ 内可导，所以它满足拉格朗日中值定理的条件，则在 $(a，b)$ 内至少有一点 ξ，使得

$$f'(\xi)=\frac{f(b)-f(a)}{b-a}$$

已知 $f(a)=f(b)$，所以 $f(b)-f(a)=0$，即 $f'(\xi)=0$．

这是拉格朗日中值定理的特殊情形——罗尔中值定理，参见图 4-2.

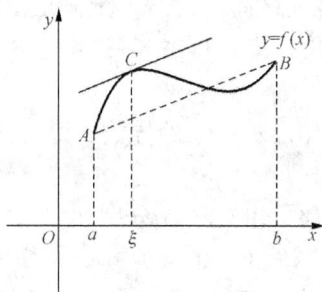

图 4-1

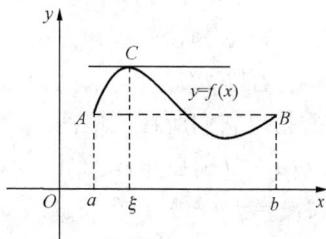

图 4-2

由拉格朗日中值定理可得如下两个推论:

推论 1　如果函数 $f(x)$ 在区间 (a, b) 内任意一点的导数 $f'(x)$ 都等于零,则 $f(x)$ 在区间 (a, b) 内是一个常数.

证　设 x_1、x_2 是区间 (a, b) 内任意两点,并且 $x_1 < x_2$,则函数 $f(x)$ 在区间 $[x_1, x_2]$ 上满足拉格朗日中值定理的条件,故有

$$f(x_2) - f(x_1) = f'(\xi)(x_2 - x_1), \ \xi \in (x_1, x_2)$$

由假设可知,$f'(\xi) = 0$,所以 $f(x_2) = f(x_1)$. 这表明区间 (a, b) 内任意两点的函数值都相等,所以 $f(x)$ 在区间 (a, b) 内是一个常数.

推论 2　如果函数 $f(x)$ 与 $g(x)$ 在区间 (a, b) 内每一点的导数都相等,则 $f(x)$ 与 $g(x)$ 在 (a, b) 内至多相差一个常数.

证　令 $h(x) = f(x) - g(x)$,则 $h'(x) = f'(x) - g'(x) = 0$,所以

$$h(x) = C, \ \text{即} \ f(x) = g(x) + C$$

例 2　设 $f(x) = 3x^2 - 2x$,$x \in [0, 1]$,求使拉格朗日中值定理结论成立的 ξ.

解　在 $[0, 1]$ 上 $f(x)$ 满足拉格朗日中值定理,$f(0) = 0$,$f(1) = 1$,$f'(x) = 6x - 2$.

由中值定理,有 $1 - 0 = 6\xi - 2$,即 $\xi = \dfrac{1}{2} \in (0, 1)$.

例 3　证明恒等式 $\arcsin x + \arccos x = \dfrac{\pi}{2}$,$x \in [-1, 1]$.

证　设 $f(x) = \arcsin x + \arccos x$,则导数

$$f'(x) = \frac{1}{\sqrt{1 - x^2}} - \frac{1}{\sqrt{1 - x^2}} = 0, \ x \in (-1, 1)$$

根据推论 1 可知,在区间 $(-1, 1)$ 内有

$$f(x) = \arcsin x + \arccos x = C$$

令 $x = 0$,可得 $f(0) = \arcsin 0 + \arccos 0 = 0 + \dfrac{\pi}{2} = C$,即 $C = \dfrac{\pi}{2}$,于是 $\arcsin x + \arccos x = \dfrac{\pi}{2}$,$x \in (-1, 1)$. 又因为当 $x = -1$ 和 $x = 1$ 时,上式也成立,故有

$$\arcsin x + \arccos x = \frac{\pi}{2}, \ x \in [-1, 1]$$

例 4　证明当 $x > 1$ 时,$e^x > e \cdot x$.

证　设 $f(x) = e^x$,则对任意的 $x > 1$,$f(x)$ 在闭区间 $[1, x]$ 上满足拉格朗日中值定理的条件,且 $f'(x) = e^x$. 因此,$e^x - e^1 = (x - 1)e^\xi$,其中 $1 < \xi < x$. 由于 $e^\xi > e^1$,所以 $e^x - e > (x - 1) e = e \cdot x - e$ 于是 $e^x > e \cdot x$.

例 5　不求出函数 $f(x) = (x - 1)(x - 2)(x - 3)(x - 4)$ 的导数,说明方程 $f'(x) = 0$ 有几个实根,并指出它们所在的区间.

解　函数 $f(x)$ 分别在 $[1, 2]$、$[2, 3]$、$[3, 4]$ 上连续,分别在 $(1, 2)$、$(2, 3)$、$(3, 4)$ 使 $f'(\xi_1) = f'(\xi_2) = f'(\xi_3) = 0$,即方程 $f'(x) = 0$ 至少有 3 个实根,又因方程 $f'(x) = 0$ 为三次方程,故它至多有 3 个实根. 因此方程 $f'(x) = 0$ 有且仅有 3 个实根,它们分别位于区间 $(1, 2)$、$(2, 3)$、$(3, 4)$ 内.

二、罗必塔法则

在第二章曾给出一些求未定式极限的方法. 下面介绍利用导数求这类极限的法则——罗必塔法则.

定义 如果函数 $f(x)$ 与 $g(x)$ 满足下列条件：

(1) $\lim\limits_{x \to x_0} f(x) = 0(或 \infty)$，$\lim\limits_{x \to x_0} g(x) = 0(或 \infty)$；

(2) 在点 x_0 的某个去心邻域内，$f'(x)$ 及 $g'(x)$ 都存在，且 $g'(x) \neq 0$；

(3) $\lim\limits_{x \to x_0} \dfrac{f'(x)}{g'(x)} = A(或 \infty)$.

则有 $\lim\limits_{x \to x_0} \dfrac{f(x)}{g(x)} = \lim\limits_{x \to x_0} \dfrac{f'(x)}{g'(x)} = A(或 \infty)$，称为罗必塔法则.

例 6 求 $\lim\limits_{x \to 0} \dfrac{x^2 - x}{e^x - 1}$.

解 此例是 $\dfrac{0}{0}$ 型未定式

$$\lim_{x \to 0} \frac{x^2 - x}{e^x - 1} = \lim_{x \to 0} \frac{(x^2 - x)'}{(e^x - 1)'} = \lim_{x \to 0} \frac{2x - 1}{e^x} = -1$$

例 7 求 $\lim\limits_{x \to 0^+} \dfrac{\ln\cot x}{\ln x}$.

解 此例是 $\dfrac{\infty}{\infty}$ 型未定式

$$\lim_{x \to 0^+} \frac{\ln\cot x}{\ln x} = \lim_{x \to 0^+} \frac{\frac{1}{\cot x}(-\csc^2 x)}{\frac{1}{x}} = \lim_{x \to 0^+} \frac{-x}{\sin x \cos x} = -1$$

对于 $x \to \infty$ 时的 $\dfrac{0}{0}$ 或 $\dfrac{\infty}{\infty}$ 型未定式，罗必塔法则同样有效.

例 8 求 $\lim\limits_{x \to +\infty} \dfrac{\frac{\pi}{2} - \arctan x}{\frac{1}{x}}$.

解 $$\lim_{x \to +\infty} \frac{\frac{\pi}{2} - \arctan x}{\frac{1}{x}} = \lim_{x \to +\infty} \frac{-\frac{1}{1+x^2}}{-\frac{1}{x^2}} = \lim_{x \to +\infty} \frac{x^2}{1+x^2} = 1$$

例 9 求 $\lim\limits_{x \to +\infty} \dfrac{x^2 + 1}{e^x}$.

解 $$\lim_{x \to +\infty} \frac{x^2 + 1}{e^x} = \lim_{x \to +\infty} \frac{2x}{e^x} = \lim_{x \to +\infty} \frac{2}{e^x} = 0$$

由例 7 可知，如果在第一次使用罗必塔法则之后，所得的极限式仍然满足罗必塔法则的条件，那么可以继续应用罗必塔法则求解.

除了 $\dfrac{0}{0}$ 或 $\dfrac{\infty}{\infty}$ 型未定式之外，还有 $0\cdot\infty$ 型、$\infty-\infty$ 型、0^0 型、1^∞ 型、∞^0 型等未定式.

对于这些类型的未定式，均可通过适当的变形转化为 $\dfrac{0}{0}$ 或 $\dfrac{\infty}{\infty}$ 型未定式，然后用罗必塔法则求解.

例 10   求 $\lim\limits_{x\to 0}x^2\mathrm{e}^{\frac{1}{x^2}}$.

解   此例是 $0\cdot\infty$ 型未定式，选取 x^2 变形为分母，得

$$\lim_{x\to 0}x^2\mathrm{e}^{\frac{1}{x^2}}=\lim_{x\to 0}\frac{\mathrm{e}^{\frac{1}{x^2}}}{\dfrac{1}{x^2}}=\lim_{x\to 0}\frac{\mathrm{e}^{\frac{1}{x^2}}\left(-\dfrac{2}{x^3}\right)}{-\dfrac{2}{x^3}}=\lim_{x\to 0}\mathrm{e}^{\frac{1}{x^2}}=\infty$$

例 11   求 $\lim\limits_{x\to 1}\left(\dfrac{1}{\ln x}-\dfrac{x}{x-1}\right)$.

解   此例是 $\infty-\infty$ 型未定式，通分变形后可得

$$\lim_{x\to 1}\left(\frac{1}{\ln x}-\frac{x}{x-1}\right)=\lim_{x\to 1}\frac{x-1-x\ln x}{(x-1)\ln x}=\lim_{x\to 1}\frac{1-\ln x-1}{\ln x+\dfrac{x-1}{x}}$$

$$=\lim_{x\to 1}\frac{-x\ln x}{x\ln x+x-1}=\lim_{x\to 1}\frac{-\ln x-1}{\ln x+1+1}=-\frac{1}{2}$$

对于 0^0 型、1^∞ 型、∞^0 型未定式可通过恒等变形转化为关于指数的 $0\cdot\infty$ 型，进而转化为 $\dfrac{0}{0}$ 或 $\dfrac{\infty}{\infty}$ 型未定式，然后利用指数函数的连续性求原问题的极限.

例 12   求 $\lim\limits_{x\to 0^+}x^{\sin x}$.

解   此例是 0^0 型未定式，恒等变形为

$$x^{\sin x}=\mathrm{e}^{\ln x^{\sin x}}=\mathrm{e}^{\sin x\ln x}$$

由 $\lim\limits_{x\to 0^+}\sin x\ln x=\lim\limits_{x\to 0^+}\dfrac{\ln x}{\csc x}=\lim\limits_{x\to 0^+}\dfrac{\dfrac{1}{x}}{-\csc x\cot x}=\lim\limits_{x\to 0^+}\dfrac{\sin x}{x}(-\tan x)=0$， 求得

$$\lim_{x\to 0^+}x^{\sin x}=\lim_{x\to 0^+}\mathrm{e}^{\sin x\ln x}=\mathrm{e}^{\lim\limits_{x\to 0^+}\sin x\ln x}=\mathrm{e}^0=1$$

注：罗必塔法则是充分的，但不是必要的，该法则失效时极限仍有可能存在.

例 13   求 $\lim\limits_{x\to+\infty}\dfrac{x}{\sqrt{1+x^2}}$.

解 $\lim\limits_{x\to+\infty}\dfrac{x}{\sqrt{1+x^2}}=\lim\limits_{x\to+\infty}\dfrac{\sqrt{1+x^2}}{x}=\lim\limits_{x\to+\infty}\dfrac{x}{\sqrt{1+x^2}}=\cdots$

出现循环而无法判定极限的情况，罗必塔法则失效. 但是此例的极限是存在的，可以通

过下面的方法求得

$$\lim_{x \to +\infty} \frac{x}{\sqrt{1+x^2}} = \lim_{x \to +\infty} \frac{1}{\sqrt{\frac{1}{x^2}+1}} = 1$$

习 题 4-1

1. 下列函数在给定区间上是否满足拉格朗日中值定理的条件? 如果满足, 求出定理中的 ξ 值.

(1) $f(x) = \ln x$, $[1, 2]$;

(2) $f(x) = \sqrt{x}$, $[1, 4]$;

(3) $f(x) = \arctan x$, $[0, 1]$;

(4) $f(x) = x^3 - 5x^2 + x - 2$, $[-1, 0]$.

*2. 证明下列不等式:

(1) $|\arctan x_2 - \arctan x_1| \leqslant |x_2 - x_1|$;　　(2) $\dfrac{x}{1+x} < \ln(1+x) < x$, $(x>0)$.

*3. 设 $a > b > 0$, 证明 $\dfrac{a-b}{a} < \ln \dfrac{a}{b} < \dfrac{a-b}{b}$.

*4. 设 $f(x)$ 在 $[0, a]$ 上连续, 在 $(0, a)$ 内可导, 且 $f(a) = 0$. 证明存在一点 $\xi \in (0, a)$, 使 $f(\xi) + \xi f'(\xi) = 0$.

5. 利用罗必塔法则求下列极限:

(1) $\lim\limits_{x \to 0} \dfrac{\sin ax}{\sin bx}$ $(b \neq 0)$;

(2) $\lim\limits_{x \to 0} \dfrac{e^x - \cos x}{x \sin x}$;

(3) $\lim\limits_{x \to +\infty} \dfrac{\ln\left(1+\dfrac{1}{x}\right)}{\text{arccot}\, x}$;

(4) $\lim\limits_{x \to +\infty} \dfrac{\dfrac{\pi}{2} - \arctan x}{\dfrac{1}{x}}$;

(5) $\lim\limits_{x \to \frac{\pi}{2}} \dfrac{\tan x}{\tan 3x}$;

(6) $\lim\limits_{x \to 0^+} \sin x \ln x$;

(7) $\lim\limits_{x \to \frac{\pi}{2}} (\sec x - \tan x)$;

(8) $\lim\limits_{x \to 0^+} (\tan x)^{\sin x}$.

第二节　函数的单调性与极值

一、函数的单调性

前面已经介绍过函数单调性的定义, 然而直接根据定义判别函数的单调性是比较复杂的, 下面利用导数来判别函数的单调性.

首先从几何上分析函数的单调性与导数的关系.

由图 4-3 可以看出, 如果函数 $y = f(x)$ 在区间 $[a, b]$ 上单调递增 (或单调递减), 那么曲线上各点处的切线的倾角都是锐角 (或是钝角), 即切线斜率大于零 (或小于零), 由此可见，函数的单调性与导数有密切关系.

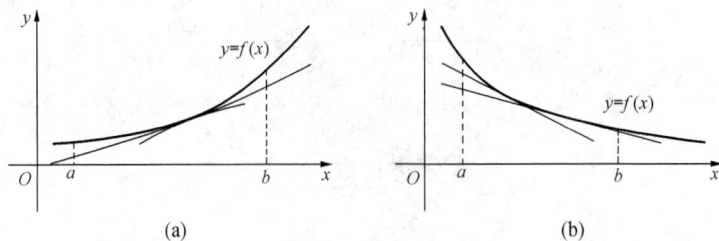

图 4 - 3

定理 1　设函数 $y = f(x)$ 在区间 (a, b) 内可导，则：

(1) 如果 $x \in (a, b)$ 时，恒有 $f'(x) > 0$，则函数在区间 (a, b) 内单调增加；

(2) 如果 $x \in (a, b)$ 时，恒有 $f'(x) < 0$，则函数在区间 (a, b) 内单调减少.

证　对于任意两点 x_1、$x_2 \in (a, b)$，设 $x_1 < x_2$，则 $f(x)$ 在区间 $[x_1, x_2]$ 上满足拉格朗日中值定理的条件，故存在 $\xi \in (x_1, x_2)$，使得

$$f(x_2) - f(x_1) = f'(\xi)(x_2 - x_1)$$

在 (1) 所设条件下，$f'(\xi) > 0$，且 $x_2 - x_1 > 0$，于是恒有

$$f(x_1) < f(x_2), \quad a < x_1 < x_2 < b$$

所以 $f(x)$ 在区间 (a, b) 内单调增加.

类似可证 (2) 的情况.

例 1　当 $x \in (0, 2\pi)$ 时，证明 $\sin x < x$.

证　令 $f(x) = x - \sin x$，则 $f'(x) = 1 - \cos x > 0$，即 $f(x)$ 为单调增函数.

又因 $f(0) = 0$，即对于 $x > 0$，有 $f(x) > f(0) = 0$，亦即 $x - \sin x > 0$，故 $\sin x < x$.

例 2　讨论函数 $f(x) = 3x - x^3$ 的单调性.

解　函数 $f(x) = 3x - x^3$ 的定义域为 $(-\infty, +\infty)$，其导数为

$$f'(x) = 3 - 3x^2 = 3(1 - x)(1 + x)$$

令 $f'(x) = 0$，得 $x = \pm 1$，据此，把定义域 $(-\infty, +\infty)$ 分成 3 个部分区间，在每个部分区间内确定 $f'(x)$ 的符号，判定函数的单调性. 现列表讨论如下（见表 4 - 1）.

表 4 - 1

x	$(-\infty, -1)$	-1	$(-1, 1)$	1	$(1, +\infty)$
$f'(x)$	$-$	0	$+$	0	$-$
$y = f(x)$	↘		↗		↘

所以，函数 $f(x) = 3x - x^3$ 在区间 $(-\infty, -1)$ 及 $(1, +\infty)$ 内单调减少，在区间 $(-1, 1)$ 内单调增加. 称 $(-\infty, -1)$、$(1, +\infty)$ 为单调减少区间，$(-1, 1)$ 为单调增加区间，统称单调区间.

表 4 - 1 中符号 "↘" 表示函数单调减少，"↗" 表示函数单调增加.

由例 2 可见，函数 $f(x) = 3x - x^3$ 在其定义域内并不具有单调性，但是将区间适当划分，在各部分区间上函数是单调的.

通常称满足导数 $f'(x) = 0$ 的点为函数 $f(x)$ 的驻点.

例 3　确定函数 $f(x) = \sqrt[3]{x^2}$ 的单调区间.

解　函数 $f(x)=\sqrt[3]{x^2}$ 的定义域为 $(-\infty, +\infty)$，其导数为 $f'(x)=\dfrac{2}{3\sqrt[3]{x}}$.

在 $x=0$ 处，$f'(x)$ 不存在. 据此对定义域 $(-\infty, +\infty)$ 分段讨论（见表 4 - 2）.

表 4 - 2

x	$(-\infty, 0)$	0	$(0, +\infty)$
$f'(x)$	$-$	不存在	$+$
$y=f(x)$	↘		↗

所以 $(-\infty, 0)$ 是函数 $f(x)$ 的单调减少区间，$(0, +\infty)$ 是函数 $f(x)$ 的单调增加区间.

通常将函数 $f(x)$ 在定义域内的驻点及使导数不存在的点统称为函数 $f(x)$ 的极值可疑点. 由前面的例题可知，可疑点可能是函数单调区间的分界点.

应当指出，函数的可疑点究竟是否为函数单调区间的分界点，取决于该点两侧的导数是否异号.

例 4　判别函数 $f(x)=x^3$ 的单调性.

解　函数 $f(x)=x^3$ 的定义域为 $(-\infty, +\infty)$，其导数为
$$f'(x)=3x^2 \geqslant 0$$
除了驻点 $x=0$ 以外，均有 $f'(x)>0$，故 $f(x)=x^3$ 在 $(-\infty, +\infty)$ 内单调增加.

综上所述，确定可导函数的单调区间的步骤归纳如下：

（1）确定函数的定义域；

（2）求出定义区间内全部极值可疑点；

（3）用极值可疑点将定义域分为若干个子区间，列表判断 $f'(x)$ 在各个子区间的符号，从而确定函数在各个子区间的单调性.

二、函数的极值

1. 函数极值的定义

定义　设函数 $f(x)$ 在点 x_0 的某邻域内有定义，对于该邻域内异于点 x_0 的任意点 x，如果恒有 $f(x)<f(x_0)$，则称 $f(x_0)$ 为函数 $f(x)$ 的极大值，称点 x_0 为函数 $f(x)$ 的极大值点；如果恒有 $f(x)>f(x_0)$，则称 $f(x_0)$ 为函数 $f(x)$ 的极小值，称点 x_0 为函数 $f(x)$ 的极小值点.

函数的极大值和极小值统称为极值，极大值点和极小值点统称为极值点.

在图 4 - 4 中，$f(C_1)$、$f(C_4)$ 是函数 $f(x)$ 的极大值，C_1、C_4 是 $f(x)$ 的极大值点；$f(C_2)$、$f(C_5)$ 是函数 $f(x)$ 的极小值，C_2、C_5 是 $f(x)$ 的极小值点.

由定义可知，极值反映了函数的局部特性. 因此，在指定区间内，一个函数可能有多

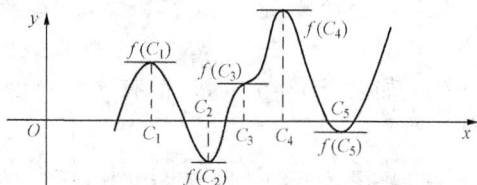

图 4 - 4

个极大值或极小值；某处的极大值还有可能小于另一处的极小值，并且极值只可能在区间的内部取得.

2. 函数极值的判定与求法

由图 4 - 4 可以看出，可导函数在取得极值处曲线的切线都是水平的，即在极值点有

$f'(x)=0$，但是有水平切线的地方，即 $f'(x)=0$ 对应的点，函数不一定取得极值. 如图 4-4 中点 $[C_3, f(C_3)]$ 处，曲线的切线是水平的，但 $f(C_3)$ 却不是极值. 下面介绍函数取得极值的必要条件和充分条件.

定理 2 （极值存在的必要条件）如果 $f(x)$ 在点 x_0 处可导，且在点 x_0 处取得极值，则 $f'(x_0)=0$.

证 不妨设 $f(x_0)$ 是极大值，存在点 x_0 的某个邻域，在该邻域内恒有

$$f(x_0+\Delta x) < f(x_0)$$

当 $\Delta x > 0$ 时，有 $\dfrac{f(x_0+\Delta x)-f(x_0)}{\Delta x} < 0$，因此

$$f'_+(x_0) = \lim_{\Delta x \to 0^+} \frac{f(x_0+\Delta x)-f(x_0)}{\Delta x} \leqslant 0$$

当 $\Delta x < 0$ 时，有 $\dfrac{f(x_0+\Delta x)-f(x_0)}{\Delta x} > 0$，因此

$$f'_-(x_0) = \lim_{\Delta x \to 0^-} \frac{f(x_0+\Delta x)-f(x_0)}{\Delta x} \geqslant 0$$

由定理所设条件知 $f'(x_0)$ 存在，则应有 $f'(x_0)=f'_-(x_0)=f'_+(x_0)$，所以 $f'(x_0)=0$. 同理可证极小值的情况.

上述定理表明，在可导的情况下，函数的极值点必是驻点. 但是驻点未必是函数的极值点. 例如，函数 $f(x)=x^3$ 在驻点 $x=0$ 处没有极值.

此外，在一般的情况下，函数的极值点也可能是不可导点，但不可导点也未必是函数的极值点. 例如，函数 $f(x)=x^{\frac{2}{3}}$ 在不可导点 $x=0$ 处取得极小值，而函数 $f(x)=x^{\frac{1}{3}}$ 在不可导点 $x=0$ 处没有极值.

由以上的分析可知，函数的极值点只可能是驻点或不可导点，即可疑点，但可疑点究竟是不是函数的极值点，还需做进一步的判别.

定理 3 （极值存在的第一充分条件）设函数 $f(x)$ 在点 x_0 的某个邻域内可导，且 $f'(x_0)=0$，或 $f(x)$ 在点 x_0 的某一邻域内连续，并在点 x_0 的某去心邻域内可导，且 $f'(x_0)$ 不存在. 对于该邻域内异于点 x_0 的任何点 x：

（1）如果当 $x < x_0$ 时，$f'(x) > 0$；当 $x > x_0$ 时，$f'(x) < 0$，则函数 $f(x)$ 在点 x_0 处取得极大值.

（2）如果当 $x < x_0$ 时，$f'(x) < 0$；当 $x > x_0$ 时，$f'(x) > 0$，则函数 $f(x)$ 在点 x_0 处取得极小值.

（3）如果当 $x \neq x_0$ 时，恒有 $f'(x) > 0$ 或 $f'(x) < 0$，则函数 $f(x)$ 在点 x_0 处没有极值.

证 设 x 为 x_0 的去心邻域内的任意点. 在以 x 与 x_0 为端点的闭区间上应用拉格朗日中值定理，可得

$$f(x)-f(x_0)=f'(\xi)(x-x_0) \quad (\xi \text{ 介于 } x \text{ 与 } x_0 \text{ 之间})$$

在（1）所设条件下：

当 $x < \xi < x_0$ 时，有 $f'(\xi) > 0$ 及 $x-x_0 < 0$；

当 $x_0 < \xi < x$ 时，有 $f'(\xi) < 0$ 及 $x-x_0 > 0$.

于是当 $x \neq x_0$ 时，恒有 $f(x) - f(x_0) = f'(\xi)(x - x_0) < 0$，即 $f(x) < f(x_0)$，故函数 $f(x)$ 在点 x_0 处取得极大值.

类似地可以证明其他两种情形.

例 5　求函数 $f(x) = x^3 - 3x^2 + 7$ 的极值.

解　函数 $f(x) = x^3 - 3x^2 + 7$ 的定义域为 $(-\infty, +\infty)$，且
$$f'(x) = 3x^2 - 6x = 3x(x - 2)$$
令 $f'(x) = 0$，得驻点 $x_1 = 0$、$x_2 = 2$，列表见表 4 - 3.

表 4 - 3

x	$(-\infty, 0)$	0	$(0, 2)$	2	$(2, +\infty)$
$f'(x)$	+	0	−	0	+
$f(x)$	↗	极大值 7	↘	极小值 3	↗

由表 4 - 3 可知，函数在 $x = 0$ 处取得极大值 $f(0) = 7$，在 $x = 2$ 处取得极小值 $f(2) = 3$.

例 6　求函数 $f(x) = x - \dfrac{3}{2} x^{\frac{2}{3}}$ 的极值.

解　函数 $f(x) = x - \dfrac{3}{2} x^{\frac{2}{3}}$ 的定义域为 $(-\infty, +\infty)$，且

$$f'(x) = 1 - x^{-\frac{1}{3}} = \frac{\sqrt[3]{x} - 1}{\sqrt[3]{x}}$$

可得驻点 $x = 1$，不可导点 $x = 0$. 列表见表 4 - 4.

表 4 - 4

x	$(-\infty, 0)$	0	$(0, 1)$	1	$(1, +\infty)$
$f'(x)$	+	不存在	−	0	+
$f(x)$	↗	极大值 0	↘	极小值 $-\dfrac{1}{2}$	↗

由表 4 - 4 可知，函数在 $x = 0$ 处取得极大值 $f(0) = 0$，在 $x = 1$ 处取得极小值 $f(1) = -\dfrac{1}{2}$.

当函数在驻点处存在二阶导数且不为零时，有如下判定定理.

定理 4　（极值存在的第二充分条件）设函数 $f(x)$ 在点 x_0 处的一阶导数 $f'(x_0) = 0$，二阶导数存在且 $f''(x_0) \neq 0$，则：

(1) 如果 $f''(x_0) < 0$，则函数 $f(x)$ 在点 x_0 处取得极大值；

(2) 如果 $f''(x_0) > 0$，则函数 $f(x)$ 在点 x_0 处取得极小值.

证明略.

例 7　求函数 $f(x) = x^3 - 3x^2 - 9x - 5$ 的极值.

解　由题意，有
$$f'(x) = 3x^2 - 6x - 9 = 3(x - 3)(x + 1)$$
$$f''(x) = 6x - 6 = 6(x - 1)$$
令 $f'(x) = 0$，得驻点 $x_1 = -1$，$x_2 = 3$. 于是

$$f''(-1)=-12<0, \ f''(3)=12>0$$

则得 $f(-1)=0$ 为极大值，$f(3)=-32$ 为极小值.

注意：当函数在驻点处的二阶导数等于零时，定理 4 失效. 此时函数在驻点处可能取得极值，也可能没有极值.

三、函数的最大值与最小值

已知在闭区间上连续的函数一定存在最大值和最小值. 与函数极值的局部性概念不同，最大值和最小值是整体性概念，是相对于整个区间上的函数值比较而言的.

一般来说，函数在给定区间上的最大值与最小值可能在区间内部的点取得，也可能在区间的端点取得. 容易知道，如果函数的最大值或最小值在区间内部的点取得，则整个区间上的最大值或最小值一定也是局部范围内的极大值或极小值，而函数只可能在极值可疑点处取得极值. 因此，对于闭区间上连续的函数，可以通过比较函数在极值可疑点以及区间端点处函数值的大小，求得函数在区间上的最大值与最小值.

例 8　求函数 $f(x)=2x^3+3x^2-12x+14$ 在区间 $[-3,4]$ 上的最大值与最小值.

解　由 $f(x)$ 的导数 $f'(x)=6x^2+6x-12=6(x+2)(x-1)$ 得驻点 $x=-2$、$x=1$. 计算驻点及区间端点处的函数值，有

$$f(-2)=34, \ f(1)=7, \ f(-3)=23, \ f(4)=142$$

所以 $f(x)$ 在区间 $[-3,4]$ 上的最大值为 $f(4)=142$，最小值为 $f(1)=7$.

关于函数的最大值与最小值，还有以下两种特殊情况：

(1) 如果函数在闭区间上单调增加（或单调减少），则函数在区间的左端点（或右端点）处取得最小值，在区间的右端点（或左端点）处取得最大值.

(2) 如果可导函数 $f(x)$ 在区间（有限或无限，开或闭）内有且仅有一个极大值，而没有极小值，则此极大值就是函数 $f(x)$ 在该区间的最大值. 同样的如果可导函数 $f(x)$ 在区间内有且仅有一个极小值，而没有极大值，则此极小值就是函数 $f(x)$ 在该区间的最小值. 很多实际问题就属于这种类型.

例 9　将边长为 a 的一块正方形铁皮的四角各截去相同的小正方形，把四边折起来做成一个无盖的方盒. 问截去的小正方形边长为多少时，可使盒子的容积最大？

解　设所截小正方形的边长为 x，则折成的盒子的体积为

$$v=(a-2x)^2 x, \ x \in \left(0, \frac{a}{2}\right)$$

则
$$v'=(a-2x)(a-6x)$$

令 $v'=0$，在区间 $\left(0, \frac{a}{2}\right)$ 内，只有一个驻点 $x=\frac{a}{6}$

$$v''=24x-8a, \ v''\left(\frac{a}{6}\right)=-4a<0$$

所以当 $x=\frac{a}{6}$ 时，容积有最大值为 $v\left(\frac{a}{6}\right)=\frac{2}{27}a^3$.

习 题 4-2

1. 求下列函数的单调区间：

(1) $y = 3x - x^2$; (2) $y = 2x^2 - \ln x$;

(3) $y = \sqrt{2x - x^2}$; (4) $y = \dfrac{x^2 - 1}{x}$.

2. 求下列函数的极值:

(1) $y = 2x^3 - x^4$; (2) $y = \dfrac{2x}{1 + x^2}$;

(3) $y = \dfrac{(\ln x)^2}{x}$; (4) $y = \arctan x - \dfrac{1}{2}\ln(1 + x^2)$;

(5) $y = x + \tan x$; (6) $y = 2e^x + e^{-x}$;

(7) $y = \dfrac{x^3}{(x - 1)^2}$; (8) $y = (x - 3)^2(x - 2)$.

3. 设函数 $f(x) = a\ln x + bx^2 + x$ 在 $x = 1$、$x = 2$ 处取得极值, 试确定 a、b 的值, 并说明 $f(1)$、$f(2)$ 是极大值还是极小值.

4. 求下列函数在给定区间上的最大值与最小值:

(1) $y = x^4 - 2x^2 + 5$, $[-2, 2]$;

(2) $y = x + \sqrt{x}$, $[0, 4]$;

(3) $y = \dfrac{x - 1}{x + 1}$, $[0, 4]$;

(4) $y = \ln(x^2 + 1)$, $[-1, 2]$.

5. 制造一个容积为 v 的无盖圆柱形容器, 如何设计可使所用材料最省?

6. 用一根长为 l 的绳子围成一个矩形, 问怎样围可使矩形面积最大?

第三节　最值在经济中的应用

在经济应用问题中, 经常会遇到求最大值和最小值的问题, 如企业在经营活动中往往希望用料最省、产量最高、成本最小、利润最大等, 这类问题在数学上可归结为求某个函数的最大值和最小值的问题. 本节介绍函数最值在经济效益最优化方面的若干应用. 为了方便起见, 以下假定有关函数均在给定的区间内可导.

一、最小平均成本

在一定的生产条件下, 产品的平均成本与产品的产量有关, 现讨论使平均成本达到最小的条件.

设产品的成本函数为 $C = C(Q)$, 则平均成本函数为 $\overline{C}(Q) = \dfrac{C(Q)}{Q}$, $Q \in (0, +\infty)$.

由平均成本函数的导数 $\overline{C}'(Q) = \dfrac{C'(Q)Q - C(Q)}{Q^2}$, 可知在 $\overline{C}(Q)$ 的驻点 Q_0 处有

$$C'(Q_0) = \dfrac{C(Q_0)}{Q_0} = \overline{C}(Q_0).$$

因此, 当产品的平均成本达到最小时, 产品的边际成本应等于平均成本.

如果 $\overline{C}(Q)$ 的驻点 Q_0 是唯一的, 并且由 $\overline{C}(Q)$ 的二阶导数

$$\overline{C}''(Q) = \frac{C''(Q)Q^2 - 2[C'(Q)Q - C(Q)]}{Q^3}$$

有

$$\overline{C}''(Q_0) = \frac{C''(Q_0)}{Q_0} > 0$$

则 $\overline{C}(Q)$ 在点 Q_0 处取得最小值. 此时产品的平均成本确实达到最小.

例 1 已知某商品的成本函数为 $C(Q) = 80 + \dfrac{Q^2}{5}$（元），求：

(1) 当 $Q = 10$ 时的总成本、平均成本及边际成本；

(2) 产量 Q 为多少时，平均成本最小；

(3) 最小平均成本.

解 (1) 由 $C(Q) = 80 + \dfrac{Q^2}{5}$，$\overline{C}(Q) = \dfrac{80}{Q} + \dfrac{Q}{5}$，$C'(Q) = \dfrac{2}{5}Q$，可知当 $Q = 10$ 时，总成本 $C(10) = 100$（元），平均成本 $\overline{C}(10) = 10$（元），边际成本 $C'(10) = 4$（元）.

(2) $\overline{C}' = -\dfrac{80}{Q^2} + \dfrac{1}{5}$，$\overline{C}'' = \dfrac{160}{Q^3}$，令 $\overline{C}' = 0$，得 $Q = 20$，$\overline{C}''(20) > 0$，所以 $Q = 20$ 时，平均成本最小.

(3) 平均成本最小是 $\overline{C}(20) = \dfrac{80}{20} + \dfrac{20}{5} = 8$（元）.

二、最大利润

在一定的生产和需求条件下，产品的利润与产品的产量及价格有关. 现讨论使利润达到最大的条件.

设产品的需求函数为

$$Q = f(P) \ \text{或} \ P = \tilde{f}(Q)$$

成本函数为

$$C = C(Q)$$

假定产品可以全部卖出，则产品的收益函数为 $R = R(Q) = Q\tilde{f}(Q)$.

利润函数为

$$L = L(Q) = R(Q) - C(Q)$$

由利润函数的导数

$$L'(Q) = R'(Q) - C'(Q)$$

可知在 $L(Q)$ 的驻点 Q_0 处有

$$R'(Q_0) = C'(Q_0)$$

因此，当产品的利润达到最大时，产品的边际收益应等于边际成本.

如果 $L(Q)$ 的驻点 Q_0 是唯一的，并且由 $L(Q)$ 的二阶导数 $L''(Q) = R''(Q) - C''(Q)$，有

$$L''(Q_0) = R''(Q_0) - C''(Q_0) < 0$$

则 $L(Q)$ 在点 Q_0 处取得最大值.

根据反需求函数 $P = \tilde{f}(Q)$ 以及使利润达到最大的产量 Q_0，即可确定使利润达到最大的

价格

$$P_0 = \tilde{f}(Q_0)$$

例 2 生产某种产品，产量为 q（单位：百台）时总成本函数为 $C(q) = 3 + q$（万元），销售收入函数为 $R(q) = 6q - \dfrac{1}{2}q^2$（万元），问产量为多少时利润最大？最大利润是多少？

解
$$L(q) = R(q) - C(q) = 6q - \frac{1}{2}q^2 - (3 + q) = 5q - \frac{1}{2}q^2 - 3$$
$$L'(q) = 5 - q$$

令 $L'(q) = 0$，即 $5 - q = 0$，得出 $q = 5$ 是利润函数的唯一驻点，又由 $L''(5) = -1 < 0$. 可知 $L(q)$ 在 $q = 5$ 处取得最大值. 最大利润为

$$L(5) = 5 \times 5 - \frac{1}{2} \cdot 5^2 - 3 = 9.5（万元）$$

例 3 设某商品每天的反需求函数为 $P = 72 - 4Q$（元），某工厂每天生产该产品的成本函数为 $C(Q) = Q^2 + 2Q + 120$（元），问该工厂每天产量为多少时，可使利润最大？此时价格为多少？

解 总收入为

$$R = QP = 72Q - 4Q^2$$

利润为

$$L = R - C = 72Q - 4Q^2 - Q^2 - 2Q - 120 = -5Q^2 + 70Q - 120$$
$$L' = -10Q + 70 = 10(7 - Q)$$

令 $L' = 10(7 - Q) = 0$，得 $Q = 7$.

所以当每天产量为 7 时，可使利润最大，最大利润为 $L(7) = 125$ 元，此时商品价格为 $P = 72 - 4 \times 7 = 44$（元）.

三、最优批量

在按一定的产量计划分批生产的情况下，产品的生产准备费和库存保管费与产品的批量（即每批的生产量）有关，现讨论使总费用达到最小的条件.

设产品的年计划产量为 a，分批生产，均匀销售（即产品的平均库存量为批量的 1/2）. 每批产品的生产准备费为 b，每单位产品的年库存保管费为 c. 记每批的生产批量为 Q，则全年的生产批数为 $\dfrac{a}{Q}$，年平均库存量为 $\dfrac{Q}{2}$，故全年的总费用 S 是批量 Q 的函数，即

$$S(Q) = \frac{a}{Q}b + \frac{Q}{2}c, \quad Q \in (0, a]$$

由费用函数 $S(Q)$ 的导数

$$S'(Q) = -\frac{ab}{Q^2} + \frac{c}{2}$$

可知在 $S(Q)$ 的驻点 Q_0 处有

$$\frac{ab}{Q_0} = \frac{cQ_0}{2}$$

因此，当总费用达到最小时，生产准备费应等于库存保管费.

$S(Q)$ 的驻点 $Q_0 = \sqrt{\dfrac{2ab}{c}} \in (0, a]$ 显然是唯一的，并且 $S(Q)$ 的二阶导数

$$S''(Q) = \frac{2ab}{Q^3} > 0, \quad Q \in (0, a]$$

故 $S(Q)$ 在点 Q_0 处取得最小值，此时总费用最小.

例 4 某厂生产的产品年销售量为 100 万件. 假设这些产品分成若干批生产，每批需生产准备费 1000 元（与批量大小无关）；产品均匀销售，且每件产品库存一年需存费 0.05 元. 求使每年生产所需的生产准备费与库存保管费之和为最小的最佳批量.

解 设每年生产所需的生产准备费与库存保管费之和为 C 元，批量为 x 万件，则

$$C(x) = 1000 \times \frac{1000000}{x} + 0.05 \times \frac{x}{2} = \frac{10^9}{x} + \frac{x}{40}$$

由 $C'(x) = \dfrac{1}{40} - \dfrac{10^9}{x^2} = 0$ 得 $x_0 = 2 \times 10^5$，由 $C''(x) = \dfrac{2 \times 10^9}{x^3} > 0$ 知驻点 x_0 为最小值点. 因此，最佳批量为 20 万件.

习 题 4-3

1. 一个工厂生产某种产品，每月产量为 x（单位：kg），总成本 $C = 900 + 20x + x^2$（元），试确定使平均成本最低的月产量？最低的平均成本是多少？

2. 某种产品的每月产量为 x（单位：kg），总成本 $C = \dfrac{1}{2}x^2 + 4x + 2450$（元），试确定使平均成本最低的月产量.

3. 生产某种产品，日产量为 q（单位：件）时，总成本函数 $C(q) = \dfrac{1}{2}q^2 + 4q + 1800$（元），且市场对产品需求为 $x = 280 - p$（p 为价格，单位：元），试求：使利润最大时的日产量？最大利润是多少？

4. 设某商品的反需求函数为 $P = 10 - 0.01Q$，生产该产品的固定成本为 200 元，每生产一个单位产品，成本增加 5 元. 问产量为多少时，该产品的利润最大？并求最大值.

5. 某厂生产某种商品，每批 x 单位所需费用 $C(x) = 15x + 300$（元），销售 x 单位得到的收益函数 $R(x) = 31x - 0.04x^2$（元）. 问每批生产多少个单位时，才能使利润最大？

6. 设某产品的年计划产量为 5000 件，分批生产，均匀销售. 每批产品的生产准备费为 400 元，每件产品的销售价格为 200 元，年保管费用率为 2%. 问生产批量为多少，分几批生产时，全年的总费用最小？

7. 企业分次订购全年生产所需的原材料 2400t，每次到货后，先存入仓库，然后陆续出库投入生产. 若每次订货要支付费用 60 元，每吨原材料一年的库存费是 3 元，每次订货多少，才能使全年内企业在存货上所花的费用最省（设全年平均库存量为一次订货量的 1/2）？

第四节 函数图像的描绘

一、曲线的凸凹性与拐点

1. 曲线的凸凹性定义和判定法

由图 4-5 可以看出曲线弧 ABC 在区间 (a,c) 内位于该弧上任一点切线的上方；曲线弧 CDE 在区间 (c,b) 内位于该弧上任一点切线的下方. 关于曲线的弯曲方向，给出下面的定义.

定义 1 如果在某区间内的曲线弧位于其任一点切线的上方，那么此曲线弧叫作在该区间内是凹的；如果在某区间内的曲线弧位于其任一点切线的下方，那么此曲线弧叫作在该区间内是凸的.

例如，图 4-5 中曲线弧 ABC 在区间 (a,c) 内是凹的，曲线弧 CDE 在区间 (c,b) 内是凸的.

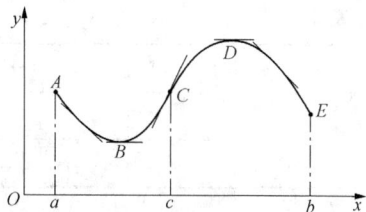

图 4-5

由图 4-5 还可以看出，对于凹的曲线弧，切线的斜率随 x 的增大而增大；对于凸的曲线弧，切线的斜率随 x 的增大而减小. 由于切线的斜率就是函数 $y=f(x)$ 的导数，因此凹的曲线弧导数是单调增加的，而凸的曲线弧导数是单调减少的. 由此可见，曲线 $y=f(x)$ 的凸凹性可以用导数 $f'(x)$ 的单调性来判定. 而 $f'(x)$ 的单调性又可以用它的导数，即 $y=f(x)$ 的二阶导数 $f''(x)$ 的符号来判定，故曲线 $y=f(x)$ 的凸凹性与 $f''(x)$ 的符号有关. 下面给出曲线凸凹性的判定定理.

定理 1 设函数 $y=f(x)$ 在 (a,b) 内具有二阶导数，则：

(1) 如果在 (a,b) 内，$f''(x)>0$，那么曲线在 (a,b) 内是凹的；

(2) 如果在 (a,b) 内，$f''(x)<0$，那么曲线在 (a,b) 内是凸的.

证略.

例 1 判定曲线 $y=x^3$ 的凸凹性.

解 函数 $y=x^3$ 的定义域为 $(-\infty,+\infty)$，求导数 $y'=3x^2$，$y''=6x$.

显然，在 $(-\infty,0)$ 内，$f''(x)<0$；在 $(0,+\infty)$ 内，$f''(x)>0$.

故曲线 $y=x^3$ 在 $(-\infty,0)$ 内是凸的，在 $(0,+\infty)$ 内是凹的.

2. 拐点的定义和求法

定义 2 连续曲线上凹的曲线弧和凸的曲线弧的分界点叫作曲线的拐点.

定理 2 （拐点存在的必要条件）若函数 $f(x)$ 在 x_0 处的二阶导数存在，且点 $[x_0, f(x_0)]$ 为曲线 $y=f(x)$ 的拐点，则 $f''(x_0)=0$.

由 $f''(x)$ 的符号可以判定曲线的凸凹性. 如果 $f''(x)$ 连续，那么当 $f''(x)$ 的符号由正变负或由负变正时，必定有一点 x_0 使 $f''(x_0)=0$. 这样，点 $[x_0, f(x_0)]$ 就是曲线的一个拐点. 因此，如果 $y=f(x)$ 在区间 (a,b) 内具有二阶导数，就可以按下面的步骤来判定曲线 $y=f(x)$ 的拐点：

(1) 确定函数 $y=f(x)$ 的定义域；

(2) 求 $y''=f''(x)$；

(3) 令 $f''(x)=0$，解出这个方程在区间 (a,b) 内的实根；

(4) 对解出的每一个实根 x_0，考察 $f''(x)$ 在 x_0 的左右两侧邻近的符号. 如果 $f''(x)$

在 x_0 的左右两侧邻近的符号相反，那么点 $[x_0, f(x_0)]$ 就是一个拐点；如果 $f''(x)$ 在 x_0 的左右两侧邻近的符号相同，那么点 $[x_0, f(x_0)]$ 就不是拐点．

例 2　求曲线 $y = x^3 - 3x^2$ 的凸凹区间和拐点．

解　（1）函数的定义域为 $(-\infty, +\infty)$；

（2）$y' = 3x^2 - 6x$，$y'' = 6x - 6 = 6(x-1)$；

（3）令 $y'' = 0$，得 $x = 1$；

（4）如表 4-5 所列，考察 y'' 的符号（表中"$\cup$"表示曲线是凹的，"$\cap$"表示曲线是凸的）．

表 4-5

x	$(-\infty, 1)$	1	$(1, +\infty)$
y''	$-$	0	$+$
曲线 y	$\cap$	拐点 $(1, -2)$	$\cup$

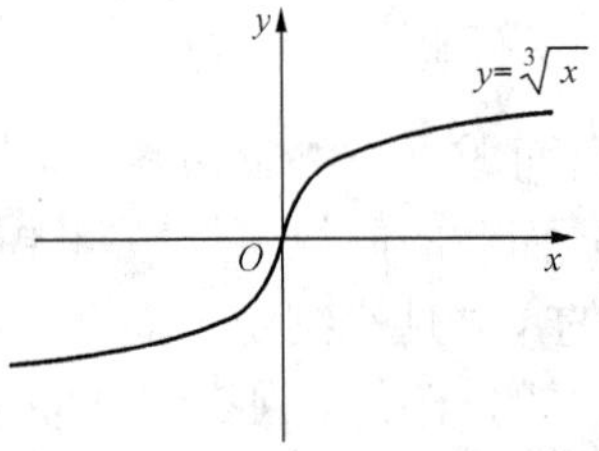

图 4-6

由表 4-5 可知，曲线在 $(-\infty, 1)$ 内是凸的，在 $(1, +\infty)$ 内是凹的；曲线的拐点为 $(1, -2)$．

要注意的是，如果 $f(x)$ 在点 x_0 处的二阶导数不存在，那么点 $[x_0, f(x_0)]$ 也可能是曲线的拐点．例如，函数 $y = \sqrt[3]{x}$ 在点 $(0, 0)$ 处的二阶导数不存在，但是点 $(0, 0)$ 是该函数的拐点（见图 4-6）．

二、函数图像的描绘

前面利用导数研究了函数的单调性与极值、曲线的凸凹性与拐点，从而对函数的变化性态有了一个整体的了解．下面将综合运用这些知识，画出函数的图像．在画函数图像之前，先介绍曲线的水平渐近线和垂直渐近线的概念．

1. 曲线的水平渐近线和垂直渐近线的概念

定义 3　如果当自变量 $x \to \infty$（$x \to +\infty$ 或 $x \to -\infty$）时，函数 $f(x)$ 以常量 b 为极限，即

$$\lim_{\substack{x \to \infty \\ (x \to +\infty \\ x \to -\infty)}} f(x) = b$$

那么直线 $y = b$ 叫作曲线 $y = f(x)$ 的水平渐近线．

定义 4　如果当自变量 $x \to x_0$（$x \to x_0^-$ 或 $x \to x_0^+$）时，函数 $f(x)$ 为无穷大量，即

$$\lim_{\substack{x \to x_0 \\ (x \to x_0^- \\ x \to x_0^+)}} f(x) = \infty$$

那么直线 $x = x_0$ 叫作曲线 $y = f(x)$ 的垂直渐近线．

例如，因为 $\lim\limits_{x \to +\infty} \arctan x = \dfrac{\pi}{2}$，$\lim\limits_{x \to -\infty} \arctan x = -\dfrac{\pi}{2}$，所以直线 $y = -\dfrac{\pi}{2}$ 和 $y = \dfrac{\pi}{2}$ 是曲线 $y = \arctan x$ 的两条水平渐近线；又如，因为 $\lim\limits_{x \to 1^+} \ln(x-1) = -\infty$，所以直线 $x = 1$ 是曲线 $y = \ln(x-1)$ 的垂直渐近线．

例 3　求下列曲线的水平渐近线和垂直渐近线：

(1) $y=\dfrac{1}{\sqrt{2\pi}}\mathrm{e}^{-\frac{x^2}{2}}$；

(2) $y=\dfrac{x}{(x+1)(x-1)}$.

解　(1) 因为

$$\lim_{x\to\infty}\frac{1}{\sqrt{2\pi}}\mathrm{e}^{-\frac{x^2}{2}}=\frac{1}{\sqrt{2\pi}}\lim_{x\to\infty}\frac{1}{\mathrm{e}^{\frac{x^2}{2}}}=0$$

所以直线 $y=0$ 是曲线的水平渐近线.

(2) 容易看出

$$\lim_{x\to-1}\frac{x}{(x+1)(x-1)}=\infty,\ \lim_{x\to1}\frac{x}{(x+1)(x-1)}=\infty$$

所以直线 $x=-1$ 和 $x=1$ 是曲线的两条垂直渐近线.　又因为

$$\lim_{x\to\infty}\frac{x}{(x+1)(x-1)}=0$$

所以直线 $y=0$ 是曲线的水平渐近线.

2. 函数图像的描绘

描绘函数的图像时，如何恰当选择图像上的点是很重要的.　运用描点法描绘函数的图像时，图像上一些关键的点（如极值点和拐点）往往得不到反映.　现在可以利用导数先讨论函数在各个部分区间的主要变化性态（如单调性、凸凹性），以及函数在定义域内的重要的点（如极值点和拐点），从而只需描出少数的点，就可以把函数图像的特性比较准确地描绘出来.

利用导数描绘函数图像的一般步骤如下：

(1) 确定函数 $y=f(x)$ 的定义域，考察函数的奇偶性与周期性；

(2) 求出函数的一阶导数 $f'(x)$ 和二阶导数 $f''(x)$，解出方程 $f'(x)=0$ 和 $f''(x)=0$ 在函数的定义域内的全部实根，并求出使 $f'(x)$、$f''(x)$ 不存在的点；

(3) 利用第（2）步求出的点把函数的定义域划分成几个部分区间，考察在各个部分区间内 $f'(x)$ 和 $f''(x)$ 的符号.　列表确定函数的单调性和极值、曲线的凸凹性和拐点；

(4) 确定曲线的渐近线；

(5) 计算方程 $f'(x)=0$ 和 $f''(x)=0$ 的根所对应的函数值，定出图像上相应的点.

为了把图像描绘地精确些，根据需要有时还要补充一些辅助点，包括曲线与坐标轴的交点，然后结合（3）、（4）中的点画线，连成光滑的曲线，从而得到函数 $y=f(x)$ 的图像.

下面介绍 4 个特殊符号以便在列表时能够形象地表示曲线性态："↗"表示曲线是上升而且是凸的；"↘"表示曲线是下降而且是凸的；"↘"表示曲线是下降而且是凹的；"↗"表示曲线是上升而且是凹的.

例 4　描绘出函数 $y=x^3-3x^2+1$ 的图像.

解　(1) 函数的定义域为 $(-\infty,+\infty)$，该函数为非奇非偶函数；

(2) $y'=3x^2-6x=3x(x-2)$，$y''=6x-6=6(x-1)$，

令 $y'=0$，得 $x_1=0$、$x_2=2$；令 $y''=0$，得 $x_3=1$.

(3) 列表讨论见表 4-6.

表 4 - 6

x	$(-\infty, 0)$	0	$(0, 1)$	1	$(1, 2)$	2	$(2, +\infty)$
y'	+	0	−	−	−	0	+
y''	−	−	−	0	+	+	+
曲线 y	↗	极大值 1	↘	拐点 $(1, -1)$	↘	极小值 −3	↗

（4）该曲线无渐近线.

（5）再取两个点 $(-1, -3)$、$(3, 1)$.

综合以上讨论，描绘出函数的图像（见图 4 - 7）.

例 5 描绘出函数 $y = \dfrac{x}{1+x^2}$ 的图像.

解 （1）函数的定义域为 $(-\infty, +\infty)$，显然 $y = \dfrac{x}{1+x^2}$ 为奇函数，其图像关于原点对称，因此只讨论函数在 $[0, +\infty)$ 上的图像即可.

（2）$y' = \dfrac{1-x^2}{(1+x^2)^2}$，$y'' = \dfrac{2x(x^2-3)}{(1+x^2)^3}$，

令 $y'=0$，得 $x=1$；令 $y''=0$，得 $x=0$、$x=\sqrt{3}$.

（3）列表讨论见表 4 - 7.

表 4 - 7

x	0	$(0, 1)$	1	$(1, \sqrt{3})$	$\sqrt{3}$	$(\sqrt{3}, +\infty)$
y'	+	+	0	−	−	−
y''	0	−	−	−	0	+
y	拐点 $(0, 0)$	↗	极大值 1/2	↘	拐点 $(\sqrt{3}, \sqrt{3}/4)$	↘

（4）曲线 $y = \dfrac{x}{1+x^2}$ 无垂直渐近线. 因为 $\lim\limits_{x \to \infty} \dfrac{x}{1+x^2} = 0$，所以有水平渐近线 $y=0$. 综合以上讨论，利用 $y = \dfrac{x}{1+x^2}$ 为奇函数，描绘出函数的图像（见图 4 - 8）.

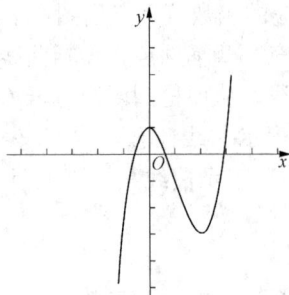

图 4 - 7

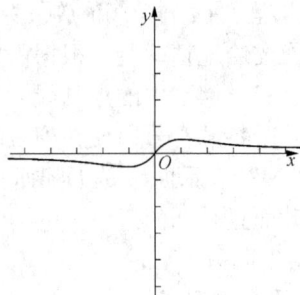

图 4 - 8

习　题　4-4

1. 求下列函数图形的凸凹区间和拐点：

(1) $y=x^3-5x^2+3x+5$；

*(2) $y=x^4(12\ln x-7)$；

(3) $y=\ln x$；

(4) $y=\sqrt[3]{x}$；

(5) $y=x^4-12x^3+48x^2-50$；

*(6) $y=e^{-x^2}$.

2. 求曲线 $y=e^{\frac{1}{x}}-1$ 的水平渐近线的方程.

3. 求曲线 $y=\dfrac{3x^2-4x+5}{(x+3)^2}$ 的垂直渐近线的方程.

4. 试确定 a、b、c 的值，使曲线 $y=ax^3+bx^2+cx$ 上的拐点为（1，2），并且该点处的切线斜率为 -1.

5. 描绘出下列函数的图像：

(1) $y=x^3-x^2-x+5$；

(2) $y=\ln x$；

(3) $y=\dfrac{1}{1+x^2}$；

(4) $y=xe^{-x}$.

复 习 与 小 结

一、本章主要内容

(1) 拉格朗日中值定理、罗必塔法则；

(2) 函数增减性的判定定理，函数的极值及其判定法，最大最小值问题；

(3) 极值在经济中的应用；

(4) 曲线凸凹性判定定理，函数图像的描绘.

二、本章重点和难点

函数的单调性与极值是本章重点，中值定理的应用是本章难点，极值在经济中的应用既是本章重点也是本章难点.

三、本章基本要求及基本方法

(1) 会叙述罗尔定理、拉格朗日中值定理，清楚定理的条件及结论，了解定理之间的关系，理解罗尔定理和拉格朗日中值定理的几何意义.

(2) 掌握罗必塔法则成立的条件，能正确地判断在哪些情况下罗必塔法则失效，会熟练地用罗必塔法则求 $\dfrac{0}{0}$、$\dfrac{\infty}{\infty}$ 型的极限值及化 $0\cdot\infty$、$\infty-\infty$、0^0、1^∞、∞^0 5 种不定型为 $\dfrac{0}{0}$ 或 $\dfrac{\infty}{\infty}$ 型.

(3) 掌握判定函数单调区间的方法及判断曲线凸凹区间的方法，会求拐点.

(4) 牢固掌握求函数极值点和极值的方法，并理解其几何意义，会熟练地解一些典型的极值应用问题.

1）求极值的步骤：①求 $f'(x)$；②在（a，b）内求出使 $f'(x)=0$ 成立或使 $f'(x)$ 不存在的点 x_k；③用第一充分判别法或第二充分判别法验证②中所得的 x_k 是否为极值点，若某个 x_k 为极值点，则 $f(x_k)$ 为极值.

2）求函数最值的步骤：设 $f(x)$ 在 $[a，b]$ 上连续，①求 $f'(x)$；②求出使 $f'(x)=0$ 成立或使 $f'(x)$ 不存在的点；③求出上述各点处 $f(x)$ 的函数值，以及区间端点处 $f(x)$ 的函数值 $f(a)$ 与 $f(b)$；④比较各函数值的大小，其中最大（小）者为区间 $[a，b]$ 上 $f(x)$ 的最大（小）值，相应的自变量的值为最大（小）值点.

注：若 $f(x)$ 在一个区间 I（有限或无限，开或闭）内可导且只有一个驻点 x_k，而 x_k 又为 $f(x)$ 的极大（小）值点，则 $f(x_k)$ 为 $f(x)$ 在 I 上的最大（小）值.

3）极值在经济中的应用问题：根据所给问题的条件列出相应的函数关系，从而极值应用问题实际上就是函数最值问题；由于实际问题在某一个范围内常常仅有一个极值，此时的极值往往就是所求的最值. 此外需熟练掌握最小成本、最大收益及最优批量这三种常见类型问题的解答.

（5）掌握用微分法描绘函数图像的步骤和方法.

*（6）掌握微分法证题的几种常用方法.

1）利用微分中值定理证不等式；

2）利用函数增减性证函数不等式；

3）利用函数极值（或最值）证函数不等式；

4）方程 $f(x)=0$ 在给定区间上实根的存在性与唯一性证明方法.

复 习 题 四

1. 填空题：

（1）函数 $y=\ln(x+1)$ 在 $[0，1]$ 上满足拉格朗日中值定理的 $\xi=$＿＿＿＿＿；

（2）$\lim\limits_{x\to+\infty}\dfrac{x^2}{x+e^x}=$＿＿＿＿＿；

*（3）$\lim\limits_{x\to 0^+}(\cos\sqrt{x})^{\frac{\pi}{x}}=$＿＿＿＿＿；

（4）$y=x-\dfrac{3}{2}x^{\frac{2}{3}}$ 的单调递增区间为＿＿＿＿，单调递减区间为＿＿＿＿；

（5）$f(x)=3-x-\dfrac{4}{(x+2)^2}$ 在区间 $[-1，2]$ 上的最大值为＿＿＿＿，最小值为＿＿＿＿；

（6）曲线 $y=\ln(1+x^2)$ 的凹区间为＿＿＿＿，凸区间为＿＿＿＿，拐点为＿＿＿＿；

（7）$y=\dfrac{\sin 2x}{x(2x+1)}$ 的垂直渐近线为＿＿＿＿；

*（8）函数 $y=ax^3+bx^2+cx+d$，$y(-2)=44$ 为极大值，函数图形以 $(1，-10)$ 为拐点，则 $a=$＿＿＿＿，$b=$＿＿＿＿，$c=$＿＿＿＿，$d=$＿＿＿＿；

*（9）$\lim\limits_{x\to 0}\dfrac{e^x+e^{-x}-2}{1-\cos x}=$＿＿＿＿；

（10）曲线 $y=2\ln x+x^2-1$ 的拐点是＿＿＿＿；

（11）函数 $y=x+2\cos x$ 在区间 $\left[0，\dfrac{\pi}{2}\right]$ 上的最大值为＿＿＿＿.

2. 单项选择题：

(1) $f(x) = x\sqrt{3-x}$ 在 $[0, 3]$ 上满足罗尔定理的 ξ 是（　　）.

A. 0　　　　　　B. 3　　　　　　C. $\dfrac{3}{2}$　　　　　　D. 2

*(2) 下列求极限问题中能够使用罗必塔法则的是（　　）.

A. $\lim\limits_{x \to 0} \dfrac{x^2 \sin \dfrac{1}{x}}{\sin x}$　　　　　　　　B. $\lim\limits_{x \to 1} \dfrac{1-x}{1-\sin x}$

C. $\lim\limits_{x \to \infty} \dfrac{x - \sin x}{x \sin x}$　　　　　　　　D. $\lim\limits_{x \to +\infty} x\left(\dfrac{\pi}{2} - \arctan x\right)$

*(3) $y = x - \ln(1 + x^2)$ 在定义域内（　　）.

A. 无极值　　　　　　　　　　　　B. 极大值为 $1 - \ln 2$

C. 极小值为 $1 - \ln 2$　　　　　　D. $f(x)$ 为非单调函数

(4) 设函数 $y = f(x)$ 在区间 $[a, b]$ 上有二阶导数，则当（　　）成立时，曲线 $y = f(x)$ 在 (a, b) 内是凹的.

A. $f''(a) > 0$

B. $f''(b) > 0$

C. 在 (a, b) 内 $f''(x) \neq 0$

D. $f''(a) > 0$ 且 $f''(x)$ 在 (a, b) 内单调增加

*(5) 若 $f(x)$ 在 $x = a$ 的邻域内有定义，且除点 $x = a$ 外恒有 $\dfrac{f(x) - f(a)}{(x-a)^2} > 0$，则以下结论正确的是（　　）.

A. $f(x)$ 在 a 的邻域内单调增加　　B. $f(x)$ 在 a 的邻域内单调减少

C. $f(a)$ 为 $f(x)$ 的极大值　　　　　D. $f(a)$ 为 $f(x)$ 的极小值

*(6) 设函数 $f(x)$ 在 $[1, 2]$ 上可导，且 $f'(x) < 0$，$f(1) > 0$，$f(2) < 0$，$f(x)$ 在 $(1, 2)$ 内（　　）.

A. 至少有两个零点　　　　　　　　B. 有且只有一个零点

C. 没有零点　　　　　　　　　　　D. 零点个数不能确定

(7) 设 $f(x) = x^4 - 2x^2 + 5$，则 $f(0)$ 为 $f(x)$ 在 $[-2, 2]$ 上的（　　）.

A. 极小值　　　　B. 最小值　　　　C. 极大值　　　　D. 最大值

*(8) 已知 $f(x)$ 在 $[0, +\infty)$ 可导，且 $f(0) < 0$，$f'(x) > 0$，则方程 $f(x) = 0$ 在 $[0, +\infty)$ 上（　　）.

A. 有唯一根　　　　　　　　　　　B. 至少存在一个根

C. 没有根　　　　　　　　　　　　D. 不能确定有根

(9) 曲线 $y = \dfrac{4x-1}{(x-2)^2}$（　　）.

A. 只有水平渐近线　　　　　　　　B. 只有垂直渐近线

C. 没有渐近线　　　　　　　　　　D. 既有水平渐近线又有垂直渐近线

*(10) 曲线 $y = (x-1)^2 (x-2)^2$ 的拐点个数为（　　）.

A. 0　　　　　　B. 1　　　　　　C. 2　　　　　　D. 3

3. 求下列极限：

(1) $\lim\limits_{x\to 0}\dfrac{\tan x - x}{x - \sin x}$；

(2) $\lim\limits_{x\to\infty}\dfrac{\ln(1+3x^2)}{\ln(3+x^4)}$；

*(3) $\lim\limits_{x\to 0}\dfrac{\sin x - e^x + 1}{1 - \sqrt{1-x^2}}$；

(4) $\lim\limits_{x\to 0}x\cot 2x$；

*(5) $\lim\limits_{x\to 1}(\ln x)^{x-1}$；

(6) $\lim\limits_{x\to 0}\left(\sin\dfrac{x}{2}+\cos 2x\right)^{\frac{1}{x}}$；

(7) $\lim\limits_{x\to 0}\dfrac{2^x - 3^x}{\sin x}$；

(8) $\lim\limits_{x\to +\infty}\dfrac{e^x + \sin x}{e^x - \cos x}$．

4. 求下列函数的单调区间：

(1) $y=(x-1)(x+1)^3$；

(2) $y=x^n e^{-x}\,(n>0,\ x\geqslant 0)$．

5. 求下列函数的极值：

(1) $f(x)=x^2\ln x$；

*(2) $f(x)=\dfrac{1+2x}{\sqrt{1+x^2}}$．

6. 求下列函数的最大值与最小值：

(1) $y=x^2 e^{-x}\,(-1\leqslant x\leqslant 3)$；

*(2) $y=x^2-\dfrac{54}{x}\,(x<0)$．

7. 求函数 $y=\dfrac{x}{1+x^2}$ 的单调区间、凸凹区间、极值及拐点、渐近线.

8. 证明方程 $x^5+3x^3+x-3=0$ 只有一个正根.

📖 阅读材料

欧洲最大的数学家——拉格朗日

约瑟夫·拉格朗日（Joseph Louis Lagrange），法国数学家、物理学家. 他在数学、力学和天文学 3 个学科领域中都有历史性的贡献，其中尤以数学方面的成就最为突出.

拉格朗日 1736 年 1 月 25 日生于意大利西北部的都灵. 父亲是法国陆军骑兵里的一名军官，后由于经商破产，家道中落. 据拉格朗日本人回忆，如果幼年家境富裕，他也就不会做数学研究了，因为父亲一心想把他培养成一名律师，而拉格朗日个人却对法律毫无兴趣.

到了青年时代，在数学家雷维里的教导下，拉格朗日喜爱上了几何学. 17 岁时，他读了英国天文学家哈雷的介绍牛顿微积分成就的短文《论分析方法的优点》后，感觉到"分析才是自己最热爱的学科"，从此他迷上了数学分析，开始专攻当时迅速发展的数学分析.

18 岁时，拉格朗日用意大利语写了第一篇论文，是用牛顿二项式定理处理两函数乘积的高阶微商，他还将论文用拉丁语写出寄给了当时在柏林科学院任职的数学家欧拉. 不久后，他获知这一成果早在半个世纪前就被莱布尼兹取得了．这个并不幸运的开端并未使拉格朗日灰心，相反，更坚定了他投身数学分析领域的信心．

1755 年拉格朗日 19 岁时，在探讨数学难题"等周问题"的过程中，以欧拉的思路和结果为依据，用纯分析的方法求变分极值．他的论文《极大和极小的方法研究》，发展了欧拉所开创的变分法，为变分法奠定了理论基础．变分法的创立，使拉格朗日在都灵声名大振，并使他在 19 岁时就当上了都灵皇家炮兵学校的教授，成为当时欧洲公认的第一流数学家．1756 年，受欧拉的举荐，拉格朗日被任命为普鲁士科学院通讯院士．

1764 年，法国科学院悬赏征文，要求用万有引力解释月球天平动问题，拉格朗日的研究获奖．接着他又成功地运用微分方程理论和近似解法研究了科学院提出的一个复杂的六体问题（木星的 4 个卫星的运动问题），为此又一次于 1766 年获奖．

1766 年德国的腓特烈大帝向拉格朗日发出邀请时说，在"欧洲最大的王"的宫廷中应有"欧洲最大的数学家"．于是拉格朗日应邀前往柏林，任普鲁士科学院数学部主任，开始了他一生科学研究的鼎盛时期，并在柏林居住达 20 年之久．在此期间，他完成了《分析力学》一书，这是牛顿之后的一部重要的经典力学著作．书中运用变分原理和分析的方法，建立起完整和谐的力学体系，使力学分析化了．他在序言中宣称："力学已经成为分析的一个分支"．

1783 年，拉格朗日的故乡建立了都灵科学院，他被任命为名誉院长．1786 年腓特烈大帝去世以后，他接受了法国国王路易十六的邀请，离开柏林，定居巴黎，直至去世．这期间他参加了巴黎科学院成立的研究法国度量衡统一问题的委员会，并出任法国米制委员会主任．1799 年，法国完成统一度量衡工作，制定了被世界公认的长度、面积、体积、质量的单位，拉格朗日为此做出了巨大的努力．

1791 年，拉格朗日被选为英国皇家学会会员，又先后在巴黎高等师范学院和巴黎综合工科学校任数学教授．1795 年法国最高学术机构——法兰西研究院建立后，拉格朗日被选为科学院数理委员会主席．此后，他才重新进行研究工作，编写了一批重要著作，《论任意阶数值方程的解法》《解析函数论》和《函数计算讲义》等，总结了那一时期的特别是他自己的一系列研究工作．

1813 年 4 月 3 日，拿破仑授予拉格朗日帝国大十字勋章，但此时的拉格朗日已卧床不起，4 月 11 日早晨，拉格朗日逝世．

近百余年来，数学领域的许多新成就都可以直接或间接地溯源于拉格朗日的工作，他在数学史上被认为是对分析数学的发展产生全面影响的数学家之一．

第五章 不 定 积 分

一元函数积分学包括两个重要的基本概念，即不定积分与定积分．本章将由导数的逆运算引出不定积分的概念，并讨论其性质及基本积分法．

第一节　不定积分的概念与性质

一、原函数的概念

在前面的学习中借助求曲线的切线这个问题，引出了导数的概念，即求已知函数的导数属于微分法问题．现在要研究与之相反的问题，即研究从已知函数的导数求出原来的函数，这类问题在实际问题中也会经常遇到，而且是十分重要的．这样就提出了由已知某函数的导函数，求原来函数的问题，从而引出原函数的概念．

定义 1 设函数 $f(x)$ 在区间 I 上有定义，如果存在可导函数 $F(x)$，对于区间上任意一点都满足

$$F'(x)=f(x) \text{ 或 } \mathrm{d}F(x)=f(x)\mathrm{d}x, \ x \in I$$

则称 $F(x)$ 为 $f(x)$ 在区间 I 上的一个原函数．

例如，$(\sin x)'=\cos x$，则称 $\sin x$ 是 $\cos x$ 的一个原函数．

研究原函数，自然会提出以下问题：

(1) 什么条件下，一个函数的原函数存在？

结论 1 连续函数一定有原函数．

(2) 如果 $f(x)$ 有原函数，一共有多少个？

若 $F(x)$ 是 $f(x)$ 的一个原函数，即 $[F(x)]'=f(x)$，则 $[F(x)+C]'=f(x)$（C 为任意常数），所以 $F(x)+C$ 也是 $f(x)$ 的原函数．

结论 2 任意函数的原函数个数有无穷多个．

(3) 任意两个原函数之间有什么关系？

设 $G(x)$、$F(x)$ 是 $f(x)$ 的任意两个原函数，则

$$[G(x)-F(x)]'=G'(x)-F'(x)=f(x)-f(x)=0$$

所以 $G(x)-F(x)=C$（C 为常数）．

结论 3 任意两个原函数之间只相差一个常数，$F(x)+C$ 包含了 $f(x)$ 的全体原函数．

由此得到如下结论：

定理 如果函数 $f(x)$ 在区间 I 上有一个原函数 $F(x)$，则对于任意常数 C，$F(x)+C$ 也是 $f(x)$ 的原函数，且 $f(x)$ 在区间 I 上的任意一个原函数都可以表示成 $F(x)+C$ 的形式．

二、不定积分的定义

根据上述定理，如果 $F(x)$ 是 $f(x)$ 的原函数，则 $F(x)+C$（C 为任意常数）是 $f(x)$ 的所有原函数．有如下定义：

定义 2 设 $F(x)$ 是 $f(x)$ 的一个原函数，则称 $f(x)$ 的所有原函数 $F(x)+C$（C 为任

意常数) 为 $f(x)$ 的不定积分. 记作 $\int f(x)\mathrm{d}x$ ，即

$$\int f(x)\mathrm{d}x = F(x) + C$$

式中：$f(x)$ 为被积函数；$f(x)\mathrm{d}x$ 为被积表达式；x 为积分变量；记号 "$\int$" 为积分号；C 为积分常数.

由定义可知，不定积分与原函数是整体与个体的关系，求 $\int f(x)\mathrm{d}x$ 时只要求得 $f(x)$ 的任何一个原函数 $F(x)$，再加上任意的常数 C，即得 $\int f(x)\mathrm{d}x = F(x) + C$. 把这种求已知函数的原函数的方法称为不定积分法，简称积分法. 例如

$$\int \cos x\,\mathrm{d}x = \sin x + C \text{ 和 } \int x\,\mathrm{d}x = \frac{x^2}{2} + C$$

例 1 求 $\int x^2\mathrm{d}x$.

解 由于 $\left(\frac{x^3}{3}\right)' = x^2$，所以 $\frac{x^3}{3}$ 是 x^2 的一个原函数. 因此 $\int x^2\mathrm{d}x = \frac{x^3}{3} + C$.

例 2 求 $\int \frac{1}{x}\mathrm{d}x$.

解 当 $x > 0$ 时，由于 $(\ln x)' = \frac{1}{x}$，所以 $\ln x$ 是 $\frac{1}{x}$ 在 $(0, +\infty)$ 内的一个原函数. 当 $x < 0$ 时，即 $-x > 0$，由于 $[\ln(-x)]' = \frac{1}{-x} \cdot (-1) = \frac{1}{x}$，同理，$\ln(-x)$ 是 $\frac{1}{x}$ 在 $(-\infty, 0)$ 内的一个原函数. 故当 $x \neq 0$ 时，$\ln|x|$ 为 $\frac{1}{x}$ 的一个原函数，可写作 $\int \frac{1}{x}\mathrm{d}x = \ln|x| + C(x \neq 0)$.

由例 2 可以看出，求不定积分是求导数的逆运算，可以从基本导数公式得到相应的基本积分公式.

注意：检验积分结果是否正确，只要对结果求导，往往是看其导数是否等于被积函数，相等时结果是正确的，否则结果是错误的.

不定积分的几何意义：若 $F(x)$ 是 $f(x)$ 的一个原函数，则称 $F(x)$ 的图形 $y = F(x)$ 为 $f(x)$ 的一条积分曲线，$F(x) + C$（C 为任意常数）的图形是由 $F(x)$ 的图形沿 y 轴正、负方向平移 $|C|$ 所得的所有积分曲线组成的曲线族，称为 $f(x)$ 的积分曲线族，所以不定积分 $\int f(x)\mathrm{d}x$ 在几何上表示 $f(x)$ 的全部积分曲线所组成的平行曲线族，如图 5-1 所示.

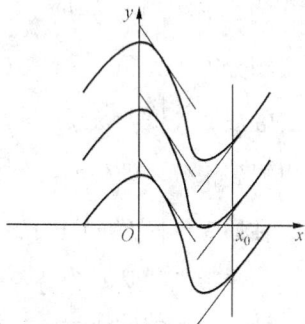

图 5-1

三、基本积分公式

(1) $\int k\,\mathrm{d}x = kx + C$（$k$ 是常数）；　　　(2) $\int x^\alpha \mathrm{d}x = \frac{x^{\alpha+1}}{\alpha+1} + C(\alpha \neq -1)$；

(3) $\displaystyle\int \frac{\mathrm{d}x}{x} = \ln|x| + C$; $\qquad\qquad$ (4) $\displaystyle\int \frac{\mathrm{d}x}{1+x^2} = \arctan x + C$;

(5) $\displaystyle\int \frac{\mathrm{d}x}{\sqrt{1-x^2}} = \arcsin x + C$; $\qquad$ (6) $\displaystyle\int \cos x\,\mathrm{d}x = \sin x + C$;

(7) $\displaystyle\int \sin x\,\mathrm{d}x = -\cos x + C$; $\qquad$ (8) $\displaystyle\int \sec^2 x\,\mathrm{d}x = \tan x + C$;

(9) $\displaystyle\int \csc^2 x\,\mathrm{d}x = -\cot x + C$; $\qquad$ (10) $\displaystyle\int \sec x \tan x\,\mathrm{d}x = \sec x + C$;

(11) $\displaystyle\int \csc x \cot x\,\mathrm{d}x = -\csc x + C$; $\qquad$ (12) $\displaystyle\int \mathrm{e}^x\,\mathrm{d}x = \mathrm{e}^x + C$;

(13) $\displaystyle\int a^x\,\mathrm{d}x = \frac{a^x}{\ln a} + C$.

例 3　求 $\displaystyle\int \frac{\mathrm{d}x}{x\sqrt[3]{x}}$.

解　$\displaystyle\int \frac{\mathrm{d}x}{x\sqrt[3]{x}} = \int x^{-\frac{4}{3}}\,\mathrm{d}x = \frac{x^{-\frac{4}{3}+1}}{-\frac{4}{3}+1} + C = -\frac{3}{\sqrt[3]{x}} + C$.

例 4　求经过点 $(2, 4)$ 且其切线斜率为 $3x^2$ 的曲线方程.

解　设所求曲线方程为 $y = f(x)$, 它在点 $[x, f(x)]$ 的斜率为 $f'(x) = 3x^2$, 则 $f(x)$ 为 $3x^2$ 的原函数.

由 $\displaystyle\int 3x^2\,\mathrm{d}x = x^3 + C$ 可知曲线方程为 $y = x^3 + C$, 又因为曲线经过点 $(2, 4)$, 将 $x = 2$ 、 $y = 4$ 代入曲线方程, 可得 $C = -4$. 故所求曲线方程为 $y = x^3 - 4$.

四、不定积分的性质

由不定积分的定义及导数的运算法则可得以下性质:

性质 1　(1) $\left(\displaystyle\int f(x)\,\mathrm{d}x\right)' = f(x)$ 或 $\mathrm{d}\displaystyle\int f(x)\,\mathrm{d}x = f(x)\,\mathrm{d}x$, 即不定积分的导数 (或微分) 等于被积函数 $f(x)$ [或被积表达式 $f(x)\,\mathrm{d}x$].

(2) $\displaystyle\int F'(x)\,\mathrm{d}x = F(x) + C$ 或 $\displaystyle\int \mathrm{d}F(x) = F(x) + C$, 即函数 $F(x)$ 的导数 (或微分) 的不定积分等于 $F(x) + C$ (C 为任意常数).

性质 2　$\displaystyle\int k f(x)\,\mathrm{d}x = k\displaystyle\int f(x)\,\mathrm{d}x$ (k 为常数, $k \neq 0$), 即被积函数中不为零的常数因子可以提到积分号的外面.

性质 3　$\displaystyle\int [f(x) \pm g(x) \pm \cdots \pm h(x)]\,\mathrm{d}x = \int f(x)\,\mathrm{d}x \pm \int g(x)\,\mathrm{d}x \pm \cdots \pm \int h(x)\,\mathrm{d}x$, 即有限个函数的代数和积分等于各个函数的积分的代数和.

证　由导数的线形运算法则和不定积分的定义有

$$\left[\int f(x)\,\mathrm{d}x \pm \int g(x)\,\mathrm{d}x \pm \cdots \pm \int h(x)\,\mathrm{d}x\right]'$$

$$= \left[\int f(x)\,\mathrm{d}x\right]' \pm \left[\int g(x)\,\mathrm{d}x\right]' \pm \cdots \pm \left[\int h(x)\,\mathrm{d}x\right]' = f(x) \pm g(x) \pm \cdots \pm h(x)$$

$$\therefore \quad \int [f(x) \pm g(x) \pm \cdots h(x)]\,\mathrm{d}x = \int f(x)\,\mathrm{d}x \pm \int g(x)\,\mathrm{d}x \pm \cdots \pm \int h(x)\,\mathrm{d}x .$$

将性质 2、性质 3 合并可得不定积分线形性质如下

$$\int [\alpha f(x) \pm \cdots \pm \beta g(x) \pm \cdots \gamma h(x)] \mathrm{d}x$$

$$= \alpha \int f(x) \mathrm{d}x \pm \cdots \pm \beta \int g(x) \mathrm{d}x \pm \cdots \pm \gamma \int h(x) \mathrm{d}x$$

例 5 求 $\int \sin^2 \dfrac{x}{2} \mathrm{d}x$.

解 $\displaystyle\int \sin^2 \dfrac{x}{2} \mathrm{d}x = \int \dfrac{1}{2}(1 - \cos x) \mathrm{d}x = \dfrac{1}{2} \int \mathrm{d}x - \dfrac{1}{2} \int \cos x \, \mathrm{d}x = \dfrac{1}{2} x - \dfrac{1}{2} \sin x + C$

例 6 求 $\int \dfrac{\mathrm{d}x}{\sin^2 x \cos^2 x}$.

解 $\displaystyle\int \dfrac{\mathrm{d}x}{\sin^2 x \cos^2 x} = \int \dfrac{\sin^2 x + \cos^2 x}{\sin^2 x \cos^2 x} \mathrm{d}x = \int \dfrac{1}{\cos^2 x} \mathrm{d}x + \int \dfrac{\mathrm{d}x}{\sin^2 x} = \tan x - \cot x + C$

例 7 求 $\int \left(\mathrm{e}^2 + \dfrac{1}{4x} - 2^x \mathrm{e}^x \right) \mathrm{d}x$.

解 $\displaystyle\int \left(\mathrm{e}^2 + \dfrac{1}{4x} - 2^x \mathrm{e}^x \right) \mathrm{d}x = \int \mathrm{e}^2 \mathrm{d}x + \int \dfrac{\mathrm{d}x}{4x} - \int (2\mathrm{e})^x \mathrm{d}x$

$$= \mathrm{e}^2 x + \dfrac{1}{4} \ln|x| - \dfrac{(2\mathrm{e})^x}{\ln 2\mathrm{e}} + C = \mathrm{e}^2 x + \dfrac{1}{4} \ln|x| - \dfrac{(2\mathrm{e})^x}{1 + \ln 2} + C$$

例 8 求 $\int \dfrac{x^4}{1 + x^2} \mathrm{d}x$.

解 $\displaystyle\int \dfrac{x^4}{1 + x^2} \mathrm{d}x = \int \dfrac{x^4 - 1 + 1}{1 + x^2} \mathrm{d}x = \int \dfrac{(x^2 - 1)(x^2 + 1)}{1 + x^2} \mathrm{d}x + \int \dfrac{1}{1 + x^2} \mathrm{d}x$

$$= \int (x^2 - 1) \mathrm{d}x + \int \dfrac{\mathrm{d}x}{1 + x^2} = \dfrac{x^3}{3} - x + \arctan x + C$$

例 9 求积分 $\int \dfrac{1 + x + x^2}{x(1 + x^2)} \mathrm{d}x$.

解 $\displaystyle\int \dfrac{1 + x + x^2}{x(1 + x^2)} \mathrm{d}x = \int \dfrac{x + (1 + x^2)}{x(1 + x^2)} \mathrm{d}x = \int \left(\dfrac{1}{1 + x^2} + \dfrac{1}{x} \right) \mathrm{d}x$

$$= \int \dfrac{1}{1 + x^2} \mathrm{d}x + \int \dfrac{1}{x} \mathrm{d}x = \arctan x + \ln|x| + C$$

例 10 求积分 $\int \dfrac{1 + \cos^2 x}{1 + \cos 2x} \mathrm{d}x$.

解 $\displaystyle\int \dfrac{1 + \cos^2 x}{1 + \cos 2x} \mathrm{d}x = \int \dfrac{1 + \cos^2 x}{2\cos^2 x} \mathrm{d}x = \int \dfrac{1}{2}(\sec^2 x + 1) \mathrm{d}x = \dfrac{1}{2}(\tan x + x) + C$

例 11 求积分 $\int \tan^2 x \, \mathrm{d}x$.

解 $\displaystyle\int \tan^2 x \, \mathrm{d}x = \int (\sec^2 x - 1) \mathrm{d}x = \tan x - x + C$

例 12 某产品的边际成本为 $C'(Q) = Q^2 - 4Q + 6$，且固定成本为 2，求成本与日产量 Q 的函数关系.

解 因为 $C'(Q) = Q^2 - 4Q + 6$，所以

$$C(Q)=\int(Q^2-4Q+6)\mathrm{d}Q=\frac{1}{3}Q^3-2Q^2+6Q+C$$

已知固定成本为 2，即当 $Q=0$ 时 $C(0)=2$，因此有 $C=2$，故成本与日产量 Q 的函数关系为 $C(Q)=\frac{1}{3}Q^3-2Q^2+6Q+2$.

从以上各题可以看出，在求某些函数的不定积分时，只需要经过简单的恒等变形，直接运用不定积分的性质与基本公式表来求出结果，这种积分方法称为直接积分法. 求一般的函数的不定积分时，还需要用到其他的积分方法，后面将学习两种最常用的积分方法.

习 题 5-1

1. 填空题：

(1) 设 $f(x)$ 是连续函数，则 $\dfrac{\mathrm{d}}{\mathrm{d}x}\displaystyle\int f(x)\mathrm{d}x=$＿＿＿＿.

(2) 设 $f'(x)$ 是连续函数，则 $\displaystyle\int f'(x)\mathrm{d}x=$＿＿＿＿.

(3) 函数 $y_1=(\mathrm{e}^x+\mathrm{e}^{-x})^2$ 与 $y_2=(\mathrm{e}^x-\mathrm{e}^{-x})^2$ ＿＿＿＿ 同一函数的原函数，因为＿＿＿＿.

(4) 积分曲线族 $y=\displaystyle\int\sin x\,\mathrm{d}x$ 的一条通过点 $(0,1)$ 的积分曲线为＿＿＿＿.

(5) $\displaystyle\int 5x^4\mathrm{d}x=$＿＿＿＿.

(6) $\displaystyle\int\frac{(1-x)^2}{\sqrt{x}}\mathrm{d}x=$＿＿＿＿.

2. 计算下列不定积分：

(1) $\displaystyle\int\frac{x^2}{1+x^2}\mathrm{d}x$；

(2) $\displaystyle\int\frac{3x^4+3x^2+1}{x^2+1}\mathrm{d}x$；

(3) $\displaystyle\int\frac{2x^2+1}{x^2(x^2+1)}\mathrm{d}x$；

(4) $\displaystyle\int\left(2\mathrm{e}^x+\frac{3}{x}\right)\mathrm{d}x$；

(5) $\displaystyle\int 3^x\mathrm{e}^x\mathrm{d}x$；

(6) $\displaystyle\int\sec x(\sec x-\tan x)\mathrm{d}x$；

(7) $\displaystyle\int\cos^2\frac{x}{2}\mathrm{d}x$；

(8) $\displaystyle\int\frac{1}{1+\cos 2x}\mathrm{d}x$；

(9) $\displaystyle\int\frac{\cos 2x}{\cos x-\sin x}\mathrm{d}x$；

(10) $\displaystyle\int\frac{\mathrm{d}x}{\sin^2 x\cos^2 x}$；

(11) $\displaystyle\int\frac{\cos 2x}{\sin^2 x\cos^2 x}\mathrm{d}x$；

(12) $\displaystyle\int\frac{3^{x+1}-2^x}{3^x}\mathrm{d}x$.

3. 一曲线过点 $(\mathrm{e}^2,3)$，且在任一点处的切线斜率等于该点横坐标的倒数，求该曲线的方程.

第二节 换 元 积 分 法

利用基本积分表和积分性质所能计算的不定积分是非常有限的，因此有必要寻找更有效的积分方法．把复合函数求导法反过来用，可以得到一种基本的而且十分重要的积分方法，称为换元积分法，简称换元法．

一、第一类换元法

问题：$\int \sin 2x \, dx$ 是否等于 $-\dfrac{1}{2}\cos 2x + C$？

解决方法：利用复合函数，设置中间变量，过程如下：

令 $u = 2x \Rightarrow dx = \dfrac{1}{2} du$，则

$$\int \sin 2x \, dx = \frac{1}{2}\int \sin u \, du = -\frac{1}{2}\cos u + C = -\frac{1}{2}\cos 2x + C$$

在一般情况下，有下述定理：

定理 1 （第一换元积分法）设 $f(u)$ 具有原函数 $F(u)$，$u = \varphi(x)$ 可导，则 $F[\varphi(x)]$ 是 $f[\varphi(x)]\varphi'(x)$ 的原函数，即有换元公式

$$\int f[\varphi(x)]\varphi'(x)\,dx = \left[\int f(u)\,du\right]_{u=\varphi(x)} = F[\varphi(x)] + C$$

证 由于 $F'(u) = f(u)$，由复合函数的求导法则，得

$$\frac{d}{dx}F[\varphi(x)] = F'(u)\varphi'(x) = f(u)\varphi'(x) = f[\varphi(x)]\varphi'(x)$$

这表示 $F[\varphi(x)]$ 是 $f[\varphi(x)]\varphi'(x)$ 的一个原函数，从而

$$\int f[\varphi(x)]\varphi'(x)\,dx = F[\varphi(x)] + C$$

或写成

$$\int f[\varphi(x)]\,d[\varphi(x)] = F[\varphi(x)] + C$$

说明：应用定理 1 时，可以写成如下一串表达式：

$$\int g(x)\,dx \xrightarrow{\text{恒等变形}} \int f[\varphi(x)]\varphi'(x)\,dx = \int f[\varphi(x)]\,d[\varphi(x)] \xrightarrow{\text{代换 } u=\varphi(x)} \int f(u)\,du$$

$$\xrightarrow{\text{若 } F'(u)=f(u)} F(u) + C \xrightarrow{\text{还原 } u=\varphi(x)} F[\varphi(x)] + C$$

第一换元积分法也叫凑微分法，关键在于将 $\int g(x)\,dx$ 转化为 $\int f[\varphi(x)]\,d[\varphi(x)]$ 形式，而 $f[\varphi(x)]$ 的原函数 $F[\varphi(x)]$ 在基本积分表中能够找到．

例 1 求 $\int (ax+b)^m \, dx$，$m \neq -1$.

解
$$\int (ax+b)^m \, dx = \frac{1}{a}\int (ax+b)^m a \, dx$$

$$= \frac{1}{a}\int (ax+b)^m \, d(ax+b) = \frac{1}{a}\left[\int u^m \, du\right]_{u=ax+b} = \frac{1}{a}\cdot\frac{u^{m+1}}{m+1} + C$$

$$= \frac{1}{a} \frac{(ax+b)^{m+1}}{m+1} + C$$

推广：$\int f(ax+b)\mathrm{d}x = \frac{1}{a} \left[\int f(u)\mathrm{d}u \right]_{u=ax+b}$.

例 2　求 $\int \frac{\mathrm{d}x}{a^2+x^2}$.

解　$\displaystyle\int \frac{\mathrm{d}x}{a^2+x^2} = \frac{1}{a}\int \frac{\frac{1}{a}\mathrm{d}x}{1+\left(\frac{x}{a}\right)^2} = \frac{1}{a}\int \frac{\mathrm{d}\left(\frac{x}{a}\right)}{1+\left(\frac{x}{a}\right)^2}$

$\displaystyle = \frac{1}{a}\left[\int \frac{\mathrm{d}u}{1+u^2}\right]_{u=\frac{x}{a}} = \frac{1}{a}\arctan u + C = \frac{1}{a}\arctan \frac{x}{a} + C$

例 3　求 $\int \frac{\mathrm{d}x}{\sqrt{a^2-x^2}}\ (a>0)$.

解　$\displaystyle\int \frac{\mathrm{d}x}{\sqrt{a^2-x^2}} = \int \frac{\frac{1}{a}\mathrm{d}x}{\sqrt{1-\left(\frac{x}{a}\right)^2}} = \int \frac{\mathrm{d}\left(\frac{x}{a}\right)}{\sqrt{1-\left(\frac{x}{a}\right)^2}}$

$\displaystyle = \left[\int \frac{\mathrm{d}u}{\sqrt{1-u^2}}\right]_{u=\frac{x}{a}} = \arcsin u + C = \arcsin \frac{x}{a} + C$

例 4　求 $\int x\sqrt{a^2+b^2x^2}\,\mathrm{d}x$.

解　$\displaystyle\int x\sqrt{a^2+b^2x^2}\,\mathrm{d}x = \frac{1}{2b^2}\int \sqrt{a^2+b^2x^2}\,2b^2 x\,\mathrm{d}x$

$\displaystyle = \frac{1}{2b^2}\int (a^2+b^2x^2)^{\frac{1}{2}}\,\mathrm{d}(a^2+b^2x^2) = \frac{1}{2b^2}\left[\int u^{\frac{1}{2}}\,\mathrm{d}u\right]_{u=a^2+b^2x^2}$

$\displaystyle = \frac{1}{2b^2}\frac{u^{\frac{1}{2}+1}}{\frac{1}{2}+1} + C = \frac{1}{3b^2}(a^2+b^2x^2)^{\frac{3}{2}} + C$

例 5　求 $\int \frac{\sin\sqrt{x}}{\sqrt{x}}\mathrm{d}x$.

解　$\displaystyle\int \frac{\sin\sqrt{x}}{\sqrt{x}}\mathrm{d}x = 2\int \sin\sqrt{x}\,\frac{\mathrm{d}x}{2\sqrt{x}} = 2\int \sin\sqrt{x}\,\mathrm{d}\sqrt{x}$

$\displaystyle = 2\left[\int \sin u\,\mathrm{d}u\right]_{u=\sqrt{x}} = -2\cos u + C = -2\cos\sqrt{x} + C$

常见求导公式：

(1) $(\sqrt{x})' = \frac{1}{2\sqrt{x}}$，所以 $\frac{1}{2\sqrt{x}}\mathrm{d}x = \mathrm{d}\sqrt{x}$；

(2) $\left(\frac{1}{x}\right)' = -\frac{1}{x^2}$，所以 $-\frac{1}{x^2}\mathrm{d}x = \mathrm{d}\frac{1}{x}$.

对换元公式熟练后，就不必再把 u 写出来.

例 6 求 $\int \tan x \, \mathrm{d}x$ 与 $\int \cot x \, \mathrm{d}x$.

解 $\int \tan x \, \mathrm{d}x = \int \dfrac{\sin x}{\cos x} \mathrm{d}x = \int \dfrac{-1}{\cos x} \mathrm{d}\cos x = -\ln|\cos x| + C$

同理可得 $\int \cot x \, \mathrm{d}x = \ln|\sin x| + C$.

例 7 求 $\int \dfrac{\mathrm{d}x}{x^2 - a^2}$.

解 $\because \dfrac{1}{x^2 - a^2} = \dfrac{1}{2a}\left(\dfrac{1}{x-a} - \dfrac{1}{x+a}\right)$

$\therefore \int \dfrac{\mathrm{d}x}{x^2 - a^2} = \dfrac{1}{2a}\int\left(\dfrac{1}{x-a} - \dfrac{1}{x+a}\right) \mathrm{d}x = \dfrac{1}{2a}\left(\int \dfrac{\mathrm{d}x}{x-a} - \int \dfrac{\mathrm{d}x}{x+a}\right)$

$\qquad = \dfrac{1}{2a}\left[\int \dfrac{\mathrm{d}(x-a)}{x-a} - \int \dfrac{\mathrm{d}(x+a)}{x+a}\right] = \dfrac{1}{2a}(\ln|x-a| - \ln|x+a| + C)$

$\qquad = \dfrac{1}{2a}\ln\left|\dfrac{x-a}{x+a}\right| + C$

例 8 求 $\int \sin 3x \sin 2x \, \mathrm{d}x$.

解 $\int \sin 3x \sin 2x \, \mathrm{d}x = \dfrac{1}{2}\int (\cos x - \cos 5x) \, \mathrm{d}x$

$\qquad\qquad\qquad\quad = \dfrac{1}{2}\int \cos x \, \mathrm{d}x - \dfrac{1}{10}\int \cos 5x \, \mathrm{d}(5x)$

$\qquad\qquad\qquad\quad = \dfrac{1}{2}\sin x - \dfrac{1}{10}\sin 5x + C$

例 9 求 $\int \cos^4 x \, \mathrm{d}x$.

解 $\because \cos^4 x = \left(\dfrac{1+\cos 2x}{2}\right)^2 = \dfrac{1}{4}(1 + 2\cos 2x + \cos^2 2x)$

$\qquad\quad = \dfrac{1}{4}\left(1 + 2\cos 2x + \dfrac{1+\cos 4x}{2}\right)$

$\qquad\quad = \dfrac{3}{8} + \dfrac{1}{2}\cos 2x + \dfrac{1}{8}\cos 4x$.

$\therefore \int \cos^4 x \, \mathrm{d}x = \dfrac{3}{8}\int \mathrm{d}x + \dfrac{1}{2}\int \cos 2x \, \mathrm{d}x + \dfrac{1}{8}\int \cos 4x \, \mathrm{d}x$

$\qquad\qquad\quad = \dfrac{3}{8}x + \dfrac{1}{4}\sin 2x + \dfrac{1}{32}\sin 4x + C$.

例 10 求 $\int \sec x \, \mathrm{d}x$ 与 $\int \csc x \, \mathrm{d}x$.

解 解法一: $\int \sec x \, \mathrm{d}x = \int \dfrac{\sec x(\sec x + \tan x)}{\sec x + \tan x} \mathrm{d}x = \int \dfrac{\sec^2 x + \sec x \tan x}{\sec x + \tan x} \mathrm{d}x$

$\qquad\qquad\qquad = \int \dfrac{\mathrm{d}(\sec x + \tan x)}{\sec x + \tan x} = \ln|\sec x + \tan x| + C$

解法二: $\int \sec x \, \mathrm{d}x = \int \dfrac{1}{\cos x} \mathrm{d}x = \int \dfrac{\cos x}{\cos^2 x} \mathrm{d}x = \int \dfrac{\mathrm{d}(\sin x)}{1 - \sin^2 x}$

$$=-\int \frac{\mathrm{d}\sin x}{\sin^2 x-1}=-\frac{1}{2}\ln\left|\frac{-1+\sin x}{1+\sin x}\right|+C$$

上述两个解都是正确的.

同样可得 $\int \csc x\,\mathrm{d}x=\ln|\csc x-\cot x|+C$.

常用的凑微分公式：

$$\mathrm{d}x=\mathrm{d}(x+b)=\frac{1}{a}\mathrm{d}(ax+b) \qquad\qquad x\,\mathrm{d}x=\frac{1}{2}\mathrm{d}x^2=\frac{1}{2}\mathrm{d}(x^2+b)$$

$$x^2\,\mathrm{d}x=\frac{1}{3}\mathrm{d}x^3 \qquad\qquad\qquad\qquad \frac{1}{x}\mathrm{d}x=\mathrm{d}\ln x$$

$$\frac{1}{\sqrt{x}}\mathrm{d}x=2\mathrm{d}\sqrt{x} \qquad\qquad\qquad\qquad \frac{1}{x^2}\mathrm{d}x=-\mathrm{d}\frac{1}{x}$$

$$\sin x\,\mathrm{d}x=-\mathrm{d}\cos x \qquad\qquad\qquad\quad \mathrm{e}^x\,\mathrm{d}x=\mathrm{d}\mathrm{e}^x$$

$$\sec x\tan x\,\mathrm{d}x=\mathrm{d}\sec x \qquad\qquad\qquad \sec^2 x\,\mathrm{d}x=\mathrm{d}\tan x$$

$$\cos x\,\mathrm{d}x=\mathrm{d}\sin x \qquad\qquad\qquad\qquad \frac{1}{\sqrt{1-x^2}}\mathrm{d}x=\mathrm{d}\arcsin x$$

$$\frac{1}{1+x^2}\mathrm{d}x=\mathrm{d}\arctan x$$

例 11 求 $\displaystyle\int \frac{\mathrm{e}^x}{1+\mathrm{e}^x}\mathrm{d}x$ 与 $\displaystyle\int \frac{1}{1+\mathrm{e}^x}\mathrm{d}x$.

解 $\displaystyle\int \frac{\mathrm{e}^x}{1+\mathrm{e}^x}\mathrm{d}x=\int \frac{1}{1+\mathrm{e}^x}\mathrm{d}(1+\mathrm{e}^x)=\ln|1+\mathrm{e}^x|+C=\ln(1+\mathrm{e}^x)+C$

$\displaystyle\quad\int \frac{1}{1+\mathrm{e}^x}\mathrm{d}x=\int \frac{1+\mathrm{e}^x-\mathrm{e}^x}{1+\mathrm{e}^x}\mathrm{d}x=\int \left(1-\frac{\mathrm{e}^x}{1+\mathrm{e}^x}\right)\mathrm{d}x=x-\ln(1+\mathrm{e}^x)+C$

例 12 求 $\displaystyle\int \frac{1}{x(1+3\ln x)}\mathrm{d}x$.

解 $\displaystyle\quad\int \frac{1}{x(1+3\ln x)}\mathrm{d}x=\int \frac{1}{1+3\ln x}\mathrm{d}\ln x=\frac{1}{3}\int \frac{1}{1+3\ln x}\mathrm{d}(1+3\ln x)$

$$=\frac{1}{3}\ln|1+3\ln x|+C$$

二、第二类换元法

第一类换元法是通过变量代换 $u=\varphi(x)$ 将积分 $\int f[\varphi(x)]\varphi'(x)\mathrm{d}x$ 化为较为简单的积分 $\int f(u)\mathrm{d}u$ 形式，但有时候会遇到相反的情况，需求的积分 $\int f(x)\mathrm{d}x$ 形式上简单但实际上很难求，则需要适当地选取代换 $x=\varphi(u)$ ，将不定积分 $\int f(x)\mathrm{d}x$ 化为易求的不定积分 $\int f[\varphi(u)]\varphi'(u)\mathrm{d}u$ ，这种方法称为第二类换元法.

定理 2 （第二换元积分法）设 $x=\varphi(u)$ 是单调、可导的函数，并且 $\varphi'(u)\neq0$ ，又设 $f[\varphi(u)]\varphi'(u)$ 具有原函数 $F(u)$ ，则 $F[\varphi^{-1}(x)]$ 是 $f(x)$ 的原函数，即有换元公式

$$\int f(x)\mathrm{d}x = \left[\int f[\varphi(u)]\varphi'(u)\mathrm{d}u\right]_{x=\varphi(u)} = F[\varphi^{-1}(x)] + C$$

式中：$\varphi^{-1}(x)$ 为 $x = \varphi(u)$ 的反函数.

证 设 $x = \varphi(u)$，则 $u = \varphi^{-1}(x)$. 由复合函数和反函数的求导法则，有

$$\frac{\mathrm{d}}{\mathrm{d}x}F[\varphi^{-1}(x)] = \frac{\mathrm{d}F(u)}{\mathrm{d}x} = F'(u) \cdot \frac{\mathrm{d}u}{\mathrm{d}x} = f(x) \cdot \frac{\mathrm{d}x}{\mathrm{d}u} \cdot \frac{\mathrm{d}u}{\mathrm{d}x} = f(x)$$

这表明 $F[\varphi^{-1}(x)]$ 是 $f(x)$ 的一个原函数，所以

$$\int f(x)\mathrm{d}x = F[\varphi^{-1}(x)] + C$$

第二换元积分从形式上看是定理 1 中公式的逆行，但目的都是为了化为容易求得原函数的形式. 下面举例说明第二换元公式的应用.

1. 被积函数含有根式 $\sqrt[n]{ax+b}$（n 是正整数，a、b 是常数）

例 13 求 $\displaystyle\int \frac{1}{1+\sqrt{x}}\mathrm{d}x$.

解 令 $\sqrt{x} = u$，即做变量代换 $x = u^2 (u > 0)$，可将被积函数中根式化去，且 $\mathrm{d}x = 2u\mathrm{d}u$，于是所求积分化为

$$\int \frac{1}{1+\sqrt{x}}\mathrm{d}x = \left[\int \frac{2u}{1+u}\mathrm{d}u\right]_{x=u^2} = 2\int \frac{(u+1)-1}{1+u}\mathrm{d}u$$

$$= 2\left(\int \mathrm{d}u - \int \frac{1}{1+u}\mathrm{d}u\right) = 2(u - \ln|1+u|) + C$$

$$\underline{\underline{\text{回代}}} 2(\sqrt{x} - \ln|1+\sqrt{x}|) + C$$

例 14 求 $\displaystyle\int x\sqrt[3]{2x+1}\,\mathrm{d}x$.

解 令 $\sqrt[3]{2x+1} = u$，即 $x = \frac{1}{2}(u^3 - 1)$，$\mathrm{d}x = \frac{3}{2}u^2\mathrm{d}u$，于是

$$\int x\sqrt[3]{2x+1}\,\mathrm{d}x = \int \frac{1}{2}(u^3-1)u \cdot \frac{3}{2}u^2\mathrm{d}u = \frac{3}{4}\int(u^6 - u^3)\mathrm{d}u$$

$$= \frac{3}{28}u^7 - \frac{3}{16}u^4 + C = \frac{3}{28}(2x+1)^{\frac{7}{3}} - \frac{3}{16}(2x+1)^{\frac{4}{3}} + C$$

例 15 求 $\displaystyle\int \frac{1}{1+\sqrt[3]{x+2}}\mathrm{d}x$.

解 令 $t^3 = x+2 \Rightarrow 3t^2\mathrm{d}t = \mathrm{d}x$

$$\int \frac{1}{1+\sqrt[3]{x+2}}\mathrm{d}x = \int \frac{3t^2}{1+t}\mathrm{d}t = 3\int\left(t - 1 + \frac{1}{t+1}\right)\mathrm{d}t = 3\left(\frac{t^2}{2} - t + \ln|t+1|\right) + C$$

$$= \frac{3}{2}\sqrt[3]{(x+2)^2} - 3\sqrt[3]{(x+2)} + 3\ln|\sqrt[3]{x+2}+1| + C$$

2. 被积函数含有根式 $\sqrt{a^2-x^2}$ 或 $\sqrt{x^2 \pm a^2}$

例 16 求 $\displaystyle\int \frac{\mathrm{d}x}{\sqrt{a^2-x^2}}$.

解　可设 $x = a\sin t \left(-\dfrac{\pi}{2} < t < \dfrac{\pi}{2}\right)$ 来消根号，则 $\mathrm{d}x = a\cos t\,\mathrm{d}t$，$t = \arcsin \dfrac{x}{a}$，于是

$$\int \frac{\mathrm{d}x}{\sqrt{a^2 - x^2}} = \int \frac{a\cos t\,\mathrm{d}t}{a\cos t} = \int \mathrm{d}t = t + C = \arcsin \frac{x}{a} + C$$

例 17　求 $\displaystyle\int \dfrac{\mathrm{d}x}{\sqrt{a^2 + x^2}}\ (a > 0)$.

解　设 $x = a\tan t\ \left(-\dfrac{\pi}{2} < t < \dfrac{\pi}{2}\right)$，则 $\mathrm{d}x = a\sec^2 t\,\mathrm{d}t$，于是

$$\int \frac{\mathrm{d}x}{\sqrt{a^2 + x^2}} = \int \frac{a\sec^2 t\,\mathrm{d}t}{a\sec t} = \int \sec t\,\mathrm{d}t = \ln |\sec t + \tan t| + C$$

做辅助直角三角形，如图 5 - 2 所示.

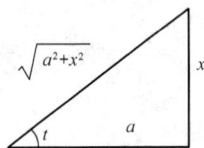

图 5 - 2

$\because \tan t = \dfrac{x}{a}$

$\therefore \sec t = \dfrac{\sqrt{x^2 + a^2}}{a}$

$$\therefore \int \frac{\mathrm{d}x}{\sqrt{x^2 + a^2}} = \ln\left(\frac{x}{a} + \frac{\sqrt{x^2 + a^2}}{a}\right) + C'$$

$$= \ln(x + \sqrt{x^2 + a^2}) + C\ (C = C' - \ln a)$$

例 18　求 $\displaystyle\int \dfrac{\mathrm{d}x}{\sqrt{x^2 - a^2}}$.

解　由于被积函数的定义域是 $x > a$ 和 $x < -a$，故在两个区间分别求不定积分如下：

(1) 当 $x > a$，设 $x = a\sec t\left(0 < t < \dfrac{\pi}{2}\right)$，则 $\mathrm{d}x = a\sec t \cdot \tan t\,\mathrm{d}t$，于是

$$\int \frac{\mathrm{d}x}{\sqrt{x^2 - a^2}} = \int \frac{a\sec t \cdot \tan t}{a\tan t}\mathrm{d}t = \int \sec t\,\mathrm{d}t = \ln |\sec t + \tan t| + C$$

根据 $\sec t = \dfrac{x}{a}$ 做辅助三角形，如图 5 - 3 所示. 有

$$\sec t = \frac{x}{a},\ \tan t = \frac{\sqrt{x^2 - a^2}}{a}$$

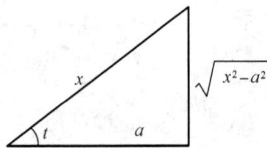

图 5 - 3

则当 $x > a$ 时

$$\int \frac{\mathrm{d}x}{\sqrt{x^2 - a^2}} = \ln\left(\frac{x + \sqrt{x^2 - a^2}}{a}\right) + C'$$

$$= \ln(x + \sqrt{x^2 - a^2}) + C$$

$$C = C' - \ln a$$

(2) 当 $x < a$，令 $x = -u$，则 $u > a$ 有（1）的结果，得

$$\int \frac{\mathrm{d}x}{\sqrt{x^2 - a^2}} = \int \frac{-\mathrm{d}u}{\sqrt{u^2 - a^2}}$$

$$= -\int \frac{\mathrm{d}u}{\sqrt{u^2 - a^2}} = -\ln(u + \sqrt{u^2 - a^2}) + C$$

$$= -\ln(-x + \sqrt{x^2 - a^2}) + C$$

$$= \ln \frac{1}{-x + \sqrt{x^2 - a^2}} + C$$

$$= \ln \frac{-x - \sqrt{x^2 - a^2}}{a^2} + C$$

$$= -\ln(-x - \sqrt{x^2 - a^2}) + C''$$

则

$$\int \frac{\mathrm{d}x}{\sqrt{x^2 - a^2}} = \ln \left| x + \sqrt{x^2 - a^2} \right| + C$$

$$C'' = C - 2\ln a$$

归纳：当被积式中含有根式 $\sqrt{a^2 - x^2}$、$\sqrt{a^2 + x^2}$、$\sqrt{x^2 - a^2}$ 时，常可以分别利用三角变换式 $x = a\sin t$、$x = a\tan t$ 或 $x = a\sec t$ 化为根式，从而求得积分.

下面通过例子再介绍一种很有用的代换——倒代换.

例 19 求 $\int \frac{\sqrt{a^2 - x^2}}{x^4} \mathrm{d}x$.

解 设 $x = \dfrac{1}{t}$，则 $\mathrm{d}x = -\dfrac{\mathrm{d}t}{t^2}$，于是

$$\int \frac{\sqrt{a^2 - x^2}}{x^4} \mathrm{d}x = \left[\int \frac{\sqrt{a^2 - \left(\frac{1}{t}\right)^2}}{\frac{1}{t^4}} \left(-\frac{\mathrm{d}t}{t^2}\right) \right]_{x = \frac{1}{t}} = -\int \frac{(a^2 t^2 - 1)^{\frac{1}{2}} t^2}{|t|} \mathrm{d}t$$

当 $x > 0$ 时，$t > 0$，有

$$\int \frac{\sqrt{a^2 - x^2}}{x^4} \mathrm{d}x = -\int t (a^2 t^2 - 1)^{\frac{1}{2}} \mathrm{d}t = -\frac{1}{2a^2} \int (a^2 t^2 - 1)^{\frac{1}{2}} 2a^2 t \, \mathrm{d}t$$

$$= -\frac{1}{2a^2} \int (a^2 t^2 - 1)^{\frac{1}{2}} \mathrm{d}(a^2 t^2 - 1)$$

$$= -\frac{(a^2 t^2 - 1)^{\frac{3}{2}}}{3a^2} + C = -\frac{(a^2 - x^2)^{\frac{3}{2}}}{3a^2 x^3} + C$$

当 $x < 0$ 时，有相同的结果.

形如 $\int \dfrac{\mathrm{d}x}{x \sqrt{x^2 \pm a^2}}$ 或 $\int \dfrac{\mathrm{d}x}{x^2 \sqrt{x^2 \pm a^2}}$ 的不定积分通常可以利用倒数变换 $x = \dfrac{a}{t}$.

补充积分公式（常数 $a > 0$）：

(14) $\displaystyle\int \tan x \, \mathrm{d}x = -\ln|\cos x| + C$; 　　　 (15) $\displaystyle\int \cot x \, \mathrm{d}x = \ln|\sin x| + C$;

(16) $\displaystyle\int \sec x \, \mathrm{d}x = \ln|\sec x + \tan x| + C$; 　 (17) $\displaystyle\int \csc x \, \mathrm{d}x = \ln|\csc x - \cot x| + C$;

(18) $\displaystyle\int \frac{\mathrm{d}x}{x^2 + a^2} = \frac{1}{a} \arctan \frac{x}{a} + C$; 　 (19) $\displaystyle\int \frac{\mathrm{d}x}{x^2 - a^2} = \frac{1}{2a} \ln \left| \frac{x - a}{x + a} \right| + C$;

(20) $\displaystyle\int \frac{\mathrm{d}x}{\sqrt{x^2 \pm a^2}} = \ln(x + \sqrt{x^2 \pm a^2}) + C$; 　 (21) $\displaystyle\int \frac{\mathrm{d}x}{\sqrt{a^2 - x^2}} = \arcsin \frac{x}{a} + C$;

(22) $\int \mathrm{sh}x\,\mathrm{d}x = \mathrm{ch}x + C;$　　　　　　　　(23) $\int \mathrm{ch}x\,\mathrm{d}x = \mathrm{sh}x + C.$

习 题 5-2

1. 在下列各式等号右端的空白处填入适当的系数，使等式成立：

(1) $\mathrm{d}x = \underline{\hspace{2cm}} \mathrm{d}(4x);$ 　　　(2) $x\,\mathrm{d}x = \underline{\hspace{2cm}} \mathrm{d}(4-3x^2);$

(3) $\mathrm{e}^{3x}\,\mathrm{d}x = \underline{\hspace{2cm}} \mathrm{d}(\mathrm{e}^{3x});$ 　　　(4) $\dfrac{x}{\sqrt{1-x^2}}\mathrm{d}x = \underline{\hspace{2cm}} \mathrm{d}(\sqrt{1-x^2});$

(5) $\dfrac{1}{x}\mathrm{d}x = \underline{\hspace{2cm}} \mathrm{d}(\ln 4x^2);$ 　　　(6) $\dfrac{1}{\sqrt{x}}\mathrm{d}x = \underline{\hspace{2cm}} \mathrm{d}(\sqrt{x});$

(7) $\dfrac{1}{x^2}\mathrm{d}x = \underline{\hspace{2cm}} \mathrm{d}\left(\dfrac{1}{x}\right);$ 　　　(8) $x^{n-1}\mathrm{d}x = \underline{\hspace{2cm}} \mathrm{d}(x^n).$

2. 计算下列不定积分：

(1) $\int (3-2x)^5\,\mathrm{d}x;$ 　　　(2) $\int \dfrac{\mathrm{d}x}{1-2x};$

(3) $\int \dfrac{\sin\sqrt{t}}{\sqrt{t}}\mathrm{d}t;$ 　　　(4) $\int \tan^{10}x\sec^2 x\,\mathrm{d}x;$

(5) $\int x\,\mathrm{e}^{-x^2}\,\mathrm{d}x;$ 　　　(6) $\int \dfrac{3x^3}{1-x^4}\mathrm{d}x;$

(7) $\int \dfrac{1-x}{\sqrt{9-4x^2}}\mathrm{d}x;$ 　　　(8) $\int \dfrac{\sin x}{\cos^3 x}\mathrm{d}x.$

3. 计算下列不定积分：

(1) $\int \dfrac{\mathrm{d}x}{\sqrt{(x^2+1)^3}};$ 　　　(2) $\int \dfrac{\sqrt{x^2-9}}{x}\mathrm{d}x;$

(3) $\int \dfrac{\mathrm{d}x}{\sqrt{1+\mathrm{e}^x}};$ 　　　(4) $\int \dfrac{\sqrt[3]{x}}{x(\sqrt{x}+\sqrt[3]{x})}\mathrm{d}x;$

(5) $\int \dfrac{\mathrm{d}x}{x\sqrt{x^2-1}};$ 　　　(6) $\int \dfrac{\mathrm{d}x}{1+\sqrt{1-x^2}}.$

第三节　分 部 积 分 法

在上一节中利用复合函数微分法得出了换元积分法，运用此方法解决了很多的不定积分问题，在本节中将由函数乘积的求导公式来研究另一种重要的积分方法——分部积分法.

定理　（分部积分法）设 $u=u(x)$，$v=v(x)$ 均有连续的导数，由

$$(uv)' = u'v + uv'$$

得 $uv' = (uv)' - u'v$，两边求不定积分，得

$$\int u(x)v'(x)\,\mathrm{d}x = u(x)v(x) - \int u'(x)v(x)\,\mathrm{d}x$$

或写成

$$\int u \, dv = uv - \int v \, du$$

这个公式称为分部积分公式，应用分部积分公式，可以将难求的积分 $\int u \, dv$ 转化为易求的积分 $\int v \, du$.

关键：恰当选择 u 和 dv ，取 u 要考虑使 u' 比 u 更简单；取 dv 要考虑便于求出其原函数，使 $\int v \, du$ 比 $\int u \, dv$ 更简单.

例 1　求 $\int x \cos x \, dx$.

解　如果取 $u = x$、$dv = \cos x \, dx$、则 $du = dx$、$v = \sin x$，显然 $\int \sin x \, dx$ 比 $\int x \cos x \, dx$ 更简单.

如果取 $u = \cos x$、$dv = x \, dx$，则 $du = -\sin x \, dx$、$v = \dfrac{x^2}{2}$. 显然 $\int \dfrac{x^2}{2} \sin x \, dx$ 比 $\int x \cos x \, dx$ 更复杂，所以

$$\int x \cos x \, dx = \int x \, d\sin x = x \sin x - \int \sin x \, dx = x \sin x + \cos x + C$$

例 2　求 $\int (x+1) e^x \, dx$.

解　如果取 $u = x+1$、$dv = e^x \, dx$ ，则 $du = dx$、$v = e^x$，显然 $\int e^x \, dx$ 比 $\int (x+1) e^x \, dx$ 更简单，所以

$$\int (x+1) e^x \, dx = (x+1) e^x - \int e^x \, dx = (x+1) e^x - e^x + C = x e^x + C$$

例 3　求 $\int x \arctan x \, dx$.

解　设 $u = \arctan x$、$dv = x \, dx$ ，则 $du = \dfrac{dx}{1+x^2}$、$v = \dfrac{x^2}{2}$ ，所以

$$\int x \arctan x \, dx = \frac{x^2}{2} \arctan x - \frac{1}{2} \int \frac{x^2}{1+x^2} dx = \frac{x^2}{2} \arctan x - \frac{1}{2} \int \frac{1+x^2-1}{1+x^2} dx$$

$$= \frac{x^2}{2} \arctan x - \frac{1}{2} \int \left(1 - \frac{1}{1+x^2}\right) dx = \frac{x^2}{2} \arctan x - \frac{1}{2} x + \frac{1}{2} \arctan x + C$$

例 4　求 $\int (x^3 - 2x^2 + 7) \ln x \, dx$.

解　令 $u = \ln x$、$dv = (x^3 - 2x^2 + 7) \, dx$ ，则 $du = \dfrac{1}{x} dx$，$v = \dfrac{1}{4} x^4 - \dfrac{2}{3} x^3 + 7x$ ，所以

$$\int (x^3 - 2x^2 + 7) \ln x \, dx = \left(\frac{x^4}{4} - \frac{2}{3} x^3 + 7x\right) \ln x - \int \left(\frac{x^3}{4} - \frac{2}{3} x^2 + 7\right) dx$$

$$= \left(\frac{x^4}{4} - \frac{2}{3} x^3 + 7x\right) \ln x - \frac{x^4}{16} + \frac{2}{9} x^3 - 7x + C$$

归纳如下：

（1）当被积函数是多项式和正（余）弦函数或多项式和指数函数的乘积时，可考虑用分部积分法，并设多项式为 u；

（2）当被积函数是多项式和对数函数或多项式和反三角函数的乘积时，可考虑用分部积分法，并设对数函数或反三角函数为 u．

例 5　求 $\int \sec^3 x \, \mathrm{d}x$．

解　$\displaystyle\int \sec^3 x \, \mathrm{d}x = \int \sec x \, \mathrm{d}\tan x$

$$= \sec x \tan x - \int \tan x \, \mathrm{d}\sec x = \sec x \tan x - \int \sec x \tan^2 x \, \mathrm{d}x$$

$$= \sec x \tan x - \int \sec x (\sec^2 x - 1) \, \mathrm{d}x = \sec x \tan x - \int \sec^3 x \, \mathrm{d}x + \int \sec x \, \mathrm{d}x$$

$$= \sec x \tan x + \ln|\sec x + \tan x| - \int \sec^3 x \, \mathrm{d}x$$

移项得 $\displaystyle\int \sec^3 x \, \mathrm{d}x = \frac{1}{2}(\sec x \tan x + \ln|\sec x + \tan x|) + C$

例 6　求 $I_1 = \displaystyle\int \mathrm{e}^x \sin x \, \mathrm{d}x$ 与 $I_2 = \displaystyle\int \mathrm{e}^x \cos x \, \mathrm{d}x$．

解　$I_1 = \displaystyle\int \sin x \, \mathrm{d}\mathrm{e}^x = \mathrm{e}^x \sin x - \int \mathrm{e}^x \cos x \, \mathrm{d}x$，即

$$I_1 = \mathrm{e}^x \sin x - I_2$$

$$I_2 = \int \mathrm{e}^x \cos x \, \mathrm{d}x = \int \cos x \, \mathrm{d}\mathrm{e}^x = \mathrm{e}^x \cos x + \int \mathrm{e}^x \sin x \, \mathrm{d}x$$

即 $I_2 = \mathrm{e}^x \cos x + I_1$，联立解得

$$I_1 = \frac{1}{2}\mathrm{e}^x(\sin x - \cos x) + C, \quad I_2 = \frac{1}{2}\mathrm{e}^x(\sin x + \cos x) + C$$

例 7　求积分 $\displaystyle\int \sqrt{a^2 - x^2} \, \mathrm{d}x$．

解　$\displaystyle\int \sqrt{a^2 - x^2} \, \mathrm{d}x = x\sqrt{a^2 - x^2} - \int x \frac{-x}{\sqrt{a^2 - x^2}} \, \mathrm{d}x$

$$= x\sqrt{a^2 - x^2} - \int \frac{a^2 - x^2 - a^2}{\sqrt{a^2 - x^2}} \, \mathrm{d}x$$

$$= x\sqrt{a^2 - x^2} - \int \sqrt{a^2 - x^2} \, \mathrm{d}x + a^2 \int \frac{1}{\sqrt{a^2 - x^2}} \, \mathrm{d}x$$

所以 $\displaystyle\int \sqrt{a^2 - x^2} \, \mathrm{d}x = \frac{x}{2}\sqrt{a^2 - x^2} + \frac{a^2}{2}\arcsin\frac{x}{a} + C$．

在积分的过程中往往要兼用换元法与分部积分法．

例 8　求积分 $\displaystyle\int \mathrm{e}^{\sqrt{x}} \, \mathrm{d}x$．

解　令 $t = \sqrt{x}$，则 $x = t^2$，$\mathrm{d}x = 2t \, \mathrm{d}t$，于是

$$\int \mathrm{e}^{\sqrt{x}} \, \mathrm{d}x = 2\int t\mathrm{e}^t \, \mathrm{d}t = 2\int t \, \mathrm{d}\mathrm{e}^t = 2\mathrm{e}^t(t - 1) + C = 2\mathrm{e}^{\sqrt{x}}(\sqrt{x} - 1) + C$$

习 题 5-3

1. 计算下列不定积分：

(1) $\int \arcsin x\, dx = $ _____；

(2) $\int x^2 \ln x\, dx = $ _____；

(3) $\int x^2 \arctan x\, dx = $ _____；

(4) $\int e^{-x} \cos x\, dx = $ _____；

(5) $\int x \tan^2 x\, dx = $ _____；

(6) $\int e^{\sqrt[3]{x}}\, dx = $ _____.

复 习 与 小 结

一、本章的基本内容

本章的全部内容是探讨微分法的逆问题，即如何求不定积分或积分法的问题.

(1) 介绍原函数和不定积分的概念，并介绍原函数的存在问题和性质.

(2) 不定积分的基本性质、基本积分法和基本积分公式.

(3) 换元积分法：第一类换元法、第二类换元法.

(4) 分部积分法.

(5) 两种典型积分的积分方法.

二、定义、定理、性质

定义 1　设函数 $f(x)$ 在区间 I 上有定义，如果存在可导函数 $F(x)$，对于区间上任意一点都满足
$$F'(x) = f(x) \ \text{或}\ dF(x) = f(x)dx,\ x \in I$$
则称 $F(x)$ 为 $f(x)$ 在区间 I 上的一个原函数.

定义 2　设 $F(x)$ 是 $f(x)$ 的一个原函数，则称 $f(x)$ 的所有原函数 $F(x)+C$（C 为任意常数）为 $f(x)$ 的不定积分. 记为 $\int f(x)dx$，即
$$\int f(x)dx = F(x) + C$$
式中：$f(x)$ 为被积函数；$f(x)dx$ 为被积表达式；x 为积分变量；记号"$\int$"为积分号；C 为积分常数.

定理 1　如果函数 $F(x)$ 在区间 I 上有一个原函数 $F(x)$，则对于任意常数 C，$F(x)+C$ 也是 $f(x)$ 的原函数，且 $f(x)$ 在区间 I 上任意一个原函数都可以表示成 $F(x)+C$ 的形式.

定理 2　（第一换元积分法）设 $f(u)$ 具有原函数 $F(u)$，$u = \varphi(x)$ 可导，则 $F[\varphi(x)]$ 是 $f[\varphi(x)]\varphi'(x)$ 的原函数，即有换元公式
$$\int f[\varphi(x)]\varphi'(x)\, dx = \left[\int f(u)\, du\right]_{u=\varphi(x)} = F[\varphi(x)] + C$$

定理 3　（第二换元积分法）设 $x = \varphi(u)$ 是单调、可导的函数，并且 $\varphi'(u) \neq 0$，又设

$f[\varphi(u)]\varphi'(u)$ 具有原函数 $F(u)$，则 $F[\varphi^{-1}(x)]$ 是 $f(x)$ 的原函数，即有换元公式

$$\int f(x)\mathrm{d}x = \left[\int f[\varphi(u)]\varphi'(u)\mathrm{d}u\right]_{x=\varphi(u)} = F[\varphi^{-1}(x)] + C$$

式中：$\varphi^{-1}(x)$ 为 $x=\varphi(u)$ 的反函数.

定理 4　（分部积分法）设 $u=u(x)$、$v=v(x)$ 均有连续的导数，则

$$\int u(x)v'(x)\mathrm{d}x = u(x)v(x) - \int u'(x)v(x)\mathrm{d}x$$

或写成

$$\int u\,\mathrm{d}v = uv - \int v\,\mathrm{d}u$$

性质 1　(1) $\left[\int f(x)\mathrm{d}x\right]' = f(x)$ 或 $\mathrm{d}\int f(x)\mathrm{d}x = f(x)\mathrm{d}x$

即不定积分的导数（或微分）等于被积函数 $f(x)$[或被积表达式 $f(x)\mathrm{d}x$].

(2) $\int F'(x)\mathrm{d}x = F(x) + C$ 或 $\int \mathrm{d}F(x) = F(x) + C$

即函数 $F(x)$ 的导数（或微分）的不定积分等于 $F(x)+C$（C 为任意常数）.

性质 2　$\int kf(x)\mathrm{d}x = k\int f(x)\mathrm{d}x$（$k$ 为常数，$k \neq 0$）

即被积函数中不为零的常数因子可以提到积分号的外面.

性质 3　$\int [f(x) \pm g(x) \pm \cdots \pm h(x)]\mathrm{d}x = \int f(x)\mathrm{d}x \pm \int g(x)\mathrm{d}x \pm \cdots \pm \int h(x)\mathrm{d}x$

即有限个函数的代数和积分等于各个函数的积分的代数和.

三、基本积分公式及补充公式

(1) $\displaystyle\int k\,\mathrm{d}x = kx + C$（$k$ 是常数）;　　　(2) $\displaystyle\int x^{\alpha}\mathrm{d}x = \frac{x^{\alpha+1}}{\alpha+1} + C\,(\alpha \neq -1)$;

(3) $\displaystyle\int \frac{\mathrm{d}x}{x} = \ln|x| + C$;　　　(4) $\displaystyle\int \frac{\mathrm{d}x}{1+x^2} = \arctan x + C$;

(5) $\displaystyle\int \frac{\mathrm{d}x}{\sqrt{1-x^2}} = \arcsin x + C$;　　　(6) $\displaystyle\int \cos x\,\mathrm{d}x = \sin x + C$;

(7) $\displaystyle\int \sin x\,\mathrm{d}x = -\cos x + C$;　　　(8) $\displaystyle\int \sec^2 x\,\mathrm{d}x = \tan x + C$;

(9) $\displaystyle\int \csc^2 x\,\mathrm{d}x = -\cot x + C$;　　　(10) $\displaystyle\int \sec x \tan x\,\mathrm{d}x = \tan x + C$;

(11) $\displaystyle\int \csc x \cot x\,\mathrm{d}x = -\csc x + C$;　　　(12) $\displaystyle\int \mathrm{e}^x\,\mathrm{d}x = \mathrm{e}^x + C$;

(13) $\displaystyle\int a^x\,\mathrm{d}x = \frac{a^x}{\ln a} + C$;　　　(14) $\displaystyle\int \tan x\,\mathrm{d}x = -\ln|\cos x| + C$;

(15) $\displaystyle\int \cot x\,\mathrm{d}x = \ln|\sin x| + C$;　　　(16) $\displaystyle\int \sec x\,\mathrm{d}x = \ln|\sec x + \tan x| + C$;

(17) $\displaystyle\int \csc x\,\mathrm{d}x = \ln|\csc x - \cot x| + C$;　　　(18) $\displaystyle\int \frac{\mathrm{d}x}{x^2+a^2} = \frac{1}{a}\arctan\frac{x}{a} + C$;

(19) $\displaystyle\int \frac{\mathrm{d}x}{x^2-a^2} = \frac{1}{2a}\ln\left|\frac{x-a}{x+a}\right| + C$;　　　(20) $\displaystyle\int \frac{\mathrm{d}x}{\sqrt{x^2 \pm a^2}} = \ln(x + \sqrt{x^2 \pm a^2}) + C$;

$$(21) \int \frac{\mathrm{d}x}{\sqrt{a^2 - x^2}} = \arcsin \frac{x}{a} + C ; \qquad (22) \int \mathrm{sh}x \, \mathrm{d}x = \mathrm{ch}x + C ;$$

$$(23) \int \mathrm{ch}x \, \mathrm{d}x = \mathrm{sh}x + C .$$

四、小结

换元积分法和分部积分法是求不定积分的基本方法，初等函数的积分公式以及随后补充的积分公式组成基本积分表（对于积分运算有着更详细的积分运算表，由于在我们的学习中不涉及更为复杂的积分运算，所以本书不再列出，有需要的可以查询其他相关材料），进行积分运算主要依赖于这两法一表来完成.

在任何场合都不能忽视对不定积分定义的理解、对积分线性性质的利用以及对被积函数的改造与变形，由此并通过基本积分表完成积分运算的方法称为直接积分法. 另外需要说明的是，这里所说的求不定积分其实是用初等函数把这个积分表示出来. 在这种意义下，不是所有初等函数的积分都可以求出来的. 例如下列积分

$$\int \mathrm{e}^{x^2} \, \mathrm{d}x , \int \frac{\mathrm{d}x}{\ln x} , \int \frac{\sin x}{x} \mathrm{d}x$$

虽然存在，但都是求不出来的，即不能用初等函数来表示（这类不定积分可以用其他方法加以处理，如将函数展开成幂级数的方法来处理）. 由此可以看出，初等函数的导数仍是初等函数，但初等函数的不定积分却不一定是初等函数，而可能超出初等函数的范围.

复 习 题 五

1. 填空题：

(1) $\dfrac{1}{2x-1} \mathrm{d}x = \underline{\qquad} \dfrac{1}{2x-1} \mathrm{d}\ (2x-1) = \underline{\qquad}$;

(2) $\displaystyle\int \cos^3 x \sin x \, \mathrm{d}x = \int \cos^3 x \, \mathrm{d} \underline{\qquad} = \underline{\qquad}$;

(3) 若 $f(x)$ 的一个原函数为 $\ln(ax)(a \neq 0)$，则 $f(x) = \underline{\qquad}$;

(4) 若 $\displaystyle\int f(x) \mathrm{d}x = 3\cos \dfrac{x}{3} + C$，则 $f(x) = \underline{\qquad}$;

(5) 若 $\displaystyle\int f(x) \mathrm{d}x = x + C$，则 $\displaystyle\int \cos x f(\sin x) \mathrm{d}x = \underline{\qquad}$.

2. 设曲线通过点 $(0, 1)$，且其上任一点处的切线斜率等于该点横坐标的平方，求此曲线的方程.

3. 求下列不定积分：

(1) $\displaystyle\int \frac{(1-x)^2}{\sqrt{x}} \mathrm{d}x$; 　　　　　　(2) $\displaystyle\int \frac{x^4 + 1}{x^2 + 1} \mathrm{d}x$;

(3) $\displaystyle\int \mathrm{e}^x \left(2^x - \frac{\mathrm{e}^{-x}}{x \sqrt[3]{x}} \right) \mathrm{d}x$; 　　　(4) $\displaystyle\int \frac{\mathrm{d}x}{1 + \cos x}$;

(5) $\displaystyle\int \sqrt{\frac{1-x}{1+x}} \mathrm{d}x$.

4. 求下列不定积分：

(1) $\int \sin^4 x \cos^5 x \, dx$;

(2) $\int \cos^2 x \, dx$;

(3) $\int \sin 2x \cos 3x \, dx$;

(4) $\int \sec^4 x \, dx$.

5. 求下列不定积分：

(1) $\int \dfrac{dx}{a^2 + x^2} (a \neq 0)$;

(2) $\int \dfrac{dx}{x^2 - a^2} (a \neq 0)$;

(3) $\int \dfrac{dx}{\sqrt{3^2 - x^2}}$;

(4) $\int x \sqrt{1 - x^2} \, dx$;

(5) $\dfrac{x^3}{x - 1} dx$;

(6) $\int \dfrac{x - 2}{x^2 - 7x + 12} dx$.

6. 求下列不定积分：

(1) $\int \dfrac{dx}{1 + e^x}$;

(2) $\int \dfrac{x \ln(1 + x^2)}{1 + x^2} dx$;

(3) $\int \dfrac{\arctan \sqrt{x}}{\sqrt{x}\,(1 + x)} dx$;

(4) $\int \dfrac{\cot x}{\ln(\sin x)} dx$.

7. 求下列不定积分：

(1) $\int \dfrac{\sqrt{1 + \ln x}}{x \ln x} dx$;

(2) $\int \dfrac{x + 1}{x^2 + x \ln x} dx$;

(3) $\int \dfrac{x + 1}{x(1 + x e^x)} dx$;

(4) $\int \dfrac{dx}{x \sqrt{4x^2 + 9}}$.

8. 求下列不定积分：

(1) $\int x \ln x \, dx$;

(2) $\int x^2 e^x \, dx$;

(3) $\int x \sin^2 x \, dx$.

第六章　定　积　分

　　定积分是积分学的另一个基本问题，它在几何学、物理学、经济学等领域有着广泛的应用．定积分的概念是作为某种和式的极限引入的，它与不定积分的内在联系为计算定积分提供了简捷而有效的方法．

　　本章介绍定积分的概念与基本性质、定积分的计算与简单应用以及广义积分．

第一节　定积分的概念与性质

一、定积分问题举例

1. 曲边梯形的面积问题

　　曲边梯形是指由连续曲线 $y=f(x)[f(x)\geqslant 0]$，直线 $x=a$、$x=b$ 及 x 轴所围成的平面图形（见图 6-1）．下面来求此曲边梯形的面积 A．

　　如果 $f(x)$ 在 $[a,b]$ 上是常数，则曲边梯形是一个矩形，其面积容易求出，而现在 $f(x)$ 是一条曲线弧，底边上的高在 $[a,b]$ 上是变化的，因而不能用初等几何的方法解决．但是，如果把底边分割成若干小段，并在每个分点做垂直于 x 轴的直线，这样就将整个曲边梯形分成若干个小曲边梯形．对于每一个小曲边梯形来讲，由于底边很短，高度变化也不大，就可以用小曲边梯形底边上任一点函数值为高，用矩形面积近似代替小曲边梯形的面积．显然，只要曲边梯形底边分割得越细，那么小矩形面积与相应的小曲边梯形的面积就越接近，所有小矩形面积之和的极限就可以定义为曲边梯形的面积 A（见图 6-2）．由此得到求曲边梯形面积的方法，具体步骤如下．

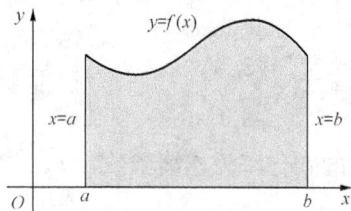
图 6-1

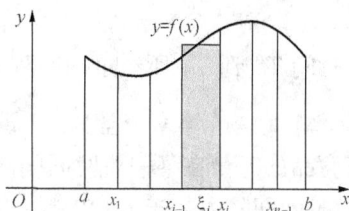
图 6-2

　　第一步：分割．在 $[a,b]$ 中任意插入分点 $x_1,x_2,\cdots,x_n$，且 $a=x_0<x_1<\cdots<x_{n-1}<x_n=b$，这些分点将 $[a,b]$ 分成 n 个小区间 $[x_0,x_1]$，$[x_1,x_2]$，$\cdots$，$[x_{n-1},x_n]$，各区间长度 $\Delta x_1=x_1-x_0$，$\Delta x_2=x_2-x_1$，$\cdots$，$\Delta x_n=x_n-x_{n-1}$．过各分点做垂直于 x 轴的直线，把整个曲边梯形分成 n 个小曲边梯形．

　　第二步：做近似．在每个小区间 $[x_{i-1},x_i]$（$i=1,2,\cdots,n$）上任取一点 ξ_i（$x_{i-1}\leqslant\xi_i\leqslant x_i$），用窄矩形面积 $f(\xi_i)\Delta x_i$ 近似代替第 i 个小曲边梯形面积 ΔA_i，即 $\Delta A_i\approx f(\xi_i)\Delta x_i$（$i=1,2,\cdots,n$）．

　　第三步：求和．曲边梯形面积

$$A = \sum_{i=1}^{n} \Delta A_i \approx \sum_{i=1}^{n} f(\xi_i) \Delta x_i$$

第四步：取极限. 记 $\lambda = \max\{\Delta x_1,\ \Delta x_2 \cdots,\ \Delta x_n\}$，当 $\lambda \to 0$ 时，$\sum_{i=1}^{n} f(\xi_i) \Delta x_i$ 的极限就是曲边梯形的面积 A ，即

$$A = \lim_{\lambda \to 0} \sum_{i=1}^{n} f(\xi_i) \Delta x_i$$

2. 变速直线运动的路程问题

设物体沿直线做变速运动，已知速度 $v = v(t)$ 是时间间隔 $[T_1,\ T_2]$ 上的连续函数，且 $v(t) \geqslant 0$，计算在这段时间内物体所经过的路程 s.

如果物体做匀速直线运动，则路程 $s = v(T_2 - T_1)$，但现在速度随时间 t 变化，不能按此计算路程. 由于速度 $v(t)$ 是连续变化的，在很短一段时间里，速度的变化很小，近似于等速. 因此，在时间间隔很短的条件下，可以用匀速运动来代替变速运动. 可以用求曲边梯形面积所采用的方法，由如下 4 步求路程 s：

第一步：分割. 在时间间隔 $[T_1,\ T_2]$ 之间插入 $n-1$ 个分点 t_1，t_2，$\cdots$，t_{n-1}，且 $T_1 = t_0 < t_1 < \cdots < t_{i-1} < t_i < \cdots < t_n = T_2$，这些分点将 $[T_1,\ T_2]$ 分成 n 个小段 $[t_0,\ t_1]$，$\cdots$，$[t_{i-1},\ t_i]$，$\cdots [t_{n-1},\ t_n]$，小区间 $[t_{i-1},\ t_i]$ 的长度记为 $\Delta t_i = t_i - t_{i-1}$，$i = 1,\ 2,\ \cdots,\ n$.

第二步：做近似. 在时间间隔 $[t_{i-1},\ t_i]$ 上任选一时刻 $\xi_i \in [t_{i-1},\ t_i]$，以 ξ_i 处的速度 $v(\xi_i)$ 代替 $[t_{i-1},\ t_i]$ 上各个时刻的速度，即将运动看作速度是 $v(\xi_i)$ 的匀速运动，于是得到在时间间隔 $[t_{i-1},\ t_i]$ 上物体经过的路程 Δs_i 的近似值 $\Delta s_i \approx v(\xi_i) \Delta t_i$，$(i = 1,\ 2,\ \cdots,\ n)$.

第三步：求和. $s = \sum_{i=1}^{n} \Delta s_i \approx \sum_{i=1}^{n} v(\xi_i) \Delta t_i$.

第四步：取极限. 记 $\lambda = \max\{\Delta t_1,\ \Delta t_2,\ \cdots,\ \Delta t_n\}$，当 $\lambda \to 0$ 时，$\sum_{i=1}^{n} v(\xi_i) \Delta t_i$ 的极限就是物体从时间 T_1 到 T_2 所经过的路程 s ，即 $s = \lim_{\lambda \to 0} \sum_{i=1}^{n} v(\xi_i) \Delta t_i$.

3. 已知产量的变化率求产量

已知某商品的产量在某一段时间间隔 $[\alpha,\ \beta]$ 内的变化率为连续函数 $q(t)$. 现在计算在 $[\alpha,\ \beta]$ 这段时间间隔内的产量 Q.

采用计算曲边梯形面积的方法来计算产量 Q，具体方法和步骤如下：

第一步：分割. 在时间间隔 $[\alpha,\ \beta]$ 之间插入 $n-1$ 个分点 t_1，t_2，$\cdots$，t_{n-1} 且 $\alpha = t_0 < t_1 < \cdots < t_{i-1} < t_i < \cdots < t_n = \beta$，这些分点将 $[\alpha,\ \beta]$ 分成 n 个小段 $[t_0,\ t_1]$，$\cdots$，$[t_{i-1},\ t_i]$，$\cdots [t_{n-1},\ t_n]$，小区间 $[t_{i-1},\ t_i]$ 的长度记为 $\Delta t_i = t_i - t_{i-1}$，$i = 1,\ 2,\ \cdots,\ n$.

第二步：做近似. 在时间间隔 $[t_{i-1},\ t_i]$ 上任选一时刻 $\xi_i \in [t_{i-1},\ t_i]$，以 ξ_i 处的产量变化率 $q(\xi_i)$ 代替 $[t_{i-1},\ t_i]$ 上各个时刻的产量变化率，得到在时间间隔 $[t_{i-1},\ t_i]$ 上产量的 ΔQ_i 的近似值 $\Delta Q_i \approx q(\xi_i) \Delta t_i$，$(i = 1,\ 2,\ \cdots,\ n)$.

第三步：求和. $Q = \sum_{i=1}^{n} \Delta Q_i \approx \sum_{i=1}^{n} q(\xi_i) \Delta t_i$.

第四步：取极限. 记 $\lambda = \max\{\Delta t_1, \Delta t_2, \cdots, \Delta t_n\}$，当 $\lambda \to 0$ 时，$\sum\limits_{i=1}^{n} q(\xi_i)\Delta t_i$ 的极限就是 $[\alpha, \beta]$ 这段时间间隔内的产量 Q，即 $Q = \lim\limits_{\lambda \to 0}\sum\limits_{i=1}^{n} q(\xi_i)\Delta t_i$.

从上面几个具体问题可以看出，虽然这几个问题的具体意义不同，但解决问题的方法和步骤是相同的，并且都归结为具有相同结构的一种特定和式的极限. 在科学技术和经济领域中有大量的问题都可归结为这种和式的极限. 抛开这些问题的具体意义，抓住它们在数量关系上共同的本质与特性加以概括，可以抽象出下述定积分的定义.

二、定积分的定义

定义 设函数 $f(x)$ 是定义在 $[a, b]$ 上的有界函数，在 $[a, b]$ 中任意插入分点 x_1，$x_2, \cdots, x_{n-1}$，且 $a = x_0 < x_1 < \cdots < x_{n-1} < x_n = b$，这些分点将 $[a, b]$ 分成 n 个小区间 $[x_0, x_1]$，$[x_1, x_2]$，$\cdots [x_{n-1}, x_n]$，记 $\Delta x_i = x_i - x_{i-1}(i = 1, 2, \cdots, n)$ 为区间长度. 在每个小区间 $[x_{i-1}, x_i]$ 上任取一点 $\xi_i(i = 1, 2, \cdots, n)$，做和式 $\sum\limits_{i=1}^{n} f(\xi_i)\Delta x_i$.

记 $\lambda = \max\{\Delta x_1, \Delta x_2, \cdots, \Delta x_n\}$，若 $\lambda \to 0$ 时，$\sum\limits_{i=1}^{n} f(\xi_i)\Delta x_i$ 的极限存在，且此极限与区间 $[a, b]$ 的分法及点 ξ_i 的取法无关，则称函数 $f(x)$ 在区间 $[a, b]$ 上可积，并称此极限值为函数 $f(x)$ 在区间 $[a, b]$ 上的**定积分**，记为 $\int_a^b f(x)\mathrm{d}x$，即 $\int_a^b f(x)\mathrm{d}x = \lim\limits_{\lambda \to 0}\sum\limits_{i=1}^{n} f(\xi_i)\Delta x_i$. 式中 $f(x)$ 称为**被积函数**，x 称为**积分变量**，$f(x)\mathrm{d}x$ 称为**被积表达式**，$[a, b]$ 称为**积分区间**，a 称为**积分下限**，b 称为**积分上限**.

根据定积分的定义，上述几个具体问题可用定积分表示如下：

曲边梯形的面积用定积分可以表示为 $A = \int_a^b f(x)\mathrm{d}x$;

变速直线运动的路程可以表示为 $s = \int_{T_1}^{T_2} v(t)\mathrm{d}t$;

已知产量的变化率求产量可以表示为 $Q = \int_a^\beta q(t)\mathrm{d}t$.

注意：

(1) 定积分是和式的极限，因此它是一个数，这与不定积分不同.

(2) 定积分的值只与被积函数及积分区间有关，而与积分变量用什么字母表示无关，即

$$\int_a^b f(x)\mathrm{d}x = \int_a^b f(t)\mathrm{d}t = \int_a^b f(u)\mathrm{d}u$$

(3) 在定积分的定义中要求 $a < b$，若 $a \geqslant b$ 时有如下规定：

当 $a > b$ 时，$\int_a^b f(x)\mathrm{d}x = -\int_b^a f(x)\mathrm{d}x$，即互换定积分的上、下限，定积分要变号.

当 $a = b$ 时，$\int_a^b f(x)\mathrm{d}x = 0$.

(4) 关于函数的可积性，只给出下面几个重要结论：

1) 函数可积必有界；

2) 有限闭区间 $[a, b]$ 上的连续函数可积；

3) 在有限区间 $[a, b]$ 上只有有限个间断点的有界函数可积.

例1 利用定义计算定积分 $\int_0^1 x^2 \mathrm{d}x$.

解 因为被积函数 $f(x) = x^2$ 在积分区间 $[0, 1]$ 上连续,而连续函数是可积的,所以积分与区间 $[0, 1]$ 的分法及点 ξ_i 的取法无关. 因此,为了便于计算,不妨把区间 $[0, 1]$ 分成 n 等份,分点为 $x_i = \dfrac{i}{n}$ ($i = 1, 2, \cdots, n-1$);这样,每个小区间 $[x_{i-1}, x_i]$ 的长度 $\Delta x_i = \dfrac{1}{n}$ ($i = 1, 2, \cdots, n$);取 $\xi_i = x_i$ ($i = 1, 2, \cdots, n$). 于是,得和式

$$\sum_{i=1}^n f(\xi_i)\Delta x_i = \sum_{i=1}^n \xi_i^2 \Delta x_i = \sum_{i=1}^n x_i^2 \Delta x_i$$

$$= \sum_{i=1}^n \left(\frac{i}{n}\right)^2 \frac{1}{n} = \frac{1}{n^3}\sum_{i=1}^n i^2 = \frac{1}{n^3} \frac{n(n+1)(2n+1)}{6} = \frac{1}{6}\left(1 + \frac{1}{n}\right)\left(2 + \frac{1}{n}\right)$$

当 $\lambda \to 0$ 即 $n \to \infty$ 时,取上式右端的极限. 由定积分的定义,即得所要计算的积分为

$$\int_0^1 x^2 \mathrm{d}x = \lim_{\lambda \to 0}\sum_{i=1}^n \xi_i^2 \Delta x_i = \lim_{n \to \infty} \frac{1}{6}\left(1 + \frac{1}{n}\right)\left(2 + \frac{1}{n}\right) = \frac{1}{3}$$

三、定积分的几何意义

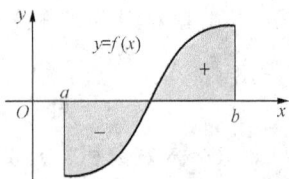

图 6-3

在讨论曲边梯形面积时,假定 $f(x) > 0$,曲边梯形的图形在 x 轴的上方,则积分值是正的,即 $\int_a^b f(x)\mathrm{d}x = A > 0$;若 $f(x) < 0$,图形在 x 轴的下方,则积分值是负的,即 $\int_a^b f(x)\mathrm{d}x = -A$;若 $f(x)$ 在 $[a, b]$ 上有正有负时,则积分值就表示曲线 $y = f(x)$ 在 x 轴上方和 x 轴下方的面积的代数和(见图 6-3).

例2 用定积分表示图 6-4 和图 6-5 中阴影部分的面积.

解 (1) $A = \int_1^2 x^2 \mathrm{d}x$;(2) $A = \int_{-1}^1 \sqrt{1 - x^2}\,\mathrm{d}x$.

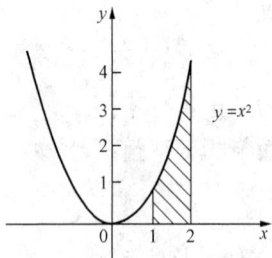

图 6-4

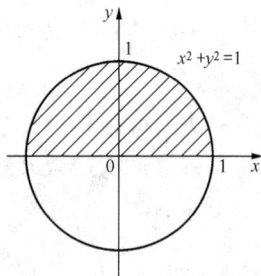

图 6-5

例3 利用定积分的几何意义,说明 $\int_0^2 x\,\mathrm{d}x = 2$ 成立.

解 $\int_0^2 x\,\mathrm{d}x$ 的几何意义是由曲线 $y = x$、$x = 2$、$y = 0$ 围成的图形的面积 S,如图 6-6 所示,求得面积为 $S = 2$,故 $\int_0^2 x\,\mathrm{d}x = 2$.

四、定积分的性质

在下面的讨论中假定被积函数都可积，则根据定义可推证定积分有以下的性质：

性质 1 $\int_a^b 1 \mathrm{d}x = \int_a^b \mathrm{d}x = b - a$.

性质 2 常数因子可直接提到积分符号前面，即

$$\int_a^b k f(x) \mathrm{d}x = k \int_a^b f(x) \mathrm{d}x$$

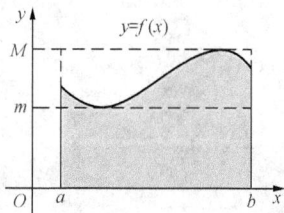

图 6 - 6

性质 3 代数和的积分等于积分的代数和，即

$$\int_a^b [f(x) \pm g(x)] \mathrm{d}x = \int_a^b f(x) \mathrm{d}x \pm \int_a^b g(x) \mathrm{d}x$$

这一结论可以推广到有限多个函数代数和的情况.

性质 4 当 $a < c < b$ 时，有

$$\int_a^b f(x) \mathrm{d}x = \int_a^c f(x) \mathrm{d}x + \int_c^b f(x) \mathrm{d}x$$

这一性质称为定积分对积分区间的可加性. 实际上，不论 a、b、c 三点在 x 轴上的位置如何，上式总是成立的.

性质 5 如果在 $[a, b]$ 上有 $f(x) \geqslant g(x)$，则

$$\int_a^b f(x) \mathrm{d}x \geqslant \int_a^b g(x) \mathrm{d}x$$

特别地，当 $f(x) \geqslant 0$ 时，$\int_a^b f(x) \mathrm{d}x \geqslant 0$.

性质 6 （估值定理）若函数 $f(x)$ 在区间 $[a, b]$ 上的最大值与最小值分别为 M 和 m，则

$$m(b-a) \leqslant \int_a^b f(x) \mathrm{d}x \leqslant M(b-a)$$

如图 6 - 7 所示. 这是因为 $m \leqslant f(x) \leqslant M$，由性质 5 得

$$\int_a^b m \mathrm{d}x \leqslant \int_a^b f(x) \mathrm{d}x \leqslant \int_a^b M \mathrm{d}x$$

再由性质 1 和性质 2 即可得结论.

性质 7 （积分中值定理）设 $f(x)$ 在闭区间 $[a, b]$ 上连续，则至少存在一点 $\xi \in (a, b)$，使 $\int_a^b f(x) \mathrm{d}x = f(\xi)(b-a)$

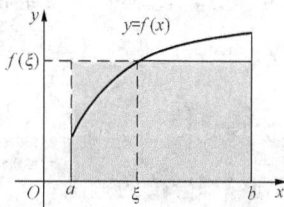

图 6 - 7

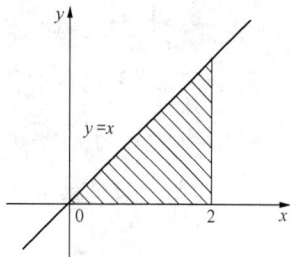

图 6 - 8

其几何意义是：设 $f(x) \geqslant 0$，则由曲线 $y = f(x)$，直线 $x = a$、$x = b$ 及 x 轴所围成的曲边梯形面积等于以区间 $[a, b]$ 为底，以 $f(\xi)$ 为高的矩形的面积，如图 6 - 8 所示. 称

$f(\xi) = \dfrac{1}{b-a}\displaystyle\int_a^b f(x)\mathrm{d}x$ 为 $f(x)$ 在 $[a,b]$ 上的平均值.

例 4 比较下列各对积分值的大小：

(1) $\displaystyle\int_0^1 x^2\mathrm{d}x$ 与 $\displaystyle\int_0^1 \sqrt{x}\,\mathrm{d}x$ ；(2) $\displaystyle\int_0^1 10^x\mathrm{d}x$ 与 $\displaystyle\int_0^1 5^x\mathrm{d}x$.

解 (1) 因为在 $[0,1]$ 上 $x^2 \leqslant \sqrt{x}$ ，所以 $\displaystyle\int_0^1 x^2\mathrm{d}x \leqslant \int_0^1 \sqrt{x}\,\mathrm{d}x$ ；

(2) 因为在 $[0,1]$ 上 $10^x \geqslant 5^x$ ，所以 $\displaystyle\int_0^1 10^x\mathrm{d}x \geqslant \int_0^1 5^x\mathrm{d}x$.

例 5 估计定积分 $\displaystyle\int_1^3 \mathrm{e}^x\mathrm{d}x$ 的值.

解 因为 $f(x)=\mathrm{e}^x$ 是指数函数，由指数函数的性质知，$f(x)$ 在 $[1,3]$ 上的最大值为 e^3，最小值为 e，由性质 6 有

$$\mathrm{e}(3-1) \leqslant \int_1^3 \mathrm{e}^x\mathrm{d}x \leqslant \mathrm{e}^3(3-1)$$

即

$$2\mathrm{e} \leqslant \int_1^3 \mathrm{e}^x\mathrm{d}x \leqslant 2\mathrm{e}^3$$

例 6 设 $f(x)$ 可导，$\displaystyle\lim_{x\to+\infty} f(x)=1$，求 $\displaystyle\lim_{x\to+\infty}\int_x^{x+2} t\sin\frac{3}{t}f(t)\mathrm{d}t$.

解 由中值定理，存在 $\xi \in [x, x+2]$，使 $\displaystyle\int_x^{x+2} t\sin\frac{3}{t}f(t)\mathrm{d}t = \xi\sin\frac{3}{\xi}f(\xi)(x+2-x)$. 从而

$$\lim_{x\to+\infty}\int_x^{x+2} t\sin\frac{3}{t}f(t) = 2\lim_{\xi\to+\infty}\xi\sin\frac{3}{\xi}f(\xi)$$

$$= 2\lim_{\xi\to+\infty}\frac{\xi}{3}\sin\frac{3}{\xi}\lim_{\xi\to+\infty}3f(\xi) = 2\lim_{\xi\to+\infty}3f(\xi) = 6$$

习 题 6-1

1. 试用定积分表示由曲线 $y=x^2+1$，直线 $x=-1$、$x=2$ 和 x 轴所围成的曲边梯形的面积 A .

2. 已知某服装在时刻 t 时的销售量变化率为 $Q'(t)=4t-0.8t^2$（千件/月），用定积分表示两年的总销量.

3. 不计算定积分，比较下列各组积分的大小：

(1) $\displaystyle\int_0^1 x^2\mathrm{d}x$，$\displaystyle\int_0^1 x^3\mathrm{d}x$ ； (2) $\displaystyle\int_e^4 \ln x\,\mathrm{d}x$，$\displaystyle\int_e^4 (\ln x)^2\mathrm{d}x$ ；

(3) $\displaystyle\int_{-\frac{\pi}{2}}^0 \sin x\,\mathrm{d}x$，$\displaystyle\int_0^{\frac{\pi}{2}} \sin x\,\mathrm{d}x$ ； (4) $\displaystyle\int_0^2 3x\,\mathrm{d}x$，$\displaystyle\int_0^3 3x\,\mathrm{d}x$.

4. 估计下列各积分值的范围：

(1) $\displaystyle\int_1^4 (x^2+1)\mathrm{d}x$ ； (2) $\displaystyle\int_{\frac{1}{\sqrt{3}}}^{\sqrt{3}} x\arctan x\,\mathrm{d}x$ ；

(3) $\displaystyle\int_{\frac{\pi}{4}}^{\frac{5\pi}{4}} (1+\sin x)\mathrm{d}x$ ； (4) $\displaystyle\int_{-1}^2 (4-x^2)\mathrm{d}x$.

第二节 微积分基本公式

由前面的讨论不难看出，利用定积分的定义求定积分一般是比较困难的．所以下面寻求一种计算定积分的非常简便的新方法——牛顿-莱布尼兹（Newton-Leibniz）公式计算法．

设物体在时间间隔 $[T_1, T_2]$ 内做变速直线运动，且路程函数和速度函数分别为 $s(t)$ 和 $v(t)$，则由上节引例可知，物体所经过的路程为 $s = \int_{T_1}^{T_2} v(t) \mathrm{d}t$，又由中学物理知 $s = s(T_2) - s(T_1)$，所以 $\int_{T_1}^{T_2} v(t) \mathrm{d}t = s(T_2) - s(T_1)$．其中路程函数 $s(t)$ 是速度函数 $v(t)$ 的原函数．

这个结论是否具有普遍性呢？若已知 $F(x)$ 是 $f(x)$ 在区间 $[a, b]$ 上的任一原函数，是否具有 $\int_a^b f(x) \mathrm{d}x = F(b) - F(a)$ 呢？为解决这一问题，引入积分上限函数．

一、积分上限函数

设函数 $f(x)$ 在 $[a, b]$ 上连续，则对任意的 $x \in [a, b]$，$\int_a^x f(t) \mathrm{d}t$ 有唯一确定值与 x 对应．因此 $\int_a^x f(t) \mathrm{d}t$ 在区间 $[a, b]$ 上确定了一个 x 的函数（见图 6-9），称此函数为**积分上限函数**或**变上限的定积分**，记为

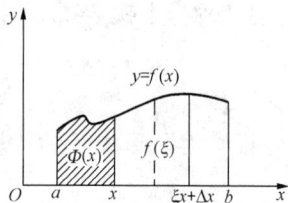
图 6-9

$$\Phi(x) = \int_a^x f(t) \mathrm{d}t, \quad x \in [a, b]$$

下面给出积分上限函数的一个重要性质：

定理 1 若函数 $f(x)$ 在 $[a, b]$ 上连续，则积分上限函数 $\Phi(x) = \int_a^x f(t) \mathrm{d}t$ 在 $[a, b]$ 上可导，且 $\Phi'(x) = \dfrac{\mathrm{d}}{\mathrm{d}x} \int_a^x f(t) \mathrm{d}t = f(x)$，$x \in [a, b]$．

证 $\forall x \in [a, b]$，任取 $\Delta x \neq 0$，且 $x + \Delta x \in [a, b]$，则

$$\Delta \Phi = \Phi(x + \Delta x) - \Phi(x) = \int_a^{x+\Delta x} f(t) \mathrm{d}t - \int_a^x f(t) \mathrm{d}t = \int_x^{x+\Delta x} f(t) \mathrm{d}t$$

由积分中值定理知，存在 ξ 介于 x 与 $x + \Delta x$ 之间（见图 6-9），使得

$$\Delta \Phi = \int_x^{x+\Delta x} f(t) \mathrm{d}t = f(\xi) \Delta x$$

由于 $\Delta x \to 0 \Rightarrow \xi \to x$，再由导数定义及 $f(x)$ 的连续性知

$$\Phi'(x) = \lim_{\Delta x \to 0} \frac{\Delta \Phi}{\Delta x} = \lim_{\Delta x \to 0} f(\xi) = \lim_{\xi \to x} f(\xi) = f(x)$$

注：等式 $\Phi'(x) = f(x)$ 表明积分上限函数 $\Phi(x)$ 就是 $f(x)$ 的一个原函数，即连续函数必有原函数，因此定理 1 又称原函数存在定理．

例 1 已知 $F(x) = \int_a^x \sin t \, \mathrm{d}t$，求 $F'(x)$．

解 由定理 1 知

$$F'(x) = \left(\int_a^x \sin t \, \mathrm{d}t \right)' = \sin x$$

例 2 求 $\lim\limits_{x \to 0} \dfrac{1}{x} \int_0^x \ln(1+t)\mathrm{d}t$.

解 当 $x \to 0$ 时，此极限为 $\dfrac{0}{0}$ 型不定式，利用洛必达法则有

$$\lim_{x \to 0} \frac{1}{x} \int_0^x \ln(1+t)\mathrm{d}t = \lim_{x \to 0} \frac{\left[\int_0^x \ln(1+t)\mathrm{d}t\right]'}{x'} = \lim_{x \to 0}\ln(1+x) = 0$$

二、牛顿-莱布尼兹公式

现将式 $\int_{T_1}^{T_2} v(t)\mathrm{d}t = s(T_2) - s(T_1)$ 的结果进行推广，从而得到用原函数计算定积分的公式.

定理 2 若函数 $F(x)$ 是连续函数 $f(x)$ 在区间 $[a, b]$ 上的一个原函数，则

$$\int_a^b f(x)\mathrm{d}x = F(b) - F(a) \tag{6-1}$$

式 (1) 称为牛顿-莱布尼兹公式，引入记号 $F(b) - F(a) = F(x)\big|_a^b$，则式 (6-1) 即为

$$\int_a^b f(x)\mathrm{d}x = F(x)\big|_a^b$$

证 由原函数存在定理及原函数性质可知 $F(x) = \int_a^x f(t)\mathrm{d}t + C$，$x \in [a, b]$. 令 $x = a$，得 $F(a) = C$；代入得 $\int_a^x f(t)\mathrm{d}t = F(x) - F(a)$. 令 $x = b$，可以得到 $\int_a^b f(x)\mathrm{d}x = F(b) - F(a)$.

注：牛顿-莱布尼兹公式揭示了被积函数与其原函数之间的关系，从而沟通了定积分与不定积分的关系，故又称其为微积分基本公式. 它为定积分的计算提供了一个简单有效的方法，即转化为计算其原函数在积分区间上的增量.

例 3 利用定积分计算极限 $\lim\limits_{n \to \infty} \dfrac{1}{n^2}(\sqrt{n} + \sqrt{2n} + \cdots + \sqrt{n^2})$.

分析：将其化为定积分的形式，关键是确定积分的限和被积函数.

解
$$\lim_{n \to \infty} \frac{1}{n^2}(\sqrt{n} + \sqrt{2n} + \cdots + \sqrt{n^2})$$

$$= \lim_{n \to \infty} \frac{1}{n}\left[\sqrt{\frac{1}{n}} + \sqrt{\frac{2}{n}} + \cdots + \sqrt{\frac{n}{n}}\right] = \lim_{n \to \infty} \frac{1}{n}\sum_{i=1}^{\infty}\sqrt{\frac{i}{n}}$$

$$= \int_0^1 \sqrt{x}\,\mathrm{d}x = \frac{2}{3}x^{\frac{3}{2}}\Big|_0^1 = \frac{2}{3}$$

例 4 求积分 $\int_0^1 x^4 \mathrm{d}x$.

解 $\int_0^1 x^4 \mathrm{d}x = \dfrac{1}{5}x^5\Big|_0^1 = \dfrac{1}{5} - 0 = \dfrac{1}{5}$.

例 5 求积分 $\int_2^5 \dfrac{\mathrm{d}x}{x}$.

解 $\int_2^5 \dfrac{\mathrm{d}x}{x} = \ln|x|\,\Big|_2^5 = \ln 5 - \ln 2 = \ln 2.5$.

例 6 求积分 $\displaystyle\int_{-1}^{1}\frac{\mathrm{d}x}{1+x^2}$.

解 $\displaystyle\int_{-1}^{1}\frac{\mathrm{d}x}{1+x^2}=\arctan x\,\Big|_{-1}^{1}=\arctan 1-\arctan(-1)=\frac{\pi}{4}-\left(-\frac{\pi}{4}\right)=\frac{\pi}{2}$.

例 7 求积分 $\displaystyle\int_{-4}^{4}|x-3|\,\mathrm{d}x$.

解 此题要先去掉绝对值符号后才能计算定积分. 因 $|x-3|=\begin{cases} x-3, & x\geqslant 3 \\ 3-x, & x<3 \end{cases}$，所以

$$\int_{-4}^{4}|x-3|\,\mathrm{d}x=\int_{-4}^{3}(3-x)\,\mathrm{d}x+\int_{3}^{4}(x-3)\,\mathrm{d}x$$

$$=\left(3x-\frac{1}{2}x^2\right)\Big|_{-4}^{3}+\left(\frac{1}{2}x^2-3x\right)\Big|_{3}^{4}=25$$

例 8 设 $f(x)=\begin{cases} 2x+1 & -2\leqslant x\leqslant 2 \\ 1+x^2 & 2<x\leqslant 4 \end{cases}$，计算 $\displaystyle\int_{-1}^{3}f(x)\,\mathrm{d}x$.

解 根据定积分性质 4 得

$$\int_{-1}^{3}f(x)\,\mathrm{d}x=\int_{-1}^{2}f(x)\,\mathrm{d}x+\int_{2}^{3}f(x)\,\mathrm{d}x$$

$$=\int_{-1}^{2}(2x+1)\,\mathrm{d}x+\int_{2}^{3}(1+x^2)\,\mathrm{d}x$$

$$=(x^2+x)\,\Big|_{-1}^{2}+\left(x+\frac{x^3}{3}\right)\Big|_{2}^{3}=\frac{40}{3}$$

注：应特别注意绝对值函数在积分区间上的符号问题，如 $\displaystyle\int_{0}^{2\pi}\sqrt{1+\cos x}\,\mathrm{d}x=\int_{0}^{2\pi}\sqrt{2}\left|\cos\frac{x}{2}\right|\mathrm{d}x$. 再就是分段函数的定积分，若被积函数在积分区间的不同区间段上的表达式不一致时，应按表达式的一致性分段积分.

例 9 汽车以每小时 36km 的速度行驶，到某处需要减速停车，设汽车以等加速度 $a=-5\mathrm{m/s^2}$ 刹车，问从开始刹车到停车，汽车走了多少距离？

解 $t=0$ 时，$v_0=10\mathrm{m/s}$，所以

$$v(t)=v_0+at=10-5t$$

$$0=v(t)=10-5t$$

故 $t=2$，于是 $s=\displaystyle\int_{0}^{2}v(t)\,\mathrm{d}t=\int_{0}^{2}(10-5t)\,\mathrm{d}t=10(\mathrm{m})$.

例 10 设 $f(x)$ 是连续函数，且 $f(x)=x+2\displaystyle\int_{0}^{1}f(t)\,\mathrm{d}t$，求 $f(x)$.

分析：解本题的关键，是要认识到定积分是一个数值，不妨令 $\displaystyle\int_{0}^{1}f(t)\,\mathrm{d}t=a$，则 $f(x)=x+2a$，因此 $f(x)$ 的确定就是要求出此定积分的值.

解 令 $\displaystyle\int_{0}^{1}f(t)\,\mathrm{d}t=a$，则 $f(x)=x+2a$，于是 $\displaystyle\int_{0}^{1}f(x)\,\mathrm{d}x=\int_{0}^{1}(x+2a)\,\mathrm{d}x$，从而 $a=\frac{1}{2}+2a$，解出 $a=-\frac{1}{2}$，所以 $f(x)=x-1$.

习 题 6-2

1. 填空题：

(1) $\left[\int f(x)\mathrm{d}x - \int_0^x f(t)\mathrm{d}t\right]' = $ _____ [$f(x)$ 在实数域内连续]；

(2) $\dfrac{\mathrm{d}}{\mathrm{d}x}\displaystyle\int_0^x \sin t^2 \mathrm{d}t = $ _____ ；

(3) $\dfrac{\mathrm{d}}{\mathrm{d}x}\displaystyle\int_0^{x^2} \sin t^2 \mathrm{d}t = $ _____ ；

(4) $\dfrac{\mathrm{d}}{\mathrm{d}x}\displaystyle\int_0^1 \sin x^2 \mathrm{d}x = $ _____ .

2. 计算下列定积分：

(1) $\displaystyle\int_4^9 \sqrt{x}\,(1+\sqrt{x})\,\mathrm{d}x$ ；

(2) $\displaystyle\int_{-\frac{1}{2}}^{\frac{1}{2}} \dfrac{1}{\sqrt{1-x^2}}\mathrm{d}x$ ；

(3) $\displaystyle\int_0^{\frac{\pi}{4}} \tan^2\theta\,\mathrm{d}\theta$ ；

(4) $\displaystyle\int_0^1 10^{2x+1}\mathrm{d}x$ ；

(5) $\displaystyle\int_{\frac{1}{\sqrt{3}}}^{\sqrt{3}} \dfrac{1}{1+x^2}\mathrm{d}x$ ；

(6) $\displaystyle\int_0^1 \dfrac{\mathrm{d}x}{\sqrt{4-x^2}}$ ；

(7) $\displaystyle\int_{\frac{1}{\pi}}^{\frac{2}{\pi}} \dfrac{1}{x^2}\sin\dfrac{1}{x}\mathrm{d}x$ ；

(8) $\displaystyle\int_{-2}^2 |x^2-1|\,\mathrm{d}x$.

3. 求下列极限：

(1) $\displaystyle\lim_{x\to 0} \dfrac{\displaystyle\int_0^x \cos t^2 \mathrm{d}t}{\displaystyle\int_0^x \dfrac{\sin t}{t}\mathrm{d}t}$ ；

(2) $\displaystyle\lim_{x\to 0} \dfrac{\displaystyle\int_0^{2x} \ln(1+t)\,\mathrm{d}t}{x^2}$ ；

(3) $\displaystyle\lim_{x\to 0} \dfrac{\displaystyle\int_0^x t\cdot\tan t\,\mathrm{d}t}{x^3}$ ；

(4) $\displaystyle\lim_{x\to 0} \dfrac{\displaystyle\int_0^x \ln(1+2t^2)\,\mathrm{d}t}{x^3}$.

第三节　定积分的换元法和分部积分法

由牛顿-莱布尼兹公式 $\displaystyle\int_a^b f(x)\mathrm{d}x = F(x)\,\big|_a^b$ 可知，求定积分的问题归结为求原函数或不定积分问题. 用换元法和分部积分法可以求出一些函数的原函数，因而在一定条件下，可以用换元法和分部积分法来计算定积分.

一、定积分的换元法

首先给出下面的定理：

定理　假设函数 $f(x)$ 在区间 $[a,b]$ 上连续，函数 $x=\phi(t)$ 满足条件：

(1) $\phi(\alpha)=a$，$\phi(\beta)=b$；

(2) $\phi(t)$ 在 $[\alpha,\beta]$（或 $[\beta,\alpha]$）上具有连续导数，且值域 $R_\phi \subset [a,b]$，则有

$$\int_a^b f(x)\,\mathrm{d}x = \int_\alpha^\beta f\left[\phi(t)\right]\phi'(t)\,\mathrm{d}t \qquad (6\text{-}2)$$

式（6-2）称为定积分的换元公式.

分析：要想证明两个积分相等，只需证明它们的一个原函数在积分区间上的增量相等.

证 由假设可知，式（1）两边的被积函数均连续，因此两个定积分都存在，并且由上节的定理 1 知道两个被积函数的原函数也都存在. 设 $F(x)$ 是 $f(x)$ 的一个原函数，则

$$\int_a^b f(x)\,\mathrm{d}x = F(b) - F(a)$$

又设 $\Phi(t) = F\left[\phi(t)\right]$ ，则

$$\Phi'(t) = \frac{\mathrm{d}F}{\mathrm{d}x}\frac{\mathrm{d}x}{\mathrm{d}t} = f(x)\phi'(t) = f\left[\phi(t)\right]\phi'(t)$$

这说明 $\Phi(t)$ 是 $f\left[\phi(t)\right]\phi'(t)$ 的原函数，于是 $\int_\alpha^\beta f\left[\phi(t)\right]\phi'(t)\,\mathrm{d}t = \Phi(\beta) - \Phi(\alpha)$.

再由 $\Phi(\beta) = F\left[\phi(\beta)\right] = F(b)$ ，$\Phi(\alpha) = F\left[\phi(\alpha)\right] = F(a)$ ，知 $\Phi(\beta) - \Phi(\alpha) = F(b) - F(a)$ ，所以式（1）成立. 证毕.

注意：

（1）当 $\phi(t)$ 的值域 $R_\phi = [A, B] \supset [a, b]$ ，但满足其他条件时，只要 $f(x)$ 在 $[A, B]$ 上连续，则式（1）仍然成立；

（2）应用式（1）时，将 x 换成 $\phi(t)$ ，则 $\mathrm{d}x$ 成了 $x = \phi(t)$ 的微分 $\mathrm{d}x = \phi'(t)\mathrm{d}t$ ；

（3）将 x 换成 $\phi(t)$ 时，积分限也要换成对应于新变量 t 的积分限；

（4）换元公式也可以反过来用，即

$$\int_a^b f\left[\phi(x)\right]\phi'(x)\,\mathrm{d}x \xlongequal{\phi(x)=t} \int_\alpha^\beta f(t)\,\mathrm{d}t$$

式中：$\phi(a) = \alpha$ ，$\phi(b) = \beta$.

例 1 求 $\int_1^4 \frac{\mathrm{d}x}{1 + \sqrt{x}}$.

解 令 $\sqrt{x} = t$ ，当 $x = 1$ 时，$t = 1$；当 $x = 4$ 时，$t = 2$. 由换元公式有

$$\int_1^4 \frac{\mathrm{d}x}{1 + \sqrt{x}} = \int_1^2 \frac{2t\,\mathrm{d}t}{1 + t} = 2\int_1^2 \left(1 - \frac{1}{1 + t}\right)\mathrm{d}t$$

$$= 2\left[t - \ln(1 + t)\right]_1^2 = 2(1 - \ln 3 + \ln 2)$$

例 2 计算 $\int_0^{\frac{\pi}{2}} \cos^5 x \sin x\,\mathrm{d}x$.

分析：在求解对应不定积分时，是采用"凑"微分的方法来进行的

$$\int \cos^5 x \sin x\,\mathrm{d}x = -\int \cos^5 x\,\mathrm{d}(\cos x)$$

故本题可考虑设 $t = \cos x$.

解 设 $t = \cos x$ ，则 $\sin x\,\mathrm{d}x = -\mathrm{d}t$ ，且当 $x = 0$ 时 $t = 1$ ，当 $x = \frac{\pi}{2}$ 时 $t = 0$ ，于是

$$\int_0^{\frac{\pi}{2}} \cos^5 x \sin x\,\mathrm{d}x = -\int_1^0 t^5\,\mathrm{d}t = \int_0^1 t^5\,\mathrm{d}t = \left[\frac{1}{6}t^6\right]_0^1 = \frac{1}{6}$$

注：在例 2 中，可以不必明显地写出新变量 t . 但此时要注意，定积分的上、下限也不要变更. 这种

记法的计算过程如下

$$\int_0^{\frac{\pi}{2}} \cos^5 x \sin x \, \mathrm{d}x = -\int_0^{\frac{\pi}{2}} \cos^5 x \, \mathrm{d}(\cos x) = -\left[\frac{\cos^6 x}{6}\right]_0^{\frac{\pi}{2}} = -\left(0 - \frac{1}{6}\right) = \frac{1}{6}$$

相应不定积分采用"凑"微分方法时,该定积分通常用上述方法解较为简单.

例3 计算 $\int_{-1}^{0} \dfrac{\mathrm{d}x}{\sqrt{1+x^2}}$.

解 令 $x = \tan\phi$,则 $\mathrm{d}x = \sec^2\phi \, \mathrm{d}\phi$;当 $x = 0$ 时 $\phi = 0$, $x = -1$ 时 $\phi = -\dfrac{\pi}{4}$;则

$$\int_{-1}^{0} \frac{\mathrm{d}x}{\sqrt{1+x^2}} = \int_{-\frac{\pi}{4}}^{0} \frac{1}{\sec\phi} \sec^2\phi \, \mathrm{d}\phi = \int_{-\frac{\pi}{4}}^{0} \sec\phi \, \mathrm{d}\phi = \ln|\sec\phi + \tan\phi| \Big|_{-\frac{\pi}{4}}^{0}$$

$$= 0 - \ln|\sqrt{2} - 1| = -\ln(\sqrt{2} - 1)$$

例4 计算 $\int_0^4 \dfrac{x+2}{\sqrt{2x+1}} \mathrm{d}x$.

解 设 $\sqrt{2x+1} = t$,则 $x = \dfrac{t^2-1}{2}$, $\mathrm{d}x = t \, \mathrm{d}t$,且当 $x = 0$ 时 $t = 1$,当 $x = 4$ 时 $t = 3$. 于是

$$\int_0^4 \frac{x+2}{\sqrt{2x+1}} \mathrm{d}x = \int_1^3 \frac{\frac{t^2-1}{2}+2}{t} t \, \mathrm{d}t = \int_1^3 \left(\frac{t^2}{2} + \frac{3}{2}\right) \mathrm{d}t = \left[\frac{t^3}{6} + \frac{3}{2}t\right]_1^3 = 9 - \frac{5}{3} = \frac{22}{3}$$

例5 计算 $\int_0^{\ln 2} \sqrt{\mathrm{e}^x - 1} \, \mathrm{d}x$.

解 令 $\sqrt{\mathrm{e}^x - 1} = t$,则 $x = \ln(t^2 + 1)$, $\mathrm{d}x = \dfrac{2t}{t^2+1} \mathrm{d}t$;当 $x = 0$ 时 $t = 0$, $x = \ln 2$ 时 $t = 1$;故

$$\int_0^{\ln 2} \sqrt{\mathrm{e}^x - 1} \, \mathrm{d}x = \int_0^1 t \cdot \frac{2t}{t^2+1} \mathrm{d}t$$

$$= 2\int_0^1 \left(1 - \frac{1}{t^2+1}\right) \mathrm{d}t = 2(t - \arctan t) \Big|_0^1 = 2 - \frac{\pi}{2}$$

例6 设函数 $f(x) = \begin{cases} 1 + x^2, & x < 0 \\ \mathrm{e}^{-x}, & x \geqslant 0 \end{cases}$,求 $\int_1^3 f(x-2) \mathrm{d}x$.

分析:先用换元法把被积函数化成 $f(t)$,再把 $f(x)$ 的表达式代入积分式. 注意 $f(x)$ 是以 $x = 0$ 为分段点的分段函数.

解 令 $x - 2 = t$,则

$$\int_1^3 f(x-2) \mathrm{d}x = \int_{-1}^1 f(t) \mathrm{d}t = \int_{-1}^0 (1 + t^2) \mathrm{d}t + \int_0^1 \mathrm{e}^{-t} \mathrm{d}t$$

$$= \left[t + \frac{t^3}{3}\right] \Big|_{-1}^0 - \mathrm{e}^{-t} \Big|_0^1 = \frac{7}{3} - \frac{1}{\mathrm{e}}$$

例7 证明:(1) 若 $f(x)$ 在 $[-a, a]$ 上连续且为偶函数,则 $\int_{-a}^{a} f(x) \, \mathrm{d}x = 2\int_0^a f(x) \, \mathrm{d}x$;

(2) 若 $f(x)$ 在 $[-a, a]$ 上连续且为奇函数,则 $\int_{-a}^{a} f(x) \, \mathrm{d}x = 0$.

解 仅证 (1),(2) 的证明留给同学练习.

因为 $\int_{-a}^{a} f(x)\,\mathrm{d}x = \int_{-a}^{0} f(x)\,\mathrm{d}x + \int_{0}^{a} f(x)\,\mathrm{d}x$ ，对积分 $\int_{-a}^{0} f(x)\,\mathrm{d}x$ 作代换 $x = -t$ ，则得

$$\int_{-a}^{0} f(x)\,\mathrm{d}x = -\int_{a}^{0} f(-t)\,\mathrm{d}t = \int_{0}^{a} f(-t)\,\mathrm{d}t$$

又因 $f(x)$ 在 $[-a, a]$ 上为偶函数，故 $f(-t) = f(t)$（$t \in [-a, a]$），于是

$$\int_{-a}^{a} f(x)\,\mathrm{d}x = \int_{-a}^{0} f(x)\,\mathrm{d}x + \int_{0}^{a} f(x)\,\mathrm{d}x = \int_{0}^{a} f(-t)\,\mathrm{d}t + \int_{0}^{a} f(x)\,\mathrm{d}x$$

$$= \int_{0}^{a} f(t)\,\mathrm{d}t + \int_{0}^{a} f(x)\,\mathrm{d}x = \int_{0}^{a} f(x)\,\mathrm{d}x + \int_{0}^{a} f(x)\,\mathrm{d}x = 2\int_{0}^{a} f(x)\,\mathrm{d}x$$

注意：

(1) 这里用到了"定积分与积分变量的记法无关"这一结论；

(2) 利用例 7 的结论，常可简化计算奇函数、偶函数在关于原点对称的区间上的定积分. 例如下面的定积分

$$\int_{-\pi}^{\pi} x^6 \sin x\,\mathrm{d}x = 0$$

$$\int_{-1}^{1} (x + \sqrt{4 - x^2})^2\,\mathrm{d}x = \int_{-1}^{1} (4 + 2x\sqrt{4 - x^2})\,\mathrm{d}x = 4\int_{-1}^{1} \mathrm{d}x + 0 = 8$$

例 8 若 $f(x)$ 在 $[0, 1]$ 连续，证明：

(1) $\int_{0}^{\frac{\pi}{2}} f(\sin x)\,\mathrm{d}x = \int_{0}^{\frac{\pi}{2}} f(\cos x)\,\mathrm{d}x$ ；

(2) $\int_{0}^{\pi} x f(\sin x)\,\mathrm{d}x = \dfrac{\pi}{2}\int_{0}^{\pi} f(\sin x)\,\mathrm{d}x$ ，由此计算 $\int_{0}^{\pi} \dfrac{x\sin x}{1 + \cos^2 x}\,\mathrm{d}x$.

证明 (1) 设 $x = \dfrac{\pi}{2} - t$ ，则 $\mathrm{d}x = -\mathrm{d}t$ ，且当 $x = 0$ 时 $t = \dfrac{\pi}{2}$ ，当 $x = \dfrac{\pi}{2}$ 时 $t = 0$. 于是

$$\int_{0}^{\frac{\pi}{2}} f(\sin x)\,\mathrm{d}x = -\int_{\frac{\pi}{2}}^{0} f\left[\sin\left(\frac{\pi}{2} - t\right)\right]\mathrm{d}t = \int_{0}^{\frac{\pi}{2}} f(\cos t)\,\mathrm{d}t = \int_{0}^{\frac{\pi}{2}} f(\cos x)\,\mathrm{d}x$$

(2) $x = \pi - t$ ，则 $\mathrm{d}x = -\mathrm{d}t$ ，且当 $x = 0$ 时 $t = \pi$ ，当 $x = \pi$ 时 $t = 0$. 于是

$$\int_{0}^{\pi} x f(\sin x)\,\mathrm{d}x = -\int_{\pi}^{0} (\pi - t) f[\sin(\pi - t)]\mathrm{d}t$$

$$= \int_{0}^{\pi} (\pi - t) f(\sin t)\,\mathrm{d}t = \pi\int_{0}^{\pi} f(\sin t)\,\mathrm{d}t - \int_{0}^{\pi} t f(\sin t)\,\mathrm{d}t$$

$$= \pi\int_{0}^{\pi} f(\sin x)\,\mathrm{d}x - \int_{0}^{\pi} x f(\sin x)\,\mathrm{d}x$$

所以

$$\int_{0}^{\pi} x f(\sin x)\,\mathrm{d}x = \frac{\pi}{2}\int_{0}^{\pi} f(\sin x)\,\mathrm{d}x$$

利用上述结论，即得

$$\int_{0}^{\pi} \frac{x\sin x}{1 + \cos^2 x}\,\mathrm{d}x = \frac{\pi}{2}\int_{0}^{\pi} \frac{\sin x}{1 + \cos^2 x}\,\mathrm{d}x = -\frac{\pi}{2}\int_{0}^{\pi} \frac{\mathrm{d}\cos x}{1 + \cos^2 x}$$

$$= -\frac{\pi}{2}\left[\arctan(\cos x)\right]\Big|_{0}^{\pi} = -\frac{\pi}{2}\left(-\frac{\pi}{4} - \frac{\pi}{4}\right) = \frac{\pi^2}{4}$$

二、定积分的分部积分法

回顾：不定积分的分部积分公式为 $\displaystyle\int u(x) v'(x)\,\mathrm{d}x = u(x) v(x) - \int u'(x) v(x)\,\mathrm{d}x$.

由牛顿 - 莱布尼兹公式，有

$$\int_a^b u(x)v'(x)\,\mathrm{d}x = \left[u(x)v(x) - \int u'(x)v(x)\,\mathrm{d}x\right]_a^b$$

$$= \left[u(x)v(x)\right]_a^b - \left[\int u'(x)v(x)\,\mathrm{d}x\right]_a^b$$

$$= \left[u(x)v(x)\right]_a^b - \int_a^b u'(x)v(x)\,\mathrm{d}x$$

简记为

$$\int_a^b uv'\,\mathrm{d}x = \left[uv\right]_a^b - \int_a^b vu'\,\mathrm{d}x \ \text{或} \int_a^b u\,\mathrm{d}v = \left[uv\right]_a^b - \int_a^b v\,\mathrm{d}u$$

称为定积分的分部积分公式. 公式表明原函数已经"积"出的部分可以先代上、下限.

例 9 计算 $\int_0^{\frac{1}{2}} \arcsin x\,\mathrm{d}x$.

解 $\int_0^{\frac{1}{2}} \arcsin x\,\mathrm{d}x = \left[x\arcsin x\right]_0^{\frac{1}{2}} - \int_0^{\frac{1}{2}} \frac{x}{\sqrt{1-x^2}}\,\mathrm{d}x = \frac{1}{2} \cdot \frac{\pi}{6} + \left[\sqrt{1-x^2}\right]_0^{\frac{1}{2}}$

$$= \frac{\pi}{12} + \frac{\sqrt{3}}{2} - 1$$

例 10 计算 $\int_0^{\pi} x\sin x\,\mathrm{d}x$.

解 $\int_0^{\pi} x\sin x\,\mathrm{d}x = \int_0^{\pi} x\,\mathrm{d}(-\cos x) = x \cdot (-\cos x)\Big|_0^{\pi} - \int_0^{\pi} (-\cos x)\,\mathrm{d}x = \pi + \sin x\Big|_0^{\pi} = \pi$

例 11 计算 $\int_0^{\frac{\pi}{2}} \mathrm{e}^x \cos x\,\mathrm{d}x$.

解 $\int_0^{\frac{\pi}{2}} \mathrm{e}^x \cos x\,\mathrm{d}x = \int_0^{\frac{\pi}{2}} \cos x\,\mathrm{d}\mathrm{e}^x = \mathrm{e}^x \cos x\Big|_0^{\frac{\pi}{2}} - \int_0^{\frac{\pi}{2}} \mathrm{e}^x\,\mathrm{d}\cos x$

$$= -1 + \int_0^{\frac{\pi}{2}} \mathrm{e}^x \sin x\,\mathrm{d}x = -1 + \int_0^{\frac{\pi}{2}} \sin x\,\mathrm{d}\mathrm{e}^x$$

$$= -1 + \mathrm{e}^x \sin x\Big|_0^{\frac{\pi}{2}} - \int_0^{\frac{\pi}{2}} \mathrm{e}^x\,\mathrm{d}\sin x$$

$$= -1 + \mathrm{e}^{\frac{\pi}{2}} - \int_0^{\frac{\pi}{2}} \mathrm{e}^x \cos x\,\mathrm{d}x$$

所以 $\int_0^{\frac{\pi}{2}} \mathrm{e}^x \cos x\,\mathrm{d}x = \frac{1}{2}(\mathrm{e}^{\frac{\pi}{2}} - 1)$.

例 12 求定积分：(1) $\int_0^{\frac{\pi}{2}} x^2 \sin x\,\mathrm{d}x$ ；(2) $\int_0^{2\pi} \mathrm{e}^x \cos x\,\mathrm{d}x$.

解 (1) $\int_0^{\frac{\pi}{2}} x^2 \sin x\,\mathrm{d}x = -\int_0^{\frac{\pi}{2}} x^2\,\mathrm{d}(\cos x) = -x^2 \cos x\Big|_0^{\frac{\pi}{2}} + 2\int_0^{\frac{\pi}{2}} x\cos x\,\mathrm{d}x$

$$= 0 + 2\int_0^{\frac{\pi}{2}} x\,\mathrm{d}\sin x = 2x\sin x\Big|_0^{\frac{\pi}{2}} - 2\int_0^{\frac{\pi}{2}} \sin x\,\mathrm{d}x = \pi - 2$$

(2) $\int_0^{2\pi} \mathrm{e}^x \cos x\,\mathrm{d}x = \int_0^{2\pi} \cos x\,\mathrm{d}(\mathrm{e}^x) = \mathrm{e}^x \cos x\Big|_0^{2\pi} - \int_0^{2\pi} \mathrm{e}^x\,\mathrm{d}(\cos x)$

$$= (\mathrm{e}^{2\pi} - 1) + \int_0^{2\pi} \sin x\,\mathrm{d}(\mathrm{e}^x) = (\mathrm{e}^{2\pi} - 1) + \mathrm{e}^x \sin x\Big|_0^{2\pi} - \int_0^{2\pi} \mathrm{e}^x\,\mathrm{d}(\sin x)$$

$$= (e^{2\pi} - 1) - \int_0^{2\pi} e^x \cos x \, dx$$

移项得 $2\int_0^{2\pi} e^x \cos x \, dx = (e^{2\pi} - 1)$ ，所以 $\int_0^{2\pi} e^x \cos x \, dx = \dfrac{1}{2}(e^{2\pi} - 1)$.

例 13 计算 $\int_0^1 e^{\sqrt{x}} \, dx$.

分析：若直接应用分部积分公式，则积分化得更复杂，所以需要先用换元法.

解 令 $\sqrt{x} = t$ ，则 $x = t^2$ ，$dx = 2t \, dt$ ，于是

$$\int_0^1 e^{\sqrt{x}} \, dx = 2\int_0^1 t e^t \, dt = 2\int_0^1 t \, d(e^t) = 2[t e^t]_0^1 - 2\int_0^1 e^t \, dt = 2e - 2[e^t]_0^1 = 2e - 2(e-1) = 2$$

习 题 6-3

1. 填空题：

(1) $\displaystyle\int_{-\pi}^{\pi} x^3 \sin^2 x \, dx = $ _____ ；

(2) $\displaystyle\int_{-\frac{1}{2}}^{\frac{1}{2}} \frac{(\arcsin x)^2}{\sqrt{1-x^2}} \, dx = $ _____ ；

(3) $\displaystyle\int_{\frac{\pi}{3}}^{\pi} \sin\left(x + \frac{\pi}{3}\right) dx = $ _____ ；

(4) $\displaystyle\int_0^{\pi} x \sin x \, dx = $ _____ .

2. 用换元积分法求下列定积分：

(1) $\displaystyle\int_{-2}^1 \frac{dx}{11 + 5x}$ ；

(2) $\displaystyle\int_{\frac{\pi}{6}}^{\frac{\pi}{2}} \cos^2 u \, du$ ；

(3) $\displaystyle\int_{\frac{1}{\sqrt{2}}}^1 \frac{\sqrt{1-x^2}}{x^2} \, dx$ ；

(4) $\displaystyle\int_1^4 \frac{1}{1 + \sqrt{x}} \, dx$ ；

(5) $\displaystyle\int_0^1 t e^{-\frac{t^2}{2}} \, dt$ ；

(6) $\displaystyle\int_0^{\frac{\pi}{2}} \sin x \cos^3 x \, dx$ ；

(7) $\displaystyle\int_0^{\pi} \sqrt{\sin x - \sin^3 x} \, dx$ ；

(8) $\displaystyle\int_0^1 \frac{dx}{\sqrt{4 + 5x} - 1}$ ；

(9) $\displaystyle\int_1^{e^2} \frac{dx}{x\sqrt{1 + \ln x}}$ ；

(10) $\displaystyle\int_1^2 \frac{\sqrt{x-1}}{x} \, dx$.

3. 用分部积分法求下列定积分：

(1) $\displaystyle\int_0^1 x e^{-x} \, dx$ ；

(2) $\displaystyle\int_0^{\frac{2\pi}{\omega}} t \sin \omega t \, dt$（$\omega$ 为常量）；

(3) $\displaystyle\int_0^1 x \arctan x \, dx$ ；

(4) $\displaystyle\int_0^{\frac{\pi}{2}} e^{2x} \cos x \, dx$ ；

(5) $\displaystyle\int_0^1 x^2 e^x \, dx$ ；

(6) $\displaystyle\int_{\frac{\pi}{4}}^{\frac{\pi}{3}} \frac{x}{\sin^2 x} \, dx$ ；

(7) $\displaystyle\int_0^{\frac{\pi}{2}} (x + x \sin x) \, dx$ ；

(8) $\displaystyle\int_1^4 \frac{\ln x}{\sqrt{x}} \, dx$ ；

(9) $\displaystyle\int_0^1 \arctan \sqrt{x} \, dx$ ；

(10) $\displaystyle\int_0^{\frac{\pi}{2}} \cos^6 x \, dx$.

第四节 广 义 积 分

前面讨论的定积分都是有界函数在有限区间上的积分，但在实际应用和理论研究中，常常会遇到积分区间是无穷的或者被积函数是无界的情形，这时需要对定积分的概念加以推广，从而形成广义积分的概念.

一、无穷区间上的广义积分

定义 1　设函数 $f(x)$ 在区间 $[a, +\infty)$ 上连续，取 $b > a$. 如果极限 $\lim\limits_{b \to +\infty} \int_a^b f(x)\mathrm{d}x$ 存在，则称此极限为函数 $f(x)$ 在无穷区间 $[a, +\infty)$ 上的**广义积分**，记作 $\int_a^{+\infty} f(x)\mathrm{d}x$，即 $\int_a^{+\infty} f(x)\mathrm{d}x = \lim\limits_{b \to +\infty} \int_a^b f(x)\mathrm{d}x$，这时也称广义积分 $\int_a^{+\infty} f(x)\mathrm{d}x$ **收敛**. 如果上述极限不存在，函数在无穷区间 $[a, +\infty)$ 上的广义积分 $\int_a^{+\infty} f(x)\mathrm{d}x$ 就没有意义，习惯上也称广义积分 $\int_a^{+\infty} f(x)\mathrm{d}x$ **发散**.

设函数 $f(x)$ 在区间 $(-\infty, b]$ 上连续，类似地，可定义 $f(x)$ 在 $(-\infty, b]$ 上的广义积分为 $\int_{-\infty}^b f(x)\mathrm{d}x = \lim\limits_{a \to -\infty} \int_a^b f(x)\mathrm{d}x (a < b)$. 同样，广义积分 $\int_{-\infty}^b f(x)\mathrm{d}x$ 也有收敛与发散的概念.

设函数 $f(x)$ 在区间 $(-\infty, +\infty)$ 上连续，如果对任意取定的实数 c 广义积分 $\int_{-\infty}^c f(x)\mathrm{d}x$ 和 $\int_c^{+\infty} f(x)\mathrm{d}x$ 都收敛，则称这两个广义积分之和为函数 $f(x)$ 在无穷区间 $(-\infty, +\infty)$ 上的**广义积分**，记作 $\int_{-\infty}^{+\infty} f(x)\mathrm{d}x$，即 $\int_{-\infty}^{+\infty} f(x)\mathrm{d}x = \int_{-\infty}^c f(x)\mathrm{d}x + \int_c^{+\infty} f(x)\mathrm{d}x$. 这时也称广义积分 $\int_{-\infty}^{+\infty} f(x)\mathrm{d}x$ **收敛**；否则就称广义积分 $\int_{-\infty}^{+\infty} f(x)\mathrm{d}x$ **发散**.

例 1　计算 $\int_0^{+\infty} \dfrac{1}{1+x^2}\mathrm{d}x$.

解　由广义积分定义，有
$$\int_0^{+\infty} \frac{1}{1+x^2}\mathrm{d}x = \lim_{b \to +\infty} \int_0^b \frac{1}{1+x^2}\mathrm{d}x = \lim_{b \to +\infty} \arctan x \mid_0^b = \lim_{b \to +\infty} (\arctan b - \arctan 0) = \frac{\pi}{2}$$

仿照牛顿-莱布尼兹公式的形式，假设 $F(x)$ 是 $f(x)$ 在积分区间上的一个原函数，若记 $F(+\infty) = \lim\limits_{b \to +\infty} F(b)$，$F(-\infty) = \lim\limits_{a \to -\infty} F(a)$，则可记
$$\int_a^{+\infty} f(x)\mathrm{d}x = F(+\infty) - F(a) = F(x) \mid_a^{+\infty}$$

另外两种广义积分也有类似的简记法，需要注意的是，积分限 $+\infty$、$-\infty$ 代入 $F(x)$ 时，应理解为对 $F(x)$ 求极限. 根据这一记法，例 1 的解法可表示为
$$\int_0^{+\infty} \frac{1}{1+x^2}\mathrm{d}x = \arctan x \mid_0^{+\infty} = \frac{\pi}{2}$$

例 2　计算广义积分 $\int_{-\infty}^{+\infty} \dfrac{1}{1+x^2}\mathrm{d}x$.

解 $\displaystyle\int_{-\infty}^{+\infty}\frac{1}{1+x^2}\mathrm{d}x=\int_{-\infty}^{0}\frac{1}{1+x^2}\mathrm{d}x+\int_{0}^{+\infty}\frac{1}{1+x^2}\mathrm{d}x$

$\displaystyle\qquad\qquad =\lim_{a\to-\infty}\int_{a}^{0}\frac{1}{1+x^2}\mathrm{d}x+\lim_{b\to+\infty}\int_{0}^{b}\frac{1}{1+x^2}\mathrm{d}x$

$\displaystyle\qquad\qquad =\lim_{a\to-\infty}\left[\arctan x\right]_{a}^{0}+\lim_{b\to+\infty}\left[\arctan x\right]_{0}^{b}=0-\left(-\frac{\pi}{2}\right)+\frac{\pi}{2}=\pi$

例 3 求 $\displaystyle\int_{e}^{+\infty}\frac{\ln x}{x}\mathrm{d}x$.

解 $\displaystyle\int_{e}^{+\infty}\frac{\ln x}{x}\mathrm{d}x=\lim_{b\to+\infty}\int_{e}^{b}\frac{\ln x}{x}\mathrm{d}x=\lim_{b\to+\infty}\int_{e}^{b}\ln x\,\mathrm{d}(\ln x)=\lim_{b\to+\infty}\frac{1}{2}(\ln x)^2\Big|_{e}^{b}$

$\displaystyle\qquad\qquad =\lim_{b\to+\infty}\frac{1}{2}\left[(\ln b)^2-1\right]=+\infty$

所以广义积分 $\displaystyle\int_{e}^{+\infty}\frac{\ln x}{x}\mathrm{d}x$ 发散.

例 4 计算广义积分 $\displaystyle\int_{0}^{+\infty}\frac{x\,\mathrm{d}x}{(1+x^2)^2}$.

解 $\displaystyle\int_{0}^{+\infty}\frac{x\,\mathrm{d}x}{(1+x^2)^2}=\frac{1}{2}\int_{0}^{+\infty}\frac{\mathrm{d}(1+x^2)}{(1+x^2)^2}=-\frac{1}{2}\frac{1}{1+x^2}\Big|_{0}^{+\infty}=\frac{1}{2}$

例 5 证明广义积分 $\displaystyle\int_{a}^{+\infty}\frac{1}{x^p}\mathrm{d}x\,(a>0)$ 当 $p>1$ 时收敛,当 $p\leqslant 1$ 时发散.

证 当 $p=1$ 时

$$\int_{a}^{+\infty}\frac{1}{x^p}\mathrm{d}x=\int_{a}^{+\infty}\frac{1}{x}\mathrm{d}x=[\ln x]_{0}^{+\infty}=+\infty$$

当 $p\neq 1$

$$\int_{a}^{+\infty}\frac{1}{x^p}\mathrm{d}x=\left[\frac{x^{1-p}}{1-p}\right]_{a}^{+\infty}=\begin{cases}+\infty, & p<1\\[2mm]\dfrac{a^{1-p}}{p-1}, & p>1\end{cases}$$

故命题得证.

二、无界函数的广义积分

定义 2 设函数 $f(x)$ 在区间 $(a,b]$ 上连续,且 $\displaystyle\lim_{x\to a^{+}}f(x)=\infty$(称 $x=a$ 为瑕点),如果

极限 $\displaystyle\lim_{\varepsilon\to0^{+}}\int_{a+\varepsilon}^{b}f(x)\mathrm{d}x$ 存在($\varepsilon>0$),则称此极限为函数 $f(x)$ 在 $(a,b]$ 上的**广义积分**,仍

然记为 $\displaystyle\int_{a}^{b}f(x)\mathrm{d}x$,即 $\displaystyle\int_{a}^{b}f(x)\mathrm{d}x=\lim_{\varepsilon\to0^{+}}\int_{a+\varepsilon}^{b}f(x)\mathrm{d}x$.这时也称广义积分 $\displaystyle\int_{a}^{b}f(x)\mathrm{d}x$ **收敛**;如

果上述极限不存在,就称广义积分 $\displaystyle\int_{a}^{b}f(x)\mathrm{d}x$ **发散**.

设函数 $f(x)$ 在 $[a,b)$ 上连续,且 $\displaystyle\lim_{x\to b^{-}}f(x)=\infty$,类似地,函数 $f(x)$ 在 $[a,b)$ 上的

广义积分定义为 $\displaystyle\int_{a}^{b}f(x)\mathrm{d}x=\lim_{\varepsilon\to0^{+}}\int_{a}^{b-\varepsilon}f(x)\mathrm{d}x$($\varepsilon>0$).同样地,若右边极限存在称广义积分

收敛;否则,称广义积分是发散的.

设函数 $f(x)$ 在 $[a,b]$ 上除点 $c\,(a<c<b)$ 外连续,且 $\displaystyle\lim_{x\to c}f(x)=\infty$,如果两个广义

积分 $\int_a^c f(x)\mathrm{d}x$ 与 $\int_c^b f(x)\mathrm{d}x$ 都收敛，则定义

$$\int_a^b f(x)\mathrm{d}x = \int_a^c f(x)\mathrm{d}x + \int_c^b f(x)\mathrm{d}x$$

否则，就称广义积分发散.

例 6 讨论广义积分 $\int_0^2 \dfrac{1}{\sqrt{4-x^2}}\mathrm{d}x$ 的收敛性.

解 $x=2$ 是函数 $\dfrac{1}{\sqrt{4-x^2}}$ 的无穷间断点，根据定义，广义积分

$$\int_0^2 \frac{1}{\sqrt{4-x^2}}\mathrm{d}x = \lim_{\varepsilon\to 0^+}\int_0^{2-\varepsilon}\frac{1}{\sqrt{4-x^2}}\mathrm{d}x = \lim_{\varepsilon\to 0^+}\left[\arcsin\frac{x}{2}\right]_0^{2-\varepsilon} = \lim_{\varepsilon\to 0^+}\arcsin\frac{2-\varepsilon}{2} = \frac{\pi}{2}$$

所以广义积分是收敛的，其值为 $\dfrac{\pi}{2}$.

例 7 计算广义积分 $\int_0^a \dfrac{\mathrm{d}x}{\sqrt{a^2-x^2}}$ （$a>0$）.

解 $$\int_0^a \frac{\mathrm{d}x}{\sqrt{a^2-x^2}} = \lim_{\varepsilon\to 0^+}\int_0^{a-\varepsilon}\frac{\mathrm{d}x}{\sqrt{a^2-x^2}} = \lim_{\varepsilon\to 0^+}\left[\arcsin\frac{x}{a}\right]_0^{a-\varepsilon}$$
$$= \lim_{\varepsilon\to 0^+}\arcsin\frac{a-\varepsilon}{a} = \arcsin 1 = \frac{\pi}{2}$$

例 8 讨论广义积分 $\int_{-1}^1 \dfrac{1}{x^2}\mathrm{d}x$ 的收敛性.

解 $$\int_{-1}^1 \frac{1}{x^2}\mathrm{d}x = \int_{-1}^0 \frac{1}{x^2}\mathrm{d}x + \int_0^1 \frac{1}{x^2}\mathrm{d}x$$
$$\lim_{\varepsilon\to 0^+}\int_{-1}^{-\varepsilon}\frac{1}{x^2}\mathrm{d}x = -\lim_{\varepsilon\to 0^+}\left[\frac{1}{x}\right]_{-1}^{-\varepsilon} = \lim_{\varepsilon\to 0^+}\left(\frac{1}{\varepsilon}-1\right) = +\infty$$

故所求广义积分 $\int_{-1}^1 \dfrac{1}{x^2}\mathrm{d}x$ 发散.

例 9 证明广义积分 $\int_a^b \dfrac{\mathrm{d}x}{(x-a)^q}$ 当 $q<1$ 时收敛；当 $q\geq 1$ 时发散.

证 当 $q=1$ 时

$$\int_a^b \frac{\mathrm{d}x}{x-a} = [\ln(x-a)]_a^b = +\infty, \text{ 发散}$$

当 $q\neq 1$ 时

$$\int_a^b \frac{\mathrm{d}x}{(x-a)^q} = \left[\frac{(x-a)^{1-q}}{1-q}\right]_a^b = \begin{cases} \dfrac{(b-a)^{1-q}}{1-q}, & q<1, \text{ 收敛} \\ +\infty, & q>1, \text{ 发散} \end{cases}$$

故命题得证.

例 10 计算广义积分 $\int_0^{+\infty}\dfrac{1}{\sqrt{x}}\mathrm{e}^{-\sqrt{x}}\mathrm{d}x$.

分析：广义积分 $\int_0^{+\infty}\dfrac{1}{\sqrt{x}}\mathrm{e}^{-\sqrt{x}}\mathrm{d}x$ 是一个积分区间为无穷的广义积分，并且 $f(x)=$

$\dfrac{1}{\sqrt{x}}\mathrm{e}^{-\sqrt{x}}$ 除 0 点外，在积分区间上连续，且 $\displaystyle\lim_{x\to 0^+}\dfrac{1}{\sqrt{x}}\mathrm{e}^{-\sqrt{x}}=\infty$，故广义积分既是无穷区间的广义积分，又是无界函数的广义积分，因此本题要分成两种广义积分来计算.

解
$$\int_0^{+\infty}\frac{1}{\sqrt{x}}\mathrm{e}^{-\sqrt{x}}\,\mathrm{d}x=\int_0^1\frac{1}{\sqrt{x}}\mathrm{e}^{-\sqrt{x}}\,\mathrm{d}x+\int_1^{+\infty}\frac{1}{\sqrt{x}}\mathrm{e}^{-\sqrt{x}}\,\mathrm{d}x$$

$$=\lim_{\varepsilon\to 0^+}\int_\varepsilon^1\frac{1}{\sqrt{x}}\mathrm{e}^{-\sqrt{x}}\,\mathrm{d}x+\lim_{t\to+\infty}\int_1^t\frac{1}{\sqrt{x}}\mathrm{e}^{-\sqrt{x}}\,\mathrm{d}x$$

$$=\lim_{\varepsilon\to 0^+}\int_\varepsilon^1(-2)\mathrm{e}^{-\sqrt{x}}\,\mathrm{d}(-\sqrt{x})+\lim_{t\to+\infty}\int_1^t(-2)\mathrm{e}^{-\sqrt{x}}\,\mathrm{d}(-\sqrt{x})$$

$$=\lim_{\varepsilon\to 0^+}\left[-2\mathrm{e}^{-\sqrt{x}}\right]\Big|_\varepsilon^1+\lim_{t\to+\infty}\left[-2\mathrm{e}^{-\sqrt{x}}\right]\Big|_1^t$$

$$=\lim_{\varepsilon\to 0^+}(-2\mathrm{e}^{-1}+2\mathrm{e}^{\sqrt{\varepsilon}})+\lim_{t\to+\infty}(-2\mathrm{e}^{-\sqrt{t}}+2\mathrm{e}^{-1})=-2\mathrm{e}^{-1}+2+0+2\mathrm{e}^{-1}=2$$

习 题 6-4

1. 判别下列广义积分的敛散性，若收敛算出其值：

(1) $\displaystyle\int_1^{+\infty}\frac{1}{x^4}\mathrm{d}x$;

(2) $\displaystyle\int_1^{+\infty}\frac{1}{\sqrt{x}}\mathrm{d}x$;

(3) $\displaystyle\int_{-\infty}^0\mathrm{e}^{4x}\mathrm{d}x$;

(4) $\displaystyle\int_{-\infty}^0\frac{2x}{x^2+1}\mathrm{d}x$;

(5) $\displaystyle\int_1^{+\infty}\frac{1}{x^2(x^2+1)}\mathrm{d}x$;

(6) $\displaystyle\int_{-\infty}^{+\infty}\frac{1}{x^2+2x+2}\mathrm{d}x$;

(7) $\displaystyle\int_0^{+\infty}x\mathrm{e}^{-x^2}\mathrm{d}x$;

(8) $\displaystyle\int_0^{+\infty}\sin x\,\mathrm{d}x$.

2. 当 k 为何值时，广义积分 $\displaystyle\int_2^{+\infty}\frac{1}{x(\ln x)^k}\mathrm{d}x$ 收敛？当 k 为何值时，该广义积分发散？

3. 判断下列广义积分的敛散性：

(1) $\displaystyle\int_0^1\frac{x\,\mathrm{d}x}{\sqrt{1-x^2}}$;

(2) $\displaystyle\int_{-1}^1\frac{1}{x^2}\mathrm{d}x$;

(3) $\displaystyle\int_0^1\ln x\,\mathrm{d}x$.

4. 判别下列广义积分的敛散性，若收敛计算其值：

(1) $\displaystyle\int_0^{+\infty}\frac{x}{(1+x^2)^2}\mathrm{d}x$;

(2) $\displaystyle\int_0^3\frac{1}{(x-2)^2}\mathrm{d}x$.

第五节 定 积 分 的 应 用

定积分是求某种总量的一种数学模型，它在几何学、物理学、经济学、社会学等多方面都有着广泛的应用. 在学习的过程中，不仅要掌握计算某些实际问题的公式，还要深刻领会用定积分解决实际问题的基本思想和分析方法——微元法，不断积累和提高数学的应用能力. 本节将应用前面学过的定积分理论来分析和解决一些几何、经济中的问题.

一、定积分的微元法

前面讨论过的曲边梯形的面积问题,步骤是:①分割;②做近似;③求和;④取极限.

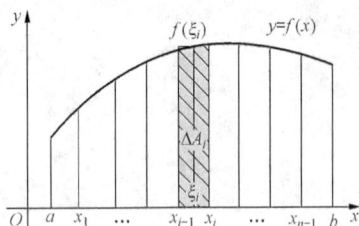

图 6 - 10

分析:主要是第二步,应用上为简便起见,省略下标 i ,用 ΔA 表示任一小区间 $[x, x+\mathrm{d}x]$ 上的窄曲边梯形的面积 (见图 6 - 10), $A=\sum\Delta A$. $\Delta A \approx f(x)\mathrm{d}x$,记面积微元为 $\mathrm{d}A=f(x)\mathrm{d}x$,于是

$$A \approx \sum f(x)\mathrm{d}x$$

则

$$A =\lim\sum f(x)\mathrm{d}x =\int_a^b f(x)\mathrm{d}x$$

一般地,如果某一实际问题中的所求量 U 符合下列条件:

(1) U 是与一个变量的变化区间有关的量.

(2) 所求总量 U 关于区间 $[a, b]$ 应具有可加性,即如果把区间 $[a, b]$ 分成许多部分区间,则 U 相应地分成许多部分量,而 U 等于所有部分量 ΔU 之和. 这一要求是由定积分概念本身所决定的.

(3) 部分量 ΔU 的近似值可表示为 $f(\xi_i)\Delta x_i$.

将所求量 U (总量) 表示为定积分的方法通常叫做微元法,这个方法的主要步骤如下:

1) 由分割写出微元. 根据具体问题,选取一个积分变量,例如 x 为积分变量,并确定它的变化区间 $[a, b]$,任取 $[a, b]$ 的一个区间微元 $[x, x+\mathrm{d}x]$,求出相应于这个区间上部分量 ΔU 的近似值,即求出所求总量 U 的微元 $\mathrm{d}U=f(x)\mathrm{d}x$.

2) 由微元写出积分. 根据 $\mathrm{d}U=f(x)\mathrm{d}x$ 写出表示总量 U 的定积分

$$U=\int_a^b \mathrm{d}U=\int_a^b f(x)\mathrm{d}x$$

注意:使用微元法的关键是正确给出部分量 ΔU 的近似表达式 $f(x)\mathrm{d}x$,即使得 $f(x)\mathrm{d}x=\mathrm{d}U \approx \Delta U$. 在通常情况下,要检验 $\Delta U-f(x)\mathrm{d}x$ 是否为 $\mathrm{d}x$ 的高阶无穷小并非易事,因此,在实际应用中要注意 $\mathrm{d}U=f(x)\mathrm{d}x$ 的合理性. 不过,已有许多微元的取法已经确定是正确的,如平面面积微元可以看成矩形面积,旋转体体积微元可以看成圆柱体体积等.

二、平面图形的面积

由曲线 $y=f(x)[f(x) \geqslant 0]$ 及直线 $x=a$ 、 $x=b$ ($a<b$) 与 x 轴所围成的曲边梯形面积 A (见图 6 - 11) 为

$$A=\int_a^b f(x)\mathrm{d}x$$

式中: $f(x)\mathrm{d}x$ 为面积微元.

由曲线 $y=f(x)$ 与 $y=g(x)[f(x) \geqslant g(x)]$ 及直线 $x=a$ 、 $x=b$ ($a<b$) 所围成的图形面积 A (见图 6 - 12) 为

$$A=\int_a^b f(x)\mathrm{d}x-\int_a^b g(x)\mathrm{d}x$$

$$=\int_a^b [f(x)-g(x)]\mathrm{d}x$$

式中：$[f(x)-g(x)]\mathrm{d}x$ 为面积微元.

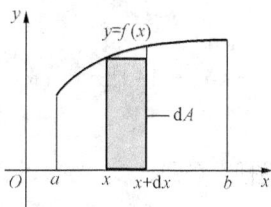

图 6-11

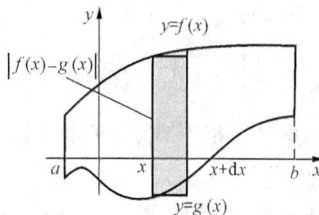

图 6-12

例1 求由 $y^2=x$ 和 $y=x^2$ 所围成的图形（见图 6-13）的面积.

解 解方程组得两曲线的交点坐标为 $(0，0)$、$(1，1)$.

面积微元为 $\mathrm{d}A=(\sqrt{x}-x^2)\mathrm{d}x$，变化区间为 $[0，1]$，所求面积为

$$A=\int_0^1(\sqrt{x}-x^2)\mathrm{d}x=\left[\frac{2}{3}x^{3/2}-\frac{x^3}{3}\right]_0^1=\frac{1}{3}$$

例2 求由抛物线 $y+1=x^2$ 与直线 $y=1+x$ 所围成的面积（见图 6-14）.

解 解方程组得两曲线的交点坐标为 $(-1，0)$、$(2，3)$.

面积微元为 $\mathrm{d}A=[1+x-(x^2-1)]\mathrm{d}x$，变化区间为 $[-1，2]$，所求面积为

$$A=\int_{-1}^2[1+x-(x^2-1)]\mathrm{d}x=\frac{9}{2}$$

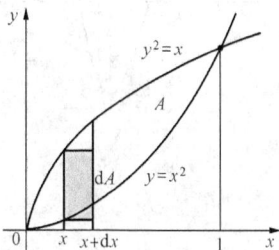

图 6-13

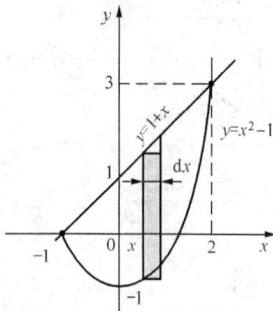

图 6-14

例3 求由 $y^2=2x$ 和 $y=x-4$ 所围成的图形（见图 6-15）的面积.

解 解方程组得两曲线的交点坐标为 $(2，-2)$、$(8，4)$.

解法一：选取纵坐标 y 为积分变量，其变化区间为 $[-2，4]$，面积微元为 $\mathrm{d}A=\left(y+4-\frac{1}{2}y^2\right)\mathrm{d}y$，所求面积为

$$A=\int_{-2}^4\left(y+4-\frac{1}{2}y^2\right)\mathrm{d}y=\left[\frac{y^2}{2}+4y-\frac{y^3}{6}\right]_{-2}^4$$
$$=18$$

解法二：选取横坐标 x 为积分变量，其变化区间为 $[0，8]$，当 $x\in[0，2]$ 时，面积微元为

$$\mathrm{d}A=\left[\sqrt{2x}-(-\sqrt{2x})\right]\mathrm{d}x$$

当 $x\in[2，8]$ 时，面积微元为

$$dA = [\sqrt{2x} - (x-4)]dx$$

所求面积为

$$A = \int_0^2 [\sqrt{2x} - (-\sqrt{2x})]dx + \int_2^8 [\sqrt{2x} - (x-4)]dx = 18$$

结论：积分变量选得适当，可使计算更方便.

例 4 计算由曲线 $y = x^3 - 6x$ 和 $y = x^2$ 所围成的图形（见图 6-16）的面积.

解 解方程组得两曲线的交点坐标为 $(0, 0)$、$(-2, 4)$、$(3, 9)$.

当 $x \in [-2, 0]$ 时，面积微元为

$$dA = (x^3 - 6x - x^2)dx$$

当 $x \in [0, 3]$ 时，面积微元为

$$dA = [x^2 - (x^3 - 6x)]dx$$

所求面积为

$$A = \int_{-2}^0 (x^3 - 6x - x^2)dx + \int_0^3 [x^2 - (x^3 - 6x)]dx$$

$$= 21\frac{1}{12}$$

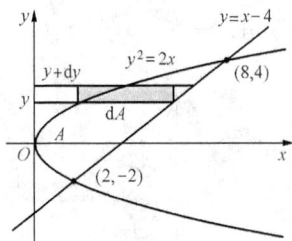

图 6-15

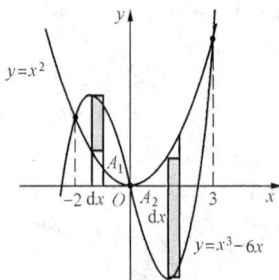

图 6-16

三、体积

1. 旋转体的体积

旋转体是由一个平面图形绕该平面内一条直线旋转一周而成的立体，该直线叫做旋转轴.

（1）由连续曲线 $y = f(x)$，直线 $x = a$、$x = b$ 及 x 轴所围成的曲边梯形绕 x 轴旋转一周，取 x 为积分变量，其变化区间为 $[a, b]$. 任取小区间 $[x, x + dx]$ 的窄曲边梯形绕 x 轴旋转而成的薄片的体积近似于以 $f(x)$ 为底半径、dx 为高的扁圆柱体的体积，即体积微元为 $dV = \pi[f(x)]^2 dx$，旋转体的体积为 $V = \pi\int_a^b [f(x)]^2 dx$.

（2）由连续曲线 $x = g(y)$，直线 $y = c$、$y = d$ 及 y 轴所围成的曲边梯形绕 y 轴旋转一周，体积微元为 $dV = \pi[g(y)]^2 dy$，旋转体的体积为 $V = \pi\int_c^d [g(y)]^2 dy$.

例 5 计算由椭圆 $\dfrac{x^2}{a^2} + \dfrac{y^2}{b^2} = 1$ 围成的平面图形绕 x 轴旋转而成的旋转椭球体（见图 6-17）的体积.

解 体积微元为 $dV = \dfrac{\pi b^2}{a^2}(a^2 - x^2)dx$，所求旋转椭球体的体积为

$$V = \int_{-a}^{a} \pi \frac{b^2}{a^2}(a^2 - x^2)\,dx = \pi \frac{b^2}{a^2}\left[a^2 x - \frac{x^3}{3}\right]_{-a}^{a} = \frac{4}{3}\pi a b^2$$

例 6 求圆 $x^2 + (y-1)^2 = 1$ 绕 x 轴旋转一周形成旋转体（见图 6-18）的体积.

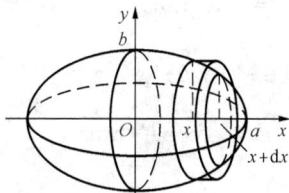

图 6-17

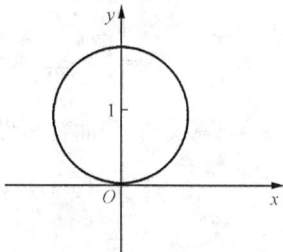

图 6-18

解 $V = \pi \int_{-1}^{1}\left[(1 + \sqrt{1-x^2})^2 - (1 - \sqrt{1-x^2})^2\right]dx = 2\pi^2$

例 7 求由抛物线 $y = x^2$、直线 $x = 2$ 与 x 轴所围成的平面图形绕 x 轴、绕 y 轴旋转一周所得立体的体积.

解 （1）积分变量为 x，积分区间为 $[0, 2]$. 绕 x 轴旋转而成的旋转体体积（见图 6-19）为

$$V = \int_{0}^{2}\pi y^2\,dx = \int_{0}^{2}\pi x^4\,dx = \left[\frac{\pi}{5}x^5\right]_{0}^{2} = \frac{32}{5}\pi$$

（2）积分变量为 y，积分区间为 $[0, 4]$. 绕 y 轴旋转而成的旋转体体积（见图 6-20）应为圆柱体体积减去杯状的体积，即

$$V = \int_{0}^{4}\pi \cdot 2^2\,dy - \int_{0}^{4}\pi(\sqrt{y})^2\,dy = \pi\int_{0}^{4}\left[2^2 - (\sqrt{y})^2\right]dy = \pi\left[4y - \frac{y^2}{2}\right]_{0}^{4} = 8\pi$$

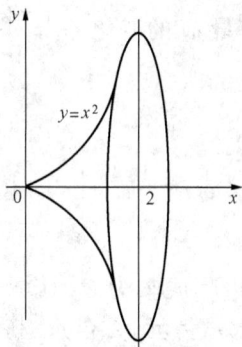

图 6-19

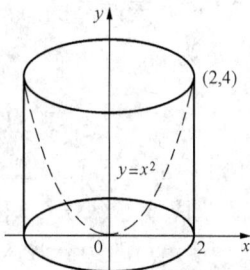

图 6-20

*2. 平行截面面积为已知的立体的体积（见图 6-21）

体积微元为 $dV = A(x)\,dx$，所求立体的体积为

$$V = \int_{a}^{b} A(x)\,dx$$

例 8 一平面经过半径为 R 的圆柱体的底圆中心，并与底面交成角 α（见图 6-22），计算这个平面截圆柱体所得立

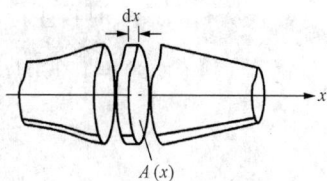

图 6-21

体的体积.

解法一：建立如图 6 - 22 所示的直角坐标系. 做垂直于 x 轴的截面，截面为一个直角三角形，$A(x) = \dfrac{1}{2}(R^2 - x^2)\tan\alpha$ ，则

$$V = \int_{-R}^{R} \frac{1}{2}(R^2 - x^2)\tan\alpha\,\mathrm{d}x = \frac{2}{3}R^3\tan\alpha$$

解法二：做垂直于 y 轴的截面，截面为矩形（见图 6 - 23），$A(y) = 2\sqrt{R^2 - y^2}\,y\tan\alpha$ ，则

$$\int_0^R 2xy\tan\alpha\,\mathrm{d}y = \int_0^R 2\sqrt{R^2 - y^2}\,y\tan\alpha\,\mathrm{d}y = \frac{2}{3}R^3\tan\alpha$$

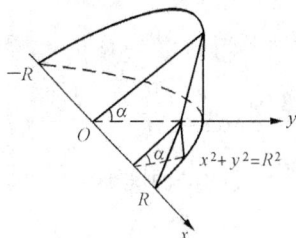
图 6 - 22

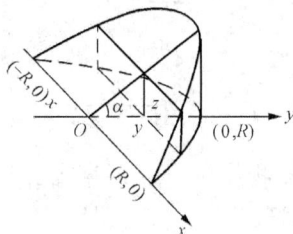
图 6 - 23

例 9　求以半径为 R 的圆为底、平行且等于底圆直径的线段为顶、高为 h 的正劈锥体（见图 6 - 24）的体积.

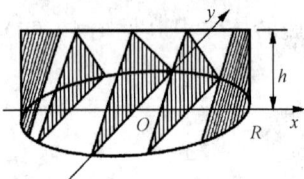

图 6 - 24

解　$A(x) = h \cdot y = h\sqrt{R^2 - x^2}$

$$V = \int_{-R}^{R} A(x)\,\mathrm{d}x = h\int_{-R}^{R}\sqrt{R^2 - x^2}\,\mathrm{d}x = \frac{\pi R^2 h}{2}$$

四、定积分的经济应用

例 10　已知某产品总产量 Q 的变化率为 $\dfrac{\mathrm{d}Q}{\mathrm{d}t} = 40 + 12t - \dfrac{3}{2}t^2$

（天），求从第 2 天到第 10 天产品的总产量.

解　所求的总产量为

$$Q = \int_2^{10}\left(40 + 12t - \frac{3}{2}t^2\right)\mathrm{d}t = \left(40t + 6t^2 - \frac{1}{2}t^3\right)\Big|_2^{10} = 400$$

故在时间区间 $[2, 10]$ 内的产品总产量为 400 单位.

例 11　某产品的总成本 $C(Q)$（单位：万元）的边际成本为 $C_M(Q) = 1$（万元/百台），总收入 $R(Q)$（单位：万元）的边际收入 $R_M(Q) = 5 - Q$（万元/百台），其中 Q 为产量，固定成本为 1 万元.

问：（1）产品产量为多少时总利润最大？

（2）从利润最大时再生产 1 百台，总利润如何变化？

解　（1）$C(Q) = \displaystyle\int_0^Q C_M(Q)\mathrm{d}Q + C_0$，$C_0$ 为固定成本，故

$$C(Q) = \int_0^Q 1\mathrm{d}Q + 1 = Q + 1$$

$$R(Q) = \int_0^Q R_M(Q)\mathrm{d}Q = \int_0^Q (5 - Q)\mathrm{d}Q = 5Q - \frac{1}{2}Q^2$$

总利润

$$L(Q) = R(Q) - C(Q) = 4Q - \frac{1}{2}Q^2 - 1$$
$$L'(Q) = 4 - Q, \quad L''(Q) = -1 < 0$$

令 $L'(Q) = 0$，得 $Q = 4$. 由于只有一个极大点，故产量为 4 百台时利润最大. 最大利润 $L(4) = 7$(万元).

(2) 从 $Q = 4$ 百台增加到 $Q = 5$ 百台时，总利润的改变量为

$$\int_4^5 (4 - Q)\,\mathrm{d}Q = \left(4Q - \frac{1}{2}Q^2\right)\Big|_4^5 = -0.5(万元)$$

即从利润最大时的产量再多生产 1 百台，总利润反而减少了 0.5 万元.

例 12 若某厂产品的边际收益为 $R'(x) = 200 - 2x$，且销售量为零时，总收益为零，求：

(1) 总收益函数 $R(x)$；

(2) 当销售量由 50 单位增加到 60 单位时，收益的增量.

解 (1) $R(x) - R(0) = \int_0^x R'(t)\,\mathrm{d}t = \int_0^x (200 - 2t)\,\mathrm{d}t$
$$= (200t - t^2)\big|_0^x = 200x - x^2$$

由于 $R(0) = 0$，故 $R(x) = 200x - x^2$.

(2) $\Delta R = \int_{50}^{60} (200 - 2x)\,\mathrm{d}x = (200x - x^2)\Big|_{50}^{60} = 900$，即收益增加了 900.

例 13 设某种服装在时刻 t 时的销售量的变化率为 $Q'(t) = 4t - 0.3t^2$（千件/月），试求一年内的总销售量.

解 所求的总销售量为

$$Q = \int_0^{12} (4t - 0.3t^2)\,\mathrm{d}t = (2t^2 - 0.1t^3)\big|_0^{12}$$
$$= 288 - 172.8 = 115.2(千件)$$

由经济函数的变化率，求经济函数在区间上的平均变化率：设某经济函数的变化率为 $f(t)$，则称 $\dfrac{\int_{t_1}^{t_2} f(t)\,\mathrm{d}t}{t_2 - t_1}$ 为该经济函数在时间间隔 $[t_1, t_2]$ 内的平均变化率.

例 14 某银行的利息连续计算，利息率是时间 t（单位：年）的函数 $r(t) = 0.08 + 0.015\sqrt{t}$，求开始两年即时间间隔 $[0, 2]$ 内的平均利息率.

解 由于

$$\int_0^2 r(t)\,\mathrm{d}t = \int_0^2 (0.08 + 0.015\sqrt{t})\,\mathrm{d}t = 0.16 + 0.01t\sqrt{t}\,\big|_0^2 = 0.16 + 0.02\sqrt{2}$$

则开始两年的平均利息率为

$$r = \frac{\int_0^2 r(t)\,\mathrm{d}t}{2 - 0} = 0.08 + 0.01\sqrt{2} \approx 0.094$$

由贴现率求总贴现值在时间区间上的增量：设某个项目在 t 年时的收入为 $f(t)$（万元），年利率为 r，即贴现率是 $f(t)\mathrm{e}^{-rt}$，则应用定积分计算，该项目在时间区间 $[a, b]$ 上总贴现

值的增量为 $\int_a^b f(t)\mathrm{e}^{-rt}\mathrm{d}t$.

设某工程总投资在竣工时间的贴现值为 A（万元），竣工后的年收入预计为 a（万元），年利率为 r，银行利息连续计算. 在进行动态经济分析时，把竣工后收入的总贴现值达到 A，即使关系式 $\int_0^T a\mathrm{e}^{-rt}\mathrm{d}t = A$ 成立的时间 T（年）称为该项目工程的投资回收期.

例 15 某工程总投资在竣工时的贴现值为 1000 万元，竣工后的年收入预计为 200 万元，年利息率为 0.08，求该工程的投资回收期.

解 这里 $A=1000$，$a=200$，$r=0.08$，则该工程竣工后 T 年内收入的总贴现值为

$$\int_0^T 200\mathrm{e}^{-0.08t}\mathrm{d}t = \frac{200}{-0.08}\mathrm{e}^{-0.08t}\Big|_0^T = 2500(1-\mathrm{e}^{-0.08T})$$

令 $2500\,(1-\mathrm{e}^{-0.08T})=1000$，即得该工程回收期为

$$T = -\frac{1}{0.08}\ln\Big(1-\frac{1000}{2500}\Big) = -\frac{\ln 0.6}{0.08} = 6.39\ (\text{年})$$

资本现值与投资问题：若现有资本 P_0 元，以年利率 r 的连续复利计算，t 年后的本利和为 $A(t)=P_0\mathrm{e}^{rt}$.

反之，若某项投资资金 t 年后的本利和 A 已知，则按连续复利计算，现在应有资金 $P_0 = A\mathrm{e}^{-rt}$，称 P_0 为资本现值.

设在时间区间 $[0,T]$ 内，t 时刻的单位时间收入为 $A(t)$，称此为收入率或资金流量，按年利率 r 的连续复利计算，则在时间区间 $[t,t+\mathrm{d}t]$ 内的收入现值为 $A(t)\mathrm{e}^{-rt}\mathrm{d}t$，在 $[0,T]$ 内得到的总收入现值为 $P = \int_0^T A(t)\mathrm{e}^{-rt}\mathrm{d}t$.

特别地，当资金流量为常数 A（称为均匀流量）时，$P = \int_0^T A\mathrm{e}^{-rt}\mathrm{d}t = \dfrac{A}{r}(1-\mathrm{e}^{-rT})$.

进行某项投资后，将投资期内总收入的现值与总投资的差额称为该项投资纯收入的贴现值，即纯收入的贴现值＝总收入现值－总投资.

例 16 现对某企业给予一笔投资 C，经测算该企业可以按 a 元均收入获得收入，若年利率为 r，试求该投资的纯收入贴现值及收回该笔投资的时间.

解 因收入率为 a，年利率为 r，故投资 T 年后总收入的现值为

$$P = \int_0^T a\mathrm{e}^{-rt}\mathrm{d}t = \frac{a}{r}(1-\mathrm{e}^{-rT})$$

从而投资所得的纯收入的贴现值为

$$R = P-C = \frac{a}{r}(1-\mathrm{e}^{-rT})-C$$

收回投资也即总收入的现值等于投资，故有 $\dfrac{a}{r}(1-\mathrm{e}^{-rT})=C$，由此解得收回投资的时间 $T = \dfrac{1}{r}\ln\dfrac{a}{a-Cr}$.

例如：若对某企业投资 1000 万元，年利率为 4%，假设 20 年内的均匀收入率为 $a=100$ 万元，则总收入的现值为

$$P = \frac{a}{r}(1-\mathrm{e}^{-rT}) = \frac{100}{0.04}(1-\mathrm{e}^{-0.04\times 20}) \approx 1376.68(\text{万元})$$

从而投资的纯收入贴现值为
$$R = P - C = 1376.68 - 1000 = 376.68(万元)$$
收回投资的时间为
$$T = \frac{1}{r}\ln\frac{a}{a-Cr} = \frac{1}{0.04}\ln\frac{100}{100-1000\times0.04} \approx 12.77(年)$$
即该投资在 20 年中可获得纯利润 376.68 万元，投资回收期约为 12.77 年.

习 题 6-5

1. 求由下列各曲线所围成的平面图形的面积：

(1) $y = \frac{1}{2}x^2$ 与 $x^2 + y^2 = 8$（两部分都要）；

(2) $y = e^x$、$y = e^{-x}$ 与直线 $x = 1$.

2. 求由抛物线 $y = x^2 - 2x + 3$ 与直线 $y = x + 3$ 所围成的图形的面积.

3. 求由曲线 $y = x^2$、$y = (x-2)^2$ 与 x 轴所围成图形的面积 A.

4. 求由曲线 $y = \ln x$、y 轴与直线 $y = \ln 3$、$y = \ln 5$ 所围成的图形的面积.

5. 求下列已知曲线所围成的图形按指定的轴旋转所产生的旋转体的体积：

(1) $y = x^2$、$x = 1$ 及 x 轴所围成平面图形，分别绕 x 轴和 y 轴旋转；

(2) $y^2 = 4x$、$x = 2$ 所围成平面图形，绕 x 轴旋转；

(3) $y = \sin x (0 \leqslant x \leqslant \pi)$ 与 x 轴所围成平面图形，绕 x 轴旋转；

(4) $y = \frac{1}{4}x^2 (x > 0)$、直线 $y = 1$ 及 $x = 0$ 所围成的图形分别绕 x 轴和 y 轴旋转.

6. 设某产品的边际成本及边际收入都是产量 x 的函数，即 $C'(x) = 5 + \frac{1}{2}x$（万元/t），$R'(x) = 100 - x$（万元/t）. 求产量由 20t 增加到 50t 时，总成本与总收入各增加多少？

7. 某产品的年生产速度为 $v(t) = 200 + 150\sin\left(2\pi t - \frac{\pi}{2}\right)$（件/月，$0 \leqslant t \leqslant 12$），求此产品上半年的生产总量.

8. 已知某产品的边际成本为 $C'(x) = 3 + \frac{1}{3}x$（万元/百台），固定成本为 $C_0 = 1$ 万元，又知销售收入为 $R(x) = 7x - \frac{1}{2}x^2$ 万元，求利润最大时的销售量.

9. 设某产品的生产是连续进行的，总产量 Q 是时间的函数，如果总产量的变化率为 $Q'(t) = \frac{324}{t^2}\rho^{-\frac{9}{t}}$（t/日）. 求投产后从 $t = 3$ 到 $t = 30$ 这 27 天的总产量.

10. 设某商店售出 Q 台录音机时总利润 $L(Q)$（元）的变化率为 $L'(Q) = 12.5 - \frac{Q}{80}(Q \geqslant 0)$. 试求：

(1) 售出 40 台时的总利润；

(2) 售出 60 台时，前 30 台和后 30 台的平均利润.

11. 设某产品在时刻 t 总产量的变化率为 $f(t)=100+12t-0.6t^2$，求从 $t=2$ 到 $t=4$ 时的总产量.

12. 某公司运行 t 年所获利润为 $L(t)$ 元，利润的年变化率为 $L'(t)=3\times10^5\sqrt{t+1}$（元/年），求利润从第四年初到第八年末内的年平均变化率.

13. 某企业一项为期 10 年的投资需购置成本 80 万元，每年的收益流量为 10 万元，求内部利率 μ（注：内部利率是使收益价值等于成本的利率）.

复习与小结

一、内容提要

1. 定积分的概念

任意分割区间 $[a,b]$ 为 n 个小区间，小区间 $[x_{i-1},x_i]$ 的长 $\Delta x_i=x_i-x_{i-1}(i=1,2,\cdots,n)$，任取一点 $\xi_i\in[x_{i-1},x_i](i=1,2,\cdots,n)$，$\lambda=\max\{\Delta x_i\mid i=1,2,\cdots,n\}$. 当和式 $\sum\limits_{i=1}^{n}f(\xi_i)\Delta x_i$ 的极限存在，其极限值称为函数 $f(x)$ 在 $[a,b]$ 上的定积分，记为

$$\int_a^b f(x)\mathrm{d}x=\lim_{\lambda\to0}\sum_{i=1}^{n}f(\xi_i)\Delta x_i.$$

注意：

(1) 定积分是和式的极限，因此它是一个数，这与不定积分不同.

(2) 定积分的值只与被积函数及积分区间有关，而与积分变量用什么字母表示无关，即

$$\int_a^b f(x)\mathrm{d}x=\int_a^b f(t)\mathrm{d}t=\int_a^b f(u)\mathrm{d}u$$

(3) 在定积分的定义中要求 $a<b$，若 $a\geqslant b$ 时有如下规定：

当 $a>b$ 时

$$\int_a^b f(x)\mathrm{d}x=-\int_b^a f(x)\mathrm{d}x$$

即互换定积分的上、下限，定积分要变号.

当 $a=b$ 时

$$\int_a^a f(x)\mathrm{d}x=0$$

(4) 关于函数的可积性，只给出下面几个重要结论：

1) 函数可积必有界；

2) 有限闭区间 $[a,b]$ 上的连续函数可积；

3) 在有限区间 $[a,b]$ 上只有有限个间断点的有界函数可积.

2. 定积分的几何意义

设 $f(x)$ 在 $[a,b]$ 上的定积分为 $\int_a^b f(x)\mathrm{d}x$，其积分值等于曲线 $y=f(x)$，直线 $x=a$、$x=b$ 和 $y=0$ 所围成的在 x 轴上方部分与下方部分面积的代数和.

3. 定积分的性质

性质 1　$\int_a^b 1\mathrm{d}x=\int_a^b \mathrm{d}x=b-a.$

性质 2（积分对函数的齐次性） $\int_a^b kf(x)\mathrm{d}x = k\int_a^b f(x)\mathrm{d}x$（$k$ 为常数）.

性质 3（积分对函数的可加性） $\int_a^b [f(x)\pm g(x)]\mathrm{d}x = \int_a^b f(x)\mathrm{d}x \pm \int_a^b g(x)\mathrm{d}x$，可推广到有限项的情况，即

$$\int_a^b [f_1(x)\pm f_2(x)\pm\cdots\pm f_n(x)]\mathrm{d}x = \int_a^b f_1(x)\mathrm{d}x \pm\cdots\pm \int_a^b f_n(x)\mathrm{d}x$$

性质 4（积分对区间的可加性） 当 $a<c<b$，$\int_a^b f(x)\mathrm{d}x = \int_a^c f(x)\mathrm{d}x + \int_c^b f(x)\mathrm{d}x$. 注意对于 a、b、c 三点的任何其他相对位置，上述性质仍成立，即

$$\int_a^b f(x)\mathrm{d}x = \int_a^c f(x)\mathrm{d}x + \int_c^b f(x)\mathrm{d}x$$

性质 5（积分的比较性质） 如果在 $[a,b]$ 上有 $f(x)\geqslant g(x)$，则 $\int_a^b f(x)\mathrm{d}x \geqslant \int_a^b g(x)\mathrm{d}x$.

性质 6（估值定理） 若函数 $f(x)$ 在区间 $[a,b]$ 上的最大值与最小值分别为 M 和 m，则 $m(b-a)\leqslant \int_a^b f(x)\mathrm{d}x \leqslant M(b-a)$.

性质 7（积分中值定理） 设 $f(x)$ 在闭区间 $[a,b]$ 上连续，则至少存在一点 $\xi\in(a,b)$，使 $\int_a^b f(x)\mathrm{d}x = f(\xi)(b-a)$.

4. 变上限的定积分

（1）变上限的定积分. 当 x 在 $[a,b]$ 上变动时，对应于每一个 x 值，积分 $\int_a^x f(t)\mathrm{d}t$ 就有一个确定的值，$\int_a^x f(t)\mathrm{d}t$ 因此是变上限的一个函数，记作 $\Phi(x)=\int_a^x f(t)\mathrm{d}t (a\leqslant x\leqslant b)$，称函数 $\Phi(x)$ 为变上限的定积分.

（2）变上限的定积分的导数. 如果函数 $f(x)$ 在闭区间 $[a,b]$ 上连续，则变上限定积分 $\Phi(x)=\int_a^x f(t)\mathrm{d}t$ 在闭区间 $[a,b]$ 上可导，并且它的导数等于被积函数，即

$$\frac{\mathrm{d}\Phi}{\mathrm{d}x}=\Phi'(x)=\frac{\mathrm{d}}{\mathrm{d}x}\int_a^x f(t)\mathrm{d}t = f(x), \quad (a\leqslant x\leqslant b)$$

5. 广义积分

（1）无穷区间上的广义积分. 设函数 $f(x)$ 在 $[a,+\infty)$ 上连续，任取实数 $b>a$，把极限 $\lim\limits_{b\to+\infty}\int_a^b f(x)\mathrm{d}x$ 称为函数 $f(x)$ 在无穷区间上的广义积分，记作 $\int_a^{+\infty} f(x)\mathrm{d}x = \lim\limits_{b\to+\infty}\int_a^b f(x)\mathrm{d}x$. 若极限存在，则称广义积分 $\int_a^{+\infty} f(x)\mathrm{d}x$ 收敛；若极限不存在，则称广义积分 $\int_a^{+\infty} f(x)\mathrm{d}x$ 发散.

类似地，可定义函数 $f(x)$ 在 $(-\infty,b]$ 上的广义积分为 $\int_{-\infty}^b f(x)\mathrm{d}x = \lim\limits_{a\to-\infty}\int_a^b f(x)\mathrm{d}x$.

函数 $f(x)$ 在区间 $(-\infty, +\infty)$ 上的广义积分为 $\int_{-\infty}^{+\infty} f(x)\mathrm{d}x = \int_{-\infty}^{c} f(x)\mathrm{d}x + \int_{c}^{+\infty} f(x)\mathrm{d}x$，其中 c 为任意实数. 当右端两个广义积分都收敛时，广义积分 $\int_{-\infty}^{+\infty} f(x)\mathrm{d}x$ 才是收敛的；否则广义积分 $\int_{-\infty}^{+\infty} f(x)\mathrm{d}x$ 是发散的.

(2) 无界函数的广义积分. 设函数 $f(x)$ 在区间 $(a, b]$ 上连续，且 $\lim\limits_{x \to a^+} f(x) = \infty$（称 $x = a$ 为瑕点），若极限 $\lim\limits_{\varepsilon \to 0^+} \int_{a+\varepsilon}^{b} f(x)\mathrm{d}x$ 存在（$\varepsilon > 0$），则称此极限为函数 $f(x)$ 在 $(a, b]$ 上的广义积分，仍然记为 $\int_{a}^{b} f(x)\mathrm{d}x$，即 $\int_{a}^{b} f(x)\mathrm{d}x = \lim\limits_{\varepsilon \to 0^+} \int_{a+\varepsilon}^{b} f(x)\mathrm{d}x$. 这时也称广义积分 $\int_{a}^{b} f(x)\mathrm{d}x$ 收敛；如果上述极限不存在，就称广义积分 $\int_{a}^{b} f(x)\mathrm{d}x$ 发散.

类似地，函数 $f(x)$ 在 $[a, b)$ 上的广义积分定义为 $\int_{a}^{b} f(x)\mathrm{d}x = \lim\limits_{\varepsilon \to 0^+} \int_{a}^{b-\varepsilon} f(x)\mathrm{d}x$.

函数 $f(x)$ 在 $[a, b]$ 上的广义积分定义为 $\int_{a}^{b} f(x)\mathrm{d}x = \int_{a}^{c} f(x)\mathrm{d}x + \int_{c}^{b} f(x)\mathrm{d}x$，其中 c 为瑕点. 当等式右端两个广义积分都收敛时，广义积分 $\int_{a}^{b} f(x)\mathrm{d}x$ 才是收敛的；否则广义积分 $\int_{a}^{b} f(x)\mathrm{d}x$ 是发散的.

6. 微积分基本定理（牛顿-莱布尼兹公式）

设函数 $f(x)$ 在闭区间 $[a, b]$ 上连续，如果 $F(x)$ 是 $f(x)$ 的任意一个原函数，则 $\int_{a}^{b} f(x)\mathrm{d}x = F(x)\Big|_{a}^{b} = F(b) - F(a)$，称为微积分基本定理，公式又称牛顿-莱布尼兹公式.

7. 定积分的计算

(1) 定积分的换元法. 设函数 $f(x)$ 在 $[a, b]$ 上连续，令 $x = \phi(t)$，则有

$$\int_{a}^{b} f(x)\mathrm{d}x \xrightarrow{x = \phi(t)} \int_{\alpha}^{\beta} f[\phi(t)]\phi'(t)\mathrm{d}t$$

其中函数应满足以下三个条件：

1) $\phi(\alpha) = a$，$\phi(\beta) = b$；

2) $\phi(t)$ 在 $[\alpha, \beta]$ 上单值且有连续导数；

3) 当 t 在 $[\alpha, \beta]$ 上变化时，对应 $x = \phi(t)$ 值在 $[a, b]$ 上变化.

上述公式称为定积分换元公式. 在应用换元 $x = \phi(t)$ 公式时要特别注意：用变换把原来的积分变量 x 换为新变量 t 时，原积分限也要相应换成新变量 t 的积分限，即换元必换限.

(2) 定积分的分部积分公式. 设函数 $u(x)$、$v(x)$ 在区间 $[a, b]$ 上均有连续导数，则

$$\int_{a}^{b} u\,\mathrm{d}v = (uv)\Big|_{a}^{b} - \int_{a}^{b} v\,\mathrm{d}u$$

称为定积分的分部积分公式. 其方法与不定积分类似，但结果不同，定积分是一个数值，而不定积分是一类函数.

(3) 偶函数与奇函数在关于原点对称的区间上的定积分. 设函数 $f(x)$ 在关于原点对称的区间 $[-a, a]$ 上连续，则

1) 当 $f(x)$ 为偶函数时，$\int_{-a}^{a} f(x)\mathrm{d}x = 2\int_{0}^{a} f(x)\mathrm{d}x$；

2) 当 $f(x)$ 为奇函数时，$\int_{-a}^{a} f(x)\mathrm{d}x = 0$.

利用上述结论，对奇、偶函数在关于原点对称的区间上的定积分计算可带来方便.

8. 定积分的应用

（1）曲边梯形的面积；

（2）两条曲线所围图形的面积；

（3）旋转体的体积；

*（4）平行截面面积已知的立体的体积；

（5）经济上的应用.

二、主要解题方法

1. 变上限的定积分对上限的求导方法

例 1 已知 $F(x) = \int_{x^2}^{\sin x} \sqrt{1+t}\,\mathrm{d}t$，求 $F'(x)$.

解
$$F(x) = \int_{x^2}^{\sin x} \sqrt{1+t}\,\mathrm{d}t = \int_{x^2}^{c} \sqrt{1+t}\,\mathrm{d}t + \int_{c}^{\sin x} \sqrt{1+t}\,\mathrm{d}t$$
$$= -\int_{c}^{x^2} \sqrt{1+t}\,\mathrm{d}t + \int_{c}^{\sin x} \sqrt{1+t}\,\mathrm{d}t$$
$$F'(x) = -\sqrt{1+x^2}(2x) + \sqrt{1+\sin x}\cdot\cos x$$
$$= -2x\sqrt{1+x^2} + \sqrt{1+\sin x}\cdot\cos x$$

如果定积分上限是 x 的函数，那么利用复合函数求导公式对上限求导；如果定积分的下限是 x 的函数，那么将定积分的下限变为变上限的定积分，利用复合函数求导公式对上限求导；如果复合函数的上限、下限都是 x 的函数，那么利用区间可加性将定积分写成两个定积分的和，其中一个定积分的上限是 x 的函数，另一个定积分的下限也是 x 的函数，都可以化为变上限的定积分来求导.

2. 利用换元积分法计算定积分

例 2 计算（1）$\int_{0}^{4} \frac{1-\sqrt{x}}{1+\sqrt{x}}\mathrm{d}x$；（2）$\int_{0}^{\frac{\pi}{4}} \sec^4 x \tan x\,\mathrm{d}x$.

解（1）利用换元积分法，注意在换元时必须同时换限. 令 $t=\sqrt{x}$，$x=t^2$，$\mathrm{d}x=2t\,\mathrm{d}t$. 当 $x=0$ 时，$t=0$，当 $x=4$ 时，$t=2$. 于是
$$\int_{0}^{4} \frac{1-\sqrt{x}}{1+\sqrt{x}}\mathrm{d}x = \int_{0}^{2} \frac{1-t}{1+t}2t\,\mathrm{d}t = \int_{0}^{2}\left[4-2t-\frac{4}{1+t}\right]\mathrm{d}t$$
$$= [4t-t^2-4\ln|1+t|]\Big|_{0}^{2} = 4-4\ln 3$$

（2）$\int_{0}^{\frac{\pi}{4}} \sec^4 x \tan x\,\mathrm{d}x = \int_{0}^{\frac{\pi}{4}} \sec^3 x\,\mathrm{d}(\sec x) = \frac{1}{4}\sec^4 x \Big|_{0}^{\frac{\pi}{4}} = 1-\frac{1}{4} = \frac{3}{4}$

用换元积分法计算定积分，如果引入新的变量，那么求得关于新变量的原函数后，不必回代，直接将新的积分上下限代入计算就可以了；如果不引入新的变量，那么也就不需要换积分限，直接计算就可以得出结果（即配元不换限）.

3. 利用分部积分法计算定积分

分部积分公式为 $\int_a^b u\,\mathrm{d}v = uv\,\big|_a^b - \int_a^b v\,\mathrm{d}u$.

例 3 计算 (1) $\int_0^1 \arctan x\,\mathrm{d}x$; (2) $\int_{\frac{1}{e}}^{e^2} x\,|\ln x|\,\mathrm{d}x$.

解 (1) $\int_0^1 \arctan x\,\mathrm{d}x = x\arctan x\,\Big|_0^1 - \int_0^1 \dfrac{x}{1+x^2}\mathrm{d}x$

$$= \frac{\pi}{4} - \frac{1}{2}\ln(1+x^2)\,\Big|_0^1 = \frac{\pi}{4} - \frac{1}{2}\ln 2$$

(2) 由于在 $\left[\dfrac{1}{e},\,1\right]$ 上 $\ln x \leqslant 0$；在 $\left[1,\,e^2\right]$ 上 $\ln x \geqslant 0$，所以

$$\int_{\frac{1}{e}}^{e^2} x\,|\ln x|\,\mathrm{d}x = \int_{\frac{1}{e}}^1 (-x\ln x)\,\mathrm{d}x + \int_1^{e^2} x\ln x\,\mathrm{d}x$$

$$= -\int_{\frac{1}{e}}^1 \ln x\,\mathrm{d}\left(\frac{x^2}{2}\right) + \int_1^{e^2} \ln x\,\mathrm{d}\left(\frac{x^2}{2}\right)$$

$$= \left[-\frac{x^2}{2}\ln x + \frac{x^2}{4}\right]_{\frac{1}{e}}^1 + \left[\frac{x^2}{2}\ln x - \frac{x^2}{4}\right]\Big|_1^{e^2}$$

$$= \frac{1}{4} - \left(\frac{1}{4}\frac{1}{e^2} + \frac{1}{2}\frac{1}{e^2}\right) + \left(e^4 - \frac{1}{4}e^4 + \frac{1}{4}\right)$$

$$= \frac{1}{2} - \frac{3}{4}\frac{1}{e^2} + \frac{3}{4}e^4$$

被积函数中出现绝对值时必须去掉绝对值符号，这就要注意正、负号，有时需要分段进行积分.

4. 广义积分的计算方法

例 4 判别下列广义积分的敛散性，如果收敛计算其值：

(1) $\int_0^{+\infty} \dfrac{x}{(1+x^2)^2}\mathrm{d}x$; (2) $\int_0^3 \dfrac{1}{(x-2)^2}\mathrm{d}x$.

解 (1) 因为积分区间为无穷区间，所以

$$\int_0^{+\infty} \frac{x}{(1+x^2)^2}\mathrm{d}x = \lim_{b\to+\infty}\int_0^b \frac{x}{(1+x^2)^2}\mathrm{d}x = \lim_{b\to+\infty}\frac{1}{2}\int_0^b \frac{\mathrm{d}(1+x^2)}{(1+x^2)^2} = \lim_{b\to+\infty}\left[\frac{-1}{2(1+x^2)}\right]_0^b$$

$$= \lim_{b\to+\infty}\left[\frac{-1}{2(1+b^2)} + \frac{1}{2}\right] = \frac{1}{2}$$

故所给广义积分收敛，且其值为 $\dfrac{1}{2}$.

(2) 因为 $x \to 2$ 时，$\dfrac{1}{(x-2)^2} \to \infty$ ，所以 $x = 2$ 为间断点，则

$$\int_0^3 \frac{1}{(x-2)^2}\mathrm{d}x = \lim_{\varepsilon_1\to 0^+}\int_0^{2-\varepsilon_1} \frac{\mathrm{d}x}{(x-2)^2} + \lim_{\varepsilon_2\to 0^+}\int_{2+\varepsilon_2}^3 \frac{\mathrm{d}x}{(x-2)^2}$$

$$= \lim_{\varepsilon_1\to 0^+}\left[\frac{-1}{x-2}\right]_0^{2-\varepsilon_1} + \lim_{\varepsilon_2\to 0^+}\left[\frac{-1}{x-2}\right]_{2+\varepsilon_2}^3$$

$$= \lim_{\varepsilon_1\to 0^+}\left(\frac{1}{\varepsilon_1} - \frac{1}{2}\right) + \lim_{\varepsilon_2\to 0^+}\left(-1 + \frac{1}{\varepsilon_2}\right) = \infty$$

故广义积分发散.

由上例可见, 对于积分区间是有限的积分, 首先要判断是定积分 (称常义积分) 还是被积函数是有无穷间断点的广义积分. 否则会出现错误的结果. 如上例 $\int_0^3 \dfrac{1}{(x-2)^2} \mathrm{d}x =$

$-\dfrac{1}{x-2}\Big|_0^3 = -1 - \dfrac{1}{2} = -\dfrac{3}{2}$ 是错误结果.

复 习 题 六

1. 填空题:

(1) $\displaystyle\int_{-\frac{1}{4}}^{\frac{1}{4}} \ln \frac{1-x}{1+x} \mathrm{d}x = $ _____ ;

(2) $\displaystyle\int_0^1 \frac{x^2}{1+x^2} \mathrm{d}x = $ _____ ;

(3) $\displaystyle\int_{-2}^2 \sqrt{4-x^2}\,(\sin x + 1)\,\mathrm{d}x = $ _____ ;

(4) $\dfrac{\mathrm{d}}{\mathrm{d}x}\left(\displaystyle\int_1^2 \sin x^2 \mathrm{d}x \right) = $ _____ ;

(5) 设 $F(x) = \displaystyle\int_1^x \tan t\, \mathrm{d}t$, 则 $F'(x) = $ _____ ;

(6) 设 $F(x) = \displaystyle\int_0^{x^2} \tan t\, \mathrm{d}t$, 则 $F'(x) = $ _____ ;

(7) $\displaystyle\int_a^b \left[f'(x) + 2 \right] \mathrm{d}x = $ _____ ;

(8) $\dfrac{\mathrm{d}}{\mathrm{d}x}\left[\displaystyle\int_{x^2}^b \ln(1+t)\, \mathrm{d}t \right] = $ _____ ;

(9) 计算曲线 $y = \sin x$ 与曲线 $x = \dfrac{\pi}{2}$ 及 $y = 0$ 所围成的平面图形的面积, 可用定积分表示为 $A = $ _____ , 且其值为 $A = $ _____ ;

(10) 由曲线 $y = x^2$ 与直线 $x = 1$ 及 x 轴所围成的平面图形, 绕 x 轴旋转所的旋转体的体积可用定积分表示为 $V_x = $ _____ , 且其值为 $V_x = $ _____ .

2. 单项选择题:

(1) $\displaystyle\int_{-\frac{\pi}{2}}^{\frac{\pi}{2}} |\sin x|\, \mathrm{d}x = ($).

A. 0　　　　　　　　B. π　　　　　　　　C. $\dfrac{\pi}{2}$　　　　　　　　D. 2

(2) 已知 $F'(x) = f(x)$, 则 $\displaystyle\int_a^x f(t+a)\, \mathrm{d}t = ($).

A. $F(x) - F(a)$　　　　　　　　B. $F(t) - F(a)$

C. $F(x+a) - F(2a)$　　　　　　　　D. $F(t+a) - F(2a)$

(3) $\displaystyle\lim_{x \to 0} \frac{\displaystyle\int_0^x \sin t^2 \mathrm{d}t}{x^3} = ($).

A. 1　　　　　　B. 0　　　　　　C. $\dfrac{1}{2}$　　　　　D. $\dfrac{1}{3}$

(4) $\displaystyle\int_0^1 \dfrac{\mathrm{d}x}{\arccos x}=(\quad)$.

A. $\displaystyle\int_{\frac{\pi}{2}}^0 \dfrac{1}{x}\mathrm{d}x$　　B. $\displaystyle\int_{\frac{\pi}{2}}^0 \dfrac{\sin x}{x}\mathrm{d}x$　　C. $\displaystyle\int_0^{\frac{\pi}{2}} \dfrac{\sin x}{x}\mathrm{d}x$　　D. $\displaystyle\int_0^{\frac{\pi}{2}} \dfrac{1}{x}\mathrm{d}x$

(5) $\displaystyle\int_{-1}^1 \dfrac{2+\sin x}{\sqrt{4-x^2}}\mathrm{d}x=(\quad)$.

A. $\dfrac{\pi}{3}$　　　　B. $\dfrac{2\pi}{3}$　　　　C. $\dfrac{4\pi}{3}$　　　　D. $\dfrac{5\pi}{3}$

(6) $\displaystyle\int_0^5 |2x-4|\,\mathrm{d}x=(\quad)$.

A. 11　　　　B. 12　　　　C. 13　　　　D. 14

(7) $\displaystyle\int_{-\frac{\pi}{3}}^{\frac{\pi}{2}} \sqrt{1-\cos 2x}\,\mathrm{d}x=(\quad)$.

A. $\dfrac{\sqrt{2}}{2}$　　B. $-\dfrac{\sqrt{2}}{2}$　　C. $\sqrt{2}-\dfrac{1}{2}$　　D. $2\sqrt{2}-\dfrac{\sqrt{2}}{2}$

(8) $\displaystyle\int_{-1}^1 \dfrac{1}{x^2}\mathrm{d}x=(\quad)$.

A. -2　　　　B. 2　　　　C. 0　　　　D. 发散

(9) $\displaystyle\lim_{x\to 0}\dfrac{\int_0^x \arctan t\,\mathrm{d}t}{1-\cos 2x}=(\quad)$.

A. 1　　　　B. 0　　　　C. $\dfrac{1}{2}$　　　　D. $\dfrac{1}{4}$

(10) 将曲线 $y=x^2$ 与 x 轴和直线 $x=2$ 所围成的平面图形绕 y 轴旋转所得的旋转体的体积可表示为 $V_y=(\quad)$.

A. $\pi\displaystyle\int_0^2 x^4\mathrm{d}x$　　B. $\pi\displaystyle\int_0^4 y\mathrm{d}y$　　C. $\pi\displaystyle\int_0^4 (4-y)\mathrm{d}y$　　D. $\pi\displaystyle\int_0^4 (4+y)\mathrm{d}y$

3. 计算下列定积分:

(1) $\displaystyle\int_0^1 \dfrac{x\,\mathrm{d}x}{\sqrt{1+x^2}}$;　　(2) $\displaystyle\int_0^1 \dfrac{\mathrm{e}^x}{\mathrm{e}^x+1}\mathrm{d}x$;

(3) $\displaystyle\int_0^{\frac{\pi}{2}} |\sin x-\cos x|\,\mathrm{d}x$;　　(4) $\displaystyle\int_0^3 \dfrac{x}{1+\sqrt{1+x}}\mathrm{d}x$;

(5) $\displaystyle\int_{-1}^2 \dfrac{x}{x+3}\mathrm{d}x$;　　(6) $\displaystyle\int_1^e \dfrac{1+\ln x}{x}\mathrm{d}x$;

(7) $\displaystyle\int_0^1 \dfrac{\mathrm{d}x}{1+\mathrm{e}^x}$;　　(8) $\displaystyle\int_1^e \sqrt{x}\ln x\,\mathrm{d}x$;

(9) $\displaystyle\int_a^{\sqrt{2a}} \dfrac{x\,\mathrm{d}x}{\sqrt{3a^2-x^2}}$;　　(10) $\displaystyle\int_0^{2\pi} x^2\cos x\,\mathrm{d}x$.

4. 设 $F(x)=\displaystyle\int_0^{x^2}\sin t\,\mathrm{d}t+\int_x^1 \sin t\,\mathrm{d}t$,求 $F'(x)$.

5. 设平面图形 D 由抛物线 $y = 1 - x^2$ 和 x 轴围成，试求：

(1) D 的面积；

(2) D 绕 x 轴旋转所成旋转体的体积.

6. 求由曲线 $y = \sqrt{2x}$ 及 $x = 2$ 所围成图形绕 x 轴旋转一周所成旋转体的体积.

7. 生产某商品 Q 件时的边际成本函数为 $50 - \dfrac{Q}{40}$（元/件），固定成本为 100（元），求：

(1) 生产 40 件产品时的总成本及平均成本；

(2) 从生产 40 件到 100 件时所增加的成本.

8. 已知某产品的总产量对时间的变化率为 $75 + 10t - 0.3t^2$（单位：h），求时间从 $t = 1$ 到 $t = 3$（h）的产量.

9. 某厂生产某种商品 x（千件）的边际成本为 $C'(x) = x + 36$（万元/千件），其固定成本是 9800（万元）. 求：

(1) 产量为多少时能使平均成本最低？

(2) 最低平均成本是多少？

10. 设某产品每天生产 x（单位）时，边际成本 $C'(x) = 4x$（元/单位），其固定成本是 10 元，总收入 $R(x)$ 的变化率也是产量 x 的函数 $R'(x) = 60 - 2x$. 求每天生产多少单位产品时，总利润 $L(x)$ 最大？最大利润是多少？

11. 设某产品的边际成本为 $C'(x) = 2 - x$（万元/台），固定成本为 22（万元），边际收益为 $R'(x) = 20 - 4x$（万元/台）. 求：

(1) 总成本函数和总利润函数；

(2) 获得最大利润时的产量.

12. 某产品的边际成本为 $C'(x) = 0.4x + 2$（万元/t）固定成本为 20（万元），商品的售价为 $P = 18$（万元/t），设所有的产品都可以卖出. 求：

(1) 总成本 $C(x)$ 和总利润 $L(x)$；

(2) 如何安排生产可以使得利润最大？最大利润是多少？

阅读材料

伟大的科学家——莱布尼兹

莱布尼兹（Gottfriend Wilhelm Leibniz, 1646－1716）是 17、18 世纪之交德国最重要的数学家、物理学家和哲学家，一个举世罕见的科学天才. 他博览群书，涉猎百科，对丰富人类的科学知识宝库做出了不可磨灭的贡献.

一、生平事迹

莱布尼兹出生于德意志联邦共和国东部莱比锡的一个书香之家，父亲是莱比锡大学的道德哲学教授，母亲出生在一个教授家庭. 莱布尼兹的父亲在他年仅 6 岁时便去世了，给他留下了丰富的藏书. 莱布尼兹因此得以广泛接触古希腊、古罗马文化，阅读了许多著名学者的著作，由此获得了

坚实的文化功底和明确的学术目标. 15 岁时，他进入莱比锡大学学习法律，一进校便跟上了大学二年级标准的人文学科的课程，还广泛阅读了培根、开普勒、伽利略等人的著作，并对他们的著述进行深入的思考和评价. 在听了教授讲授欧几里德的《几何原本》课程后，莱布尼兹对数学产生了浓厚的兴趣. 17 岁时他在耶拿大学短时期学习了数学，并获得了哲学硕士学位.

20 岁时，莱布尼兹转入阿尔特道夫大学. 这一年，他发表了第一篇数学论文《论组合的艺术》. 这是一篇关于数理逻辑的文章，其基本思想是把理论的真理性论证归结于一种计算的结果. 这篇论文虽不够成熟，但却闪耀着创新的智慧和数学才华.

莱布尼兹在阿尔特道夫大学获得博士学位后便投身外交界. 从 1671 年开始，他利用外交活动开拓了与外界的广泛联系，尤以通信作为他获取外界信息、与人进行思想交流的一种主要方式. 在出访巴黎时，莱布尼兹深受帕斯卡事迹的鼓舞，决心钻研高等数学，并研究了笛卡儿、费尔马、帕斯卡等人的著作. 1673 年，莱布尼兹被推荐为英国皇家学会会员. 此时，他的兴趣已明显地朝向了数学和自然科学，开始了对无穷小算法的研究，独立地创立了微积分的基本概念与算法，和牛顿并蒂双辉共同奠定了微积分学. 1676 年，他到汉诺威公爵府担任法律顾问兼图书馆馆长. 1700 年被选为巴黎科学院院士，促成建立了柏林科学院并任首任院长.

1716 年 11 月 14 日，莱布尼兹在汉诺威逝世，终年 70 岁.

二、始创微积分

17 世纪下半叶，欧洲科学技术迅猛发展，由于生产力的提高和社会各方面的迫切需要，经各国科学家的努力与历史的积累，建立在函数与极限概念基础上的微积分理论应运而生. 微积分思想最早可以追溯到希腊由阿基米德等人提出的计算面积和体积的方法. 1665 年牛顿创始了微积分，莱布尼兹在 1673～1676 年间也发表了微积分思想的论著. 以前，微分和积分作为两种数学运算、两类数学问题，是分别加以研究的. 卡瓦列里、巴罗、沃利斯等人得到了一系列求面积（积分）、求切线斜率（导数）的重要结果，但这些结果都是孤立的，不连贯的. 只有莱布尼兹和牛顿将积分和微分真正沟通起来，明确地找到了两者内在的直接联系——微分和积分是互逆的两种运算，而这是微积分建立的关键所在. 只有确立了这一基本关系，才能在此基础上构建系统的微积分学；并从对各种函数的微分和求积公式中，总结出共同的算法程序，使微积分方法普遍化，发展成用符号表示的微积分运算法则. 因此，恩格斯在自然辩证法中认为微积分"是由牛顿和莱布尼兹大体上完成的，但不是由他们发明的".

然而关于微积分创立的优先权，数学上曾掀起了一场激烈的争论. 实际上，牛顿在微积分方面的研究虽早于莱布尼兹，但莱布尼兹成果的发表则早于牛顿. 莱布尼兹在 1684 年 10 月发表在《教师学报》上的论文"一种求极大极小的奇妙类型的计算"，在数学史上被认为是最早发表的微积分文献. 牛顿在 1687 年出版的《自然哲学的数学原理》的第一版和第二版也写道："十年前在我和最杰出的几何学家 G. W. 莱布尼兹的通信中，我表明我已经知道确定极大值和极小值的方法、作切线的方法以及类似的方法，但我在交换的信件中隐瞒了这方法，……这位最卓越的科学家在回信中写道，他也发现了一种同样的方法，并诉述了他的方法，它与我的方法几乎没有什么不同，除了他的措词和符号而外."（但在第三版及以后再版时，这段话被删掉了.）因此，后来人们公认牛顿和莱布尼兹是各自独立地创建微积分的. 牛顿从物理学出发，运用集合方法研究微积分，其应用上更多地结合了运动学，造诣高于莱布尼兹. 莱布尼兹则从几何问题出发，运用分析学方法引进微积分概念、得出运算法则，其数学的严密性与系统性是牛顿所不及的. 莱布尼兹认识到好的数学符号能节省思维劳动，运用符号的技巧是数学成功的关键之一. 因此，他发明了一套适用的符号系统，如引入 dx 表示 x 的微分，$\int$ 表示积分，d^nx 表示 n 阶微分等. 这些符号进一步促进了微积分学的发展. 1713 年，莱布尼兹发表了《微积分的历史和起源》一文，总结了自己创立微积分学的思路，说明了自己成就的独立性.

三、高等数学上的众多成就

莱布尼兹在数学方面的成就是巨大的，他的研究及成果渗透到高等数学的许多领域. 他的一系列重要数学理论的提出，为后来的数学理论奠定了基础. 莱布尼兹曾讨论过负数和复数的性质，得出复数的对数并不存在，共轭复数的和是实数的结论. 在后来的研究中，莱布尼兹证明了自己结论是正确的. 他还对线性方程组进行研究，对消元法从理论上进行了探讨，并首先引入了行列式的概念，提出行列式的某些理论. 此外，莱布尼兹还创立了符号逻辑学的基本概念，发明了能够进行加、减、乘、除及开方运算的计算机和二进制，为计算机的现代发展奠定了坚实的基础.

四、丰硕的物理学成果

莱布尼兹的物理学成就也是非凡的. 他发表了《物理学新假说》，提出了具体运动原理和抽象运动原理，认为运动着的物体，不论多么渺小，它将带着处于完全静止状态的物体的部分一起运动. 他还对笛卡儿提出的动量守恒原理进行了认真探讨，提出了能量守恒原理的雏形，并在《教师学报》上发表了"关于笛卡儿和其他人在自然定律方面的显著错误的简短证明"，提出了运动的量的问题，证明了动量不能作为运动的度量单位，并引入动能概念，第一次认为动能守恒是一个普通的物理原理. 他又充分地证明了"永动机是不可能"的观点. 他也反对牛顿的绝对时空观，认为"没有物质也就没有空间，空间本身不是绝对的实在性"，"空间和物质的区别就像时间和运动的区别一样，可是这些东西虽有区别，却是不可分离的". 在光学方面，莱布尼兹也有所建树，他利用微积分中的求极值方法，推导出了折射定律，并尝试用求极值的方法解释光学基本定律. 可以说莱布尼兹的物理学研究一直是朝着为物理学建立一个类似欧氏几何的公理系统的目标前进的.

五、中西文化交流之倡导者

莱布尼兹对中国的科学、文化和哲学思想十分关注，是最早研究中国文化和中国哲学的德意志联邦共和国人. 他向耶稣会来华传教士格里马尔迪了解到了许多有关中国的情况，包括养蚕纺织、造纸印染、冶金矿产、天文地理、数学文字等，并将这些资料编辑成册出版. 他认为中西相互之间应建立一种交流认识的新型关系. 在《中国近况》一书的绪论中，莱布尼兹写道："全人类最伟大的文化和最发达的文明仿佛今天汇集在我们大陆的两端，即汇集在欧洲和位于地球另一端的东方的欧洲——中国.""中国这一文明古国与欧洲相比，面积相当，但人口数量则已超过.""在日常生活以及经验地应付自然的技能方面，我们是不分伯仲的. 我们双方各自都具备通过相互交流使对方受益的技能. 在思考的缜密和理性的思辨方面，显然我们要略胜一筹."但"在时间哲学，即在生活与人类实际方面的伦理以及治国学说方面，我们实在是相形见绌了."在这里，莱布尼兹不仅显示出了不带"欧洲中心论"色彩的虚心好学精神，而且为中西文化双向交流描绘了宏伟的蓝图，极力推动这种交流向纵深发展，使东西方人民相互学习、取长补短、共同繁荣进步.

莱布尼兹为促进中西文化交流做出了毕生的努力，产生了广泛而深远的影响. 他的虚心好学、对中国文化平等相待、不含"欧洲中心论"偏见的精神尤为难能可贵，值得后世永远敬仰、效仿.

划时代的科学巨人——牛顿

牛顿（Newton，1643—1727），牛顿是 17 世纪英国伟大的科学家，是近代科学的象征.

牛顿在数学上的成果要有以下四个方面：发现二项式定理；创建微积分；引进极坐标，发展三次曲线理论；推进方程论，开拓变分法.

牛顿于 1642 年的圣诞节出生于英格兰林肯州活尔斯索浦. 父亲在他出生前 3 个月就去世了，母亲改嫁后他只得由外祖母和舅舅抚养. 幼年的牛顿学习平平，但却非常喜欢手工制作，同时他还对绘画有着非凡的才华.

牛顿 12 岁开始上中学，这时他的爱好由手工制作发展到爱搞机械小制作. 他从小制作中体会到学好功课，特别是学好数学，对动手搞好制作大有益处. 于是牛顿学习加倍努力，成绩大进. 牛顿 15 岁时，由于家庭原因被迫辍学务农. 非常渴求知识的他仍然抓紧一切时间学习、苦读. 牛顿这种勤奋好学的精神感动了牛顿的舅舅，终于在舅舅的资助之下又回到学校复读.

1661 年，19 岁的牛顿考入了著名的剑桥大学. 在学习期间，牛顿的第一任教授伊萨克·巴鲁独具慧眼，发现了牛顿具有敏锐的观察力、理解力，于是将自己掌握的数学知识传授给了牛顿，并把他引向近代自然科学的研究. 1664 年经考试牛顿被选为巴鲁的助手. 1665 年，牛顿大学毕业，获得学士学位，正准备留校继续深造的时候，严重的鼠疫席卷英国，剑桥大学被迫关闭了. 牛顿两次回到故乡避灾，而这恰恰是牛顿一生中最重要的转折点. 牛顿在家乡安静的环境里，专心致志地思考数学、物理学和天文学问题，思想火山积聚多年的活力终于爆发了，智慧的洪流滚滚奔腾. 短短的 18 个月，他就孕育成形了流数术（微积分）、万有引力定律和光学分析的基本思想. 牛顿于 1684 年通过计算彻底解决了 1666 年发现的万有引力. 1687 年，他 45 岁时完成了人类科学史上少有的科学巨著《自然哲学的数学原理》，继承了开普勒、伽利略，用数学方法建立起完整的经典力学体系，轰动了全世界. 牛顿的数学贡献最突出的有三项，即作为特殊形式的微积分的"流数术"、二项式定理及"广义的算术"（代数学）.

牛顿为了解决运动问题，创立了一种和物理概念直接联系的数学理论，即牛顿称之为"流数术"的理论，这实际上就是微积分理论. 牛顿在 1665 年 5 月 20 日的一份手稿中提到"流数术"，因此牛顿始创微积分的时间比现代微积分的创始人德国的数学家莱布尼兹大约早 10 年，但从正式公开发表的时间来说牛顿却比莱布尼兹要晚. 事实上，他们二人是各自独立地建立了微积分，只不过牛顿的"流数术"还存在着一些缺陷.

牛顿对二项式的研究开始是在从剑桥大学回故乡避鼠疫的前夕. 他在前人瓦里士的基础上进一步明确了负指数的含义. 牛顿研究得出的二项式级数展开式是研究级数论、函数论、数学分析以及方程理论的有力工具.

牛顿撰写的《广义算术》则总结了符号代数学的成果，推动了初等数学的进一步发展. 这本书关于方程论也有些突出的见解. 其中比较著名的是"牛顿幂和公式".

牛顿的数学贡献还远不止这些，他在解析几何中的成就也是令人瞩目的. 他的"一般曲线直径"理论，引起了解析几何界的广泛重视.

　　牛顿在其他科学领域的研究，毫不逊色于在数学上的贡献. 牛顿曾经说过："我不过就像是一个在海滨玩耍的小孩，为不时发现比寻常更为光滑的一块卵石或比寻常更为美丽的一片贝壳而沾沾自喜，而对于展现在我面前的浩瀚的真理的海洋，却全然没有发现." 从这里可以看出一代伟人的谦虚美德. 这些美德和他的成就，都值得后人去学习、继承.

第七章　多元函数微积分及其应用

前面几章中讨论的函数均是只有一个自变量的一元函数，但很多实际问题往往要牵涉到多个方面的因素，反映到数学上，就是依赖于多个变量的情形，这就提出了多元函数以及多元函数的微分与积分的问题．本章将讨论多元函数（主要是二元函数）的微分与积分以及应用问题．

第一节　多元函数的基本概念

一、多元函数的概念

在讨论二元函数时，将要涉及区域的概念．

一般地，将平面上由一条曲线或几条曲线围成的部分称为区域．围成区域的曲线称为区域的边界．不包括边界的区域称为开区域；包括边界的区域称为闭区域；包括部分边界的区域称为半开区域．

如果一个区域可以被包含在以原点为圆心的某一圆内，那么称这个区域为有界区域；否则称为无界区域．

在许多自然现象和经济现象中，经常遇到多个变量之间的依赖关系，举例如下．

例 1　长方形的面积 S 与它的长 a、宽 b 之间的关系为

$$S = ab \quad (a > 0,\ b > 0)$$

这里，S 随着 a、b 的变化而变化．当 a、b 在一定范围内取定一对值时，S 的对应值就随之确定．

例 2　某个商品的销售量为 Q，商品的销售价格为 p，购买商品的人数为 N，设此种商品的销售量与价格 p、人数 N 有关系

$$Q = a - bp + cN \quad (p > 0,\ N > 0)$$

式中：a、b、c 均为正常数．那么，当 p、N 在一定范围内取定一组值时，Q 的对应值就随之确定．

上面两例，虽具体含义各不相同，但它们之间都存在着这样的对应关系：其一个变量是依赖于其他两个变量变化而变化的；当其他两个变量的值确定之后，这个变量按照一定的规律也随着有一个确定的对应值．由此可以定义二元函数如下：

定义 1　设有变量 x、y 和 z，如果当变量 x、y 在某一固定的范围内任意取一对值时，变量 z 按照一定的法则 f 总有确定的值与之对应，就称 z 为变量 x、y 的二元函数，记作 $z = f(x,\ y)$．其中 x、y 称为自变量，z 称为因变量．自变量 x、y 的取值范围称为二元函数的定义域，一般用大写字母 D 来表示．

类似地，可以定义三元函数 $u = f(x,\ y,\ z)$ 以及三元以上函数．二元及二元以上的函数统称为多元函数．

例 3　求函数 $z = \ln \sqrt{1 - x^2 - y^2}$ 的定义域．

解　要使函数有意义，必须有 $1-x^2-y^2>0$，即 $x^2+y^2<1$，即
$$D=\{(x, y)\,|\,x^2+y^2<1\}$$

二、空间解析几何简介

1. 空间直角坐标系

在一定条件下，三个有序的实数可以确定一个点在空间的位置，为了建立空间图形与数、方程的联系，必须首先建立空间直角坐标系.

过空间一个定点 O，做三条互相垂直的数轴，它们都以 O 为原点且一般具有相同的长度单位，这三条轴分别叫做 x 轴（横轴）、y 轴（纵轴）和 z 轴（竖轴），统称为坐标轴.

坐标轴的正方向要符合右手法则，即以右手握住 z 轴，当右手的 4 个手指从正向 x 轴以 $\pi/2$ 角度转向正向 y 轴时，大拇指的指向就是 z 轴的正向（见图 7-1）. 这样的三条坐标轴就组成了一个空间直角坐标系，点 O 称为坐标原点（或原点）. 图 7-1 中，点 O 称为坐标原点，这种坐标轴又称为空间直角右手坐标系.

由图 7-1 可以确定三个坐标平面，即三个坐标面，它们相互垂直. 其中，垂直于 Ox 轴的叫做 yOz 平面或 Oyz 平面，其他类似.

三个坐标平面把整个空间分成了 8 个部分，每一个部分叫做一个卦限. 空间直角坐标系建立以后，就可以建立空间的点与有序数组之间的对应关系，为此先介绍空间点的坐标.

对于空间任意一点 M，过 M 做三个平面，分别垂直于 x 轴、y 轴和 z 轴，平面与坐标轴的交点分别记做 P、Q、R（见图 7-2）. 此三个点在 x 轴、y 轴和 z 轴上的坐标依次为 x、y、z. 这样点 M 就唯一的确定了一个有序数组 (x, y, z)，这组数 (x, y, z) 就称为 M 点的坐标，并依次称 x、y 和 z 为 M 点的横坐标、纵坐标和竖坐标，通常记为 $M(x, y, z)$. 倒过来，对任意一个有序数组 (x, y, z)，空间总有唯一的点 M，其坐标就是 (x, y, z). 事实上，在 x 轴上取坐标为 x 的点 P，在 y 轴上取坐标为 y 的点 Q，在 z 轴上取坐标为 z 的点 R，经过 P、Q、R 分别做平行于坐标面 yOz、zOx、xOy 的平面，这三个平面相互垂直且交于一点 M. 显然，M 点且仅有 M 点是以有序组 (x, y, z) 为坐标的点.

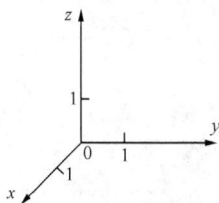

图 7-1

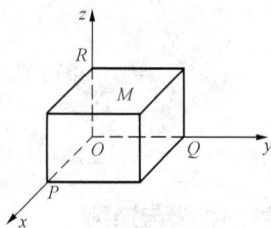

图 7-2

坐标面和坐标轴上的点，其坐标各有一定的特征. 例如在坐标面 xOy、yOz 和 zOx 的点的坐标分别为 $(x, y, 0)$、$(0, y, z)$、$(x, 0, z)$；在 x 轴、y 轴和 z 轴上的点的坐标分别为 $(x, 0, 0)$、$(0, y, 0)$、$(0, 0, z)$；坐标原点的坐标是 $(0, 0, 0)$.

2. 空间两点的距离

设 $M_1(x_1, y_1, z_1)$ 与 $M_2(x_2, y_2, z_2)$ 是空间的两点，则
$$d=|M_1M_2|=\sqrt{(x_2-x_1)^2+(y_2-y_1)^2+(z_2-z_1)^2} \tag{7-1}$$

就是空间两点间的距离公式.

特殊地，点 $M(x，y，z)$ 与坐标轴 $O(0，0，0)$ 的距离为

$$d = |OM| = \sqrt{x^2 + y^2 + z^2}$$

例 4　设有三点 $M_1(2，1，-1)$、$M_2(5，-1，0)$、$M_3(3，0，1)$，求证 $\triangle M_1M_2M_3$ 是等腰三角形.

证　利用公式（1）计算

$$|M_1M_2|^2 = (5-2)^2 + (-1-1)^2 + (0+1)^2 = 14$$
$$|M_2M_3|^2 = (3-5)^2 + (0+1)^2 + (1-0)^2 = 6$$
$$|M_3M_1|^2 = (2-3)^2 + (1-0)^2 + (-1-1)^2 = 6$$

由于 $|M_2M_3| = |M_3M_1|$，故 $\triangle M_1M_2M_3$ 是等腰三角形.

3. 曲面与方程

定义 2　如果曲面 $\sum(S)$ 上所有的点都满足方程 $F(x，y，z)=0$，且不在曲面 $\sum(S)$ 上的任何点都不满足方程 $F(x，y，z)=0$，则称方程 $F(x，y，z)=0$ 为曲面 $\sum(S)$ 的方程，而称 $\sum(S)$ 为 $F(x，y，z)=0$ 的图像.

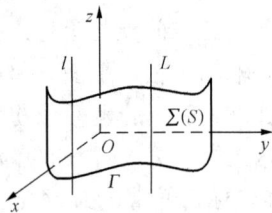
图 7 - 3

例 5　求球心在 $M_0(a，b，c)$、半径为 R 的球的方程.

解　由球的定义和点之间距离公式可知，球的方程为

$$(x-a)^2 + (y-b)^2 + (z-c)^2 = R^2$$

定义 3　空间给定一条动直线 l 与定曲线 Γ，移动直线 l 沿曲线 Γ 做平行于某定直线 L 的移动，形成的曲面 $\sum$ 称为柱面，曲线 Γ 称为柱面 $\sum$ 的准线，动直线 l 称为柱面 $\sum$ 的母线（见图 7 - 3）.

4. 常见二次曲面

椭球面　$\dfrac{x^2}{a^2} + \dfrac{y^2}{b^2} + \dfrac{z^2}{c^2} = 1$.

抛物面　$\dfrac{x^2}{2p} + \dfrac{y^2}{2q} = z$，$p$、$q$ 同号.

双曲面　$\dfrac{x^2}{a^2} + \dfrac{y^2}{b^2} - \dfrac{z^2}{c^2} = 1$，单叶双曲面.

$\dfrac{x^2}{a^2} + \dfrac{y^2}{b^2} - \dfrac{z^2}{c^2} = -1$，双叶双曲面.

三、二元函数的极限与连续

二元函数的极限与连续的概念与一元函数是类似的.

定义 4　设函数 $z=f(x，y)$ 在点 $P_0(x_0，y_0)$ 的附近有定义（点 P_0 可除外），A 是一个常数. 如果点 $P(x，y)$ 沿任意路径趋近于点 $P_0(x_0，y_0)$ 时，相应地 $f(x，y)$ 总是趋近于常数 A，就说当 $(x，y)$ 趋于 $(x_0，y_0)$ 时，函数 $f(x，y)$ 以 A 为极限［或称当 $x \to x_0$、$y \to y_0$ 时，$f(x，y)$ 以 A 为极限］，记为 $\lim\limits_{\substack{x \to x_0 \\ y \to y_0}} f(x，y) = A$.

定义 5　设 $\lim\limits_{\substack{x \to x_0 \\ y \to y_0}} f(x，y) = f(x_0，y_0)$，则称函数 $z=f(x，y)$ 在点 $P_0(x_0，y_0)$ 连续，

否则称该点为不连续点.

注意:

(1) 等价定义: 函数 $z = f(x, y)$ 在点 $P_0(x_0, y_0)$ 连续 $\Leftrightarrow \lim\limits_{\substack{x \to x_0 \\ y \to y_0}} f(x, y) = f(x_0, y_0) \Leftrightarrow \lim\limits_{\substack{\Delta x \to 0 \\ \Delta y \to 0}} f(x_0 + \Delta x, y_0 + \Delta y) = f(x_0, y_0)$.

(2) 利用多元函数的连续性来解决极限问题.

例 6 计算: (1) $\lim\limits_{\substack{x \to 0 \\ y \to 0}} \dfrac{\sin(x^2 + y^2)}{x^2 + y^2}$; (2) $\lim\limits_{\substack{x \to 0 \\ y \to 0}} \dfrac{xy(x^2 - y^2)}{x^2 + y^2}$.

解 (1) 令 $u = x^2 + y^2$, 当 $x \to 0$, $y \to 0$ 时, $u \to 0$, 则 $\lim\limits_{\substack{x \to 0 \\ y \to 0}} \dfrac{\sin(x^2 + y^2)}{x^2 + y^2} = \lim\limits_{u \to 0} \dfrac{\sin u}{u} = 1$.

(2) $\because \left| \dfrac{x^2 - y^2}{x^2 + y^2} \right| = \dfrac{|x^2 - y^2|}{x^2 + y^2} \leqslant \dfrac{x^2 + y^2}{x^2 + y^2} = 1$

$\therefore \left| \dfrac{xy(x^2 - y^2)}{x^2 + y^2} \right| \leqslant xy$

又 $\because \lim\limits_{\substack{x \to 0 \\ y \to 0}} xy = 0$

$\therefore$ 原极限 $= 0$

习 题 7-1

1. 求下列函数的定义域:

(1) $z = \sqrt{x} + y$;

(2) $z = \dfrac{1}{\sqrt{x^2 + y^2}}$;

(3) $z = \ln(x - y)$;

(4) $z = \sqrt{4 - x^2 - y^2}$;

(5) $z = x^2 + y^2$.

第二节 偏 导 数

一、偏导数概念与计算

偏增量 $\quad \Delta z_x = f(x_0 + \Delta x, y_0) - f(x_0, y_0)$

$\qquad\qquad \Delta z_y = f(x_0, y_0 + \Delta y) - f(x_0, y_0)$

全增量 $\quad \Delta z = f(x_0 + \Delta x, y_0 + \Delta y) - f(x_0, y_0)$

定义 1 设函数 $z = f(x, y)$ 在 $P_0(x_0, y_0)$ 的某邻域 $U(P_0, \delta)$ 内有定义, $\forall (x_0 + \Delta x) \in U(P_0)$. 若 $\lim\limits_{\Delta x \to 0} \dfrac{f(x_0 + \Delta x, y_0) - f(x_0, y_0)}{\Delta x}$ 存在, 则称 $z = f(x, y)$ 在 $P_0(x_0, y_0)$ 点关于 x 的偏导数存在, 且其极限值为其在该点的偏导数. 记为

$$\frac{\partial z}{\partial x}\bigg|_{(x_0, y_0)}, \quad \frac{\partial f}{\partial x}\bigg|_{(x_0, y_0)} \text{ 或 } f_x(x_0, y_0), z_x(x_0, y_0)$$

即

$$f_x(x_0, y_0) = \lim_{\Delta x \to 0} \frac{f(x_0 + \Delta x, y_0) - f(x_0, y_0)}{\Delta x}$$

同理

$$f_y(x_0,\ y_0)=\lim_{\Delta y\to 0}\frac{f(x_0,\ y_0+\Delta y)-f(x_0,\ y_0)}{\Delta y}$$

偏导 (函) 数　如果函数 $z=f(x,\ y)$ 在 D 内的每一点 $(x,\ y)$ 都有偏导数，则称 $f_x(x,\ y)$、$f_y(x,\ y)$ 为 $z=f(x,\ y)$ 的两个偏导 (函) 数.

二、偏导数的计算

注意：

(1) 求 $z=f(x,\ y)$ 对 x 的偏导数时，将 y 视为常数，对 x 求导数；求 $z=f(x,\ y)$ 对 y 的偏导数时，将 x 视为常数，对 y 求导数.

(2) 偏导数的符号 $\frac{\partial z}{\partial x}$、$\frac{\partial z}{\partial y}$ 是一个整体，不像 $\frac{dy}{dx}$ 可以看成 dy 除以 dx.

例1　设 $z=\frac{y}{x}$，求 $\frac{\partial z}{\partial x}$、$\frac{\partial x}{\partial y}$、$\frac{\partial y}{\partial z}$.

解　$\because z=\frac{y}{x}$，$\therefore$ 视 y 为常数，则 $\frac{\partial z}{\partial x}=-\frac{y}{x^2}$；

又 $\because x=\frac{y}{z}$，$\therefore$ 视 z 为常数，则 $\frac{\partial x}{\partial y}=\frac{1}{z}$；

又 $\because y=xz$，$\therefore$ 视 x 为常数，则 $\frac{\partial y}{\partial z}=x$.

同时，由上面计算可知 $\frac{\partial z}{\partial x}\cdot\frac{\partial x}{\partial y}\cdot\frac{\partial y}{\partial z}=-\frac{y}{x^2}\cdot\frac{1}{z}\cdot x=-1\neq\frac{\partial z}{\partial x}\frac{\partial x}{\partial y}\frac{\partial y}{\partial z}=1$. 尤其注意不等号的左边表达式是错误的.

例2　设 $z=x^2-2xy+3y^3$ 在点 $(1,\ 2)$ 处的偏导数，求 $\frac{\partial z}{\partial x}\Big|_{(1,\ 2)}$、$\frac{\partial z}{\partial y}\Big|_{(1,\ 2)}$.

解　$\frac{\partial z}{\partial x}\Big|_{(1,\ 2)}=(2x-2y)|_{(1,\ 2)}=2-4=-2$

$\frac{\partial z}{\partial y}\Big|_{(1,\ 2)}=(-2x+9y^2)|_{(1,\ 2)}=-2+36=34$

例3　设 $f(x,\ y)=\begin{cases}\dfrac{xy}{x^2+y^2},&x^2+y^2\neq 0\\0,&x^2+y^2=0\end{cases}$，求 $f(x,\ y)$ 在 $(0,\ 0)$ 处的偏导数.

解　因为函数在整个定义域内表达形式不一样，所以只能根据定义来求解

$$f_x(0,\ 0)=\lim_{\Delta x\to 0}\frac{f(0+\Delta x,\ 0)-f(0,\ 0)}{\Delta x}=\lim_{\Delta x\to 0}\frac{0}{\Delta x}=0$$

$$f_y(0,\ 0)=\lim_{\Delta y\to 0}\frac{f(0,\ 0+\Delta y)-f(0,\ 0)}{\Delta y}=\lim_{\Delta y\to 0}\frac{0}{\Delta y}=0$$

例4　设 $z=\arctan\frac{y}{x}$，求 $\frac{\partial z}{\partial x}$、$\frac{\partial z}{\partial y}$.

解　$\frac{\partial z}{\partial x}=\dfrac{-\dfrac{y}{x^2}}{1+\left(\dfrac{y}{x}\right)^2}=-\dfrac{y}{x^2+y^2}$

$$\frac{\partial z}{\partial y} = \frac{\frac{1}{x}}{1 + \left(\frac{y}{x}\right)^2} = \frac{x}{x^2 + y^2}$$

二元函数的偏导数的定义及计算，可以推广到二元以上的多元函数的偏导数.

例 5　设 $u = \sqrt{x^2 + y^2 + z^2}$，求 u_x、u_y、u_z.

解　$u_x = x/u$，$u_x = y/u$，$u_x = z/u$

例 6　设 $u = \sin(x + y - e^z)$，求其一阶偏导数.

解　$u_x = \cos(x + y - e^z)$

　　　　$u_y = \cos(x + y - e^z)$

　　　　$u_z = -e^z \cos(x + y - e^z)$

三、几何意义

$f_x(x_0, y_0)$ 表示曲面 $z = f(x, y)$ 与平面 $y = y_0$ 相交的曲线 C_x，在平面 $y = y_0$ 内在 $x = x_0$ 处的切线斜率（见图 7-4）

$$K_x = f_x(x_0, y_0) = \tan\alpha$$

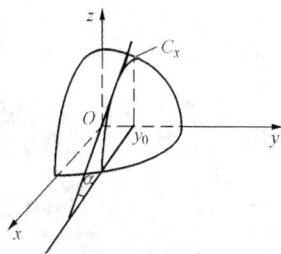

图 7-4

同理 $K_y = f_y(x_0, y_0) = \tan\beta$.

四、高阶偏导数

定义 2　设有函数 $z = f(x, y)$，称 $\dfrac{\partial^2 z}{\partial x^2} = \dfrac{\partial}{\partial x}\left(\dfrac{\partial z}{\partial x}\right)$，$f_{xy}(x, y) = \dfrac{\partial^2 z}{\partial x \partial y} = \dfrac{\partial}{\partial y}\left(\dfrac{\partial z}{\partial x}\right)$，$f_{yx}(x, y) = \dfrac{\partial^2 z}{\partial y \partial x} = \dfrac{\partial}{\partial x}\left(\dfrac{\partial z}{\partial y}\right)$，$\dfrac{\partial^2 z}{\partial y^2} = \dfrac{\partial}{\partial y}\left(\dfrac{\partial z}{\partial y}\right)$ 为函数的二阶偏导数；

而称 $f_{xy}(x, y) = \dfrac{\partial^2 z}{\partial x \partial y} = \dfrac{\partial}{\partial y}\left(\dfrac{\partial z}{\partial x}\right)$，$f_{yx}(x, y) = \dfrac{\partial^2 z}{\partial y \partial x} = \dfrac{\partial}{\partial x}\left(\dfrac{\partial z}{\partial y}\right)$ 为函数的二阶混合偏导数.

注意：$\dfrac{\partial^2 z}{\partial x^2} \neq \dfrac{\partial z}{\partial x} \cdot \dfrac{\partial z}{\partial x}$，$\dfrac{\partial^2 z}{\partial x \partial y} \neq \dfrac{\partial z}{\partial y} \cdot \dfrac{\partial z}{\partial x}$.

定理　若函数 $z = f(x, y)$ 的两个混合偏导数在区域 D 内连续，则两者相等.

例 7　求 $z = x^4 + y^4 - 4x^2y^3$ 的二阶偏导数.

解

$$\frac{\partial z}{\partial x} = 4x^3 - 8xy^3, \quad \frac{\partial z}{\partial y} = 4y^3 - 12x^2y^2$$

$$\frac{\partial^2 z}{\partial x^2} = 12x^2 - 8y^3, \quad \frac{\partial^2 z}{\partial x \partial y} = \frac{\partial^2 z}{\partial y \partial x} = -24xy^2$$

$$\frac{\partial^2 z}{\partial y^2} = 12y^2 - 24x^2y$$

例 8　设 $z = x^{2y}$，求 $\dfrac{\partial^2 z}{\partial x^2}$、$\dfrac{\partial^2 z}{\partial x \partial y}$、$\dfrac{\partial^2 z}{\partial y^2}$.

解　$\dfrac{\partial z}{\partial x} = 2yx^{2y-1}$，$\dfrac{\partial z}{\partial y} = 2x^{2y}\ln x$

$$\frac{\partial^2 z}{\partial x^2} = 2y(2y-1)x^{2y-2}, \quad \frac{\partial^2 z}{\partial x \partial y} = \frac{\partial^2 z}{\partial y \partial x} = 2(x^{2y-1} + 2yx^{2y-1}\ln x)$$

$$\frac{\partial^2 z}{\partial y^2}=4x^{2y}\ln^2 x$$

五、偏导数在经济分析中的应用

1. 边际成本

设某单位生产甲、乙两种产品，产量分别为 x、y 时的成本函数 $C=C(x,y)$．当乙产品的产量保持不变，成本函数 $C(x,y)$ 对甲种产品的产量 x 取得增量 Δx，成本对于产量 x 的增量为 $C(x+\Delta x)-C(x,y)$．于是得成本 $C(x,y)$ 对 x 的变化率即偏导数 $C_x(x,y)$ 为

$$C_x(x,y)=\lim_{\Delta x\to 0}\frac{C(x+\Delta x,y)-C(x,y)}{\Delta x}$$

类似地，当甲种产品的产量保持不变，总成本函数 $C(x,y)$ 对乙种产品的产量 y 的变化率即偏导数 $C_y(x,y)$ 为

$$C_y(x,y)=\lim_{\Delta y\to 0}\frac{C(x,y+\Delta y)-C(x,y)}{\Delta y}$$

$C_x(x,y)$ 表示成本 $C(x,y)$ 对产量 x 的边际成本，其经济含义是：在两种产品的产量为 (x,y) 的基础上，再多生产一个单位的甲产品时，成本 $C(x,y)$ 的改变量．

同样地，$C_y(x,y)$ 表示成本 $C(x,y)$ 对产量 y 的边际成本，其经济含义是：在两种产品的产量为 (x,y) 的基础上，再多生产一个单位的乙产品时，成本 $C(x,y)$ 的改变量．

例 9 设生产甲、乙两种产品的产量分别为 x、y 时的成本为

$$C(x,y)=x^2+3xy+\frac{1}{2}y^2+500$$

求 $C(x,y)$ 对产量 x 和 y 的边际成本．

解 $C(x,y)$ 对产量 x 和 y 的边际成本分别为

$$C_x(x,y)=\left(x^2+3xy+\frac{1}{2}y^2+500\right)'_x=2x+3y$$

$$C_y(x,y)=\left(x^2+3xy+\frac{1}{2}y^2+500\right)'_y=3x+y$$

2. 边际需求

设 Q_1、Q_2 分别为两种相关商品甲、乙的需求量，P_1 和 P_2 为商品甲和乙的价格，需求量 Q_1 和 Q_2 随着价格 P_1 和 P_2 的变化而变动，需求函数可表示为

$$Q_1=Q_1(P_1,P_2),\ Q_2=Q_2(P_1,P_2)$$

则需求量 Q_1 和 Q_2 关于价格 P_1 和 P_2 的偏导数 $\dfrac{\partial Q_1}{\partial P_1}$、$\dfrac{\partial Q_1}{\partial P_2}$、$\dfrac{\partial Q_2}{\partial P_1}$、$\dfrac{\partial Q_2}{\partial P_2}$ 分别表示甲、乙两种商品的价格 P_1 和 P_2 发生变化时，甲、乙商品需求量 Q_1 和 Q_2 的变化率，也就是甲、乙两种商品的边际需求．

例 10 设某两种商品的价格分别为 P_1、P_2，这两种相关商品的需求函数分别为

$$Q_1=\mathrm{e}^{P_2-2P_1},\ Q_2=\mathrm{e}^{P_1-2P_2}$$

求边际需求函数．

解 边际需求函数为

$$\frac{\partial Q_1}{\partial P_1} = (\mathrm{e}^{P_2-2P_1})'_{P_1} = -2\mathrm{e}^{P_2-2P_1}, \quad \frac{\partial Q_1}{\partial P_2} = (\mathrm{e}^{P_2-2P_1})'_{P_2} = \mathrm{e}^{P_2-2P_1}$$

$$\frac{\partial Q_2}{\partial P_1} = (\mathrm{e}^{P_1-2P_2})'_{P_1} = \mathrm{e}^{P_1-2P_2}, \quad \frac{\partial Q_2}{\partial P_2} = (\mathrm{e}^{P_1-2P_2})'_{P_2} = -2\mathrm{e}^{P_1-2P_2}$$

习　题　7-2

1. 求下列函数的偏导数：

(1) $z = xy$；

(2) $z = \dfrac{y}{x^2}$；

(3) $z = \ln\dfrac{y}{x}$；

(4) $z = 2x\sin 2y$；

(5) $z = \dfrac{x+y}{x-y}$；

(6) $z = xy + \dfrac{y}{x}$；

(7) $z = \mathrm{e}^{x+y}\cos(x-y)$；

(8) $z = \sqrt{x}\sin\dfrac{y}{x}$；

(9) $u = \sin(x^2 + y^2 + z^2)$；

(10) $u = x^{\frac{y}{z}}$．

2. 求下列函数的二阶偏导数：

(1) $z = x^3 + 2x^2y - 5xy^2$；

(2) $z = x^4 y^3$；

(3) $z = x^{2y}$；

(4) $z = \mathrm{e}^x(\cos y + x\sin y)$；

(5) $z = \arctan\dfrac{x}{y}$；

(6) $z = y^x$．

第三节　全　微　分

一、概念

定义　设 $z = f(x, y)$ 在点 $P_0(x_0, y_0)$ 的某邻域 $U(P_0, \delta)$ 内有定义，对于 $\forall P_1(x + \Delta x, y + \Delta y) \in U(P_0, \delta)$ 有

$$\Delta z = f(x_0 + \Delta x, y_0 + \Delta y) - f(x_0, y_0) = A\Delta x + B\Delta y + o(\rho)$$

式中：$\rho = \sqrt{(\Delta x)^2 + (\Delta y)^2}$；$A$、$B$ 为与 Δx、Δy 无关的常数．则称 $z = f(x, y)$ 在点 $P_0(x_0, y_0)$ 的全微分存在，或者称其在该点是可全微分的，记其全微分为 $\mathrm{d}z$，且 $\mathrm{d}z = A\Delta x + B\Delta y$．同一元函数类似，在这里规定，$\mathrm{d}x \approx \Delta x$，$\mathrm{d}y \approx \Delta y$，即 $\mathrm{d}z = A\mathrm{d}x + B\mathrm{d}y$．

二、定理

定理 1　可微函数一定连续．

证　设 $z = f(x, y)$ 在 $P(x_0, y_0)$ 处可微分，则 $\Delta z = A\Delta x + B\Delta y + o(\rho)$．

$\because \lim\limits_{\substack{\Delta x \to 0 \\ \Delta y \to 0}} \Delta z = \lim\limits_{\substack{\Delta x \to 0 \\ \Delta y \to 0}} [A\Delta x + B\Delta y + o(\rho)] = A \cdot 0 + B \cdot 0 + 0 = 0$.

$\therefore z = f(x, y)$ 在 $P(x_0, y_0)$ 处连续．

注意：不连续的函数一定不可微．

定理 2　可微函数的偏导数一定存在，且 $\mathrm{d}z = \dfrac{\partial z}{\partial x}\mathrm{d}x + \dfrac{\partial z}{\partial y}\mathrm{d}y = z_x\mathrm{d}x + z_y\mathrm{d}y$．

证 设 $z = f(x, y)$ 在 $P(x, y)$ 处可微分，则

$$\Delta z = f(x_0 + \Delta x, \ y_0 + \Delta y) - f(x_0, \ y_0) = A\Delta x + B\Delta y + o(\rho)$$

对 $\forall (x + \Delta x, \ y + \Delta y) \in U(P)$，因为 A、B 与 Δx、Δy 无关，所以令 $\Delta y = 0$，上式依然成立. 即 $\Delta z = f(x + \Delta x, \ y) - f(x, \ y) = A\Delta x + o(|\Delta x|)$.

$$\therefore \quad \lim_{\Delta x \to 0} \frac{\Delta z}{\Delta x} = \lim_{\Delta x \to 0} \left(A + \frac{o|\Delta x|}{\Delta x} \right) = A + 0 = A = \frac{\partial z}{\partial x}.$$

同理令 $\Delta x = 0$，得到 $B = \dfrac{\partial z}{\partial y}$.

$$\therefore \quad \mathrm{d}z = \frac{\partial z}{\partial x}\mathrm{d}x + \frac{\partial z}{\partial y}\mathrm{d}y.$$

注意：

(1) 讨论函数 $z = f(x, y)$ 在 $P(x, y)$ 处是否可微的方法：若 $\lim\limits_{\substack{\Delta x \to 0 \\ \Delta y \to 0}} \dfrac{\Delta z - z_x \Delta x - z_y \Delta y}{\sqrt{\Delta x^2 + \Delta y^2}} = 0$，则 $z = f(x, y)$ 在 $P(x, y)$ 处可微分；否则不可微分.

(2) 证明函数不可微的一些特殊方法：

1) 函数不连续一定不可微；

2) 如果一个偏导数不存在，则不可微.

例 1 讨论 $f(x, y) = \begin{cases} \dfrac{xy}{x^2 + y^2}, & x^2 + y^2 \neq 0 \\ 0 & x^2 + y^2 = 0 \end{cases}$ 在 $(0, 0)$ 处是否可微分.

解 由题可知 $f_x(0, 0) = f_y(0, 0) = 0$. 则

$$\Delta z - f_x(0, 0)\Delta x - f_y(0, 0)\Delta y = \frac{\Delta x \Delta y}{\Delta x^2 + \Delta y^2}.$$

$$\because \lim_{\substack{\Delta x \to 0 \\ \Delta y \to 0}} \frac{\Delta z - z_x \Delta x - z_y \Delta y}{\sqrt{\Delta x^2 + \Delta y^2}} = \lim_{\substack{\Delta x \to 0 \\ \Delta y \to 0}} \frac{\Delta x \Delta y}{(\Delta x^2 + \Delta y^2)^{\frac{3}{2}}} = \infty , \text{ 该极限不存在.}$$

$\therefore z = f(x, y)$ 在 $(0, 0)$ 处不可微.

例 1 的证明方法 2：因为函数在 $(0, 0)$ 点不连续，所以肯定不可微.

定理 3 若函数的偏导数连续，则函数可微分.

例 2 求 $z = x^2 + y^2$ 的全微分.

解
$$\frac{\partial z}{\partial x} = 2x, \ \frac{\partial z}{\partial y} = 2y$$
$$\mathrm{d}z = 2x\mathrm{d}x + 2y\mathrm{d}y$$

例 3 设 $z = \mathrm{e}^{\sqrt{x^2 + y^2}}$，求 $\mathrm{d}z$、$\mathrm{d}z\,|_{(2,1)}$.

解
$$\frac{\partial z}{\partial x} = \mathrm{e}^{\sqrt{x^2 + y^2}} \cdot \frac{1}{2} \cdot (x^2 + y^2)^{-1/2} \cdot 2x$$
$$\frac{\partial z}{\partial y} = \mathrm{e}^{\sqrt{x^2 + y^2}} \cdot \frac{1}{2} \cdot (x^2 + y^2)^{-1/2} \cdot 2y$$
$$\mathrm{d}z = \mathrm{e}^{\sqrt{x^2 + y^2}} \cdot (x^2 + y^2)^{-1/2} \cdot (x\mathrm{d}x + y\mathrm{d}y)$$
$$\mathrm{d}z\,|_{(2, 1)} = \frac{1}{\sqrt{5}}\mathrm{e}^{\sqrt{5}}(2\mathrm{d}x + \mathrm{d}y)$$

例 4　设 $z = e^{x+y}\cos(x-y)$，求 dz.

解
$$\frac{\partial z}{\partial x} = e^{x+y}\cos(x-y) - e^{x+y}\sin(x-y)$$

$$\frac{\partial z}{\partial y} = e^{x+y}\cos(x-y) + e^{x+y}\sin(x-y)$$

$$dz = [\cos(x-y) - \sin(x-y)]e^{x+y}dx + [\cos(x-y) + \sin(x-y)]e^{x+y}dy$$

例 5　求 $u = xyz$ 的全微分.

解
$$\frac{\partial u}{\partial x} = yz,\quad \frac{\partial u}{\partial y} = xz,\quad \frac{\partial u}{\partial z} = xy$$

显然，这三个函数在空间中任意一点（x，y，z）点连续，则 $u = xyz$ 在每一点均可微，其全微分 $du = yz\,dx + xz\,dy + xy\,dz$.

三、微分在近似计算中的应用

由二元函数全微分的定义可知，若函数 $z = f(x, y)$ 在点（x，y）可微，则函数的全增量可表示为

$$\Delta z = f(x+\Delta x,\ y+\Delta y) - f(x, y) \approx dz = f_x(x, y)dx + f_y(x, y)dy$$

或

$$f(x+\Delta x,\ y+\Delta y) \approx f(x, y) + f_x(x, y)dx + f_y(x, y)dy$$

用这两个公式可以计算二元函数的近似值.

例 6　计算 $\ln(\sqrt[3]{1.03} + \sqrt[4]{0.98} - 1)$ 的近似值.

解　设 $z = f(x, y) = \ln(\sqrt[3]{x} + \sqrt[4]{y} - 1)$，令 $x_0 = 1$，$\Delta x = 0.03$，$y_0 = 1$，$\Delta y = -0.02$，于是

$$f(x_0,\ y_0) = f(1,\ 1) = \ln(\sqrt[3]{1} + \sqrt[4]{1} - 1) = 0$$

$$f_x(x_0,\ y_0) = f_x(1,\ 1) = \frac{1}{3},\quad f_y(x_0,\ y_0) = f_y(1,\ 1) = \frac{1}{4}$$

所以　$\ln(\sqrt[3]{1.03} + \sqrt[4]{0.98} - 1) = \frac{1}{3} \times 0.03 + \frac{1}{4} \times (-0.02) = 0.005$

例 7　某企业的成本 C 与产出的商品 A 和 B 的数量 x、y 之间的关系为 $C = x^2 - 0.5xy + y^2$. 现 A 的产量从 100 台增加到 105 台，而 B 的产量由 50 台增加到 52 台，求成本需增加多少元？

解　因为 $\Delta C \approx dC = C_x\Delta x + C_y\Delta y = (2x - 0.5y)\Delta x + (2y - 0.5x)\Delta y$，由题意知，$x = 100$，$\Delta x = 5$，$y = 50$，$\Delta y = 2$，则

$$\Delta C \approx (2 \times 100 - 0.5 \times 50) \times 5 + (2 \times 50 - 0.5 \times 100) \times 2 = 975(元)$$

即成本需增加 975 元.

习　题　7-3

1. 求下列函数的全微分：

(1) $z = x^2 y^2$；

(2) $z = \sqrt{\dfrac{x}{y}}$；

(3) $z=\mathrm{e}^{x+2y}$；   (4) $z=\ln(2x^2+3y^2)$；

(5) $z=\arcsin\dfrac{x}{y}$；   (6) $u=x^{yz}$．

2．计算下列各式的近似值：

(1) $\sqrt{(1.02)^3+(1.97)^3}$；   (2) $(10.1)^{2.03}$．

第四节　多元复合函数的求导法则

一、全导数

定理 1　设 $u=u(x)$、$v=v(x)$ 在点 x 处可导，$z=f(u,v)$ 在 x 对应的点 (u,v) 处有连续的偏导数，则一元函数 $z=f[u(x),v(x)]$ 在点 x 处可导，称其为全导数．且

$$\frac{\mathrm{d}z}{\mathrm{d}x}=\frac{\partial z}{\partial u}\cdot\frac{\mathrm{d}u}{\mathrm{d}x}+\frac{\partial z}{\partial v}\cdot\frac{\mathrm{d}v}{\mathrm{d}x} \text{ 或 } \frac{\mathrm{d}z}{\mathrm{d}x}=\frac{\partial f}{\partial u}\cdot\frac{\mathrm{d}u}{\mathrm{d}x}+\frac{\partial f}{\partial v}\cdot\frac{\mathrm{d}v}{\mathrm{d}x}$$

称公式为全导数公式．

例 1　$y=u^v$，$u=\cos x$，$v=\sin^2 x$，求 $\dfrac{\mathrm{d}y}{\mathrm{d}x}$．

解　$\dfrac{\partial y}{\partial u}=v\cdot u^{v-1}$，$\dfrac{\partial y}{\partial v}=u^v\cdot\ln u$，且 $\dfrac{\mathrm{d}u}{\mathrm{d}x}=-\sin x$，$\dfrac{\mathrm{d}v}{\mathrm{d}x}=2\sin x\cos x=\sin 2x$．

则 $\dfrac{\mathrm{d}y}{\mathrm{d}x}=-\sin^3 x(\cos x)^{-\cos^2 x}+\sin 2x\cdot(\cos x)^{\sin^2 x}\cdot\ln\cos x$．

例 2　设 $z=\ln(x+2y)$，而 $x=\dfrac{1}{t}$，$y=\cos t$，求 $\dfrac{\mathrm{d}z}{\mathrm{d}t}$．

解　由全导数公式得

$$\frac{\mathrm{d}z}{\mathrm{d}t}=\frac{\partial z}{\partial x}\cdot\frac{\mathrm{d}x}{\mathrm{d}t}+\frac{\partial z}{\partial y}\cdot\frac{\mathrm{d}y}{\mathrm{d}t}$$
$$=\frac{1}{x+2y}\cdot\left(-\frac{1}{t^2}\right)+\frac{2}{x+2y}\cdot(-\sin t)$$
$$=-\frac{1+2t^2\sin t}{t+2t^2\cos t}$$

二、复合函数微分法

定理 2　设函数 $u=u(x,y)$、$v=v(x,y)$ 在点 (x,y) 处有偏导数，函数 $z=f(u,v)$ 在其对应点处有连续的偏导数，则 $z=f[u(x,y),v(x,y)]$ 在点 (x,y) 处有对关于 x 和 y 的偏导数（见图 7-5），且有下列公式

图 7-5

$$\frac{\partial z}{\partial x}=\frac{\partial z}{\partial u}\cdot\frac{\partial u}{\partial x}+\frac{\partial z}{\partial v}\cdot\frac{\partial v}{\partial x}=\frac{\partial f}{\partial u}\cdot\frac{\partial u}{\partial x}+\frac{\partial f}{\partial v}\cdot\frac{\partial v}{\partial x}$$
$$\frac{\partial z}{\partial y}=\frac{\partial z}{\partial u}\cdot\frac{\partial u}{\partial y}+\frac{\partial z}{\partial v}\cdot\frac{\partial v}{\partial y}=\frac{\partial f}{\partial u}\cdot\frac{\partial u}{\partial y}+\frac{\partial f}{\partial v}\cdot\frac{\partial v}{\partial y}$$

例 3　设 $y=u^v$，$u=2x+y$，$v=x+3y^2$，求 $\dfrac{\partial z}{\partial x}$．

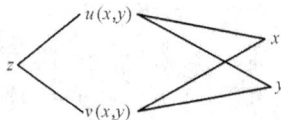

解
$$\frac{\partial z}{\partial x} = \frac{\partial z}{\partial u} \cdot \frac{\partial u}{\partial x} + \frac{\partial z}{\partial v} \cdot \frac{\partial v}{\partial x} = vu^{v-1} \cdot 2 + u^v \ln u \cdot 1$$

$$= 2(x+3y^2)(2x+y)^{x+3y^2-1} + (2x+y)^{x+3y^2} \ln(2x+y)$$

例 4 设 $z = u^2 v$，$u = ay + x$，$v = x - ay$，求偏导数.

解
$$\frac{\partial z}{\partial x} = \frac{\partial z}{\partial u} \cdot \frac{\partial u}{\partial x} + \frac{\partial z}{\partial v} \cdot \frac{\partial v}{\partial x}$$

$$= 2u \cdot v + u^2 = 3x^2 + 2axy - a^2y^2$$

$$\frac{\partial z}{\partial y} = \frac{\partial z}{\partial u} \cdot \frac{\partial u}{\partial y} + \frac{\partial z}{\partial v} \cdot \frac{\partial v}{\partial y}$$

$$= 2uva + u^2(-a) = ax^2 - 2a^2xy - 3a^3y^2$$

注意：在实际解题过程中，为防止出现不便，一般习惯有记号 $\frac{\partial z}{\partial u} = f_1$、$\frac{\partial z}{\partial v} = f_2$，其中下标 1、2 是根据题设 $z = f(u, v)$ 中，u 和 v 在函数中排在第几位来决定，此点务必记清楚.

例 5 设 $z = f\left(x, \frac{y}{x}\right)$，求 $\frac{\partial z}{\partial x}$、$\frac{\partial z}{\partial y}$.

解 $\frac{\partial z}{\partial x} = f_1 + f_2\left(-\frac{y}{x^2}\right) = f_1 - \frac{y}{x^2}f_2$

同理 $\frac{\partial z}{\partial y} = \frac{1}{x}f_2$.

例 6 设 $z = xy + xF(u)$，而 $u = \frac{y}{x}$，$F(u)$ 为可导函数. 证明：$x\frac{\partial z}{\partial x} + y\frac{\partial z}{\partial y} = z + xy$.

证明 $\frac{\partial z}{\partial x} = y + F(u) + x \cdot F'(u) \cdot \left(-\frac{y}{x^2}\right) = y = F(u) - \frac{y}{x}F'(u)$

$$\frac{\partial z}{\partial y} = x + xF'(u) \cdot \frac{1}{x} = x + F'(u)$$

所以 $x\frac{\partial z}{\partial x} + y\frac{\partial z}{\partial y} = xy + x \cdot F(u) - yF'(u) + xy + yF'(u)$

$$= 2xy + xF(u) = z + xy$$

三、隐函数的微分法

定理 3 设 $F(x, y)$ 在 $P_0(x_0, y_0)$ 的某个邻域 $U(P_0)$ 内有连续的偏导数，且 $F(x_0, y_0) = 0$，$F_y(x_0, y_0) \neq 0$，则在 U 内，方程 $F(x, y) = 0$ 确定了唯一的具有连续导数的函数 $y = f(x)$，满足 $y_0 = f(x_0)$ 且 $y'_x = -\frac{F_x}{F_y}$.

例 7 方程 $F(x, y) = y - x - \frac{1}{2}\sin y = 0$，求 $\frac{dy}{dx}$.

解 $F(x, y) = y - x - \frac{1}{2}\sin y$，$F_x(x, y) = -1$，且 $F_y(x, y) = 1 - \frac{1}{2}\cos y$，在平面上任意一点都连续，且 $F_y(x, y) \neq 0$，因此依据定理 1，$F(x, y) = 0$ 确定了一个定义在实数域 R 上的连续可导函数 $y = f(x)$，且有 $\frac{dy}{dx} = -\frac{F_x}{F_y} = \frac{2}{2 - \cos y}$.

定理 4　$F(x, y, z)$ 在 $U(P_0)$ 内有连续的偏导数，且 $F(x_0, y_0, z_0) = 0$，$F_z(x_0, y_0, z_0) \neq 0$，则由 $F(x, y, z) = 0$ 确定唯一的有连续偏导数的函数 $z = f(x, y)$，并满足 $z_0 = f(x_0, y_0)$ 且 $\dfrac{\partial z}{\partial x} = -\dfrac{F_x}{F_z}$，$\dfrac{\partial z}{\partial y} = -\dfrac{F_y}{F_z}$.

例 8　设 $e^z = xyz$ 确定二元隐函数 $z = f(x, y)$，求 $\dfrac{\partial z}{\partial x}$、$\dfrac{\partial z}{\partial y}$.

解　令 $F(x, y, z) = e^z - xyz$，$F_x = -yz$，$F_y = -xz$，$F_z = e^z - xy$. 当 $e^z - xy \neq 0$ 时，有 $\dfrac{\partial z}{\partial x} = -\dfrac{F_x}{F_z} = -\dfrac{-yz}{e^z - xy} = \dfrac{yz}{xyz - xy} = \dfrac{z}{xz - x}$. 因为 $F(x, y, z) = e^z - xyz$ 对 x、y 是对称的，且 $F(x, y, z) = 0$，所以 $\dfrac{\partial z}{\partial y} = \dfrac{z}{yz - y}$.

例 9　设 $z^3 - 3xyz = a^3$ 确定二元隐函数 $z = f(x, y)$，求 $\dfrac{\partial z}{\partial x}$、$\dfrac{\partial z}{\partial y}$.

解　令 $F(x, y, z) = z^3 - 3xyz - a^3$，则有
$$F_x = -3yz, \quad F_y = -3xz, \quad F_z = 3z^2 - 3xy$$
所以 $\dfrac{\partial z}{\partial x} = -\dfrac{F_x}{F_z} = \dfrac{yz}{z^2 - xy}$，$\dfrac{\partial z}{\partial y} = -\dfrac{F_y}{F_z} = \dfrac{xz}{z^2 - xy}$.

习 题 7-4

1. 求下列复合函数的偏导数和全导数：

(1) 设 $z = ue^v$，而 $u = x^2 + y^2$，$v = x^3 - y^3$，求 $\dfrac{\partial z}{\partial x}$、$\dfrac{\partial z}{\partial y}$；

(2) 设 $z = u^2 \ln v$，而 $u = \dfrac{y}{x}$，$v = x - y$，求 $\dfrac{\partial z}{\partial x}$、$\dfrac{\partial z}{\partial y}$；

(3) 设 $z = \arctan \dfrac{x}{y}$，而 $y = \sqrt{x^2 + 1}$，求 $\dfrac{dz}{dx}$；

(4) 设 $z = e^{x - 2y}$，而 $x = \sin t$，$y = t^3$，求 $\dfrac{dz}{dt}$.

2. 验证 $u = f(x^2 + y^2)$ 满足方程 $y \dfrac{\partial u}{\partial x} - x \dfrac{\partial u}{\partial y} = 0$.

3. 求下列方程所确定的隐函数的导数或偏导数：

(1) $y = x^y$，求 $\dfrac{dy}{dx}$；

(2) $xyz = \sin z$，求 $\dfrac{\partial z}{\partial x}$、$\dfrac{\partial z}{\partial y}$；

(3) $\dfrac{x}{z} = \ln \dfrac{z}{y}$，求 $\dfrac{\partial z}{\partial x}$、$\dfrac{\partial z}{\partial y}$；

(4) $F(x^2 - y^2, y^2 - z^2) = 0$，求 $\dfrac{\partial z}{\partial x}$、$\dfrac{\partial z}{\partial y}$.

第五节　多元函数极值

一、二元函数的极值及最大值、最小值

在现代社会中，如科学研究、工程技术、经济活动分析、经济管理等方面，经常会遇到将实际问题转化为数学上建立一个多元函数并求其极值的问题．下面给出二元函数极值的概念．

定义　设函数 $z=f(x, y)$ 在点 (x_0, y_0) 的某个邻域内有定义，对于该邻域内异于点 (x_0, y_0) 的任何点 (x, y)，如果都有 $f(x, y)<f(x_0, y_0)$，则称 $f(x_0, y_0)$ 为函数 $z=f(x, y)$ 的极大值；如果都有 $f(x, y)>f(x_0, y_0)$，则称 $f(x_0, y_0)$ 为函数 $z=f(x, y)$ 的极小值．极大值与极小值统称为极值，使函数取得极值的点 (x_0, y_0) 称为极值点．

定理 1　（极值存在的必要条件）　设 $z=f(x, y)$ 在点 (x_0, y_0) 处取得极值，且函数在该点的偏导数存在，则函数在该点的两个偏导数为零，即 $f_x(x_0, y_0)=f_y(x_0, y_0)=0$．

注意：

(1) 使 $f_x(x_0, y_0)=f_y(x_0, y_0)=0$ 的点称为 $f(x, y)$ 的驻点．

(2) 驻点不一定都是极值点，极值点也不一定都是驻点．

一个驻点在什么情况下是极值点呢？下面给出极值存在的充分条件．

定理 2　（极值存在的充分条件）　设 $z=f(x, y)$ 在 (x_0, y_0) 有连续的二阶偏导数，(x_0, y_0) 为 $z=f(x, y)$ 的驻点，令 $A=f_{xx}(x_0, y_0)$，$B=f_{xy}(x_0, y_0)$，$C=f_{yy}(x_0, y_0)$，则：

(1) 当 $B^2-AC<0$ 时，点 (x_0, y_0) 为极值点，且当 $A<0$ 时为极大值点，$A>0$ 时为极小值点；

(2) 当 $B^2-AC=0$ 时，点 (x_0, y_0) 可能是极值点，也可能不是极值点；

(3) 当 $B^2-AC>0$ 时，点 (x_0, y_0) 不是极值点．

例 1　求 $z=x^3+y^3-3xy$ 的极值．

解　$f_x=3x^2-3y$，$f_y=3y^2-3x$，$f_{xx}=6x$，$f_{xy}=-3$，$f_{yy}=6y$．

令 $\begin{cases} f_x=3x^2-3y=0 \\ f_y=3y^2-3x=0 \end{cases}$，解得驻点 $(0, 0)$、$(1, 1)$．

在 $(0, 0)$ 处，$(B^2-AC)|_{(0, 0)}=(-3)^2-0=9>0$，所以 $f(0, 0)$ 不是极值．

在 $(1, 1)$ 处，$(B^2-AC)|_{(1, 1)}=(-3)^2-36=-27<0$，所以 $f(1, 1)$ 有极值．而 $A|_{(1, 1)}=6>0$，因此 $f(1, 1)=-1$ 为极小值．

例 2　求 $z=f(x, y)=x^2y(4-x-y)$ 在 D：$x+y\leqslant 6$，$y\geqslant 0$，$x\geqslant 0$ 内的最大值和最小值．

解　$f_x=2xy(4-x-y)-x^2y$，$f_y=x^2(4-x-y)-x^2y$．

令 $\begin{cases} f_x=2xy(4-x-y)-x^2y=0 \\ f_y=x^2(4-x-y)-x^2y=0 \end{cases}$，得驻点 $(4, 0)$、$(2, 1)$．

则 $(2, 1)$ 为 D 内唯一驻点，$f(2, 1)=4$．

在边界 $x=0$，$y=0$，$f(0, x)=f(x, 0)=0$；$x+y=6$，$0\leqslant x\leqslant 6$，$0\geqslant y\geqslant 6$．有 $f(x, y)=x^2(6-x)(4-x-6+x)=2x^3-12x^2$．由 $f_{xx}=6x^2-24x=0\rightarrow x=0$（舍），

$x=4$，得 $y=2$；$f(4,2)=-64$.

则最大值 $f(2,1)=4$；最小值 $f(4,2)=-64$.

例 3　某工厂生产 A、B 两种产品，销售单价分别是 10 元与 9 元，生产 x 单位的 A 产品与生产 y 单位的 B 产品的总费用是

$$400+2x+3y+0.01(3x^2+xy+3y^2)(元)$$

问当 A、B 产品的产量各为多少时，能使获得的利润最大？

解　设 $L(x,y)$ 为产品 A、B 分别生产 x 单位和 y 单位时所得的利润.

因为利润＝总收入－总费用，则

$$L(x,y)=(10x+9y)-[400+2x+3y+0.01(3x^2+xy+3y^2)]$$
$$=8x+6y-0.01(3x^2+xy+3y^2)-400$$

解方程组

$$\begin{cases} L_x(x,y)=8-0.01(6x+y)=0 \\ L_y(x,y)=6-0.01(x+6y)=0 \end{cases}$$

解得唯一驻点 $(120,80)$. 由于该实际问题有最大值，所以当 A 产品与生产 120 单位的 B 产品生产 80 单位时，所得利润最大.

*二、条件极值——拉格朗日乘数法

前面在讨论函数极值时，对自变量除了限定在定义域内取值外，并无其他约束条件，这类极值问题称为无条件极值，简称极值. 如果自变量除了限定在定义域内取值外，还需满足附加条件，这类极值问题称为条件极值.

下面介绍一种求条件极值的常用方法——拉格朗日乘数法. 其步骤如下：

(1) 构造拉格朗日函数 $F(x,y)=f(x,y)+\lambda\phi(x,y)$，其中 λ 称为拉格朗日乘数；

(2) 求 $F(x,y)$ 对 x 与 y 的一阶偏导数，并令它们为零，然后与 $\phi(x,y)=0$ 联立得方程组

$$\begin{cases} f_x(x,y)+\lambda\phi_x(x,y)=0 \\ f_y(x,y)+\lambda\phi_y(x,y)=0 \\ \phi(x,y)=0 \end{cases}$$

(3) 解上面方程组，求得解 (x_0,y_0,λ_0)；

(4) 判定 (x_0,y_0) 是否为极值点. 一般地，可以由具体问题的性质进行判别.

例 4　求函数 $f(x,y)=x^2+y^2$ 在条件 $x+y=1$ 下的极值点.

解　构造拉格朗日函数 $F(x,y)=x^2+y^2+\lambda(x+y-1)$. 求 $F(x,y)$ 对 x 与 y 的一阶偏导数，并令它们为零，然后与 $x+y=1$ 联立得方程组

$$\begin{cases} F_x=2x+\lambda=0 \\ F_y=2y+\lambda=0 \\ \phi(x,y)=x+y-1=0 \end{cases}$$

解得唯一驻点 $\lambda=-1$，$x=\dfrac{1}{2}$，$y=\dfrac{1}{2}$.

则　点 $\left(\dfrac{1}{2},\dfrac{1}{2}\right)$ 是函数 $f(x,y)$ 在条件 $x+y=1$ 下的极值点.

例 5　求表面积为 $2a$，体积最大的长方体的体积.

解 令长、宽、高分别为 x、y、z，$V=xyz$，则 $s=2a=2(xy+xz+yz)$.

令 $F(x,y,z)=xyz+\lambda(xy+xz+yz-a)$，则

$$\begin{cases} F_x=yz+\lambda(y+z)=0 \\ F_y=xz+\lambda(x+z)=0 \\ F_z=xy+\lambda(x+y)=0 \\ xy+yz+xz-a=0 \end{cases} \Rightarrow \frac{yz}{y+z}=\frac{xz}{x+z}=\frac{xy}{x+y}=-\lambda \Rightarrow x=y=z$$

$$\Rightarrow 3x^2=a \Rightarrow x=y=z=\frac{\sqrt{3}}{3}\sqrt{a}$$

则长、宽、高分别为 $\frac{\sqrt{3}}{3}\sqrt{a}$、$\frac{\sqrt{3}}{3}\sqrt{a}$、$\frac{\sqrt{3}}{3}\sqrt{a}$ 时，长方体的体积最大.

例 6 某工厂生产两种型号的机床，其产量分别为 x 台和 y 台，成本函数 $C(x,y)=x^2+2y^2-xy$（万元）. 若根据市场调查预测，共需这两种机床 8 台，问应如何安排生产，才能使成本最小？

解 构造拉格朗日函数 $F(x,y)=x^2+2y^2-xy+\lambda(x+y-8)$. 求 $F(x,y)$ 对 x 与 y 的一阶偏导数，并令它们为零，然后与 $x+y=8$ 联立得方程组

$$\begin{cases} F_x=2x-y+\lambda=0 \\ F_y=4y-x+\lambda=0 \\ \phi(x,y)=x+y-8=0 \end{cases}$$

解得 $\lambda=-7$，$x=5$，$y=3$. 因为实际问题的最小值存在，所以，点 $(5,3)$ 是函数 $C(x,y)$ 的最小值点. 即当两种型号的机床各生产 5 台和 3 台时总成本最小，且最小成本为 $C(5,3)=5^2+2\times 3^2-5\times 3=28$（万元）.

例 7 销售某产品需要做两种方式的广告宣传，当宣传费分别为 x 和 y（单位：千元）时，销售量 S（单位：件）是 x 和 y 的函数

$$S=\frac{200x}{5+x}+\frac{100y}{10+y}$$

若销售产品所得的利润是销售量的 $\frac{1}{5}$ 减去广告费，两种方式广告费共 25（千元）. 应怎样分配两种方式的广告费，能使利润最大？最大利润是多少？

解 根据题意，利润函数为

$$L(x,y)=\frac{1}{5}S-25=\frac{40x}{5+x}+\frac{20y}{10+y}-25$$

约束条件为 $x+y-25=0$. 构造拉格朗日函数

$$F(x,y)=\frac{40x}{5+x}+\frac{20y}{10+y}-25+\lambda(x+y-25)$$

求其对 x、y 的一阶偏导数，并使之为零，得方程组

$$\begin{cases} F_x=\dfrac{200}{(5+x)^2}+\lambda=0 \\ F_y=\dfrac{200}{(10+y)^2}+\lambda=0 \\ x+y-25=0 \end{cases}$$

解得唯一的驻点 $(15,10)$，根据问题知其是最大值点. 于是，当两种宣传方式得广告

费分别为 15 千元和 10 千元时，其利润最大，最大利润是

$$L(15,10)=\frac{40\times15}{5+15}+\frac{20\times10}{10+10}-25=15(千元)$$

习 题 7-5

1. 求下列函数的极值：

(1) $f(x,y)=4-x^2-y^2$；

(2) $f(x,y)=x^2-xy+y^2+9x-6y+20$；

(3) $f(x,y)=x^3-3xy+3y$；

(4) $f(x,y)=4(x-y)-x^2-y^2$.

2. 设某工厂生产 A、B 两种产品，当 A、B 产量分别为 x 和 y 时，总成本函数为

$$C(x,y)=8x^2+6y^2-2xy-40x-42y+180$$

求两种产品的产量各为多少时，总成本最小？最小成本为多少？

3. 设生产某种产品的数量 $P(x,y)$ 与所用两种原料 A、B 的数量 x、y 间有关系式 $P(x,y)=0.005x^2y$. 现准备向银行贷款 150 万元购买原料，已知 A、B 原料分别为 1 万元/t 和 2 万元/t，问两种原料各购多少，才能使生产产品的数量最多？

第六节 二 重 积 分

一、二重积分的概念

1. 曲顶柱体的体积

设有一空间立体 Ω，它的底是 xOy 面上的有界区域 D，它的侧面是以 D 的边界曲线为准线、母线平行于 z 轴的柱面，它的顶是曲面 $z=f(x,y)$.

当 $(x,y)\in D$ 时，$f(x,y)$ 在 D 上连续且 $f(x,y)\geqslant0$，称这种立体为曲顶柱体. 曲顶柱体的体积 V 可以这样来计算（见图 7-6）：

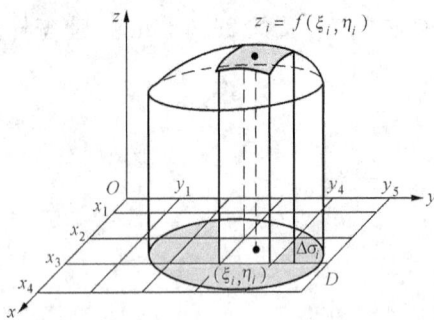

图 7-6

(1) 用任意一组曲线网将区域 D 分成 n 个小区域 $\Delta\sigma_1$，$\Delta\sigma_2$，…，$\Delta\sigma_n$，以这些小区域的边界曲线为准线，做母线平行于 z 轴的柱面，这些柱面将原来的曲顶柱体 Ω 分划成 n 个小曲顶柱体 $\Delta\Omega_1$，$\Delta\Omega_2$，…，$\Delta\Omega_n$（假设 $\Delta\sigma_i$ 所对应的小曲顶柱体为 $\Delta\Omega_i$，这里 $\Delta\sigma_i$ 既代表第 i 个小区域又表示它的面积值，$\Delta\Omega_i$ 既代表第 i 个小曲顶柱体又代表它的体积值）. 从而 $V=\sum_{i=1}^{n}\Delta\Omega_i$（将 Ω 化整为零）.

(2) 由于 $f(x,y)$ 连续，对于同一个小区域来说，函数值的变化不大. 因此，可以将小曲顶柱体近似地看成小平顶柱体，于是 $\Delta\Omega_i\approx f(\xi_i,\eta_i)\Delta\sigma_i[\forall(\xi_i,\eta_i)\in\Delta\sigma_i]$（以不变高代替变高，求出 $\Delta\Omega_i$ 的近似值）.

(3) 整个曲顶柱体的体积近似值为 $V\approx\sum_{i=1}^{n}f(\xi_i,\eta_i)\Delta\sigma_i$.

(4) 为得到 V 的精确值，只需让这 n 个小区域越来越小，即让每个小区域向某点收缩.

为此，引入区域直径的概念．一个闭区域的直径是指区域上任意两点间距离的最大者．所谓让区域向一点收缩性地变小，意指让区域的直径趋向于零．设 n 个小区域直径中的最大者为 λ，则

$$V = \lim_{\lambda \to 0} \sum_{i=1}^{n} f(\xi_i,\ \eta_i) \Delta \sigma_i$$

2. 平面薄片的质量

设有一平面薄片占有 xOy 面上的区域 D（见图 7-7），它在 $(x,\ y)$ 处的面密度为 $\rho(x,\ y)$，这里 $\rho(x,\ y) \geqslant 0$，而且 $\rho(x,\ y)$ 在 D 上连续，现计算该平面薄片的质量 M．

将 D 分成 n 个小区域 $\Delta \sigma_1$，$\Delta \sigma_2$，$\cdots$，$\Delta \sigma_n$，用 λ_i 记 $\Delta \sigma_i$ 的直径，$\Delta \sigma_i$ 既代表第 i 个小区域又代表它的面积．

当 $\lambda = \max\limits_{1 \leqslant i \leqslant n} \{\lambda_i\}$ 很小时，由于 $\rho(x,\ y)$ 连续，每小片区域的密度可近似地看成是均匀的，那么第 i 小块区域的质量可取为

$$\rho(\xi_i,\ \eta_i) \Delta \sigma_i,\ \forall (\xi_i,\ \eta_i) \in \Delta \sigma_i$$

于是 $M \approx \sum\limits_{i=1}^{n} \rho(\xi_i,\ \eta_i) \Delta \sigma_i$，所以 $M = \lim\limits_{\lambda \to 0} \sum\limits_{i=1}^{n} \rho(\xi_i,\ \eta_i) \Delta \sigma_i$．

以上两种实际意义完全不同的问题，最终都归结为同一形式的极限问题．因此，有必要撇开这类极限问题的实际背景，给出一个更广泛、更抽象的数学概念，即二重积分．

3. 二重积分的定义

设 $f(x,\ y)$ 是闭区域 D 上的有界函数，将区域 D 分成 n 个小区域（见图 7-8）$\Delta \sigma_1$，$\Delta \sigma_2$，$\cdots$，$\Delta \sigma_n$．其中 $\Delta \sigma_i$ 既表示第 i 个小区域，也表示它的面积．在每个小区域 $\Delta \sigma_i$ 中任取一点 $(\xi_i,\ \eta_i)(i = 1,\ 2 \cdots,\ n)$，做和式 $\sum\limits_{i=1}^{n} f(\xi_i,\ \eta_i) \Delta \sigma_i$．$\lambda_i$ 表示它的直径．若当 $\lambda = \max\limits_{1 \leqslant i \leqslant n} \{\lambda_i\} \to 0$ 极限 $\lim\limits_{\lambda \to 0} \sum\limits_{i=1}^{n} f(\xi_i,\ \eta_i) \Delta \sigma_i$ 存在，则称此极限值为函数 $f(x,\ y)$ 在区域 D 上的二重积分，记为 $\iint\limits_{D} f(x,\ y) \mathrm{d}\sigma$，即

$$\iint\limits_{D} f(x,\ y) \mathrm{d}\sigma = \lim_{\lambda \to 0} \sum_{i=1}^{n} f(\xi_i,\ \eta_i) \Delta \sigma_i$$

式中：$f(x,\ y)$ 为被积函数；$f(x,\ y)\mathrm{d}\sigma$ 为被积表达式；$\mathrm{d}\sigma$ 为面积元素；x、y 为积分变量；D 为积分区域；$\sum\limits_{i=1}^{n} f(\xi_i,\ \eta_i) \Delta \sigma_i$ 为积分和式．

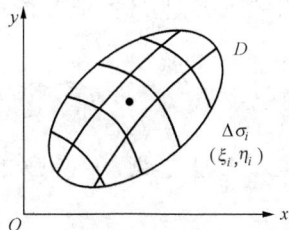

图 7-7

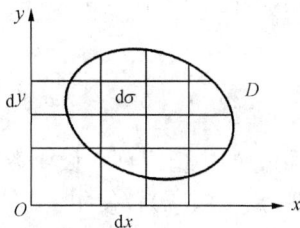

图 7-8

4. 几个事实

（1）二重积分的存在定理．若 $f(x，y)$ 在闭区域 D 上连续，则 $f(x，y)$ 在 D 上的二重积分存在．

注意：在以后的讨论中，总假定在闭区域上的二重积分存在．

（2）$\iint\limits_D f(x，y)\mathrm{d}\sigma$ 中的面积元素 $\mathrm{d}\sigma$ 象征着积分和式中的 $\Delta\sigma_i$．由于二重积分的定义中对区域 D 的划分是任意的，若用一组平行于坐标轴的直线来划分区域 D，那么除了靠近边界曲线的一些小区域之外，绝大多数的小区域都是矩形，因此，可以将 $\mathrm{d}\sigma$ 记作 $\mathrm{d}x\mathrm{d}y$（并称 $\mathrm{d}x\mathrm{d}y$ 为直角坐标系下的面积元素），二重积分也可表示成为 $\iint\limits_D f(x，y)\mathrm{d}x\mathrm{d}y$．

（3）二重积分的几何意义．对于二重积分的定义，并没有 $f(x，y)\geqslant 0$ 的限定．容易看出，当 $f(x，y)\geqslant 0$ 时，二重积分 $\iint\limits_D f(x，y)\mathrm{d}\sigma$ 在几何上就是以 $z=f(x，y)$ 为曲顶、以 D 为底且母线平行于 z 轴的曲顶柱体的体积．

二、二重积分的性质

二重积分与定积分有类似的性质．

（1）线性性

$$\iint\limits_D [\alpha f(x，y)+\beta g(x，y)]\mathrm{d}\sigma =\alpha\iint\limits_D f(x，y)\mathrm{d}\sigma +\beta\iint\limits_D g(x，y)\mathrm{d}\sigma$$

式中：$\alpha，\beta$ 是常数．

（2）对区域的可加性．若区域 D 分为两个部分区域 D_1、D_2，则

$$\iint\limits_D f(x，y)\mathrm{d}\sigma =\iint\limits_{D_1} f(x，y)\mathrm{d}\sigma +\iint\limits_{D_2} f(x，y)\mathrm{d}\sigma$$

（3）若在 D 上，$f(x，y)\equiv 1$，σ 为区域 D 的面积，则

$$\sigma =\iint\limits_D 1\cdot\mathrm{d}\sigma =\iint\limits_D \mathrm{d}\sigma$$

其几何意义为高为 1 的平顶柱体的体积在数值上等于柱体的底面积．

（4）若在 D 上，$f(x，y)\leqslant\varphi(x，y)$，则有不等式

$$\iint\limits_D f(x，y)\mathrm{d}\sigma \leqslant\iint\limits_D \varphi(x，y)\mathrm{d}\sigma$$

特别地，由于 $-|f(x，y)|\leqslant f(x，y)\leqslant|f(x，y)|$，有

$$\left|\iint\limits_D f(x，y)\mathrm{d}\sigma\right|\leqslant\iint\limits_D |f(x，y)|\mathrm{d}\sigma$$

（5）估值不等式．设 M 与 m 分别是 $f(x，y)$ 在闭区域 D 上最大值和最小值，σ 是 D 的面积，则

$$m\sigma \leqslant\iint\limits_D f(x，y)\mathrm{d}\sigma \leqslant M\sigma$$

（6）二重积分的中值定理．设函数 $f(x，y)$ 在闭区域 D 上连续，σ 是 D 的面积，则在 D 上至少存在一点 $(\xi，\eta)$，使得

$$\iint\limits_D f(x，y)\mathrm{d}\sigma =f(\xi，\eta)\sigma$$

例 1　估计二重积分 $\iint\limits_D (x^2 + 4y^2 + 9)\mathrm{d}\sigma$ 的值，D 是圆域 $x^2 + y^2 \leqslant 4$.

解　求被积函数 $f(x, y) = x^2 + 4y^2 + 9$ 在区域 D 上可能的最值

$$\begin{cases} \dfrac{\partial f}{\partial x} = 2x = 0 \\[2mm] \dfrac{\partial f}{\partial y} = 8y = 0 \end{cases}$$

解得 $(0, 0)$ 是驻点，且 $f(0, 0) = 9$；在边界上

$$f(x, y) = x^2 + 4(4 - x^2) + 9 = 25 - 3x^2, \quad -2 \leqslant x \leqslant 2$$
$$13 \leqslant f(x, y) \leqslant 25$$
$$f_{\max} = 25, \quad f_{\min} = 9$$

于是有 $36\pi = 9 \times 4\pi \leqslant I \leqslant 25 \times 4\pi = 100\pi$.

三、二重积分的计算法

利用二重积分的定义来计算二重积分显然是不实际的，二重积分的计算是通过两个定积分的计算（即二次积分或累次积分）来实现的.

1. 利用直角坐标计算二重积分

用几何观点来讨论二重积分 $\iint\limits_D f(x, y)\mathrm{d}\sigma$ 的计算问题. 讨论中，假定 $f(x, y) \geqslant 0$.

假定积分区域 D 可用不等式 $a \leqslant x \leqslant b$、$\varphi_1(x) \leqslant y \leqslant \varphi_2(x)$ 表示，其中 $\varphi_1(x)$、$\varphi_2(x)$ 在 $[a, b]$ 上连续（见图 7-9 和图 7-10）.

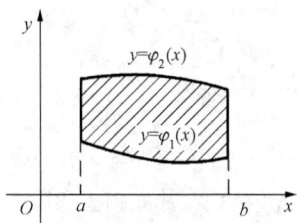

图 7-9

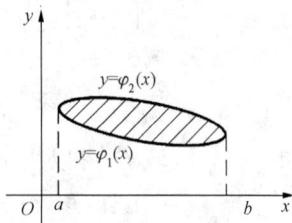

图 7-10

据二重积分的几何意义可知，$\iint\limits_D f(x, y)\mathrm{d}\sigma$ 的值等于以 D 为底、以曲面 $z = f(x, y)$ 为顶的曲顶柱体的体积.

在区间 $[a, b]$ 上任意取定一个点 x_0，做平行于 yOz 面的平面 $x = x_0$，此平面截曲顶柱体所得截面是一个以区间 $[\varphi_1(x_0), \varphi_2(x_0)]$ 为底、曲线 $z = f(x_0, y)$ 为曲边的曲边梯形（见图 7-11），其面积为

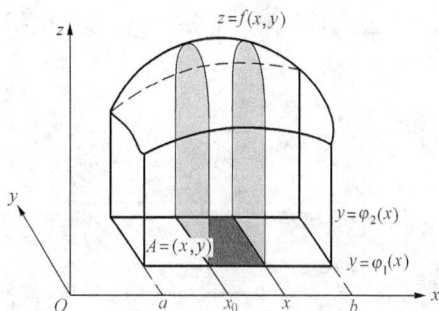

图 7-11

$$A(x_0) = \int_{\varphi_1(x_0)}^{\varphi_2(x_0)} f(x_0, y)\mathrm{d}y$$

一般地，过区间 $[a，b]$ 上任一点 x 且平行于 yOz 面的平面截曲顶柱体所得截面的面积为

$$A(x) = \int_{\varphi_1(x)}^{\varphi_2(x)} f(x，y) \mathrm{d}y$$

利用计算平行截面面积为已知的立体之体积的方法，该曲顶柱体的体积为

$$V = \int_a^b A(x) \mathrm{d}x = \int_a^b \left[\int_{\varphi_1(x)}^{\varphi_2(x)} f(x，y) \mathrm{d}y \right] \mathrm{d}x$$

从而有

$$\iint\limits_D f(x，y) \mathrm{d}\sigma = \int_a^b \left[\int_{\varphi_1(x)}^{\varphi_2(x)} f(x，y) \mathrm{d}y \right] \mathrm{d}x$$

上述积分称为先对 y、后对 x 的二次积分，即先把 x 看作常数，$f(x，y)$ 只看作 y 的函数，对 $f(x，y)$ 计算从 $\varphi_1(x)$ 到 $\varphi_2(x)$ 的定积分，然后把所得的结果（它是 x 的函数）再对 x 从 a 到 b 计算定积分.

这个先对 y、后对 x 的二次积分也常记为

$$\iint\limits_D f(x，y) \mathrm{d}\sigma = \int_a^b \mathrm{d}x \int_{\varphi_1(x)}^{\varphi_2(x)} f(x，y) \mathrm{d}y \qquad (7\text{-}2)$$

在上述讨论中，假定了 $f(x，y) \geqslant 0$，利用二重积分的几何意义，导出了二重积分的计算公式. 但实际上，公式并不受此条件限制，对一般的 $f(x，y)$（在 D 上连续），式 (7-2) 总是成立的.

例如，计算 $I = \iint\limits_D (1-x^2) \mathrm{d}\sigma$，$D = \{(x，y) \mid -1 \leqslant x \leqslant 1，0 \leqslant y \leqslant 2\}$. 其解法为

$$I = \int_{-1}^1 \mathrm{d}x \int_0^2 (1-x^2) \mathrm{d}y = \int_{-1}^1 (1-x^2) y \mid_0^2 \mathrm{d}x$$

$$= \int_{-1}^1 2(1-x^2) \mathrm{d}x = 2x - \frac{2}{3}x^3 \bigg|_{-1}^1 = \frac{8}{3}$$

类似地，如果积分区域 D 可以用不等式 $c \leqslant y \leqslant d$、$\phi_1(y) \leqslant x \leqslant \phi_2(y)$ 表示，且函数 $\phi_1(y)$、$\phi_2(y)$ 在 $[c，d]$ 上连续，$f(x，y)$ 在 D 上连续（见图 7-12 和图 7-13），则

$$\iint\limits_D f(x，y) \mathrm{d}\sigma = \int_c^d \left[\int_{\phi_1(y)}^{\phi_2(y)} f(x，y) \mathrm{d}x \right] \mathrm{d}y = \int_c^d \mathrm{d}y \int_{\phi_1(y)}^{\phi_2(y)} f(x，y) \mathrm{d}x$$

显然，公式是先对 x、后对 y 的二次积分.

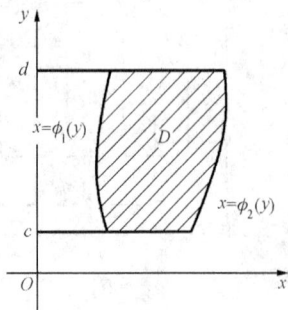

图 7-12

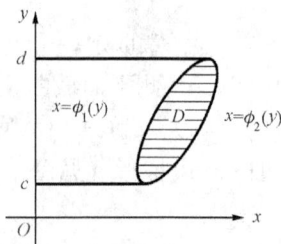

图 7-13

例 2　计算 $\iint\limits_{D}(x+y)^2\mathrm{d}\sigma$，其中 $D=[0,1]\times[0,1]$.

解　$\iint\limits_{D}(x+y)^2\mathrm{d}\sigma=\int_0^1\mathrm{d}x\int_0^1(x+y)^2\mathrm{d}y=\int_0^1\dfrac{(x+y)^3}{3}\bigg|_0^1\mathrm{d}x=\dfrac{7}{6}$

例 3　计算 $\iint\limits_{D}xy^2\mathrm{d}x\mathrm{d}y$，其中 D 是由直线 $y=x$、$x=1$ 和 x 轴围成的平面区域（见图 7-14）.

解　由积分区域和被积函数可以看出可以任选积分次序.

解法一：先对 y 积分

$$\iint\limits_{D}xy^2\mathrm{d}x\mathrm{d}y=\int_0^1x\mathrm{d}x\int_0^x y^2\mathrm{d}y=\int_0^1 x\left(\frac{1}{3}y^3\right)_0^x\mathrm{d}x$$

$$=\int_0^1\frac{1}{3}x^4\mathrm{d}x=\frac{1}{3\times5}x^5\bigg|_0^1=\frac{1}{15}$$

解法二：先对 x 积分

$$\iint\limits_{D}xy^2\mathrm{d}x\mathrm{d}y=\int_0^1 y^2\mathrm{d}y\int_y^1 x\mathrm{d}x=\int_0^1 y^2\left(\frac{1}{2}x^2\right)\bigg|_y^1\mathrm{d}y$$

$$=\int_0^1\frac{1}{2}y^2(1-y^2)\mathrm{d}y=\left(\frac{1}{2}\,\frac{1}{3}y^3-\frac{1}{2}\,\frac{1}{5}y^5\right)\bigg|_0^1$$

$$=\frac{1}{2}\left(\frac{1}{3}-\frac{1}{5}\right)=\frac{1}{2}\times\frac{2}{15}=\frac{1}{15}$$

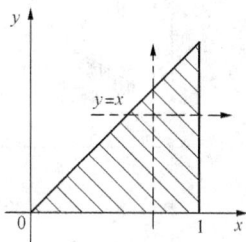
图 7-14

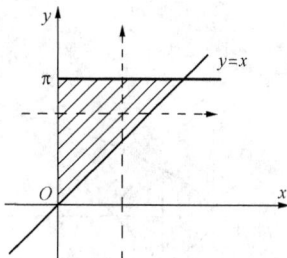
图 7-15

例 4　计算 $\iint\limits_{D}\cos(x+y)\mathrm{d}x\mathrm{d}y$，其中 D 是由直线 $y=x$、$x=0$、$y=\pi$ 围成的平面区域（见图 7-15）.

解　由积分区域和被积函数可以看出可以任选积分次序，先对 y 积分

$$\iint\limits_{D}\cos(x+y)\mathrm{d}x\mathrm{d}y=\int_0^\pi\mathrm{d}x\int_x^\pi\cos(x+y)\mathrm{d}y=\int_0^\pi\sin(x+y)\bigg|_x^\pi\mathrm{d}x$$

$$=\int_0^\pi[\sin(\pi+x)-\sin2x]\mathrm{d}x=-\cos(x+\pi)\bigg|_0^\pi+\frac{1}{2}\cos2x\bigg|_0^\pi=-2$$

另外一种积分次序同学们可以自己试一试.

例 5　计算 $\iint\limits_{D}xy\mathrm{d}\sigma$，其中 D 是由抛物线 $y^2=x$ 及直线 $y=x-2$ 所围成的区域（见图 7-16）.

解 由积分区域可见，D 可以分为 D_1 和 D_2

$$D_1: 0 \leqslant x \leqslant 1, \ -\sqrt{x} \leqslant y \leqslant \sqrt{x}$$

$$D_2: 1 \leqslant x \leqslant 4, \ x-2 \leqslant y \leqslant \sqrt{x}$$

$$\iint\limits_D xy\,\mathrm{d}\sigma = \iint\limits_{D_1} xy\,\mathrm{d}\sigma + \iint\limits_{D_2} xy\,\mathrm{d}\sigma$$

$$= \int_0^1 \mathrm{d}x \int_{-\sqrt{x}}^{\sqrt{x}} xy\,\mathrm{d}y + \int_1^4 \mathrm{d}x \int_{x-2}^{\sqrt{x}} xy\,\mathrm{d}y$$

$$= 0 + \int_1^4 \left[\frac{xy^2}{2}\right]_{x-2}^{\sqrt{x}} \mathrm{d}x$$

$$= \int_1^4 \frac{x}{2}\left[x - (x-2)^2\right] \mathrm{d}x = \frac{45}{8}$$

另解

$$D: \ -1 \leqslant y \leqslant 2, \ y^2 \leqslant x \leqslant y+2$$

$$\iint\limits_D xy\,\mathrm{d}\sigma = \int_{-1}^2 \mathrm{d}y \int_{y^2}^{y+2} xy\,\mathrm{d}x = \int_{-1}^2 \left[\frac{1}{2}x^2 y\right]_{y^2}^{y+2} \mathrm{d}y$$

$$= \frac{1}{2}\int_{-1}^2 \left[y(y+2)^2 - y^5\right] \mathrm{d}y = \frac{45}{8}$$

例 6 计算 $\iint\limits_D \dfrac{\sin y}{y}\mathrm{d}x\mathrm{d}y$，其中 D 为由直线 $y = x$ 与曲线 $x = y^2$ 所围成的区域（见图 7-17）.

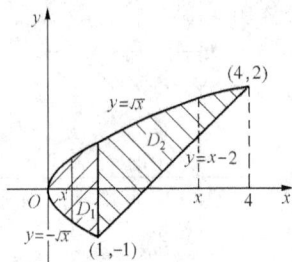 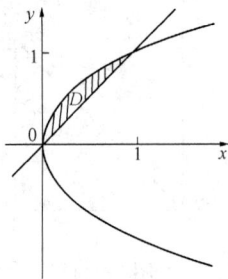

图 7-16   图 7-17

解 将 D 看作 Y 型区域，解方程组

$$\begin{cases} x = y^2 \\ x = y \end{cases}$$

得 D 的两个顶点是 $(0, 0)$、$(1, 1)$，D 可表示为 $0 \leqslant y \leqslant 1$、$y^2 \leqslant x \leqslant y$，于是

$$\iint\limits_D \frac{\sin y}{y}\mathrm{d}x\mathrm{d}y = \int_0^1 \mathrm{d}y \int_{y^2}^y \frac{\sin y}{y}\mathrm{d}x = \int_0^1 (y - y^2)\frac{\sin y}{y}\mathrm{d}y$$

$$= \int_0^1 \sin y\,\mathrm{d}y - \int_0^1 y\sin y\,\mathrm{d}y = 1 - \sin 1$$

例 7 交换 $I = \displaystyle\int_{-1}^2 \mathrm{d}y \int_{y^2}^{y+2} f(x, y)\mathrm{d}x$ 的积分次序（见图 7-18）.

分析： 要交换积分次序，必须先找到积分区域，由于已知是先对 x 后对 y 的二次积分，因此它是把积分区域看作 Y 型区域化成的二次积分. 为交换积分顺序, 就要把积分区域看作 X 型区域. 先由已知条件确定出积分区域, 然后按 X 型区域化成二次积分.

解　由题目条件, 积分区域 D 由直线 $y=-1$、$y=2$ 及曲线 $x=y^2$、$x=y+2$ 所围成, 由此画出 D (见图 7-18). 题目所给的二次积分是把 D 看作 Y 型区域所得到的, 改变积分次序就是要把 D 看作 (必要时分割 D 为几部分) X 型区域.

图 7-18

显然, D 可以看作 X 型区域, 但此时, 其下边界为由抛物线 $y=-\sqrt{x}$ 及直线 $y=x-2$ 衔接而成的分段光滑曲线, 为此需要把 D 做分割.

解方程组 $\begin{cases} x=y^2 \\ x=y+2 \end{cases}$, 求得交点为 $(1,-1)$ 及 $(4,2)$, 作直线 $x=1$ 将 D 分成 D_1、D_2 两部分. 按 X 型区域, 它们分别表示为

$$D_1: \begin{cases} 0 \leqslant x \leqslant 1 \\ -\sqrt{x} \leqslant y \leqslant \sqrt{x} \end{cases},\quad D_2: \begin{cases} 1 \leqslant x \leqslant 4 \\ x-2 \leqslant y \leqslant \sqrt{x} \end{cases}$$

在 D_1、D_2 上分别将二重积分化为二次积分并依据区域可加性得

$$I = \iint\limits_{D_1} f(x,\ y)\mathrm{d}x\mathrm{d}y + \iint\limits_{D_2} f(x,\ y)\mathrm{d}x\mathrm{d}y$$

$$= \int_0^1 \mathrm{d}x \int_{-\sqrt{x}}^{\sqrt{x}} f(x,\ y)\mathrm{d}y + \int_1^4 \mathrm{d}x \int_{x-2}^{\sqrt{x}} f(x,\ y)\mathrm{d}y$$

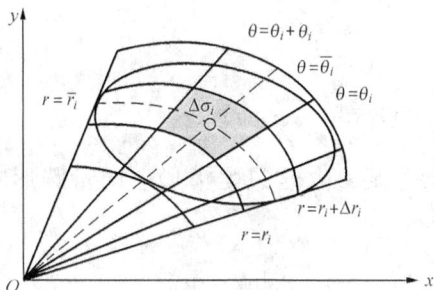

2. 利用极坐标系计算二重积分

按照二重积分的定义有

$$\iint\limits_D f(x,\ y)\mathrm{d}\sigma = \lim_{\lambda \to 0} \sum_{i=1}^n f(\xi_i,\ \eta_i) \cdot \Delta\sigma_i$$

现研究这一和式极限在极坐标中的形式.

用以极点 O 为中心的一族同心圆 ($r=$常数), 以及从极点出发的一族射线 ($\theta=$常数), 将 D 剖分成小闭区域 (见图 7-19). 除了包含边界点的一些小闭区域外, 小闭区域 $\Delta\sigma_i$ 的面积

图 7-19

$$\Delta\sigma_i = \frac{1}{2}(r_i+\Delta r_i)^2 \cdot \Delta\theta_i - \frac{1}{2}r_i^2 \Delta\theta_i = \frac{1}{2}(2r_i+\Delta r_i) \cdot \Delta r_i \cdot \Delta\theta_i$$

$$= \frac{r_i+(r_i+\Delta r_i)}{2} \cdot \Delta r_i \cdot \Delta\theta_i = \bar{r}_i \cdot \Delta r_i \cdot \Delta\theta_i$$

式中: $\bar{r}_i$ 为相邻两圆弧半径的平均值.

在小区域 $\Delta\sigma_i$ 上取点 $(\bar{r}_i,\ \bar{\theta}_i)$, 设该点直角坐标为 $(\xi_i,\ \eta_i)$, 据直角坐标与极坐标的关系有

$$\xi_i = \bar{r}_i\cos\bar{\theta}_i,\quad \eta_i = \bar{r}_i\sin\bar{\theta}_i$$

于是

$$\lim_{\lambda \to 0} \sum_{i=1}^n f(\xi_i,\ \eta_i) \cdot \Delta\sigma_i = \lim_{\lambda \to 0} \sum_{i=1}^n f(\bar{r}_i\cos\bar{\theta}_i,\ \bar{r}_i\sin\bar{\theta}_i) \cdot \bar{r}_i \cdot \Delta r_i \Delta\theta_i$$

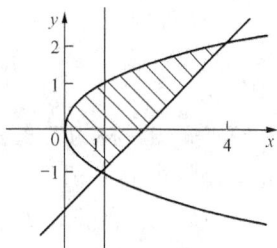

即

$$\iint\limits_{D_{xy}} f(x, y)\mathrm{d}\sigma = \iint\limits_{D_{r\theta}} f(r\cos\theta, r\sin\theta) \cdot r\mathrm{d}r\mathrm{d}\theta \tag{7-3}$$

式（7-3）称为二重积分由直角坐标变量变换成极坐标变量的变换公式，其中，$r\mathrm{d}r\mathrm{d}\theta$ 就是极坐标中的面积元素.

式（7-3）的记忆方法

$$\iint\limits_{D} f(x, y)\mathrm{d}x\mathrm{d}y \Rightarrow \begin{cases} x \rightarrow r\cos\theta \\ y \rightarrow r\sin\theta \\ \mathrm{d}x\mathrm{d}y = r\mathrm{d}r\mathrm{d}\theta \end{cases} \Rightarrow \iint\limits_{D} f(r\cos\theta, r\sin\theta) \cdot r\mathrm{d}r\mathrm{d}\theta$$

极坐标系中的二重积分，同样可化归为二次积分来计算.

情形一：积分区域 D 可表示成下述形式

$$D: \begin{cases} \varphi_1(\theta) \leqslant r \leqslant \varphi_2(\theta) \\ \alpha \leqslant \theta \leqslant \beta \end{cases}$$

式中：函数 $\varphi_1(\theta)$、$\varphi_2(\theta)$ 在 $[\alpha, \beta]$ 上连续（见图 7-20 和图 7-21）.

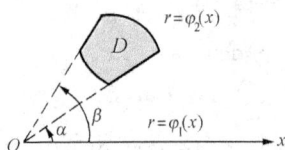

图 7-20

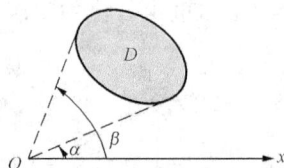

图 7-21

则

$$\iint\limits_{D} f(r\cos\theta, r\sin\theta) \cdot r\mathrm{d}r\mathrm{d}\theta = \int_{\alpha}^{\beta}\mathrm{d}\theta \int_{\varphi_1(\theta)}^{\varphi_2(\theta)} f(r\cos\theta, r\sin\theta)r\mathrm{d}r$$

情形二：极点在积分区域的边界上（见图 7-22）. 显然，这只是情形一的特殊形式 $\varphi_1(\theta) \equiv 0$. 故

$$\iint\limits_{D} f(r\cos\theta, r\sin\theta) \cdot r\mathrm{d}r\mathrm{d}\theta = \int_{\alpha}^{\beta}\mathrm{d}\theta \int_{0}^{\varphi_2(\theta)} f(r\cos\theta, r\sin\theta)r\mathrm{d}r$$

情形三：极点包围在积分区域 D 的内部（见图 7-23），D 为下述形式

$$D: \begin{cases} 0 \leqslant r \leqslant \varphi(\theta) \\ 0 \leqslant \theta \leqslant 2\pi \end{cases}$$

则

$$\iint\limits_{D} f(r\cos\theta, r\sin\theta) \cdot r\mathrm{d}r\mathrm{d}\theta = \int_{0}^{2\pi}\mathrm{d}\theta \int_{0}^{\varphi(\theta)} f(r\cos\theta, r\sin\theta)r\mathrm{d}r$$

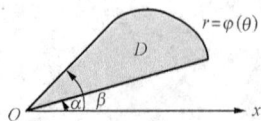

图 7-22

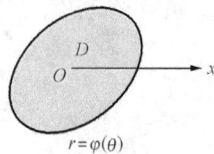

图 7-23

由上面的讨论不难发现，将二重积分化为极坐标形式进行计算，其关键之处在于：将积分区域 D 用极坐标变量 r、θ 表示成 $\alpha \leqslant \theta \leqslant \beta$、$\varphi_1(\theta) \leqslant r \leqslant \varphi_2(\theta)$ 形式.

例 8　计算 $\iint\limits_{D} e^{-x^2-y^2} dx\,dy$，其中 D 是由中心在原点、半径为 a 的圆周所围成的闭区域.

解　在极坐标系下

$$D: 0 \leqslant r \leqslant a,\ 0 \leqslant \theta \leqslant 2\pi$$

$$\iint\limits_{D} e^{-x^2-y^2} dx\,dy = \int_0^{2\pi} d\theta \int_0^a e^{-r^2} r\,dr = \pi(1 - e^{-a^2})$$

例 9　计算二重积分 $I = \iint\limits_{D}(1 - x^2 - y^2)dx\,dy$，其中 D 是圆 $x^2 + y^2 = 1$ 所围成的有界闭区域.

解　$x^2 + y^2 = 1$ 的极坐标方程为 $r = 1$，从而

$$D: 0 \leqslant r \leqslant 1,\ 0 \leqslant \theta \leqslant 2\pi$$

$$\iint\limits_{D}(1 - x^2 - y^2)dx\,dy = \int_0^{2\pi} d\theta \int_0^1 (1 - r^2) r\,dr$$

$$= 2\pi \left(r^2 - \frac{1}{4}r^4\right)\Big|_0^1 = \frac{\pi}{2}$$

例 10　计算二重积分 $I = \iint\limits_{D}\sqrt{x^2 + y^2}\,dx\,dy$，其中 D 是圆 $x^2 + y^2 = 2y$ 所围成的平面区域（见图 7-24）.

解　积分区域是圆时一般用极坐标计算二重积分，由直角坐标化为极坐标，变换公式为

$$x = r\cos\theta,\ y = r\sin\theta,\ dx\,dy = r\,dr\,d\theta$$

因此圆 $x^2 + y^2 = 2y$ 在极坐标下的表达式为

$$r^2 = 2r\sin\theta \Rightarrow r = 2\sin\theta$$

积分域

$$D: 0 \leqslant \theta \leqslant \pi,\ 0 \leqslant r \leqslant 2\sin\theta$$

于是

$$I = \iint\limits_{D}\sqrt{x^2 + y^2}\,dx\,dy = \int_0^\pi d\theta \int_0^{2\sin\theta} r^2\,dr$$

$$= \frac{1}{3}\int_0^\pi 8\sin^3\theta\,d\theta = \frac{8}{3}\int_0^\pi (1 - \cos^2\theta)(-1)\,d\cos\theta$$

$$= \frac{8}{3}(-1)\left(\cos\theta - \frac{1}{3}\cos^3\theta\right)_0^\pi = \frac{32}{9}$$

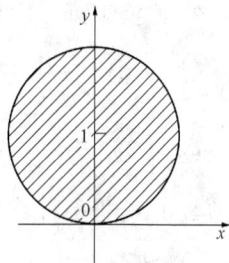

图 7-24

习　题 7-6

1. 画出积分区域，并计算二重积分：

(1) $\iint\limits_{D}(3x + 2y)dx\,dy$，其中 D 是由两坐标轴及 $x + y = 1$ 直线所围成的闭区域；

(2) $\iint\limits_{D} xy\,\mathrm{d}x\,\mathrm{d}y$，其中 D 是由 $y=\sqrt{x}$ 和 $y=x^2$ 所围成的闭区域；

(3) $\iint\limits_{D} \dfrac{x}{y}\,\mathrm{d}x\,\mathrm{d}y$，其中 D 是由 $y=\dfrac{x}{2}$、$y=2x$ 和 $y=2$ 所围成的闭区域；

(4) $\iint\limits_{D} (1-y)\,\mathrm{d}x\,\mathrm{d}y$，其中 D 是由 $x=y^2$ 和 $x+y=2$ 所围成的闭区域；

(5) $\iint\limits_{D} 2x\,\mathrm{d}x\,\mathrm{d}y$，其中 D 是由直线 $x+2y-3=0$、x 轴和抛物线 $y=x^2$ 所围成的闭区域；

(6) $\iint\limits_{D} x\sqrt{y}\,\mathrm{d}\sigma$，其中 D 是由 $y=\sqrt{x}$ 和 $y=x^2$ 所围成的闭区域.

2. 化二重积分 $I=\iint\limits_{D} f(x,y)\,\mathrm{d}\sigma$ 为二次积分（分别列出对两个变量先后次序不同的两个二次积分），其中积分区域 D 是：

(1) 由直线 $y=x$ 及抛物线 $y^2=4x$ 所围成的闭区域；

(2) 由直线 $y=x$、$x=2$ 及双曲线 $y=\dfrac{1}{x}$（$x>0$）所围成的闭区域；

(3) 环形闭区域 $\{(x,y)\mid 1\leqslant x^2+y^2\leqslant 4\}$.

3. 改换下列二次积分的积分次序：

(1) $\displaystyle\int_0^1 \mathrm{d}y\int_0^y f(x,y)\,\mathrm{d}x$；

(2) $\displaystyle\int_0^2 \mathrm{d}y\int_{y^2}^{2y} f(x,y)\,\mathrm{d}x$；

(3) $\displaystyle\int_0^1 \mathrm{d}y\int_{-\sqrt{1-y^2}}^{\sqrt{1-y^2}} f(x,y)\,\mathrm{d}x$；

(4) $\displaystyle\int_1^2 \mathrm{d}x\int_{\sqrt{2-x}}^{\sqrt{2x-x^2}} f(x,y)\,\mathrm{d}y$.

4. 用极坐标计算下列积分：

(1) $\iint\limits_{D} xy\,\mathrm{d}x\,\mathrm{d}y$，其中 D 是由 $x^2+y^2=1$ 所围成的有界闭区域；

(2) $\iint\limits_{D} \sqrt{R^2-x^2-y^2}\,\mathrm{d}\sigma$，其中 D 是由 $x^2+y^2\leqslant R^2$（$R>0$）所围成的有界闭区域；

(3) $\iint\limits_{D} y\,\mathrm{d}x\,\mathrm{d}y$，其中 D 是由 $x^2+y^2=x$ 所围成的有界闭区域；

(4) $\iint\limits_{D} e^{x^2+y^2}\,\mathrm{d}x\,\mathrm{d}y$，其中 D 是由 $x^2+y^2=1$ 所围成的有界闭区域.

5. 选择适当的坐标系计算下列积分：

(1) $\iint\limits_{D} \dfrac{x^2}{y}\,\mathrm{d}x\,\mathrm{d}y$，其中 D 是由 $y=x$、$y=2$ 和 $xy=1$ 围成的闭区域；

(2) $\iint\limits_{D} \sqrt{1-x^2-y^2}\,\mathrm{d}\sigma$，其中 D 是由 $x^2+y^2=1$ 及坐标轴所围成的在第一象限的闭区域；

(3) $\iint\limits_{D} \dfrac{1}{y^2}\,\mathrm{d}x\,\mathrm{d}y$，其中 D 是由 $y=x$、$y=2$ 和 $y^2=x$ 围成的闭区域；

(4) $\iint\limits_{D} \sqrt{x^2+y^2}\,\mathrm{d}\sigma$，其中 D 是由 $1\leqslant x^2+y^2\leqslant 4$ 围成的圆环形闭区域.

复习与小结

一、多元函数及偏导数

（1）二元函数的定义域；

（2）偏导数的定义

$$f_x(x_0, y_0) = \lim_{\Delta x \to 0} \frac{f(x_0 + \Delta x, y_0) - f(x_0, y_0)}{\Delta x} = \frac{\partial z}{\partial x}\Big|_{(x_0, y_0)}$$

$$f_y(x_0, y_0) = \lim_{\Delta y \to 0} \frac{f(x_0, y_0 + \Delta y) - f(x_0, y_0)}{\Delta y} = \frac{\partial z}{\partial y}\Big|_{(x_0, y_0)}$$

（3）全微分

$$dz = \frac{\partial z}{\partial x}dx + \frac{\partial z}{\partial y}dy$$

（4）二阶混合偏导数次序可交换条件：在区域 D 内 $\dfrac{\partial^2 z}{\partial x \partial y}$，$\dfrac{\partial^2 z}{\partial y \partial x}$ 连续，则在 D 内

$\dfrac{\partial^2 z}{\partial x \partial y} = \dfrac{\partial^2 z}{\partial y \partial x}$.

二、多元复合函数及隐函数微分法

（1）复合函数求导法

$$z = f(u, v), \quad v = \varphi(x, y), \quad v = \psi(x, y)$$

$$\frac{\partial z}{\partial x} = \frac{\partial f}{\partial u}\frac{\partial u}{\partial x} + \frac{\partial f}{\partial v}\frac{\partial v}{\partial x}, \quad \frac{\partial z}{\partial y} = \frac{\partial f}{\partial u}\frac{\partial u}{\partial y} + \frac{\partial f}{\partial v}\frac{\partial v}{\partial y}$$

（2）隐函数求导公式，$F(x, y, z) = 0$ 确定隐函数 $z = z(x, y)$，则

$$\frac{\partial z}{\partial x} = -\frac{\frac{\partial F}{\partial x}}{\frac{\partial F}{\partial z}}, \quad \frac{\partial z}{\partial y} = -\frac{\frac{\partial F}{\partial y}}{\frac{\partial F}{\partial z}}$$

三、二重积分

（1）二重积分的定义.

（2）二重积分的几何意义.

（3）二重积分的性质：①线性性质；②区域可加性；③比较定理；④单调性；⑤估值不等式；⑥二重积分的中值定理.

（4）直角坐标系下二重积分化二次积分：

1）X 型区域特点及积分区域为 X 型区域时化二重积分为二次积分；

2）Y 型区域特点及积分区域为 Y 型区域时化二重积分为二次积分.

（5）极坐标系下二重积分的计算

$$\iint\limits_{D} f(x, y)dxdy = \iint\limits_{D} f(r\cos\theta, r\sin\theta) \cdot r\,dr\,d\theta$$

复习题七

1. 单项选择题：

(1) 设二元函数 $z = f(x,y)$ 的一阶、二阶偏导数存在，那么当（　　）时，$\dfrac{\partial^2 z}{\partial x \partial y} = \dfrac{\partial^2 z}{\partial y \partial x}$.

A. $z = f(x,y)$ 连续 　　　　B. $z = f(x,y)$ 可微

C. $\dfrac{\partial z}{\partial x}$ 和 $\dfrac{\partial z}{\partial y}$ 连续 　　　　D. $\dfrac{\partial^2 z}{\partial x \partial y}$ 和 $\dfrac{\partial^2 z}{\partial y \partial x}$ 连续

(2) 设 $f(x,y)$ 在点 (a,b) 处偏导数存在，则 $\lim\limits_{x \to 0} \dfrac{f(a+2x,b) - f(a,b)}{x} = $（　　）.

A. $f_x(a,b)$ 　　　　B. $f_x(2a,b)$

C. $2f_x(a,b)$ 　　　　D. $\dfrac{1}{2} f_x(a,b)$

(3) 设函数 $z = x^y$，则 $\mathrm{d}z = $（　　）.

A. $yx^{y-1}\mathrm{d}x + x^y \ln x\,\mathrm{d}y$ 　　　　B. $yx^{y-1}\mathrm{d}x + x^y\mathrm{d}y$

C. $x^y\mathrm{d}x + x^y \ln x\,\mathrm{d}y$ 　　　　D. $yx^{y-1}\mathrm{d}x + x^y \ln y\,\mathrm{d}y$

(4) 设 $z = uv$，$x = u+v$，$y = u-v$，若把 z 看作 x、y 的函数，则 $\dfrac{\partial z}{\partial x} = $（　　）.

A. $2x$ 　　　　B. $\dfrac{1}{2}(x-y)$

C. $\dfrac{1}{2}x$ 　　　　D. x

(5) 函数 $f(x,y) = 2(x-y) + x^2 - y^2$ 的驻点为（　　）.

A. $(1,1)$ 　　　　B. $(-1,1)$

C. $(1,-1)$ 　　　　D. $(-1,-1)$

(6) $I = \int_0^1 \mathrm{d}y \int_0^{\sqrt{1-y}} 3x^2 y^2 \mathrm{d}x$，则交换积分次序后得（　　）.

A. $I = \int_0^1 \mathrm{d}x \int_0^{\sqrt{1-x}} 3x^2 y^2 \mathrm{d}y$ 　　　　B. $I = \int_0^{\sqrt{1-y}} \mathrm{d}x \int_0^1 3x^2 y^2 \mathrm{d}y$

C. $I = \int_0^1 \mathrm{d}x \int_0^{1-x^2} 3x^2 y^2 \mathrm{d}x$ 　　　　D. $I = \int_0^1 \mathrm{d}x \int_0^{1+x^2} 3x^2 y^2 \mathrm{d}y$

(7) 设积分域为 $D = \{(x,y)\,|-1 \leqslant x \leqslant 1,\ -1 \leqslant y \leqslant 1\}$，则 $\iint\limits_D \mathrm{e}^{x+y}\mathrm{d}x\,\mathrm{d}y = $（　　）.

A. $(\mathrm{e}-1)^2$ 　　　　B. $2(\mathrm{e}-\mathrm{e}^{-1})^2$

C. $4(\mathrm{e}-1)^2$ 　　　　D. $(\mathrm{e}-\mathrm{e}^{-1})^2$

(8) 设积分域 D 由直线 $y=x$、$x+y=2$ 和 $x=2$ 围成，则 $\iint\limits_D f(x,y)\mathrm{d}x\,\mathrm{d}y = $（　　）.

A. $\int_0^1 \mathrm{d}x \int_x^{2-x} f(x,y)\mathrm{d}y$ 　　　　B. $\int_0^1 \mathrm{d}y \int_y^{2-y} f(x,y)\mathrm{d}x$

C. $\int_1^2 \mathrm{d}x \int_{2-x}^x f(x,y)\mathrm{d}y$ 　　　　D. $\int_0^1 \mathrm{d}x \int_0^x f(x,y)\mathrm{d}y$

(9) $I = \iint\limits_{D} e^{-x^2-y^2} dx\,dy$，$D$ 为 $x^2+y^2 \leqslant 1$，I 化为极坐标形式是（　　）．

A. $I = \int_0^{2\pi} \left[\int_0^1 e^{-r^2} dr\right] d\theta$ 　　　　　　B. $I = 4\int_0^{\frac{\pi}{2}} \left[\int_0^1 e^{-r^2} dr\right] d\theta$

C. $I = 2\int_0^{\frac{\pi}{2}} \left[\int_0^1 e^{-r^2} r\,dr\right] d\theta$ 　　　　　D. $I = \int_0^{2\pi} \left[\int_0^1 e^{-r^2} r\,dr\right] d\theta$

(10) $I = \iint\limits_{D} xy^2 d\sigma$，$D$ 为 $x^2+y^2 \leqslant 1$ 的第一象限部分，则（　　）．

A. $I = \int_0^1 dy \int_0^{\sqrt{1-y^2}} xy^2 dy$ 　　　　　B. $I = \int_0^1 dx \int_0^1 xy^2 dy$

C. $I = \int_0^1 dx \int_0^{\sqrt{1-x^2}} xy^2 dy$ 　　　　　D. $I = \int_0^{\frac{\pi}{2}} \cos\theta \sin^2\theta\, d\theta \int_0^1 r^3 dr$

2. 填空题：

(1) 函数 $z = \dfrac{1}{\sqrt{x^2+y^2-1}}$ 的定义域为_____．

(2) 若 $f(x, y) = \dfrac{x^2+y^2}{3xy}$，则 $f\left(1, \dfrac{y}{x}\right) = $_____．

(3) 设 $z = x^y$，则 $\dfrac{\partial z}{\partial x} = $_____．

(4) 设 $z = e^{x^2+y}$，则 $\dfrac{\partial^2 z}{\partial x^2} = $_____．

(5) 交换二次积分次序，$I = \int_0^1 dx \int_x^{\sqrt{x}} f(x, y) dy = $_____．

(6) 设积分域 D 由 $-1 \leqslant x \leqslant 1$、$-2 \leqslant y \leqslant 2$ 围成，则 $\iint\limits_{D} (x^3+2y) dx\,dy = $_____．

(7) 设积分域 $D = \{(x, y) \mid 1 \leqslant x^2+y^2 \leqslant 4, y \geqslant x\}$，则积分 $\iint\limits_{D} f(x^2+y^2) dx\,dy$ 在极坐标下的二次积分为_____．

(8) 积分 $\iint\limits_{x^2+y^2 \leqslant 4} (x+y) dx\,dy$ 在极坐标下的二次积分为_____．

(9) 二重积分 $\iint\limits_{x^2+y^2 \leqslant 1} (x^2+y^2) d\sigma = $_____．

(10) 交换二次积分次序，$I = \int_0^2 dx \int_0^{2-x} f(x, y) dy = $_____．

3. 计算下列二重积分：

(1) 设函数 $z = u^2 v - uv^2$，且 $u = x\cos y$，$v = x\sin y$，求 $\dfrac{\partial z}{\partial x}$．

(2) 设 $z = e^{x^2 y^3}$，求 dz．

(3) 设 $y = \cos(x+y)$，求 $\dfrac{dy}{dx}$．

(4) 设函数 $z = \sin(x^2-2y)$，求 $\dfrac{\partial^2 z}{\partial x \partial y}$．

(5) $\iint\limits_{D} xy^2 \mathrm{d}x\mathrm{d}y$，其中 D 是由直线 $y=x$、$x=1$ 和 x 轴围成的平面区域.

(6) $\iint\limits_{D} \cos(x+y)\mathrm{d}x\mathrm{d}y$，其中 D 是由直线 $y=x$、$x=0$ 和 $y=\pi$ 围成的平面区域.

(7) $\iint\limits_{D} y\mathrm{d}x\mathrm{d}y$，其中 D 是由直线 $y=x$、$x=1$、$x=0$ 及曲线 $y=\mathrm{e}^x$ 围成的平面区域.

(8) $I=\iint\limits_{D}(2-y-\dfrac{x}{2})\mathrm{d}x\mathrm{d}y$，其中 D 是由抛物线 $2y^2=x$ 和直线 $x+2y=4$ 围成的平面区域.

(9) $I=\iint\limits_{D}(1-x^2-y^2)\mathrm{d}x\mathrm{d}y$，其中 D 是由 $x^2+y^2=1$ 和直线 $y=x$、$y=0$ 在第一象限内围成的平面区域.

(10) $I=\iint\limits_{D}\sqrt{x^2+y^2}\mathrm{d}x\mathrm{d}y$，其中 D 是圆 $x^2+y^2=2y$ 围成的平面区域.

4. 小王有 400 元钱，他决定用来购买两种急需物品计算机磁盘和录音磁带. 设他购买 x 张磁盘、y 盒录音磁带达到最佳效果，效果函数为 $U(x,y)=\ln x+\ln y$. 设每张磁盘 8 元，每盒磁带 10 元，问他如何分配 400 元以达到最佳效果.

5. 某公司可通过电台及报纸两种方式做销售某种商品的广告. 根据统计资料，销售收入 R（万元）与电台广告费用 x_1（万元）及报纸广告费用 x_2（万元）之间的关系有经验公式 $R=15+14x_1+32x_2-8x_1x_2-2x_1^2-10x_2^2$.

(1) 在广告费用不限的情况下，求最优广告策略.

(2) 若提供的广告费用为 1.5 万元，求相应的最有广告策略.

第八章　微分方程与差分方程

　　解决自然科学与工程问题，乃至社会科学中的问题，首先要找出与问题有关的变量之间的关系，也就是需要建立数学模型．建立数学模型的方法很多，对于一些简单的问题可以由几何学、物理学等知识予以解决；而在许多情况下，即有关连续量变化规律的数学模型，则往往要通过对问题的分析，建立某个未知函数及其导数（或微分）之间所满足的关系式，这种关系式就是所谓的微分方程．本章重点讨论常见微分方程的解法，即求出满足微分方程的函数．

第一节　微分方程的基本概念

　　例1　某商品的需求量 Q 对价格 P 的弹性为 $P\ln3$，该商品价格 $P=0$ 时，$Q=1200$（最大需求量）．试求需求量 Q 与价格 P 的函数关系．

　　解　设需求函数为 $Q=f(P)$，则根据题意，应满足方程

$$\frac{P}{Q}\frac{\mathrm{d}Q}{\mathrm{d}P}=-P\ln3 \tag{8-1}$$

　　此外，未知函数 $Q=f(P)$ 还应满足条件

$$Q\big|_{p=0}=1200 \tag{8-2}$$

　　由方程（8-1）可得

$$\frac{\mathrm{d}Q}{Q}=-\ln3\mathrm{d}P$$

对上式两端积分，得 $\ln Q=-P\ln3+C$（C 为任意常数），从而

$$Q=\mathrm{e}^{-P\ln3+C} \tag{8-3}$$

把条件 $Q\big|_{p=0}=1200$ 代入方程（8-3），得 $C=\ln1200$，则所求的需求函数为

$$Q=1200\times3^{-P}$$

　　例2　如果收益 R 为产量 Q 的函数，当 $Q=20$ 时收益最大，且边际收益的变化率为 $-\dfrac{2}{5}$，试求收益函数．

　　解　设收益函数为 $R=R(Q)$，根据题意应满足

$$R''(Q)=-\frac{2}{5} \tag{8-4}$$

　　此外，未知函数 $R(Q)$ 还应满足

$$R'(20)=0,\ R(0)=0 \tag{8-5}$$

将方程（8-4）两端积分一次，得

$$R'(Q)=-\frac{2}{5}Q+C_1$$

再积分一次，得

$$R(Q) = -\frac{1}{5}Q^2 + C_1 Q + C_2 \quad (C_1,\ C_2\ \text{为任意常数}) \qquad (8\text{-}6)$$

由条件 $R'(20) = 0$、$R(0) = 0$，得 $C_1 = 8$、$C_2 = 0$. 则所求得收益函数为

$$R(Q) = -\frac{1}{5}Q^2 + 8Q$$

上述两例中的方程 (8-1)、方程 (8-4) 都含有未知函数导数，它们都是微分方程.

微分方程一般定义如下：

定义 1　含有自变量、未知函数及其导数（或微分）的方程，称为微分方程.

在微分方程中必定含有未知函数的导数或微分. 微分方程中所含未知函数的最高阶导数（或微分）的阶数，称为微分方程的阶.

例如，方程 $x^4 y''' + 2y'' + 3y = e^x$ 为三阶微分方程；方程 $(y')^2 + 3y^{(4)} = 0$ 为四阶微分方程；方程 $y'' + 3(y')^3 = \sin x$ 为二阶微分方程.

定义 2　如果一个函数代入微分方程后，使该方程成为恒等式，则称此函数为该微分方程的解. 如果微分方程的解中所含独立的任意常数的个数等于微分方程的阶数，则其为微分方程的通解.

例如，例 1 中的函数 (8-3) 是方程 (8-1) 的解，它含有一个任意常数，而方程 (8-1) 是一阶的所以函数 (8-3) 是方程 (8-1) 的通解；又如，例 2 中的函数 (8-6) 是方程 (8-4) 的解，它含有两个独立的任意常数，而方程 (8-4) 是二阶的，所以函数 (8-6) 是方程 (8-4) 的通解.

微分方程的通解中的任意常数被确定，这种不含任意常数的解称为微分方程的特解. 用来确定微分方程通解中任意常数的条件称为初始条件.

例如，例 1 中条件式 (8-2)，例 2 中条件式 (8-5)，都是相应方程 (8-1)、方程 (8-4) 的初始条件. 又如，$Q = 1200 \times 3^{-P}$ 是方程 (8-1) 的特解；$R(Q) = -\frac{1}{5}Q^2 + 8Q$ 是方程 (8-4) 的特解.

习 题 8-1

1. 验证下列给定函数是其对应微分方程的解：

(1) $xy' = 2y$　　　　　　　　　　　$y = Cx^2$.

(2) $(y+3)\mathrm{d}x + \cot x\,\mathrm{d}y = 0$　　　$y = C\cos x - 3$.

(3) $y'' - 7y' + 12y = 0$　　　　　　$y = C_1 e^{3x} + C_2 e^{4x}$.

(4) $y'' + y = 0$　　　　　　　　　　$y = C_1 \cos x + C_2 \sin x$.

第二节　一 阶 微 分 方 程

一阶微分方程的一般形式是 $F(x,\ y,\ y') = 0$. 这类微分方程的通解中只含有一个任意常数，如果给出初始条件 $y\big|_{x=x_0} = y_0$，则可确定其特解.

下面讨论几种特殊的情况.

一、可分离变量的微分方程

如果一个一阶微分方程 $F(x，y，y')=0$ 能化为

$$g(y)\mathrm{d}y=f(x)\mathrm{d}x \tag{8-7}$$

的形式，则称原方程 $F(x，y，y')=0$ 为可分离变量的微分方程.

将式（8-7）两端积分，得 $\int g(y)\mathrm{d}y=\int f(x)\mathrm{d}x$，设 $G(y)$、$F(x)$ 分别为 $g(y)$、$f(x)$ 的原函数，那么通解为

$$G(y)=F(x)+C$$

例 1 解微分方程 $\dfrac{\mathrm{d}y}{\mathrm{d}x}=-\dfrac{y}{x}$.

解 这是可分离变量的微分方程，分离变量得

$$\frac{\mathrm{d}y}{y}=-\frac{\mathrm{d}x}{x}$$

两端积分，得

$$\ln y=-\ln x+\ln C$$

即

$$xy=C \quad （C\text{ 为任意常数}）$$

这就是所给微分方程的通解.

例 2 求微分方程 $\dfrac{\mathrm{d}y}{\mathrm{d}x}=y^2\cos x$ 的通解.

解 这是可分离变量微分方程，分离变量得

$$\frac{\mathrm{d}y}{y^2}=\cos x\,\mathrm{d}x$$

两端积分，得

$$-\frac{1}{y}=\sin x+C$$

所求通解为

$$y=-\frac{1}{\sin x+C}$$

例 3 求微分方程 $\dfrac{\mathrm{d}y}{\mathrm{d}x}=\dfrac{y^2+1}{xy+x^3y}$ 的通解.

解 这是可分离变量微分方程，分离变量得

$$\frac{y\mathrm{d}y}{1+y^2}=\frac{1}{x+x^3}\mathrm{d}x=\left(\frac{1}{x}-\frac{x}{1+x^2}\right)\mathrm{d}x$$

两端积分，得

$$\frac{1}{2}\ln(1+y^2)=\ln x-\frac{1}{2}\ln(1+x^2)+\ln C_1$$

所求通解为

$$(1+y^2)(1+x^2)=Cx^2 \quad （C=C_1^2）$$

例 4 求方程 $\dfrac{\mathrm{d}y}{\mathrm{d}x}=\tan x$ 初始条件为 $y(0)=0$ 的特解.

解　分离变量得

$$\mathrm{d}y = \frac{\sin x}{\cos x}\mathrm{d}x$$

两端积分，得

$$y = \ln\cos x + \ln C$$

通解为

$$\mathrm{e}^y = C\cos x$$

把 $y(0) = 0$ 代入上式得 $C = 1$，所求的特解为

$$\mathrm{e}^y = \cos x$$

二、齐次微分方程

形如

$$\frac{\mathrm{d}y}{\mathrm{d}x} = f\left(\frac{y}{x}\right) \tag{8-8}$$

的微分方程，称为齐次微分方程.

例 5　判断下列微分方程是否为齐次微分方程.

(1) $\dfrac{\mathrm{d}y}{\mathrm{d}x} = \dfrac{x+y}{x-y}$；

(2) $(xy - y^2)\mathrm{d}x - (x^2 - 2xy)\mathrm{d}y = 0$.

解　(1) 方程可化为

$$\frac{\mathrm{d}y}{\mathrm{d}x} = \frac{1 + \dfrac{y}{x}}{1 - \dfrac{y}{x}} = f\left(\frac{y}{x}\right)$$

所以是齐次微分方程.

(2) 方程可改写为

$$\left[\frac{y}{x} - \left(\frac{y}{x}\right)^2\right]\mathrm{d}x - \left(1 - 2\frac{y}{x}\right)\mathrm{d}y = 0$$

即

$$\frac{\mathrm{d}y}{\mathrm{d}x} = \frac{\left(\dfrac{y}{x}\right) - \left(\dfrac{y}{x}\right)^2}{1 - 2\left(\dfrac{y}{x}\right)} = f\left(\frac{y}{x}\right)$$

所以也是齐次微分方程.

对齐次微分方程 (8-8) 做变量替换 $u = \dfrac{y}{x}$，由 $y = ux$ 可得 $\dfrac{\mathrm{d}y}{\mathrm{d}x} = u + x\dfrac{\mathrm{d}u}{\mathrm{d}x}$，将其代入原方程有

$$u + x\frac{\mathrm{d}u}{\mathrm{d}x} = f(u)$$

分离变量得

$$\frac{\mathrm{d}u}{f(u) - u} = \frac{\mathrm{d}x}{x}$$

两端积分，得

$$\int \frac{\mathrm{d}u}{f(u)-u} = \ln x + \ln C$$

通解为

$$x = C\mathrm{e}^{\int \frac{\mathrm{d}u}{f(u)-u}}$$

将上式中的 u 用 $\frac{y}{x}$ 回代，即得齐次微分方程（8-8）的通解.

例 6　解微分方程 $\frac{\mathrm{d}y}{\mathrm{d}x} = \frac{x+y}{x-y}$.

解　由例 5 中（1）知，此方程为齐次微分方程. 令 $u = \frac{y}{x}$，则方程可化为

$$u + x\frac{\mathrm{d}u}{\mathrm{d}x} = \frac{1+u}{1-u}$$

分离变量得

$$\frac{1-u}{1+u^2}\mathrm{d}u = \frac{\mathrm{d}x}{x}$$

两端积分，得

$$\arctan u - \frac{1}{2}\ln(1+u^2) = \ln x + \ln C$$

即 $\arctan u = \ln Cx\sqrt{(1+u^2)}$，将 $u = \frac{y}{x}$ 代入得通解为

$$\mathrm{e}^{\arctan\frac{y}{x}} = C\sqrt{x^2+y^2}$$

例 7　求微分方程 $xy\mathrm{d}y = (x^2+y^2)\mathrm{d}x$ 满足初始条件 $y|_{x=1}=2$ 的特解.

解　原方程可化为 $\frac{\mathrm{d}y}{\mathrm{d}x} = \frac{x}{y} + \frac{y}{x}$，这是齐次微分方程. 令 $u = \frac{y}{x}$，得

$$u + x\frac{\mathrm{d}u}{\mathrm{d}x} = \frac{1}{u} + u$$

分离变量，得

$$u\mathrm{d}u = \frac{1}{x}\mathrm{d}x$$

两端积分，得

$$\frac{1}{2}u^2 = \ln x + C$$

将 $u = \frac{y}{x}$ 代入得通解为

$$\frac{y^2}{2x^2} = \ln x + C$$

在由初始条件 $y|_{x=1}=2$，确定 $C=2$，于是所求的特解为 $y^2 = 2x^2(2+\ln x)$.

三、一阶线性微分方程

形如

$$y' + p(x)y = q(x) \tag{8-9}$$

的微分方程，称为一阶线性微分方程.

一阶线性微分方程由 $q(x)$ 取值不同可分为两类. 当 $q(x)=0$ 时，方程

$$y' + p(x)y = 0 \tag{8-10}$$

称为一阶线性齐次微分方程；当 $q(x) \neq 0$ 时，方程（8-9）称为一阶线性非齐次微分方程.

下面先讨论一阶线性齐次微分方程 $y' + p(x)y = 0$ 的通解.

将 $y' + p(x)y = 0$ 分离变量得

$$\frac{1}{y}\mathrm{d}y = -p(x)\mathrm{d}x$$

两端积分，得

$$\ln y = -\int p(x)\mathrm{d}x + \ln C$$

即

$$y = C\mathrm{e}^{-\int p(x)\mathrm{d}x} \tag{8-11}$$

这就是一阶线性齐次微分方程的通解.

对于一阶线性非齐次微分方程（8-9），可用常数变易法求通解. 在求出一阶线性齐次微分方程（8-10）的通解式（8-11）后，将通解式（8-11）的常数 C 换为待定的函数 $u = u(x)$，即设

$$y = u(x)\mathrm{e}^{-\int p(x)\mathrm{d}x} \tag{8-12}$$

式（8-12）是方程（8-9）的解，因为

$$y' = u'(x)\mathrm{e}^{-\int p(x)\mathrm{d}x} - u(x)p(x)\mathrm{e}^{-\int p(x)\mathrm{d}x} \tag{8-13}$$

将式（8-12）、式（8-13）代入方程（8-9），得

$$u'(x) = q(x)\mathrm{e}^{\int p(x)\mathrm{d}x}$$

两端积分，得

$$u(x) = \int q(x)\mathrm{e}^{\int p(x)\mathrm{d}x}\mathrm{d}x + C \quad (C\text{ 为任意常数})$$

所以，一阶线性非齐次微分方程的通解公式为

$$y = \mathrm{e}^{-\int p(x)\mathrm{d}x}\left[\int q(x)\mathrm{e}^{\int p(x)\mathrm{d}x}\mathrm{d}x + C\right] \tag{8-14}$$

例 8 求方程 $y' + xy = 0$ 的通解.

解 解法一：这是一阶线性齐次微分方程，也是可分离变量的方程，分离变量，得

$$\frac{\mathrm{d}y}{y} = -x\mathrm{d}x$$

两端积分，得

$$\ln y = -\frac{x^2}{2} + \ln C$$

通解为

$$y = C\mathrm{e}^{-\frac{x^2}{2}}$$

解法二：$p(x) = x$，应用通解式（8-11），得

$$y = Ce^{-\int p(x)dx} = Ce^{-\int x dx} = Ce^{-\frac{x^2}{2}}$$

例 9 解微分方程 $y' + y = x$.

解 这是一阶线性非齐次微分方程，此时 $p(x) = 1$，$q(x) = x$. 由通解式（8 - 14）得通解为

$$y = e^{-\int dx}\left(\int x e^{\int dx} dx + C\right) = e^{-x}\left[e^x(x-1) + C\right]$$

$$= x - 1 + Ce^{-x}$$

例 10 解微分方程 $y' = -\dfrac{x^2 + x^3 + y}{1 + x}$.

解 把原方程表示为 $y' + \dfrac{1}{1+x}y = -x^2$，则

$$p(x) = \frac{1}{1+x}, \quad q(x) = -x^2$$

于是通解为

$$y = e^{-\int \frac{dx}{1+x}}\left(\int -x^2 e^{\int \frac{dx}{1+x}} dx + C\right)$$

$$= e^{-\ln(1+x)}\left(\int -x^2(1+x)dx + C\right)$$

$$= \frac{1}{1+x}\left(-\frac{x^3}{3} - \frac{x^4}{4} + C\right)$$

例 11 求微分方程 $y' + y\cos x = \sin x \cos x$ 满足初始条件 $y|_{x=0} = 1$ 的特解.

解 $p(x) = \cos x$，$q(x) = \sin x \cos x$，通解为

$$y = e^{-\int \cos x dx}\left(\int \sin x \cos x e^{\int \cos x dx} dx + C\right)$$

$$= e^{-\sin x}\left(\int \sin x \cos x e^{\sin x} dx + C\right)$$

$$= e^{-\sin x}\left[\int \sin x d(e^{\sin x}) + C\right]$$

$$= e^{-\sin x}(\sin x e^{\sin x} - e^{\sin x} + C)$$

$$= \sin x - 1 + Ce^{-\sin x}$$

由初始条件 $y|_{x=0} = 1$ 得 $C = 2$，于是特解为

$$y = \sin x - 1 + 2e^{-\sin x}$$

习 题 8-2

1. 解下列微分方程：

(1) $\dfrac{dy}{dx} = \dfrac{1}{y}$；

(2) $\dfrac{dy}{dx} = 2xy^2$；

(3) $\dfrac{dy}{dx} = e^{x-y}$；

(4) $y^2 dx = x^2 dy$.

2. 求微分方程满足初始条件的特解 $\begin{cases} \dfrac{\mathrm{d}y}{\mathrm{d}x}=\dfrac{-x^2}{y^2} \\ y\big|_{x=1}=2 \end{cases}$.

3. 解下列齐次微分方程：

(1) $y'=\dfrac{y}{x}+\tan\dfrac{y}{x}$；

(2) $\dfrac{\mathrm{d}y}{\mathrm{d}x}=\dfrac{y}{y-x}$；

(3) $x\dfrac{\mathrm{d}y}{\mathrm{d}x}=y\ln\dfrac{y}{x}$；

(4) $(x+y)\mathrm{d}x+x\,\mathrm{d}y=0$.

4. 解下列一阶线性微分方程：

(1) $y'+\dfrac{1}{x^2}y=0$；

(2) $y'+3y=\mathrm{e}^{2x}$；

(3) $y'-\dfrac{y}{x}=1$；

(4) $y'-\dfrac{2xy}{1+x^2}=1+x^2$.

第三节　几种二阶微分方程

二阶微分方程的一般形式为 $F(x,\,y,\,y',\,y'')=0$. 本节介绍几种简单的、经过适当变换可降为一阶的微分方程.

一、最简单的二阶微分方程

形如

$$y''=f(x) \tag{8-15}$$

的微分方程是最简单的二阶微分方程. 由于 $y''=f(x)$ 可写成 $\dfrac{\mathrm{d}}{\mathrm{d}x}\left(\dfrac{\mathrm{d}y}{\mathrm{d}x}\right)=f(x)$，所以可经过两次积分求得方程 (8-15) 式通解.

对方程 (8-15) 积分一次，得

$$y'=\int f(x)\mathrm{d}x+C_1$$

再积分一次，得

$$y=\int\left[\int f(x)\mathrm{d}x\right]\mathrm{d}x+C_1 x+C_2 \quad (C_1,\,C_2\ \text{为任意常数})$$

例 1 求微分方程 $y''=x\mathrm{e}^x$ 的通解.

解 积分一次，得

$$y'=\int x\mathrm{e}^x\mathrm{d}x=(x-1)\mathrm{e}^x+C_1$$

再积分一次，得

$$y=(x-2)\mathrm{e}^x+C_1 x+C_2$$

二、不显含未知函数 y 的二阶微分方程

形如

$$y''=f(x,\,y') \tag{8-16}$$

的微分方程，是不显含未知函数 y 的二阶微分方程.

令 $y'=p$，则 $y''=\dfrac{\mathrm{d}p}{\mathrm{d}x}$，于是原方程为 $\dfrac{\mathrm{d}p}{\mathrm{d}x}=f(x,p)$，这是一个关于变量 x、p 的一阶微分方程.

设其通解为 $p=\phi(x,C_1)$，但是 $p=\dfrac{\mathrm{d}y}{\mathrm{d}x}$，因此又得到一个一阶微分方程 $\dfrac{\mathrm{d}y}{\mathrm{d}x}=\phi(x,C_1)$．将其分离变量并积分，得方程（8-16）的通解为 $y=\displaystyle\int\phi(x,C_1)\mathrm{d}x+C_2$.

例 2　解微分方程 $2xy'-(x^2+1)y''=0$.

解　原方程可写成 $y''=\dfrac{2x}{x^2+1}y'$，该方程是 $y''=f(x,y')$ 型. 令 $y'=p$，则 $y''=\dfrac{\mathrm{d}p}{\mathrm{d}x}$，代入原方程，得

$$\frac{\mathrm{d}p}{\mathrm{d}x}=\frac{2x}{x^2+1}p$$

分离变量，得

$$\frac{\mathrm{d}p}{p}=\frac{2x}{x^2+1}\mathrm{d}x$$

两端积分，得

$$\ln p=\ln(1+x^2)+\ln C_1$$

因此

$$y'=p=C_1(1+x^2)$$

再积分一次，得通解

$$y=\int C_1(1+x^2)\mathrm{d}x=\frac{C_1}{3}x^3+C_1x+C_2$$

三、不显含自变量 x 的二阶微分方程

形如

$$y''=f(y,y') \tag{8-17}$$

的微分方程，是不显含自变量 x 的二阶微分方程.

令 $y'=p$，利用复合函数的求导法则把 y'' 化为 y 的导数，即

$$y''=\frac{\mathrm{d}p}{\mathrm{d}x}=\frac{\mathrm{d}p}{\mathrm{d}y}\cdot\frac{\mathrm{d}y}{\mathrm{d}x}=p\frac{\mathrm{d}p}{\mathrm{d}y}$$

这样，方程（8-17）就化为

$$p\frac{\mathrm{d}p}{\mathrm{d}y}=f(y,p)$$

这是一个关于变量 y、p 的一阶微分方程. 设它的通解为

$$y'=p=\phi(y,C_1)$$

分离变量并积分，得方程（8-17）通解为

$$\int\frac{\mathrm{d}y}{\phi(y,C_1)}=x+C_2$$

例 3　解微分方程 $yy''-y'^2=0$.

解　所给方程是 $y''=f(y,y')$ 型的. 令 $y'=p$，则 $y''=\dfrac{\mathrm{d}p}{\mathrm{d}y}p$. 将 y'、y'' 代入原方程，得

$$yp\frac{\mathrm{d}p}{\mathrm{d}y}-p^2=0$$

分离变量，得

$$\frac{\mathrm{d}p}{p}=\frac{\mathrm{d}y}{y}$$

两端积分，得

$$\ln p=\ln y+\ln C_1$$

因此 $p=C_1y$，即 $y'=C_1y$. 对上式分离变量，再积分一次，得

$$\ln y=C_1x+\ln C_2$$

其通解为

$$y=C_2\mathrm{e}^{C_1x}$$

习 题 8-3

1. 解下列微分方程：

(1) $y''=x^2$；

(2) $y''=\mathrm{e}^{2x}$.

2. 解下列微分方程：

(1) $xy''+y'=0$；

(2) $y''-y'=x$；

(3) $y''-2(y')^2=0$；

(4) $y''+\dfrac{2}{1-y}(y')^2=0$.

第四节　高阶线性微分方程及解的结构

如果微分方程是关于未知函数及其各阶导数的一次方程，则该方程称为线性微分方程. 这是实际问题中常用的一类微分方程. n 阶线性微分方程的一般形式是

$$y^{(n)}+P_1(x)y^{(n-1)}+\cdots+P_{n-1}(x)y'+P_n(x)y=f(x)$$

如果 $f(x)$ 恒为 0，方程为

$$y^{(n)}+P_1(x)y^{(n-1)}+\cdots+P_{n-1}(x)y'+P_n(x)y=0$$

称其为 n 阶齐次线性微分方程. 否则，称其为 n 阶非齐次线性微分方程.

关于线性微分方程通解的一般理论，主要对二阶线性微分方程

$$y''+p(x)y'+q(x)y=f(x) \tag{8-18}$$

进行讨论，至于更高阶的情形可以依此类推，本节不再赘述.

一、二阶齐次线性微分方程的通解的结构

二阶齐次线性微分方程的一般形式是

$$y''+p(x)y'+q(x)y=0 \tag{8-19}$$

关于它的解有下面的结论：

定理 1　设 y_1 与 y_2 为方程（8-19）的解，则它们的任意线性组合

$$y=C_1y_1+C_2y_2 \tag{8-20}$$

也为方程（8-19）的解，其中 C_1、C_2 是任意常数.

证明留给读者进行.

值得指出的是,式(8-20)中虽然含有两个任意常数,但并不能肯定它就是方程(8-19)的通解. 因为当 y_1、y_2 是方程(8-19)的解且满足关系 $y_1 = ky_2$ 时,其中 k 为常数,式(8-20)变为

$$y = (C_1 + kC_2)y_2 \tag{8-21}$$

式(8-21)实际上只含有一个任意常数 $C = C_1 + kC_2$,故此时式(8-20)就不是方程(8-19)的通解. 为求方程(8-19)的通解,引入如下概念:

定义 设 $y_1(x)$,$y_2(x)$,…,$y_n(x)$ 为定义在区间 I 上的 n 个函数,如果存在 n 个不全为零的数 k_1,k_2,…,k_n,使

$$k_1y_1(x) + k_2y_2(x) + \cdots k_ny_n(x)$$

在区间 I 上恒为 0,则称 $y_1(x)$,$y_2(x)$,…,$y_n(x)$ 在区间 I 上线性相关;否则称线性无关.

从定义中可以看出,对于两个函数的情形,它们线性相关与否,只需看它们的比是否为常数. 如果比为常数,那么它们就线性相关;否则就线性无关.

例如,$y_1 = x$ 与 $y_2 = \mathrm{e}^x$ 是线性相关的$\left(\text{因为}\dfrac{x}{\mathrm{e}^x} \neq \text{常数}\right)$.

根据定理 1 及定义,有:

定理 2 (齐次线性方程通解结构定理)如果 y_1 与 y_2 为方程(8-19)的两个线性无关的解,则

$$y = C_1y_1 + C_2y_2$$

为方程(8-19)的通解,其中 C_1、C_2 是任意常数.

值得说明的是一般的微分方程的通解不一定包含它的全部解,而线性微分方程无论是齐次的还是非齐次的,它的通解却包含它的全部解.

定理 2 指出了二阶线性微分方程通解的结构. 为了求它的通解,只需要求出它的两个线性无关的特解,就可以由式(8-20)构造出其通解,进而得到它的全部解.

例 1 求微分方程 $y'' + y = 0$ 的通解.

解 这是二阶齐次线性微分方程,经观察知,$y_1 = \sin x$ 与 $y_2 = \cos x$ 是所给方程的两个线性无关的解. 该方程的通解为

$$y = C_1\sin x + C_2\cos x \quad (C_1、C_2 \text{ 是任意常数}).$$

二、二阶非齐次线性微分方程的通解结构

在讨论一阶非齐次线性微分方程的通解时已知,一阶非齐次线性微分方程的通解由两部分构成:一部分是它相应的齐次方程的通解;另一部分是它相应的一个特解. 实际上,不仅一阶线性微分方程的通解有这样的结构,二阶乃至更高阶的非齐次线性微分方程的通解也有同样的结构.

定理 3 (非齐次线性方程的通解结构定理)设 y^* 是二阶非齐次线性微分方程的一个特解,Y 是相应的齐次方程的通解,则

$$y = Y + y^* \tag{8-22}$$

为非齐次线性方程(8-18)的通解.

证明 把式(8-22)代入方程(8-18)的左端,根据 Y 是相应的齐次方程的通解,有

$$(Y+y^*)'' + p(x)(Y+y^*)' + q(x)(Y+y^*)$$
$$= Y'' + p(x)Y' + q(x)Y + (y^*)'' + p(x)(y^*)' + q(x)y^*$$
$$= (y^*)'' + p(x)(y^*)' + q(x)y^* = f(x)$$

所以 $y=Y+y^*$ 为方程（8-18）的解，另一方面，注意到 Y 的结构中包含了两个独立的任意常数，所以 $y=Y+y^*$ 为方程（8-18）的通解.

下面的结论对求解某些非齐次线性微分方程是有用的.

定理 4　（叠加原理）设有二阶非齐次线性微分方程

$$y'' + p(x)y' + q(x)y = \sum_{k=1}^{n} f_k(x) \tag{8-23}$$

如果 y_k^* 为非齐次线性微分方程

$$y'' + p(x)y' + q(x)y = f_k(x) \qquad (k=1,2,\cdots,n)$$

的一个特解，则 $y^* = \sum_{k=1}^{n} y_k^*$ 为方程（8-23）的一个特解.

习 题 8-4

1. 下列函数组哪些线性相关？哪些线性无关？

(1) $1,\ x$；

(2) $e^{ax},\ e^{bx}\ (a \neq b)$；

(3) $\sin 2x,\ \cos x \sin x$；

(4) $e^{ax}\cos bx,\ e^{ax}\sin bx\ (b \neq 0)$；

(5) $\arctan x,\ \text{arccot}\,x - \dfrac{\pi}{2}$；

(6) $\arcsin x,\ \dfrac{\pi}{2} - \arccos x$.

2. 验证函数 $y_1 = e^{rx_1}$、$y_2 = e^{rx_2}$ $(r_1 \neq r_2)$ 都是方程 $y'' - (r_1+r_2)\,y' + r_1 r_2 y = 0$ 的解，并写出方程的通解.

3. 验证函数 $y_1 = e^x$、$y_2 = xe^x$ 都是方程 $y'' - 2y' + y = 0$ 的解，并写出方程的通解.

4. 验证函数 $y^* = \dfrac{a}{4}e^{3x}$ $(a \neq 0$ 为常数$)$ 是方程 $y'' - 2y' + y = ae^{3x}$ 的一个特解，并利用题 3 写出它的通解.

5. 验证函数 $e^{(\alpha+i\beta)x}$ 与 $e^{(\alpha-i\beta)x}$ $(\beta \neq 0,\ \alpha、\beta$ 是实数$)$ 是方程 $y'' - 2\alpha y' + (\alpha^2+\beta^2)\,y = 0$ 的解，并用实函数形式表示此方程的解.

6. 设函数 $y_1^* = 1$、$y_2^* = x^2 + 1$、$y_3^* = e^x$ 是非齐次线性方程 $y'' + p(x)\,y' + q(x)\,y = f(x)$ 的三个解，求此方程的通解.

第五节　二阶常系数齐次线性微分方程

由第四节可知，二阶齐次线性微分方程的通解是由两个线性无关的解线性组合而构成的. 在方程的系数是一般连续函数的情形下，求微分方程的两个线性无关的解是困难的，而在系数全是常数的情况下有简便的解法. 通常应用的线性微分方程以常系数的为多，所以本节主要讨论常系数线性微分方程的解法.

形如

$$y'' + py' + qy = 0\,(p,\ q \text{ 为常数}) \tag{8-24}$$

的方程称为二阶常系数齐次线性微分方程. 它是方程 (8-19) 的特例.

由齐次线性微分方程的通解结构定理可知，只要求出方程 (8-24) 的两个线性无关的解，就可得到其通解.

指数函数 $y = e^{rx}$ （r 是常数）与它的各阶导数只有常系数的差别. 由方程 (8-24) 特点可以设想，如果选取适当的常数 r，$y = e^{rx}$ 可能是方程 (8-24) 的解.

设方程 (8-24) 的解具有形式 $y = e^{rx}$，那么，将其代入方程 (8-24) 得到
$$(r^2 + pr + q)e^{rx} = 0$$
因为 $e^{rx} \neq 0$，所以有
$$r^2 + pr + q = 0 \qquad\qquad (8-25)$$
由此可见，如果 r 满足代数方程 (8-25)，则 $y = e^{rx}$ 就是方程 (8-24) 的一个解. 方程 (8-25) 称为微分方程 (8-24) 的特征方程，其根称为微分方程 (8-24) 的特征根.

由初等代数学知道，方程 (8-25) 有两个根，设其为 r_1、r_2，则 r_1 与 r_2 具有下面三种情况：

(1) 当 $p^2 - 4q > 0$ 时，$r_1 \neq r_2$；

(2) 当 $p^2 - 4q = 0$ 时，$r_1 = r_2$；

(3) 当 $p^2 - 4q < 0$ 时，$r_{1,2} = \alpha \pm i\beta$ 为一对共轭复根.

下面针对上述三种情况分别讨论微分方程 (8-24) 的通解形式.

一、特征方程具有两个不相等的实根

此时 $y_1 = e^{r_1 x}$、$y_2 = e^{r_2 x}$ （$r_1 \neq r_2$）是方程 (8-24) 两个线性无关的解，由定理知方程 (8-24) 的通解为
$$y = C_1 y_1 + C_2 y_2 = C_1 e^{r_1 x} + C_2 e^{r_2 x} \qquad\qquad (8-26)$$

例 1　求方程 $y'' + 2y' - 15y = 0$ 的通解.

解　这是一个二阶常系数齐次线性微分方程，其特征方程为
$$r^2 + 2r - 15 = 0$$
则其特征根是 $r_1 = 3$，$r_2 = -5$，所以原方程的通解为
$$y = C_1 e^{3x} + C_2 e^{-5x}$$

例 2　求方程 $y'' - 5y' = 0$ 的通解.

解　这是一个二阶常系数齐次线性微分方程，其特征方程为
$$r^2 - 5r = 0$$
则其特征根是 $r_1 = 0$、$r_2 = 5$，所以原方程的通解为
$$y = C_1 + C_2 e^{5x}$$

二、特征方程具有两个相等的实根

由于 $r_1 = r_2$，实际上只得到了方程 (8-24) 的一个特解 $y_1 = e^{r_1 x}$. 为了得到方程的另一个与 y_1 线性无关的特解 y_2，可用前面所介绍的常数变易法来计算，为此令
$$y_2 = C(x) y_1 = C(x) e^{r_1 x}$$
那么由方程 (8-24) 得
$$y_2'' + p y_2' + q y_2 = 0$$
将 $y_2 = C(x) e^{r_1 x}$ 代入，整理得

$$C''(x) + (2r_1 + p)C'(x) + (r_1^2 + pr_1 + q)C(x) = 0$$

因为 r_1 为特征方程 (8-25) 的二重根，有 $r_1^2 + pr_1 + q = 0$，$2r_1 + p = 0$. 故 $C''(x) = 0$，则

$$C(x) = C_1 + C_2 x$$

其中 C_1、C_2 是任意常数.

因为只要求 $C(x)$ 不是常数，所以不妨取 $C_1 = 0$、$C_2 = 1$，得方程 (8-24) 的另一特解

$$y_2 = x e^{r_1 x} \quad 与 \quad y_2 = x e^{r_1 x}$$

显然 y_2 与 y_1 线性无关. 从而方程 (8-24) 的通解为

$$y = (C_1 + C_2 x) e^{r_1 x} \tag{8-27}$$

例 3　求微分方程 $y'' + 2y' + y = 0$ 的通解.

解　该方程的特征方程为

$$r^2 + 2r + 1 = 0$$

则其特征根为二重根 $r = -1$，于是由式 (8-27) 得原方程的通解为

$$y = (C_1 + C_2 x) e^{-x}.$$

例 4　求解初值问题

$$\begin{cases} y'' - 6y' + 9y = 0 \\ y|_{x=0} = 2, \ y'|_{x=0} = 7 \end{cases}.$$

解　这是一个二阶常系数齐次线性微分方程，其特征方程为

$$r^2 - 6r + 9 = 0$$

则其特征根为二重根 $r = 3$. 于是由式 (8-27) 得原方程的通解为

$$y = (C_1 + C_2 x) e^{3x}$$

其导数

$$y' = 3C_1 e^{3x} + C_2 e^{3x} + 3C_2 x e^{3x}$$

将初始条件代入，得到

$$\begin{cases} C_1 = 2 \\ 3C_1 + C_2 = 7 \end{cases}$$

即 $C_1 = 2$、$C_2 = 1$，从而所求的特解为

$$y = 2e^{3x} + x e^{3x}$$

三、特征方程具有一对共轭的复根

这时，$y_1 = e^{(\alpha + i\beta)x}$ 与 $y_2 = e^{(\alpha - i\beta)x}$ 是方程 (8-24) 的两个线性无关解，但它们是复数形式，不便于应用. 为了得到实数解，利用欧拉公式 $e^{ix} = \cos x + i \sin x$，可以把 y_1、y_2 化为

$$y_1 = e^{(\alpha + i\beta)x} = e^{\alpha x} e^{i\beta x} = e^{\alpha x}(\cos\beta x + i\sin\beta x)$$

$$y_2 = e^{(\alpha - i\beta)x} = e^{\alpha x} e^{-i\beta x} = e^{\alpha x}(\cos\beta x - i\sin\beta x)$$

由定理知

$$\overline{y_1} = \frac{y_1 + y_2}{2} = e^{\alpha x} \cos\beta x$$

$$\overline{y_2} = \frac{y_1 - y_2}{2i} = e^{\alpha x} \sin\beta x$$

依然是方程（8-24）的解，且为实值解. $\overline{y_1}$、$\overline{y_2}$ 线性无关，由定理得方程（8-24）的通解为

$$y = e^{\alpha x}(C_1 \cos \beta x + C_2 \sin \beta x)$$

例 5 求微分方程 $y'' + 2y' + 3y = 0$ 的通解.

解 该方程的特征方程为

$$r^2 + 2r + 3 = 0$$

求出其特征根为

$$r_{1,2} = \frac{-2 \pm \sqrt{2^2 - 4 \times 3}}{2} = -1 \pm \sqrt{2}\,i$$

这是一对共轭的复根，$\alpha = -1$，$\beta = \sqrt{2}$. 因此所求方程的通解为

$$y = e^{-x}(C_1 \cos\sqrt{2}\,x + C_2 \sin\sqrt{2}\,x)$$

综上所述，二阶常系数齐次线性微分方程的通解可由其特征方程的特征根直接求出. 总结列表见表 8-1.

表 8-1

特征根 r_1、r_2	方程（8-24）的通解形式
$r_1 = r_2$	$y = C_1 e^{r_1 x} + C_2 e^{r_2 x}$
$r_1 \neq r_2$	$y = (C_1 + C_2)\,x e^{r_1 x}$
$r_{1,2} = \alpha \pm i\beta$	$y = e^{\alpha x}(C_1 \cos\beta x + C_2 \sin\beta x)$

本节所论述的结果也可以推广到 n 阶常系数齐次线性微分方程.

习 题 8-5

1. 求下列微分方程的通解：

(1) $y'' - 3y' - 4y = 0$；   (2) $y'' + 5y' = 0$；

(3) $y'' + y = 0$；   (4) $y'' + 10y' + 25y = 0$；

(5) $4\dfrac{d^2 x}{dt^2} - 8\dfrac{dx}{dt} + 5x = 0$；   (6) $y'' - 2y' + 10y = 0$；

(7) $y^{(4)} - y = 0$；   (8) $y''' - 2y'' + y' = 0$.

2. 求下列微分方程满足初始条件的特解：

(1) $y'' - 4y' + 3y = 0$，$y(0) = 6$，$y'(0) = 10$；

(2) $4y'' + 4y' + y = 0$，$y(0) = 2$，$y'(0) = 0$；

(3) $y'' + 25y = 0$，$y(0) = 2$，$y'(0) = 5$；

(4) $y'' - 4y' + 13y = 0$，$y(0) = 0$，$y'(0) = 3$.

第六节 二阶常系数非齐次线性微分方程

形如

$$y'' + py' + qy = f(x) \quad (p、q \text{ 为常数}) \tag{8-28}$$

的微分方程称为二阶常系数非齐次线性微分方程. 其中 $f(x)$ 不恒为零.

由第四节定理三知,方程 (8-28) 的通解是其特解 y^* 与相应的二阶齐次线性微分方程

$$y'' + py' + qy = 0 \tag{8-29}$$

的通解 Y 的和,即

$$y = Y + y^*$$

而方程 (8-29) 的通解求法在第五节已经解决. 因此这里只需讨论如何求解方程 (8-28) 的一个特解.

本节只介绍当方程 (8-28) 的右端 $f(x)$ 为两种常见形式时求特解 y^* 的解法.

一、$f(x) = P_n(x)e^{\lambda x}$ 型

其中 $P_n(x)$ 是 n 次多项式,λ 是常数. 设

$$P_n(x) = a_0 x^n + a_1 x^{n-1} + \cdots + a_{n-1} x + a_n$$

由于多项式与指数函数的乘积的一阶导数,二阶导数仍是多项式与指数函数的乘积,联想非齐次方程 (8-28) 的左端的系数均为常数的特点,方程 (8-28) 的特解也应该是多项式与指数函数的乘积的形式. 因此假设 (8-28) 的特解为

$$y^* = Q(x)e^{\lambda x}$$

其中 $Q(x)$ 为待定多项式. 将特解代入方程 (8-28),有

$$[Q''(x) + (2\lambda + p)Q'(x) + (\lambda^2 + p\lambda + q)Q(x)]e^{\lambda x} = P_n(x)e^{\lambda x}$$

由于 $e^{\lambda x} \neq 0$,约去 $e^{\lambda x}$,有

$$Q''(x) + (2\lambda + p)Q'(x) + (\lambda^2 + p\lambda + q)Q(x) = P_n(x) \tag{8-30}$$

从式 (8-30) 可以看到,为了得到 $Q(x)$ 的形式,可分成下面几种情形:

(1) λ 不是特征方程

$$r^2 + pr + q = 0 \tag{8-31}$$

的根. 必有 $r^2 + pr + q \neq 0$,由于等式 (8-30) 右端是 n 次多项式,所以方程 (8-30) 的左端也必为 n 次多项式,因此 $Q(x)$ 的次数为 n. 所以应设

$$Q(x) = Q_n(x) = b_0 x^n + b_1 x^{n-1} + \cdots + b_{n-1} x + b_n \quad (b_0 \neq 0)$$

将其代入方程 (8-30),通过比较两端 x 的同次项的系数,可以得到关于 $b_0, b_1, \cdots, b_n$ 的 $n+1$ 个方程的联立方程组. 这个方程组的解就确定了 $Q_n(x)$,进而得到方程 (8-28) 的一个特解 $y^* = Q(x)e^{\lambda x}$.

(2) λ 是特征方程 (8-31) 的单根,那么 $r^2 + pr + q = 0$,但 $2\lambda + p \neq 0$. 此时方程 (8-30) 右端只出现 $Q''(x)$、$Q'(x)$. 若使式 (8-30) 成立,$Q'(x)$ 必为 n 次多项式,从而 $Q(x)$ 应为 $n+1$ 次多项式,此时可设

$$Q(x) = xQ_n(x) = x(b_0 x^n + b_1 x^{n-1} + \cdots + b_{n-1} x + b_n) \quad (b_0 \neq 0)$$

与 (1) 类似,可得方程 (8-28) 的一个特解

$$y^* = xQ(x)e^{\lambda x}$$

(3) λ 是特征方程 (8-31) 的重根,那么 $r^2 + pr + q = 0$,但 $2\lambda + p = 0$. 此时方程 (8-30) 右端只出现 $Q''(x)$,因此 $Q''(x)$ 必为 n 次多项式,从而 $Q(x)$ 应为 $n+2$ 次多项式,此时可设

$$Q(x) = x^2 Q_n(x) = x^2(b_0 x^n + b_1 x^{n-1} + \cdots + b_{n-1} x + b_n) \quad (b_0 \neq 0)$$

类似地，可得方程 (8-28) 的一个特解

$$y^* = x^2 Q(x) e^{\lambda x}$$

如果 $\lambda = 0$，方程 (8-28) 的 $f(x) = P_n(x)$ 仅是 x 的 n 次多项式，上述结论仍然成立.

归纳可知，如果非齐次线性方程 (8-28) 中的 $f(x) = P_n(x) e^{\lambda x}$，则可设其特解为

$$y^* = x^k Q_n(x) e^{\lambda x}$$

其中 $Q_n(x)$ 是与 $P_n(x)$ 同次的多项式，k 的取值按如下情况分别确定：

(1) 若 λ 不是特征方程的根，则 k 取 0；

(2) 若 λ 是特征方程的单根，则 k 取 1；

(3) 若 λ 是特征方程的重根，则 k 取 2.

至于 $Q_n(x)$ 的系数 b_i ($i = 0, 1, 2, \cdots, n$)，可通过代入方程 (8-28) 比较等式两端的同次幂的系数来确定. 下面通过例子来具体说明.

例1 求微分方程 $y'' + y = x^2 + 1$ 的一个特解.

解 这里 $f(x) = x^2 + 1$，属于 $f(x) = P_n(x) e^{\lambda x}$ 类型，$n = 2$，$\lambda = 0$，且 $\lambda = 0$ 不是特征方程 $r^2 + 1 = 0$ 的根，所以设特解有如下形式

$$y^* = b_0 x^2 + b_1 x + b_2$$

代入原方程，得

$$2b_0 + b_0 x^2 + b_1 x + b_2 = x^2 + 1$$

即

$$b_0 = 1, \ b_1 = 0, \ b_2 = -1$$

从而所求特解为

$$y^* = x^2 - 1$$

例2 求微分方程 $y'' - 3y' + 2y = x e^{2x}$ 的通解.

解 先求相应的齐次方程的通解. 注意到相应的齐次方程的特征方程为 $r^2 - 3r + 2 = 0$，特征根为 $r_1 = 1$ 和 $r_2 = 2$，所以相应的齐次方程的通解为

$$Y = C_1 e^x + C_2 e^{2x}$$

其中 C_1、C_2 是任意常数.

其次，求原方程的一个特解 y^*. 由于 $f(x) = x e^{2x}$ 属于 $f(x) = P_n(x) e^{\lambda x}$ 型，$n = 1$，$\lambda = 2$，其中 $\lambda = 2$ 是单特征根，故可设

$$y^* = x(b_0 x + b_1) e^{2x}$$

代入原方程得

$$2b_0 x + (2b_0 + b_1) = x$$

即

$$b_0 = \frac{1}{2}, \ b_1 = -1$$

故

$$y^* = \left(\frac{1}{2} x^2 - x \right) e^{2x}$$

从而原方程通解为

$$y = C_1 e^x + C_2 e^{2x} + \left(\frac{1}{2} x^2 - x \right) e^{2x}$$

例 3 求微分方程 $y'' - 2y' + y = e^x$, $\quad$ $y(0) = 1$, $y'(0) = 0$, 满足初始条件的特解.

解 相应的齐次方程的特征方程为

$$r^2 - 2r + 1 = 0$$

它有两个相等的实根 $r_1 = r_2 = 1$, 所以相应的齐次方程的通解为

$$Y = (C_1 + C_2 x) e^x$$

其次, 求原方程的一个特解 y^*. 由于 $f(x) = e^x$ 属于 $f(x) = P_n(x) e^{\lambda x}$ 型, $n = 0$, $\lambda = 1$ 是特征方程的二重根, 因此可设

$$y^* = b x^2 e^x$$

代入原方程得

$$2b e^x = e^x$$

所以 $b = \dfrac{1}{2}$, 于是原方程的一个特解 y^* 为

$$y^* = \frac{1}{2} x^2 e^x$$

原方程的通解为

$$y = (C_1 + C_2 x) e^x + \frac{1}{2} x^2 e^x$$

最后再求满足初始条件的特解. 将初始条件 $y(0) = 1$, $y'(0) = 0$ 代入通解

$$y = (C_1 + C_2 x) e^x + \frac{1}{2} x^2 e^x$$

及其导数

$$y' = \left(C_1 + C_1 x + \frac{1}{2} x^2\right) e^x + (C_2 + x) e^x + \frac{1}{2} x^2 e^x$$

$$= \left(C_1 + C_2 + x + C_2 x + \frac{1}{2} x^2\right) e^x$$

中, 即可求得

$$C_1 = 1, \ C_2 = -1$$

所以, 所求满足初始条件的特解为

$$y = \left(1 - x + \frac{1}{2} x^2\right) e^x$$

二、$f(x) = e^{\lambda x}[P_l(x) \cos\omega x + P_n(x) \sin\omega x]$ 型

其中 λ、ω 为常数, $\omega \neq 0$, $P_l(x)$, $P_n(x)$ 分别是 x 的 l 次和 n 次多项式.

和前一种类型的思路类似, 注意到 $f(x)$ 是由指数函数、多项式与正弦函数或余弦函数的乘积构成的, 而这种函数的一阶导数、二阶导数仍是这种类型的函数, 再联想到方程 (8-28) 的左端的线性、常系数的特点, 此时方程 (8-28) 的一个特解也应该是指数函数、多项式与正弦函数或余弦函数的乘积形式. 可设

$$y^* = x^k e^{\lambda x}[(Q_1(x) \cos\omega x + Q_2(x) \sin\omega x)] \tag{8-32}$$

为方程 (8-28) 的一个特解, 其中 $Q_1(x)$、$Q_2(x)$ 为同次多项式, 它们的次数 $m = \max\{l, n\}$, 而 k 的取值可按下面方法确定:

(1) 如果 $\lambda \pm i\omega$ 不是齐次方程 (8-29) 特征方程的根, 则 $k = 0$;

（2）如果 $\lambda \pm i\omega$ 是齐次方程（8-29）特征方程的根，则 $k=1$.

$Q_1(x)$、$Q_2(x)$ 这两个多项式的系数还是通过将特解（8-32）代入方程（8-28），再比较等式两端同类项的系数加以确定，于是得到方程（8-28）一个特解. 下面举例说明.

例 4　设微分方程 $y''+2y'+3y=f(x)$ 中 $f(x)$ 有以下三种形式，写出该微分方程相应的特解 y^* 形式（不必确定待定的常数）：

（1）$f(x)=2\sin x$；

（2）$f(x)=\mathrm{e}^{-x}\cos\sqrt{2}\,x$；

（3）$f(x)=(x^2+x)\cos 2x$.

解　所给微分方程对应的齐次方程的特征方程为

$$r^2+2r+3=0$$

解得 $r_1=-1+\sqrt{2}\,\mathrm{i}$，$r_2=-1-\sqrt{2}\,\mathrm{i}$.

（1）$f(x)=2\sin x=\mathrm{e}^{0x}(0\cos x+2\sin x)$. 因为 $\lambda+\mathrm{i}\omega=\mathrm{i}$ 不是特征方程的根，所以非齐次线性微分方程特解形式为

$$y^*=a\cos x+b\sin x$$

（2）$f(x)=\mathrm{e}^{-x}\cos\sqrt{2}\,x=\mathrm{e}^{-x}(\cos\sqrt{2}\,x+0\sin\sqrt{2}\,x)$. 因为 $\lambda\pm\mathrm{i}\omega=-1\pm\sqrt{2}\,\mathrm{i}$ 是特征方程的根，所以非齐次线性微分方程特解形式为

$$f(x)=x\mathrm{e}^{-x}(a\cos\sqrt{2}\,x+b\sin\sqrt{2}\,x)$$

（3）$f(x)=(x^2+x)\cos 2x$. 因为 $\lambda+\mathrm{i}\omega=2\mathrm{i}$ 不是特征方程的根，所以非齐次线性微分方程特解形式为

$$y^*=(a_0x^2+a_1x+a_2)\cos 2x+(b_0x^2+b_1x+b_2)\sin 2x$$

例 5　求微分方程 $y''+y=4x\sin x$ 的一个特解.

解　所给微分方程是二阶常系数非齐次线性微分方程，且 $f(x)$ 属于 $\mathrm{e}^{\lambda x}[P_l(x)\cos\omega x+P_n(x)\sin\omega x]$ 类型，这里 $\lambda=0$，$\omega=1$，$P_l(x)=0$，$P_n(x)=4x$，$m=1$. 由于 $\lambda+\mathrm{i}\omega=\mathrm{i}$ 是特征方程 $r^2+1=0$ 的根，取 $k=1$，设特解为

$$y^*=x[(a_0x+a_1)\cos x+(b_0x+b_1)\sin x]$$

求导数，得

$$y^{*'}=[b_0x^2+(2a_0+b_1)x+a_1]\cos x+[-a_0x^2+(2b_0-a_1)x+b_1]\sin x$$

$$y^{*''}=-[b_0x^2+(4b_0-a_1)x+2a_0+2b_1]\cos x$$
$$+[-a_0x^2+(4b_0-a_1)x+2a_0+2b_1]\cos x$$

将 y^*、$y^{*'}$、$y^{*''}$ 代入原微分方程，比较两端同类项系数得

$$\begin{cases} 2a_0+2b_1=0 \\ -4a_0=4 \\ 2a_1-2b_0=0 \\ 4b_0=0 \end{cases}$$

解得

$$a_0=-1,\ a_1=0,\ b_0=0,\ b_1=1$$

于是所求原方程的一个特解

$$y^* = x\sin x - x^2\cos x$$

例 6 求微分方程 $y'' + 3y' + 2y = e^{-x}\cos x$ 的通解.

解 所给微分方程对应的齐次方程的特征方程为

$$r^2 + 3r + 2 = 0$$

其根为

$$r_1 = -1, \; r_2 = -2$$

所对应的齐次方程的通解为

$$Y = C_1 e^{-x} + C_2 e^{-2x}$$

由于所给微分方程的右端 $f(x) = e^{-x}\cos x$，这里的 $m = 0$，$\lambda + i\omega = -1 + i$ 不是特征方程的根，所以取 $k = 0$，可设非齐次线性微分方程特解为

$$y^* = e^{-x}(a\cos x + b\sin x)$$

则

$$y^{*\prime} = e^{-x}[(b-a)\cos x - (a+b\sin x)]$$

$$y^{*\prime\prime} = e^{-x}(-2b\cos x + 2a\sin x)$$

将 y^*、$y^{*\prime}$ 及 $y^{*\prime\prime}$ 代入原微分方程，比较两端同类项系数得

$$\begin{cases} b - a = 1 \\ b + a = 0 \end{cases}$$

解得 $a = -\dfrac{1}{2}$，$b = \dfrac{1}{2}$，因而特解为

$$y^* = \frac{1}{2}e^{-x}(\sin x - \cos x)$$

故所求微分方程的通解为

$$y = C_1 e^{-x} + C_2 e^{-2x} + \frac{1}{2}e^{-x}(\sin x - \cos x)$$

$$y^* = x\sin x - x^2\cos x$$

例 7 求微分方程 $y'' + y = 4x\sin x + x^2 + 1$ 的通解.

解 所给微分方程对应的齐次线性方程

$$y'' + y = 0$$

特征方程为

$$r^2 + r = 0$$

其根为 $r_{1,2} = \pm i$，所以对应的齐次线性方程的通解为

$$Y = C_1\cos x + C_2\sin x$$

由于所给方程的右端是 $f_1(x) = x^2 + 1$ 与 $f_2(x) = 4x\sin x$ 之和，根据本章第四节定理 4，原方程的特解 y^* 等于微分方程 $y'' + y = x^2 + 1$ 和 $y'' + y = 4x\sin x$ 的特解 y_1^* 与 y_2^* 之和，即 $y^* = y_1^* + y_2^*$. 而由例 1 知 $y_1^* = x^2 - 1$，由例 5 知 $y_2^* = x\sin x - x^2\cos x$，于是

$$y^* = x^2 - 1 + x\sin x - x^2\cos x$$

故所求微分方程的通解为

$$y = C_1\cos x + C_2\sin x + x^2 - 1 + x\sin x - x^2\cos x$$

习 题 8-6

1. 设微分方程 $y'' + 2y' + 3y = f(x)$ 中 $f(x)$ 为如下形式，写出该微分方程相应的特

解形式（不必确定待定的系数）：

(1) $f(x) = x^2$；　　　　　　(2) $f(x) = (x+1)\,\mathrm{e}^{-x}$；

(3) $f(x) = x\mathrm{e}^{-x}\cos 4x$；　　　(4) $f(x) = \mathrm{e}^{-4x} + \sin x$.

2. 求下列微分方程的通解：

(1) $2y'' + y' - y = 4\mathrm{e}^x$；

(2) $y'' + K^2 y = \mathrm{e}^{ax}$（$K$、$a$ 为实数，$K \neq 0$，$a \neq 0$）；

(3) $2y'' + 5y = 5x^2 - 2x - 1$；

(4) $y'' + 3y' + 2y = 3x\mathrm{e}^{-x}$；

(5) $y'' - 6y' + 9y = (x+1)\,\mathrm{e}^{2x}$；

(6) $y'' + 4y = x\cos x$；

(7) $y'' - 2y' + 5y = \mathrm{e}^x \sin x$；

(8) $y'' - 2y' + 5y = \mathrm{e}^x \sin 2x$；

(9) $y'' + y = \cos x + \mathrm{e}^x$；

(10) $y'' - y = \sin^2 x$.

3. 求下列各微分方程的特解，要求满足给定的初始条件：

(1) $y'' + y + \sin 2x = 0$，$y(\pi) = 1$，$y'(\pi) = 1$；

(2) $y'' - 3y' + 2y = 5$，$y(0) = 1$，$y'(0) = 2$；

(3) $y'' - y = 4x\mathrm{e}^x$，$y(0) = 0$，$y'(0) = 1$.

4. 一质量为 m 的质点由静止开始下降，所受到阻力与下降速度成正比（比例系数为 k），求下降的距离 x 与时刻 t 的函数关系.

第七节　微分方程在经济中的应用

在经济活动中，为研究变量之间的联系及其内在规律，常需要从某一经济函数及其导数的关系中来确定所研究问题的函数形式，并从某已知条件来确定该函数的表达式. 从数学上讲，这就是建立微分方程并求该方程的解.

下面通过具体例子，说明微分方程在经济上的应用.

例 1　某厂生产某种产品，随产量 Q 的增加，其成本 C 的增长率与产量 Q 与常数 2 的和成正比，而反比于成本. 设产量 $Q = 0$ 时，成本 $C = 3$，试求成本函数.

解　成本为产量 Q 的函数，成本 C 的增长率（即变化率）为 $\dfrac{\mathrm{d}C}{\mathrm{d}Q}$. 由题意，得

$$\frac{\mathrm{d}C}{\mathrm{d}Q} = \frac{Q+2}{C}$$

分离变量，解此微分方程得通解

$$C^2 = (Q+2)^2 + C_0$$

由 $Q = 0$、$C = 3$ 得 $C_0 = 5$，则所求的成本函数为

$$C^2 = (Q+2)^2 + 5$$

例 2　某产品产量 Q 与价格 P 的关系经市场分析得：价格对产量的变化率等于价格与产量的平方和除以价格与产量的乘积的 2 倍. 若当产量 $Q = 1$ 时，价格 $P = 2$，求产量与价

格之间的函数关系.

解 价格 P 是产量 Q 的函数，价格 P 对产量 Q 的变化率就是 $\dfrac{\mathrm{d}P}{\mathrm{d}Q}$. 由题意得

$$\frac{\mathrm{d}P}{\mathrm{d}Q} = \frac{P^2 + Q^2}{2PQ}$$

即

$$\frac{\mathrm{d}P}{\mathrm{d}Q} = \frac{\left(\dfrac{P}{Q}\right)^2 + 1}{2\left(\dfrac{P}{Q}\right)} = f\left(\frac{P}{Q}\right)$$

这是一阶齐次微分方程. 令 $u = \dfrac{P}{Q}$，则 $f(u) = \dfrac{u^2 + 1}{2u}$，通解为

$$Q = C\mathrm{e}^{\int \frac{\mathrm{d}u}{f(u) - u}} = C\mathrm{e}^{\int \frac{2u}{1 - u^2}\mathrm{d}u} = C\mathrm{e}^{-\ln(1 - u^2)} = \frac{C}{1 - u^2}$$

将 $u = \dfrac{P}{Q}$ 代入得

$$Q = \frac{CQ^2}{Q^2 - P^2}$$

由 $Q = 1$、$P = 2$ 确定 $C = -3$，所以产量与价格间的函数关系为

$$P = \sqrt{3Q + Q^2}$$

例3 某企业的经营成本 C 随产量 Q 增加而增加，其变化率为 $\dfrac{\mathrm{d}C}{\mathrm{d}Q} = (2 + Q)C$，且固定成本为 5，求成本函数.

解 将 $\dfrac{\mathrm{d}C}{\mathrm{d}Q} = (2 + Q)C$ 写成 $\dfrac{\mathrm{d}C}{\mathrm{d}Q} - (2 + Q)C = 0$，这是一阶微分方程.

分离变量后得

$$\frac{\mathrm{d}C}{C} = (2 + Q)\mathrm{d}Q$$

两边积分得通解

$$C = C_0 \mathrm{e}^{2Q + \frac{Q^2}{2}}$$

由 $Q = 0$、$C = 5$ 确定 $C_0 = 5$，则成本函数为

$$C = 5\mathrm{e}^{2Q + \frac{Q^2}{2}}$$

例4 某公司的年利润 L 随广告费 x 变化，其变化率为 $\dfrac{\mathrm{d}L}{\mathrm{d}x} = 5 - 2(L + x)$，且当 $x = 0$ 时，$L = 10$. 求利润 L 与广告费 x 间的函数关系.

解 由 $\dfrac{\mathrm{d}L}{\mathrm{d}x} = 5 - 2(L + x)$ 得

$$\frac{\mathrm{d}L}{\mathrm{d}x} + 2L = 5 - 2x$$

这是一阶非齐次微分方程. $p(x) = 2$，$q(x) = 5 - 2x$，所以通解为

$$L = e^{-\int 2dx}\left[\int (5-2x)e^{\int 2dx}\,dx + C\right] = 3 - x + Ce^{-2x}$$

由 $x=0$、$L=10$ 得 $C=7$，则利润 L 与广告费 x 间的函数关系为

$$L = 3 - x + 7e^{-2x}$$

例 5 设某种商品的价格主要由供求关系决定，若供给量 S 与需求量 D 均是依赖于价格的线性函数

$$\begin{cases} S = -a + bq \\ D = c - dq \end{cases} \quad (a,\ b,\ c,\ d \text{ 为正常数})$$

当供求平衡时，均衡价格 $\bar{p} = \dfrac{a+c}{b+d}$。如价格是时间 t 的函数 $p = p(t)$，价格的变化率与此时刻的过剩需求量 $D-S$ 成正比，即 $\dfrac{dp}{dt} = \alpha(D-S)$，其中 α 为大于 0 的常数。试求价格与时间的函数关系 [初始价格 $p(0) = p_0$]。

解 由已知 $\dfrac{dp}{dt} = \alpha(D-S)$ 得

$$\frac{dp}{dt} = \alpha(c - dp + a - bp) = \alpha(a+c) - \alpha(b+d)p$$

即

$$\frac{dp}{dt} + \alpha(b+d)p = \alpha(a+c)$$

这是一阶线性非齐次微分方程。此时 $p(t) = \alpha(b+d)$，$q(t) = \alpha(a+c)$，则通解为

$$p = e^{-\int \alpha(b+d)dt}\left[\int \alpha(a+c)e^{\int \alpha(b+d)dt}\,dt + C\right]$$

$$= e^{-\alpha(b+d)t}\left[\frac{a+c}{b+d}e^{\alpha(b+d)t} + C\right]$$

$$= Ce^{-\alpha(b+d)t} + \frac{a+c}{b+d} = Ce^{-\alpha(b+d)t} + \bar{p}$$

由 $p(0) = p_0$ 代入上式得 $C = p_0 - \bar{p}$，则所求函数关系为

$$p = (p_0 - \bar{p})e^{-\alpha(b+d)t} + \bar{p}$$

显然当 $t \to \infty$ 时，$p \to \bar{p}$，即价格趋于均衡价格。

例 6 在宏观经济研究中，发现某地区国民收入 y、国民储蓄 S 和投资 I 均是时间 t 的函数，且储蓄 S 为国民收入的 $\dfrac{1}{10}$（在时刻 t），投资额 S 为国民收入增长率的 $\dfrac{1}{3}$。当 $t=0$ 时，国民收入为 5 亿元。试求国民收入函数（假定在时刻 t 的储蓄全部用于投资）。

解 由题意有 $S = \dfrac{1}{10}y$，$I = \dfrac{1}{3}\dfrac{dy}{dt}$，当 $S = I$ 时，有

$$\frac{1}{10}y = \frac{1}{3}\frac{dy}{dt}$$

解此微分方程得通解为

$$y = Ce^{\frac{3}{10}t}$$

由 $t=0$ 时 $y=5$，得 $C=5$，国民收入函数为

$$y = 5\mathrm{e}^{\frac{3}{10}t}$$

而储蓄函数和投资函数为

$$S = I = \frac{1}{2}\mathrm{e}^{\frac{3}{10}t}$$

习 题 8-7

1. 某商品需求量 Q 对价格 P 的弹性为 $-\dfrac{P}{5}$，若该商品的最大需求量为 100（即当 $P=0$ 时，$Q=100$），求需求量 Q 对价格 P 的函数关系.

2. 某加工厂加工某产品的利润 L 与加工的产品数量 Q 的关系是：利润随加工数量增加的变化率等于利润 L 与加工数量 Q 的和与加工数量 Q 之比. 当 $Q=1$ 时，$L=\dfrac{1}{2}$. 求利润 L 与加工数量 Q 之间的函数关系.

3. 某商品的价格由供求关系决定，供给量 S 与需求量 D 均是价格 P 的函数，即 $\begin{cases} S = -1 + 3P \\ D = 4 - P \end{cases}$，若价格 P 是时间 t 的函数，且已知在时刻 t 时，价格 P 的变化率与过剩需求 $D-S$ 成正比，比例系数为 2. 试求价格 P 与时间 t 的函数（设初始价格 $P_0=2$），并问当 $t=0.3$ 时，价格应为多少？

4. 某企业边际成本 $C'(Q) = (Q + Q^2)C$，若固定成本为 10，求成本函数.

*第八节　差分与差分方程的概念及常系数线性差分方程解的结构

在科学技术和经济管理的许多实际问题中，经济变量的数据大多按等间隔时间周期统计. 因此，各有关变量的取值是离散变化的，如何寻求它们之间的关系和变化规律呢？差分方程是研究这类离散数学模型的有力工具.

一、差分的概念

设变量 y 是时间 t 的函数，如果函数 $y=y(t)$ 不仅连续而且还可导，则变量 y 是时间 t 的变化速率，用 $\dfrac{\mathrm{d}y}{\mathrm{d}t}$ 表示；但在某些场合，时间 t 只能离散地取值，从而变量 y 也只能按规定的离散时间而相应地离散地变化，这时常用规定的时间区间上的差商 $\dfrac{\Delta y}{\Delta t}$ 来表示 y 的变化速率. 若取 $\Delta t=1$，那么 $\Delta y=y(t+1)-y(t)$ 就可近似地代表变量 y 的变化速率.

定义 1　设函数 $y=f(x)$，当自变量 x 依次取遍非负整数时，相应的函数值可以排成一个数列

$$f(0), \ f(1), \ \cdots, \ f(x), \ f(x+1), \ \cdots$$

将之简记为

$$y_0, \ y_1, \ \cdots, \ y_x, \ y_{x+1}, \ \cdots$$

当自变量从 x 变到 $x+1$ 时，函数的改变量 $y_{x+1}-y_x$ 称为函数 y 在点 x 的差分，记为

Δy_x，即
$$\Delta y_x = y_{x+1} - y_x \ (x = 0,\ 1,\ 2,\ \cdots)$$

例 1 已知 $y_x = C$（C 为常数），求 Δy_x.

解 $\Delta y_x = y_{x+1} - y_x = C - C = 0$

所以常数的差分为零.

例 2 设 $y_x = a^x$（其中 $a > 0$ 且 $a \neq 0$），求 Δy_x.

解 $\Delta y_x = y_{x+1} - y_x = a^{x+1} - a^x = a^x\ (a-1)$

可见，指数函数的差分等于指数函数乘上一个常数.

例 3 $y_x = \sin ax$，求 Δy_x.

解 $\Delta y_x = \sin a\ (x+1)\ - \sin ax = 2\cos a \left(x + \dfrac{1}{2}\right) \sin \dfrac{1}{2} a$

例 4 设 $y_x = x^2$，求 Δy_x

解 $\Delta y_x = y_{x+1} - y_x = \ (x+1)^2 - x^2 = 2x + 1$

例 5 设阶乘函数 $y_x = x^{(n)} = x(x-1)\cdots(x-n+1)$，$x^{(0)} = 1$，求 Δy_x.

解 $\Delta y_x = y_{x+1} - y_x = \ (x+1)^{(n)} - x^{(n)}$
$$= (x+1)x(x-1)\cdot\cdots\cdot(x+1-n+1) - x(x-1)\cdot\cdots\cdot(x-n+1)$$
$$= [(x+1)-(x-n+1)]x(x-1)\cdot\cdots\cdot(x-n+2) = nx^{(n-1)}$$

这个结果与 $y = x^n$ 的一阶导数等于 $nx^{(n-1)}$ 的形式相类似.

由一阶差分的定义，容易得到差分的四则运算法则如下：

(1) $\Delta(Cy_x) = C\Delta y_x$；

(2) $\Delta(y_x \pm z_x) = \Delta y_x + \Delta z_x$；

(3) $\Delta\ (y_x \cdot z_x) = y_{x+1}\cdot \Delta z_x + z_x \cdot \Delta y_x = y_x \Delta z_x + z_{x+1}\Delta y_x$；

(4) $\Delta\left(\dfrac{y_x}{z_x}\right) = \dfrac{z_x \cdot \Delta y_x - y_x \cdot \Delta z_x}{z_x \cdot z_{x+1}} = \dfrac{z_{x+1}\Delta y_x - y_{x+1}\Delta z_x}{z_x z_{x+1}}$.

这里仅给出（3）的证明
$$\Delta(y_x \cdot z_x) = y_{x+1}z_{x+1} - y_x \cdot z_x$$
$$= y_{x+1}\cdot z_{x+1} - y_{x+1}z_x + y_{x+1}z_x - y_x z_x$$
$$= y_{x+1}(z_{x+1} - z_x) + z_x(y_{x+1} - y_x)$$
$$= y_{x+1}\Delta z_x + z_x \Delta y_x$$

类似可证 $\Delta\ (y_x \cdot z_x) = y_x \Delta z_x + z_{x+1}\Delta y_x$.

下面给出高阶差分的定义.

定义 2 当自变量从 x 变到 $x+1$ 时，一阶差分的差分
$$\Delta(\Delta y_x) = \Delta(y_{x+1} - y_x) = \Delta y_{x+1} - \Delta y_x$$
$$= (y_{x+2} - y_{x+1}) - (y_{x+1} - y_x)$$
$$= y_{x+2} - 2y_{x+1} + y_x$$

称为函数 $y = f\ (x)$ 的二阶差分，记为 $\Delta^2 y_x$，即
$$\Delta^2 y_x = y_{x+2} - 2y_{x+1} + y_x$$

同样，二阶差分的差分称为三阶差分，记为 $\Delta^3 y_x$ 即
$$\Delta^3 y_x = y_{x+3} - 3y_{x+2} + 3y_{x+1} - y_x$$

依次类推，$y = f(x)$ 的 n 阶差分，记为 $\Delta^n y_x = \Delta(\Delta^{n-1} y_x)$.

例 6 设 $y_x = e^{2x}$，求 $\Delta^2 y_x$.

解 $\Delta y_x = y_{x+1} - y_x = e^{2(x+1)} - e^{2x} = e^{2x}(e^2 - 1)$

$\Delta^2 y_x = \Delta(\Delta y_x) = \Delta[e^{2x}(e^2 - 1)] = (e^2 - 1)\Delta e^{2x}$

$\qquad = e^{2x}(e^2 - 1)^2$

例 7 已知 $y_x = 3x^2 - 4x + 2$，求 $\Delta^2 y_x$、$\Delta^3 y_x$.

解
$$\Delta y_x = 3\Delta(x^2) - 4\Delta(x) + \Delta(2)$$
$$= 3(2x + 1) - 4 + 0$$
$$= 6x - 1$$
$$\Delta^2 y_x = \Delta(\Delta y_x) = \Delta(6x - 1)$$
$$= \Delta(6x) - \Delta(1) = 6\Delta(x) - 0 = 6$$
$$\Delta^3 y_x = \Delta(6) = 0$$

一般地，对于 k 次多项式，其 k 阶差分为常数，而 k 阶以上的差分均为零.

二、差分方程的概念

定义 3 含有未知函数的差分或含有未知函数几个不同时期值的符号的方程称为差分方程，其一般形式为
$$F(x, y_x, \Delta y_x, \cdots, \Delta^n y_x) = 0$$
或 $\qquad G(x, y_x, y_{x+1}, y_{x+2}, \cdots, y_{x+n}) = 0$
或 $\qquad H(x, y_x, y_{x-1}, y_{x-2}, \cdots, y_{x-n}) = 0$

由差分的概念及性质可知，差分方程不同表达形式之间可以互相转化.

例如，差分方程 $y_{x+2} - 2y_{x+1} - y_x = 3^x$ 可转化成 $y_x - 2y_{x-1} - y_{x-2} = 3^{x-2}$.

若将原方程的左边写成
$$(y_{x+2} - y_{x+1}) - (y_{x+1} - y_x) - 2y_x$$
$$= \Delta y_{x+1} - \Delta y_x - 2y_x$$
$$= \Delta^2 y_x - 2y_x$$

则原方程又可化为
$$\Delta^2 y_x - 2y_x = 3^x$$

在定义 3 中，未知函数的最大下标与最小下标的差称为差分方程的阶. 如 $y_{x+5} - 4y_{x+3} + 3y_{x+2} - 2 = 0$ 是三阶差分方程；又如差分方程 $\Delta^3 y_x + y_x + 1 = 0$ 虽然含有三阶差分 $\Delta^3 y_x$，但实际上是二阶差分方程，由于该方程可化为
$$y_{x+3} - 3y_{x+2} + 3y_{x+1} + 1 = 0$$
因此它是二阶差分方程. 事实上，做代换 $t = x + 1$，即可写成
$$y_{t+2} - 3y_{t+1} + 3y_t + 1 = 0$$

定义 4 如果一个函数代入差分方程，使方程两边恒等，则称此函数为差分方程的解. 若在差分方程的解中，含有相互独立的任意常数的个数与该方程的阶数相同，则称这个解为差分方程的通解.

例 8 设有差分方程 $y_{x+1} - y_x = 2$，把函数 $y_x = 15 + 2x$ 代入此方程，则左边 $= [15 + 2(x+1)] - (15 + 2x) = 2 =$ 右边，所以 $y_x = 15 + 2x$ 是该差分方程的解. 同样，可以验

证 $y_x = C + 2x$（C 为任意常数）也是该差分方程的解，它含有一个任意常数，而所给差分方程又是一阶的，故 $y_x = C + 2x$ 是该差分方程的通解.

为了反映某一事物在变化过程中的客观规律性，往往根据事物在初始时刻所处状态，对差分方程附加一定条件，称为初始条件. 当通解中任意常数被初始条件确定后，这个解称为差分方程的特解.

三、常系数线性差分方程解的结构

为讨论的需要，这里将给出常系数线性差分方程解的结构定理. 下面出现的差分方程均以含有未知函数不同时期值的形式表示.

n 阶常系数线性差分方程的一般形式为

$$y_{x+n} + a_1 y_{x+n-1} + \cdots + a_{n-1} y_{x+1} + a_n y_x = f(x) \tag{8-33}$$

其中 a_i（$i=1, 2, \cdots, n$）为常数，且 $a_n \neq 0$，$f(x)$ 为已知函数. 当 $f(x) \equiv 0$ 时，差分方程（8-33）称为齐次的；当 $f(x) \neq 0$ 时，差分方程（8-33）称为非齐次的.

若方程（8-33）为 n 阶常系数非齐次线性差分方程，则其所对应的 n 阶常系数齐次线性差分方程为

$$y_{x+n} + a_1 y_{x+n-1} + \cdots + a_{n-1} y_{x+1} + a_n y_x = 0 \quad (a_n \neq 0) \tag{8-34}$$

关于 n 阶常系数齐次线性差分方程（8-34）的解有如下一些结论：

定理 1　若函数 $y_1(x)$, $y_2(x)$, $\cdots$, $y_k(x)$ 都是常系数齐次线性差分方程（8-34）的解，则它们的线性组合 $y(x) = C_1 y_1(x) + C_2 y_2(x), +\cdots, + C_k y_k(x)$ 也是方程（8-34）的解，其中 C_1, C_2, $\cdots$, C_k 为常数.

下面将两个函数的线性相关、线性无关的概念推广到 n 个函数的情形.

定义 5　设有 n 个函数 $y_1(x)$, $y_2(x)$, $\cdots$, $y_n(x)$ 都在某一区间 I 上有定义，若存在一组不全为零的数 k_1, k_2, $\cdots$, k_n 使对一切 $x \in I$，有 $k_1 y_1 + \cdots + k_n y_n = 0$，则称函数 y_1, $\cdots$, y_n 在区间 I 上线性相关；否则，称为线性无关.

定理 2　若函数 $y_1(x)$, $y_2(x)$, $\cdots$, $y_n(x)$ 为 n 阶常系数齐次线性差分方程（8-34）的 n 个线性无关的解，则

$$Y_x = C_1 y_1(x) + C_2 y_2(x), +\cdots, + C_n y_n(x)$$

就是方程（8-34）的通解（其中 C_1, C_2, $\cdots$, C_n 为常数）.

由此定理可知，要求出 n 阶常系数齐次线性差分方程（8-34）的通解，只需要求出其 n 个线性无关的特解. 该定理称为常系数齐次线性差分方程（8-34）的通解的结构定理.

定理 3　若 y_x^* 是非齐次方程（8-33）的一个特解，Y_x 是它对应的齐次方程（8-34）的通解，则非齐次方程（8-33）的通解为

$$y_x = Y_x + y_x^*$$

该定理告诉我们，要求非齐次方程（8-33）的通解，可先求对应的齐次方程（8-34）的通解，再找非齐次方程（8-33）的一个特解，然后相加. 该定理称为 n 阶常系数非齐次线性差分方程的通解结构定理.

定理 4　若 y_1^*, y_2^* 分别是非齐次方程

$$y_{x+n} + a_1 y_{x+n-1} + \cdots + a_{n-1} y_{x+1} + a_n y_x = f_1(x)$$
$$y_{x+n} + a_1 y_{x+n-1} + \cdots + a_{n-1} y_{x+1} + a_n y_x = f_2(x)$$

的特解，则 $y^* = y_1^* + y_2^*$ 是方程

$$y_{x+n} + a_1 y_{x+n-1} + \cdots + a_{n-1} y_{x+1} + a_n y_x = f_1(x) + f_2(x)$$

的特解.

习 题 8-8

1. 求下列函数的一阶与二阶差分:

(1) $y_x = 2x^3 - x^2$;　　　　　(2) $y_x = e^{3x}$;

(3) $y_x = \log_a x$ $(a>0, a \neq 1)$;　(4) $y_x = x^{(4)}$.

2. 证明 $\Delta\left(\dfrac{y_x}{z_x}\right) = \dfrac{z_x \cdot \Delta y_x - y_x \Delta z_x}{z_x \cdot z_{x+1}}$.

3. 下列式子中是差分方程的有 (　　).

A. $2\Delta y_t = y_t + t$;　　　　　B. $\Delta^2 y_t = y_{t+2} - 2y_{t+1} + y_t$;

C. $-2\Delta y_t = 2y_t + 3t$.

4. 已知 $y_x = e^x$ 是方程 $y_{x+1} + ay_{x-1} = 2e^x$ 的一个解,求 a.

5. 确定下列差分方程的阶:

(1) $y_{x+3} - x^2 y_{x+1} + 3y_x = 2$;

(2) $y_{x-2} - y_{x-4} = y_{x+2}$.

6. 给定一阶差分方程 $y_{x+1} + Py_x = Aa^x$,验证

(1) 当 $P + a \neq 0$ 时,$y_x = \dfrac{A}{P+a} a^x$ 是方程的解;

(2) 当 $P + a = 0$ 时,$y_x = Axa^{x-1}$ 是方程的解.

*第九节　一阶常系数线性差分方程

一阶常系数线性差分方程的一般形式为

$$y_{x+1} - ay_x = f(x) \tag{8-35}$$

其中 $a \neq 0$ 为常数,$f(x)$ 为已知函数.

当 $f(x) \equiv 0$,称方程

$$y_{x+1} - ay_x = 0 \quad (a \neq 0) \tag{8-36}$$

为一阶常系数齐次线性差分方程.

若 $f(x) \neq 0$,则式 (8-35) 称为一阶常系数非齐次线性差分方程.

下面介绍它们的求解方法.

一、一阶常系数齐次线性差分方程的求解

对于一阶常系数齐次线性差分方程 (8-36),通常有如下两种解法.

1. 迭代法

若 y_0 已知,由方程 (8-36) 依次可得出

$$y_1 = ay_0$$

$$y_2 = ay_1 = a^2 y_0$$

$$y_3 = ay_2 = a^3 y_0$$

...

于是 $y_x = a^x y_0$，令 $y_0 = C$ 为任意常数，则齐次方程的通解为 $Y_x = Ca^x$.

2. 特征根法

由于方程 $y_{x+1} - ay_x = 0$ 等同于 $\Delta y_x + (1-a)y_x = 0$，可以看出 y_x 的形式一定为某个指数函数. 于是，设 $y_x = \lambda^x (\lambda \neq 0)$，代入方程得

$$\lambda^{x+1} - \alpha\lambda^x = 0$$

即

$$\lambda - \alpha = 0 \tag{8-37}$$

得 $\lambda = \alpha$. 称方程（8-37）为齐次方程（8-36）的特征方程，而 $\lambda = \alpha$ 为特征方程的根（简称特征根）. 于是 $y_x = \alpha^x$ 是齐次方程的一个解，从而

$$y_x = C\alpha^x \quad （C 为任意常数） \tag{8-38}$$

是齐次方程的通解.

例1　求 $2y_{x+1} + y_x = 0$ 的通解.

解　特征方程为

$$2\lambda + 1 = 0$$

特征方程的根为 $\lambda = -\dfrac{1}{2}$. 于是原方程的通解为

$$y_x = C\left(-\frac{1}{2}\right)^x \quad （C 为任意常数）$$

例2　求方程 $3y_x + y_{x-1} = 0$ 满足初始条件 $y_0 = 2$ 的解.

解　原方程 $3y_x + y_{x-1} = 0$ 可以改写为

$$3y_{x+1} + y_x = 0$$

特征方程为
$$3\lambda - 1 = 0$$

其根为 $\lambda = \dfrac{1}{3}$. 于是原方程的通解为

$$y_x = C\left(\frac{1}{3}\right)^x$$

把初始条件 $y_0 = 2$ 代入，定出 $C = 2$，因此所求特解为

$$y_x = 2\left(\frac{1}{3}\right)^x$$

二、一阶常系数非齐次线性差分方程的求解

由第八节定理3可知，一阶常系数非齐次线性差分方程（8-35）的通解由该方程的一个特解 y_x^* 与相应的齐次方程的通解之和构成. 由于相应的齐次方程的通解的求法已经解决，因此只需要讨论非齐次方程特解 y_x^* 的求法.

当右端 $f(x)$ 是某些特殊形式的函数时，采用待定系数法求其特解 y_x^* 较为方便.

1. $f(x) = P_n(x)$ 型

$P_n(x)$ 表示 x 的 n 次多项式，此时方程（8-35）为

$$y_{x+1} - ay_x = P_n(x)(a \neq 0)$$

由 $\Delta y_x = y_{x+1} - y_x$，上式可改写成

$$\Delta y_x + (1-a)y_x = P_n(x)(a \neq 0)$$

设 y_x^* 是它的解，代入上式得 $\Delta y_x^* + (1-a)y_x^* = P_n(x)$.

由于 $P_n(x)$ 是多项式，因此 y_x^* 也应该是多项式［因为当 y_x^* 是 x 次多项式时，Δy_x^* 是（$x-1$）次多项式］.

如果 1 不是齐次方程的特征方程的根，即 $1-a \neq 0$，那么 y_x^* 也是一个 n 次多项式，于是令

$$y_x^* = Q_n(x) = b_0 x^n + b_1 x^{n-1} + \cdots + b_{n-1}x + b_n$$

把它代入方程，比较两端同次幂的系数，便可得到 $Q_n(x)$.

如果 1 是齐次方程的特征方程的根，即 $1-a = 0$，这时 y_x^* 满足 $\Delta y_x^* = P_n(x)$，因此应取 y_x^* 为一个 $n+1$ 次多项式，于是令

$$y_x^* = x Q_n(x) = x(b_0 x^n + b_1 x^{n-1} + \cdots + b_{n-1}x + b_n)$$

将它代入方程，比较两端同次幂的系数，即可确定各系数 b_i（$i = 0, 1, 2, \cdots, n$）.

结论　若 $f(x) = P_n(x)$，则一阶常系数非齐次线性差分方程（8-35）具有形如

$$y_x^* = x^k Q_n(x)$$

的特解，其中 $Q_n(x)$ 是与 $P_n(x)$ 同次的待定多项式，而 k 的取值如下确定：

（1）若 1 不是特征方程的根，$k = 0$；

（2）若 1 是特征方程的根，$k = 1$.

例3　求差分方程 $y_{x+1} - 3y_x = -2$ 的通解.

解　（1）先求对应的齐次方程 $y_{x+1} - 3y_x = 0$ 的通解 Y_x.

由于齐次方程的特征方程为 $\lambda - 3 = 0$，$\lambda = 3$ 是特征方程的根. 故 $Y_x = C3^x$ 是齐次方程的通解.

（2）再求非齐次方程的一个特解 y_x^*. 由于 1 不是特征方程的根，于是令 $y_x^* = a$ 代入原方程为

$$a - 3a = -2$$

即 $a = 1$，从而 $y_x^* = 1$.

（3）原方程的通解为

$$y_x = Y_x + y_x^* = C3^x + 1 \quad （C\ 为任意常数）.$$

例4　求差分方程 $y_{x+1} - 2y_x = 3x^2$ 的通解.

解　（1）先求对应的齐次方程 $y_{x+1} - 2y_x = 0$ 的通解 Y_x.

由于特征方程为 $\lambda - 2 = 0$，则 $\lambda = 2$，于是

$$Y_x = C2^x$$

（2）再求非齐次方程的一个特解 y_x^*. 由于 1 不是特征方程的根，于是令

$$y_x^* = b_0 x^2 + b_1 x + b_2$$

代入原方程，得

$$b_0(x+1)^2 + b_1(x+1) + b_2 - 2(b_0 x^2 + b_1 x + b_2) = 3x^2$$

比较两端同次幂的系数，得

$$b_0 = -3, \ b_1 = -6, \ b_2 = -9$$

于是

$$y_x^* = -3x^2 - 6x - 9$$

（3）原方程的通解为

$$y_x = C \cdot 2^x - 3x^2 - 6x - 9.$$

例 5　求差分方程 $y_{t+1}-y_t=t+1$ 满足初始条件 $y_0=1$ 的特解.

解　（1）先求对应的齐次方程 $y_{t+1}-y_t=0$ 的通解

$$Y_t=C$$

（2）再求非齐次方程的一个特解 y_t^*. 由于 1 是特征方程的根，于是令

$$y_t^*=b_0t^2+b_1t$$

代入原方程，得

$$b_0(t+1)^2+b_1(t+1)-b_0t^2-b_1t=t+1$$

比较两端同次幂的系数，得

$$b_0=\frac{1}{2},\ b_1=\frac{1}{2}$$

于是

$$y_t^*=\frac{1}{2}t^2+\frac{1}{2}t$$

（3）原方程的通解为

$$y_t=C+\frac{1}{2}t^2+\frac{1}{2}t$$

（4）由 $y_0=1$，得 $1=C$，故原方程满足初始条件的特解为

$$y_t=1+\frac{1}{2}t^2+\frac{1}{2}t$$

例 6　求差分方程 $y_{x+1}-y_x=x^3-3x^2+2x$ 的通解.

解　由于 1 是原方程所对应的齐次方程的特征方程的根，这类方程可用另一种较简单的方法求解.

方程的左端为 Δy_x，而右端可化为

$$x^3-3x^2+2x=x(x^2-3x+2)$$
$$=x(x-1)(x-2)=x^{(3)}$$

故 $\Delta y_x=x^{(3)}$. 于是原方程的通解为

$$y_x=\frac{x^{(4)}}{4}+C \quad （C \text{ 为任意常数}）$$

2. $f(x)=\mu^x P_n(x)$ 型

这里 μ 为常数，$\mu\neq0$ 且 $\mu\neq1$，$P_n(x)$ 表示 x 的 n 次多项式，此时，只需做变换

$$y_x=\mu^x\cdot z_x$$

将其代入原方程 $y_{x+1}-ay_x=\mu^x\cdot P_n(x)$

$$\mu^{x+1}z_{x+1}-a\mu^x\cdot z_x=\mu^x\cdot P_n(x)$$

消去 μ^x，即得

$$\mu z_{x+1}-az_x=P_n(x)$$

对此方程，已经会求出它的一个解 z_x^*，于是

$$y_x^*=\mu^x\cdot z_x^*$$

例 7　求 $y_{x+1}+y_x=x\cdot2^x$ 的通解.

解　（1）先求对应的齐次方程 $y_{x+1}+y_x=0$ 的通解 Y_x，由于特征方程为 $\lambda+1=0$，其

根为 $\lambda = -1$，于是有

$$Y_x = C(-1)^x \quad (C \text{ 为任意常数})$$

（2）再求原方程的一个特解 y_x^*. 令 $y_x = 2^x \cdot z_x$，原方程化为

$$2z_{x+1} + z_x = x$$

不难求得它的一个特解为

$$z_x^* = \frac{1}{3}x - \frac{2}{9}$$

于是

$$y_x^* = 2^x \left(\frac{1}{3}x - \frac{2}{9} \right)$$

（3）原方程的通解为

$$y_x = Y_x + y_x^* = C(-1)^x + 2^x \left(\frac{1}{3}x - \frac{2}{9} \right)$$

例 8　求 $y_{t+1} - ay_t = 2^t$ 的通解.

解　（1）对应的齐次方程 $y_{t+1} - ay_t = 0$ 的通解

$$Y_t = Ca^t \quad (C \text{ 为任意常数})$$

（2）求原方程的一个特解 y_t^*. 为此令 $y_t = 2^t \cdot z_t$，将原方程化为

$$2z_{t+1} - az_t = 1$$

当 $a \neq 2$ 时，上述方程的一个特解为 $z_t^* = \dfrac{1}{2-a}$.

当 $a = 2$ 时，上述方程的一个特解为 $z_t^* = \dfrac{1}{2}t$. 于是

$$y_t^* = \begin{cases} \dfrac{1}{2-a}2^t & (\text{当 } a \neq 2 \text{ 时}) \\ \dfrac{1}{2} \cdot 2^t & (\text{当 } a = 2 \text{ 时}) \end{cases}$$

（3）原方程的通解为

$$y_t^* = \begin{cases} Ca^t + \dfrac{1}{2-a}2^t & (\text{当 } a \neq 2 \text{ 时}) \\ C \cdot 2^t + \dfrac{1}{2} \cdot 2^t & (\text{当 } a = 2 \text{ 时}) \end{cases}$$

习 题 8-9

1. 求下列一阶常系数齐次线性差分方程的通解：

（1）$2y_{x+1} - 3y_x = 0$；　　　　　（2）$y_x + y_{x-1} = 0$；

（3）$y_{x+1} - y_x = 0$.

2. 求下列一阶差分方程满足初始条件的特解：

（1）$2y_{x+1} + 5y_x = 0$ 且 $y_0 = 3$；

（2）$\Delta y_x = 0$ 且 $y_0 = 2$.

3. 求下列一阶差分方程的通解：

(1) $\Delta y_x - 4y_x = 3$；　　　　　(2) $y_{x+1} + 4y_x = 2x^2 + x + 1$；

(3) $y_{t+1} - \dfrac{1}{2}y_t = 2^t$；　　　　(4) $\Delta y_x = x^{(9)}$；

(5) $y_{t+1} - y_t = t \cdot 2^t$；　　　　(6) $3y_t - 3y_{t-1} = t \cdot 3^t + 1$.

4. 求下列一阶差分方程满足初始条件的特解：

(1) $\Delta y_x = 3$ 且 $y_0 = 2$；　　　　(2) $y_{x+1} + y_x = 2^x$ 且 $y_0 = 2$；

(3) $y_x + y_{x-1} = (x-1) \, 2^{x-1}$ 且 $y_0 = 0$；

(4) $y_{x+1} + 4y_x = 2x^2 + x - 1$ 且 $y_0 = 1$.

*第十节　二阶常系数线性差分方程

二阶常系数线性差分方程的一般形式为

$$y_{x+2} + ay_{x+1} + by_x = f(x) \tag{8-39}$$

其中 a、b 为常数，且 $b \neq 0$，$f(x)$ 为 x 的已知函数.

当 $f(x) \equiv 0$ 时，称方程

$$y_{x+2} + ay_{x+1} + by_x = 0$$

为二阶常系数齐次线性差分方程.

若 $f(x) \neq 0$，则称方程（8-39）为二阶常系数非齐次线性差分方程.

下面介绍它们的求解方法.

一、二阶常系数齐次线性差分方程的求解

对于二阶常系数齐次线性差分方程

$$y_{x+2} + ay_{x+1} + by_x = 0 \quad (b \neq 0) \tag{8-40}$$

根据通解的结构定理，为了求出其通解，只需求出它的两个线性无关的特解，然后做它们的线性组合，即得通解.

显然，原方程（8-40）可以改写成

$$\Delta^2 y_x + (2+a)\Delta y_x + (1+a+b)y_x = 0 \quad (b \neq 0) \tag{8-41}$$

由此可以看出，可用指数函数 $y = \lambda^x$ 来看是否可以找到适当的常数 λ，使 $y = \lambda^x$ 满足方程（8-40）.

令 $y = \lambda^x$，代入方程（8-40），得

$$\lambda^x(\lambda^2 + a\lambda + b) = 0$$

又因为 $\lambda^x \neq 0$，即得

$$\lambda^2 + a\lambda + b = 0 \quad (b \neq 0) \tag{8-42}$$

称它为齐次方程的特征方程，特征方程的根简称为特征根. 由此可见，$y = \lambda^x$ 为齐次方程（8-40）的特解的充要条件为 λ 是特征方程（8-42）的根.

和二阶常系数齐次线性微分方程一样，根据特征根的三种不同情况，可分别确定出齐次方程（8-42）的通解.

1. 若特征方程（8-42）有两个不相等的实根 λ_1 与 λ_2

此时 λ_1^x 与 λ_2^x 是齐次方程（8-40）的两个特解，且线性无关. 于是齐次差分方程（8-42）的通解为

$$y_x = C_1\lambda_1{}^x + C_2\lambda_2{}^x \quad (C_1、C_2 \text{ 为任意常数})$$

2. 若特征方程（8-42）有两个相等的实根 $\lambda_1 = \lambda_2$

此时得齐次差分方程（8-40）的一个特解

$$y_x^{(1)} = \lambda^x$$

为求令一个与 $y_x^{(1)}$ 线性无关的特解，不妨令 $y_x^{(2)} = \mu_x\lambda^x$（$\mu_x$ 不为常数），将它代入齐次差分方程（8-40）得

$$\mu_{x+2}\lambda_{x+2} + a\mu_{x+1}\lambda_{x+1} + b\mu_x\lambda_x = 0$$

由于 $\lambda^x \neq 0$，故

$$\mu_{x+2}\lambda^2 + a\mu_{x+1}\lambda + b\mu_x = 0$$

将之改写为

$$(\mu_x + 2\Delta\mu_x + \Delta^2\mu_x)\lambda^2 + a(\mu_x + \Delta\mu_x)\lambda + b\mu_x = 0$$

即 $$\Delta^2\mu_x\lambda^2 + (2\lambda + a)\Delta\mu_x + (\lambda^2 + a\lambda + b)\mu_x = 0$$

由于 λ 是特征方程（8-42）的二重根，因此 $\lambda^2 + a\lambda + b = 0$ 且 $2\lambda + a = 0$，于是得出 $\Delta^2\mu_x = 0$. 显然 $\mu_x = x$ 是可选取的函数中的最简单的一个，于是可得差分方程（8-40）的另一个解为

$$y_x^{(2)} = x \cdot \lambda^x$$

从而差分方程（8-40）的通解为

$$y_x = C_1\lambda^x + C_2x \cdot \lambda^x \quad (C_1、C_2 \text{ 为任意常数})$$

3. 若特征方程（8-42）有一对共轭复根

$$\lambda_1 = \alpha + \beta_i,\ \lambda_2 = \alpha - \beta_i$$

这时，可以验证差分方程（8-40）有两个线性无关的解

$$y_x^{(1)} = r^x\cos\theta x,\ y_x^{(2)} = r^x\sin\theta x$$

其中 $r = \sqrt{\alpha^2 + \beta^2}$，$\tan\theta = \dfrac{\beta}{\alpha}$（$0 < \theta < \pi,\ \beta > 0$），于是齐次差分方程（8-40）的通解为

$$y_x = r^x(C_1\cos\theta x + C_2\sin\theta x) \quad (C_1、C_2 \text{ 为任意常数})$$

从上面的讨论看出，求解二阶常系数齐次线性差分方程的步骤和二阶常系数齐次线性微分方程的步骤完全类似，总结如下：

第一步：写出差分方程（8-40）的特征方程

$$\lambda^2 + a\lambda + b = 0 \quad (b \neq 0)$$

第二步：求特征方程（8-42）的两个根 λ_1 与 λ_2.

第三步：根据特征方程（8-42）的两个根的不同情形，按照表 8-2 写出差分方程（8-40）的通解.

表 8-2

特征根 λ_1、λ_2	差分方程（8-40）的通解形式
$\lambda_1 = \lambda_2$	$y_x = C_1\lambda_1^x + C_2\lambda_2^x$
$\lambda_1 \neq \lambda_2$	$y_x = (C_1 + C_2x)\lambda_1^x$
$\lambda_{1,2} = \alpha \pm i\beta$	$y_x = r^x(C_1\cos\theta x + C_2\sin\theta x)$ 其中 $r = \sqrt{\alpha^2 + \beta^2}$，$\tan\theta = \dfrac{\beta}{\alpha}$（$0 < \theta < \pi,\ \beta > 0$）

例 1 求差分方程 $y_{x+2}-y_{x+1}-6y_x=0$ 的通解.

解 特征方程
$$\lambda^2-\lambda-6=0$$
有两个不相等的实根 $\lambda_1=3$ 与 $\lambda_2=-2$. 故原方程的通解为
$$y_x=C_1 3^x+C_2(-2)^x \quad (C_1、C_2 \text{ 为任意常数})$$

例 2 求差分方程 $\Delta^2 y_x+\Delta y_x-3y_{x+1}+4y_x=0$ 的通解.

解 原方程可改写成如下形式
$$y_{x+2}-4y_{x+1}+4y_x=0$$
它是一个二阶常系数齐次线性差分方程，其特征方程
$$\lambda^2-4\lambda+4=0$$
有两个相等的实根 $\lambda_1=\lambda_2=2$，故原方程的通解为
$$y_x=(C_1+C_2 x)2^x \quad (C_1、C_2 \text{ 为任意常数})$$

例 3 求差分方程 $y_{x+2}+\dfrac{1}{4}y_x=0$ 的通解.

解 它是一个二阶常系数齐次线性差分方程，其特征方程
$$\lambda^2+\frac{1}{4}=0$$
的根为 $\lambda_{1,2}=\pm\dfrac{1}{2}\mathrm{i}$, 从而 $r=\sqrt{\alpha^2+\beta^2}=\dfrac{1}{2}$, $\theta=\dfrac{\pi}{2}$. 故原方程的通解为
$$y_x=\left(\frac{1}{2}\right)^x\left(C_1\cos\frac{\pi}{2}x+C_2\sin\frac{\pi}{2}x\right) \quad (C_1、C_2 \text{ 为任意常数})$$

例 4 求差分方程 $y_{x+2}-4y_{x+1}+16y_x=0$ 满足初始条件 $y_0=1$ 与 $y_1=2+2\sqrt{3}$ 的特解.

解 先求所给方程的通解，特征方程
$$\lambda^2-4\lambda+16=0$$
的根为 $\lambda_{1,2}=2\pm2\sqrt{3}\mathrm{i}$, 于是 $r=\sqrt{\alpha^2+\beta^2}=4$, $\tan\theta=\dfrac{\beta}{\alpha}=\sqrt{3}$, $\theta=\dfrac{\pi}{3}$, 故原方程的通解为
$$y_x=4^x\left(C_1\cos\frac{\pi}{3}x+C_2\sin\frac{\pi}{3}x\right)$$
由初始条件 $y_0=1$ 与 $y_1=2+2\sqrt{3}$ 得 $C_1=1$, $C_2=1$，故所求特解为
$$y_x=4^x\left(\cos\frac{\pi}{3}x+\sin\frac{\pi}{3}x\right)$$

二、二阶常系数非齐次线性差分方程的求解

对于二阶常系数非齐次线性差分方程
$$y_{x+2}+ay_{x+1}+by_x=f(x)，其中 a,b \text{ 为常数，且 } b\neq0$$
根据通解的结构定理，求差分方程（8-39）的通解，归结为求对应的齐次方程
$$y_{x+2}+ay_{x+1}+by_x=0 \quad (b\neq0)$$
的通解和非齐次差分方程本身的一个特解. 由于二阶常系数齐次线性差分方程通解的求法前面已解决，所以这里只需讨论求二阶常系数非齐次线性差分方程一个特解 y_x^* 的方法.

在实际经济应用中，方程（8-39）的右端 $f(x)$ 的常见类型是 $f(x)=P_n(x)$ [$P_n(x)$ 表示 n 次多项式] 及 $f(x)=\mu^x P_n(x)$（μ 为常数，$\mu\neq0$ 且 $\mu\neq1$）两种类型.

下面介绍用待定系数法求 $f(x)$ 为上述两种情形时 y_x^* 的求法.

1. $f(x) = P_n(x)$ [$P_n(x)$ 为 n 次多项式]

此时，方程（8-39）为

$$y_{x+2} + a y_{x+1} + b y_x = P_n(x) \quad (b \neq 0)$$

可改写为

$$\Delta^2 y_x + (2+a) \Delta y_x + (1+a+b) y_x = P_n(x)$$

设 y_x^* 是它的解，代入，即得

$$\Delta^2 y_x^* + (2+a) \Delta y_x^* + (1+a+b) y_x^* = P_n(x)$$

由于 $P_n(x)$ 是一个已知的多项式，因此 y_x^* 应该也是一个多项式. 由于齐次方程（8-40）的特征方程为

$$\lambda^2 + a\lambda + b = 0$$

因此

（1）如果 1 不是齐次方程的特征方程的根，即 $1+a+b \neq 0$，那么 y_x^* 应是一个 n 次多项式，于是令

$$y_x^* = Q_n(x) = b_0 x^n + b_1 x^{n-1} + \cdots + b_{n-1} x + b_n \quad (b_0 \neq 0)$$

把它代入方程（8-39），比较两端同次幂的系数，便可求出 b_i（$i=0, 1, 2, \cdots, n$），从而求得 y_x^*.

（2）如果 1 是齐次方程的特征方程的单根，即 $1+a+b=0$ 且 $2+a \neq 0$，那么 Δy_x^* 是一个 n 次多项式，即说明 y_x^* 应是一个 $n+1$ 次多项式，于是令

$$y_x^* = x Q_n(x) = x(b_0 x^n + b_1 x^{n-1} + \cdots + b_{n-1} x + b_n) \quad (b_0 \neq 0)$$

把它代入方程（8-39），比较两端同次幂的系数，便可求出 b_i（$i=0, 1, 2, \cdots, n$），从而求得 y_x^*.

（3）如果 1 是齐次方程的特征方程的二重根，即 $1+a+b=0$ 且 $2+a=0$，那么 $\Delta^2 y_x^*$ 应是一个 n 次多项式，即说明 y_x^* 应是一个 $n+2$ 次多项式，于是令

$$y_x^* = x^2 Q_n(x) = x^2(b_0 x^n + b_1 x^{n-1} + \cdots + b_{n-1} x + b_n) \quad (b_0 \neq 0)$$

把它代入方程（8-39），比较两端同次幂的系数，便可求出 b_i（$i=0, 1, 2, \cdots, n$），从而求得 y_x^*.

综上所述，可得如下结论：如果 $f(x) = P_n(x)$，则二阶常系数非齐次线性差分方程（8-39）具有形如

$$y_x^* = x^k Q_n(x)$$

的特解，其中 $Q_n(x)$ 时与 $P_n(x)$ 同次的待定多项式，而 k 的取值如下确定：

（1）如果 1 不是特征方程的根，$k=0$；

（2）如果 1 是特征方程的单根，$k=1$；

（3）如果 1 是特征方程的二重根，$k=2$.

例 5   求差分方程 $y_{x+2} + 5 y_{x+1} + 4 y_x = x$ 的通解.

解   （1）先求对应的齐次方程 $y_{x+2} + 5 y_{x+1} + 4 y_x = 0$ 的通解 Y_x.

特征方程 $\lambda^2 + 5\lambda + 4 = 0$ 有两个不相等的实根 $\lambda_1 = -1$ 与 $\lambda_2 = -4$，于是

$$Y_x = C_1(-1)^x + C_2(-4)^x$$

(2) 再求原方程一个特解 y_x^*. 由于 1 不是特征方程的根，于是令 $y_x^* = b_0 x + b_1$，代入原方程得 $b_0 = \dfrac{1}{10}$，$b_1 = -\dfrac{7}{100}$，于是 $y_x^* = \dfrac{1}{10}x - \dfrac{7}{100}$. 原方程的通解为

$$y_x = C_1(-1)^x + C_2(-4)^x + \frac{1}{10}x - \frac{7}{100} \quad (C_1 \text{、} C_2 \text{ 为任意常数})$$

例 6 求差分方程 $y_{x+2} + 3y_{x+1} - 4y_x = 3x$ 的通解.

解 (1) 先求对应的齐次方程 $y_{x+2} + 3y_{x+1} - 4y_x = 0$ 的通解 Y_x.

特征方程 $\lambda^2 + 3\lambda - 4 = 0$ 有两个不相等的实根 $\lambda_1 = 1$ 与 $\lambda_2 = -4$，于是

$$Y_x = C_1 + C_2(-4)^x$$

(2) 再求原方程一个特解 y_x^*. 由于 1 是特征方程的单根，于是令 $y_x^* = x(b_0 x + b_1)$，代入原方程，比较两端同次幂的系数得 $b_0 = \dfrac{3}{10}$，$b_1 = -\dfrac{21}{50}$，于是 $y_x^* = \dfrac{3}{10}x^2 - \dfrac{21}{50}x$. 原方程的通解为

$$y_x = C_1 + C_2(-4)^x + \frac{3}{10}x^2 - \frac{21}{50}x$$

2. $f(x) = \mu^x P_n(x)$ (μ 为常数，$\mu \neq 0$ 且 $\mu \neq 1$)

此时，方程 (8-39) 变为

$$y_{x+2} + ay_{x+1} + by_x = \mu^x P_n(x) \quad (b \neq 0)$$

引入变换，$y_x = \mu^x z_x$，则原方程化为

$$\mu^2 z_{x+2} + a\mu z_{x+1} + bz_x = P_n(x)$$

这时右端为一个 n 次多项式情况. 按前面所讨论的方法，即可求出 z_x^*，从而

$$y_x^* = \mu^x z_x^*$$

例 7 求差分方程 $y_{x+2} - y_{x+1} - 6y_x = 3^x(2x+1)$ 的通解.

解 (1) 先求对应的齐次方程 $y_{x+2} - y_{x+1} - 6y_x = 0$ 的通解 Y_x. 其特征方程 $\lambda^2 - \lambda - 6 = 0$ 的根为 $\lambda_1 = -2$ 与 $\lambda_2 = 3$. 故

$$Y_x = C_1 3^x + C_2(-2)^x$$

(2) 再求原方程一个特解 y_x^*. 由于 $f(x) = 3^x(2x+1)$，故令 $y_x = 3^x z_x$，代入原方程得

$$9z_{x+2} - 3z_{x+1} - 6z_x = 2x + 1$$

下面先求这个方程的一个特解 z_x^*，由于该方程所对应的齐次方程的特征方程为 $9\lambda^2 - 3\lambda - 6 = 0$，其根为 $\lambda_1 = 1$ 与 $\lambda_2 = -\dfrac{2}{3}$. 由于 1 是特征方程的单根，于是令 $z_x^* = x(b_0 x + b_1)$，将它代入方程

$$9z_{x+2} - 3z_{x+1} - 6z_x = 2x + 1$$

比较两端同次幂的系数，得 $b_0 = \dfrac{1}{15}$，$b_1 = -\dfrac{2}{25}$，于是 $z_x^* = \dfrac{1}{15}x^2 - \dfrac{2}{25}x$. 因此

$$y_x^* = 3^x\left(\frac{1}{15}x^2 - \frac{2}{25}x\right)$$

原方程的通解为

$$y_x = C_1 3^x + C_2 (-2)^x + 3^x \left(\frac{1}{15} x^2 - \frac{2}{25} x \right) \quad (C_1 、 C_2 \text{ 为任意常数})$$

习 题 8-10

1. 求下列二阶常系数齐次线性差分方程的通解或在给定初始条件下的特解：

(1) $y_{x+2} - 5y_{x+1} + 6y_x = 0$;

(2) $y_{x+2} + 10y_{x+1} + 25y_x = 0$;

(3) $y_{x+2} + \frac{1}{9} y_x = 0$;

(4) $y_x - 3y_{x-1} - 4y_{x-2} = 0$;

(5) $y_{x+2} + y_{x+1} - 12y_x = 0$, $y_0 = 1$, $y_1 = 10$.

2. 求下列二阶常系数非齐次线性差分方程的通解或在给定初始条件下的特解：

(1) $y_{x+2} + 3y_{x+1} - 4y_x = 5$;

(2) $4y_{x+2} - 4y_{x+1} + y_x = 8$;

(3) $y_{x+2} + y_{x+1} + 2y_x = 6x^2 + 4x + 20$;

(4) $y_{x+2} - 3y_{x+1} + 2y_x = 3 \cdot 5^x$;

(5) $y_{x+2} + 3y_{x+1} - 4y_x = x$;

(6) $\Delta^2 y_x = 4$, $y_0 = 3$, $y_1 = 8$;

(7) $y_{x+2} + y_{x+1} - 2y_x = 12$, $y_0 = 0$, $y_1 = 0$.

复习与小结

一、了解微分方程的概念，会解下面简单的微分方程

1. 一阶微分方程

(1) 可分离变量 $\frac{dy}{dx} = h(x)g(y)$, $\int \frac{1}{g(y)} dy = \int h(x) dx$;

(2) 一阶线性方程 $y' + p(x)y = q(x)$, $y = e^{-\int p(x)dx} \left[\int q(x) e^{\int p(x)dx} dx + C \right]$;

(3) 齐次方程 $y' = \phi \left(\frac{y}{x} \right)$, 令 $u = \frac{y}{x}$, 则 $y' = u + xu'$（可分离）;

2. 二阶微分方程 $\begin{cases} (1) \, y'' = f(x) \text{ 型}; \\ (2) \, y'' = f(x, y') \text{ 型, 令 } p = y', \, y'' = p'; \\ (3) \, y'' = f(y, y') \text{ 型, 令 } p = y', \, y'' = p' = \frac{dp}{dy} p. \end{cases}$

二、会应用微分方程解决经济中的有关问题

(1) 需求量 Q 对价格 P 的函数关系;

(2) 产量与价格之间的函数关系;

(3) 利润 L 与加工数量 Q 之间的函数关系等.

复习题八

1. 单项选择题：

(1) 函数（　　）为微分方程 $xy' = 2y$ 的解.

A. $y = x^2$;

B. $y = x$

C. $y=2x$ 　　　　　　　　　　　D. $y=\dfrac{x}{2}$

（2）函数 $y=x^3$ 是微分方程（　　）的解.

A. $y'=2\sqrt[3]{y^2}$ 　　　　　　　　B. $y'=-\dfrac{3y^3}{x^4}$

C. $xy'-3y=0$ 　　　　　　　　　D. $y'+\dfrac{2y}{x}=x^2$

（3）（　　）不是变量可分离微分方程.

A. $y'=\dfrac{1+y}{1+x}$ 　　　　　　　　B. $y'=\dfrac{y-x}{y-1}$

C. $y^2\mathrm{d}x+x^2\mathrm{d}y=0$ 　　　　　　D. $\dfrac{\mathrm{d}x}{y}+\dfrac{\mathrm{d}y}{x}=0$

（4）（　　）是一阶线性微分方程.

A. $x^2y'=y$ 　　　　　　　　　　B. $y'=y^2$

C. $y'=\dfrac{1}{y}+x$ 　　　　　　　　D. $y'=\mathrm{e}^y$

（5）微分方程 $xy'+2y=0$ 在初始条件 $y|_{x=1}=1$ 的特解为（　　）.

A. $y=\dfrac{1}{x}$ 　　　　　　　　　　B. $y=\dfrac{1}{x^2}$

C. $y=x$ 　　　　　　　　　　　D. $y=x^2$

2. 填空题：

（1）$(y'')^3+\mathrm{e}^{-2x}y'=0$ 是_____阶微分方程；

（2）微分方程 $y'=a^{-x+y}(a>0,\ a\neq1)$ 在初始条件 $y|_{x=0}=0$ 下特解为_____；

（3）微分方程 $(1+\mathrm{e}^x)\mathrm{d}y+y\mathrm{e}^x\mathrm{d}x=0$ 通解为_____；

（4）微分方程 $y'+y=0$ 是一阶_____微分方程；

（5）微分方程 $(x^2+y^2)\mathrm{d}x-xy\mathrm{d}y=0$ 是一阶_____微分方程.

3. 解下列微分方程：

（1）$y-xy'=a(y^2+y')$；　　　　（2）$(xy^2+x)\mathrm{d}x+(y-x^2y)\mathrm{d}y=0$；

（3）$x^2y\mathrm{d}x-(x^3+y^3)\mathrm{d}y=0$；　　（4）$y'-2y+3=0$；

（5）$(x^2+1)\dfrac{\mathrm{d}y}{\mathrm{d}x}+2xy=4x^2$；　　（6）$y'=x+3+\dfrac{2}{x}-\dfrac{y}{x}$；

（7）$y''=\dfrac{1}{1+x^2}$；　　　　　（8）$y''=y'+x^2$；

（9）$y''+y'=x^2$；　　　　　　（10）$y''-9y'+20y=\mathrm{e}^{3x}+x+2$；

（11）$y''-2y'-\mathrm{e}^{2x}=0$，求其给定初始条件 $y|_{x=0}=1$，$y'|_{x=0}=1$ 的特解；

（12）$y''+2y'+y=\cos x$，求其给定初始条件 $y|_{x=0}=0$，$y'|_{x=0}=\dfrac{3}{2}$ 的特解.

4. 设某商品的需求对价格的弹性 $\dfrac{EQ}{EP}=-k$（k 为常数），且 $Q|_{P=1}=10$. 求该商品的需求函数 $Q=f(P)$.

5. 某国民收入 y 是随时间 t 变化的变化率为 $-0.003y+0.00304$，假定 $y(0)=0$，求国

民收入 y 与时间 t 的函数关系.

6. 某企业成本 C 随产量 Q 变化的变化率为 $7e^{0.3Q}+C$,若固定成本为 20,求成本函数.

* 7. 求下列差分方程的通解:

(1) $3y_t-3y_{t+1}=t3^t+1$;

(2) $9y_{x+2}+3y_{x+1}-6y_x=\left(\dfrac{1}{3}\right)^x(4x^2-10x+6)$.

* 8.(新产品的推销问题)设有某种耐用的新商品在某地区进行推销,最初商家会采取各种宣传活动以打开销路. 假设该商品确实受欢迎,则消费者会相互宣传,使购买人数逐渐增加,销售率逐渐增大. 但由于该地区潜在消费总量有限,所以当购买者占到潜在消费总量的一定比例时,销售速率又会逐渐下降,且该比例越接近于 1,销售速率越低,这时商家就应更新商品了.

(1)假设潜在消费者总量为 N,任意时刻 t 已经出售的新商品总量为 x(t),试建立 x(t)所应满足的微分方程;

(2)假设 $t=0$ 时,x(t)$=x_0$,求出 x(t);

(3)分析 x(t)的性态,给出商品的宣传和生产策略.

第九章 无 穷 级 数

无穷级数是高等数学的一个重要组成部分，它是表示函数、研究函数的性质以及进行数值计算的一种重要工具．本章介绍无穷级数的一些基本知识．首先讨论常数项级数，然后讨论幂级数及如何将函数展开成幂级数的问题．

第一节 常数项级数的概念和性质

一、级数的概念

通过芝诺悖论引入级数的概念．乌龟和阿基里斯（Achilles）赛跑，乌龟提前跑了一段——不妨设为 100m，而阿基里斯的速度比乌龟快得多——不妨设他的速度为乌龟的 10 倍，这样当阿基里斯跑了 100m 到乌龟的出发点时，乌龟向前跑了 10m；当阿基里斯再追了这 10m 时，乌龟又向前跑了 1m，…如此继续下去，因为追赶者必须首先到达被追赶者的原来位置，所以被追赶者总是在追赶者的前面，由此得出阿基里斯永远追不上乌龟．这显然与人们在生活中的实际情况是不相符合的．那么，问题究竟出在哪里呢？

如果从级数的角度来分析这个问题，芝诺的这个悖论就会不攻自破．事实上，在追赶过程中，乌龟跑的总路程为

$$10 + 1 + \frac{1}{10} + \frac{1}{100} + \cdots = \frac{10}{1 - \frac{1}{10}} = \frac{100}{9}$$

阿基里斯跑的总路程为

$$100 + 10 + 1 + \frac{1}{10} + \frac{1}{100} + \cdots = \frac{100}{1 - \frac{1}{10}} = \frac{1000}{9}$$

由于 $\frac{1000}{9} - \frac{100}{9} = 100$，故阿基里斯在离自己起点 $\frac{1000}{9} = 111.11\cdots$ m 处就能追上乌龟．

定义1 设 u_1，u_2，u_3，$\cdots$，u_n，$\cdots$ 是一个给定数列，表达式 $u_1 + u_2 + u_3 + \cdots + u_n + \cdots$ 或记为 $\sum\limits_{n=1}^{\infty} u_n$，称为（常数项）无穷级数，简称（常数项）级数，其中 u_n 称为级数的通项或一般项．如 $\sum\limits_{n=1}^{\infty} \frac{1}{n!}$、$\sum\limits_{n=1}^{\infty} \frac{1}{n(n+1)}$ 等都是级数．

做级数的前 n 项的和 $S_n = u_1 + u_2 + u_3 + \cdots + u_n$，$S_n$ 称为级数的部分和．从而得到一个新的数列

$$S_1, S_2, \cdots S_n, \cdots$$

称此数列为级数的部分和数列．

定义 2 如果级数 $\sum\limits_{n=1}^{\infty} u_n$ 的部分和数列 $\{S_n\}$ 当 $n \to \infty$ 时存在极限 S，即 $\lim\limits_{n\to\infty} S_n = S$，则

称级数 $\sum\limits_{n=1}^{\infty} u_n$ 收敛，这时极限 S 称为该级数的和，记为 $\sum\limits_{n=1}^{\infty} u_n = S$. 如果 $\{S_n\}$ 没有极限，

则称级数 $\sum\limits_{n=1}^{\infty} u_n$ 发散.

当级数收敛时，称 $r_n = S - S_n$ 为级数第 n 项以后的余项，显然有 $\lim\limits_{n\to\infty} r_n = 0$.

例 1 讨论等比级数（又称几何级数）

$$a + aq + aq^2 + \cdots + aq^{n-1} + \cdots (a \neq 0)$$

的敛散性.

解 当 $q \neq 1$ 时，其前 n 项和

$$S_n = a + aq + aq^2 + \cdots + aq^{n-1} = a \cdot \frac{1-q^n}{1-q}$$

若 $|q| < 1$，则 $\lim\limits_{n\to\infty} q^n = 0$，于是 $\lim\limits_{n\to\infty} S_n = \lim\limits_{n\to\infty} a \frac{1-q^n}{1-q} = \frac{a}{1-q}$，即当 $|q| < 1$ 时等比级

数收敛，其和为 $\frac{a}{1-q}$. 若 $|q| > 1$，则 $\lim\limits_{n\to\infty} |q|^n = \infty$. $n \to \infty$ 时，S_n 是无穷大量，级

数发散.

若 $q = 1$，则级数成为 $a + a + a + \cdots$，于是 $S_n = na$，$\lim\limits_{n\to\infty} S_n = \infty$，级数发散.

若 $q = -1$，则级数成为 $a - a + a - a + \cdots$，当 n 为奇数时，$S_n = a$，而当 n 为偶数时，

$S_n = 0$. 当 $n \to \infty$ 时，S_n 无极限，所以级数也发散.

总之，当 $|q| < 1$ 时，等比级数 $\sum\limits_{n=0}^{\infty} aq^n (a \neq 0)$ 收敛，且其和为 $\frac{a}{1-q}$；当 $|q| \geqslant 1$ 时，

等比级数发散.

例 2 证明级数 $\sum\limits_{n=1}^{\infty} \frac{1}{n(n+1)} = 1$.

由于 $u_n = \frac{1}{n(n+1)} = \frac{1}{n} - \frac{1}{n+1}$ 于是

证
$$S_n = \frac{1}{1 \cdot 2} + \frac{1}{2 \cdot 3} + \cdots + \frac{1}{n(n+1)}$$

$$= \left(1 - \frac{1}{2}\right) + \left(\frac{1}{2} - \frac{1}{3}\right) + \cdots + \left(\frac{1}{n} - \frac{1}{n+1}\right)$$

$$= 1 - \frac{1}{n+1}$$

当 $n \to \infty$ 时，$S_n \to 1$. 所以级数 $\sum\limits_{n=1}^{\infty} \frac{1}{n(n+1)} = 1$.

二、收敛级数的基本性质

根据级数收敛和发散的定义以及极限的运算法则，可得级数的以下性质：

性质 1 若级数 $\sum\limits_{n=1}^{\infty} u_n$ 收敛（发散），$k \neq 0$ 为常数，则 $\sum\limits_{n=1}^{\infty} ku_n$ 也收敛（发散），且收敛

时 $\sum\limits_{n=1}^{\infty}ku_n=k\sum\limits_{n=1}^{\infty}u_n$.

即级数的每一项同乘一个不为零的常数后，它的敛散性不会改变.

性质 2　若两个级数 $\sum\limits_{n=1}^{\infty}u_n$ 、$\sum\limits_{n=1}^{\infty}v_n$ 都收敛，其和分别为 s、σ，则级数 $\sum\limits_{n=1}^{\infty}(u_n\pm v_n)$ 也收敛，且

$$\sum_{n=1}^{\infty}(u_n\pm v_n)=s\pm\sigma$$

即两个收敛级数可以逐项相加与逐项相减.

性质 3　在级数中去掉、加上有限项或改变有限项的值，不会改变级数的敛散性.

例如，因为级数 $\sum\limits_{n=1}^{\infty}\dfrac{1}{3^n}$ 收敛，所以级数 $\sum\limits_{n=0}^{\infty}\dfrac{1}{3^n}$ 与级数 $\sum\limits_{n=10}^{\infty}\dfrac{1}{3^n}$ 也收敛.

性质 4　将一个级数中的有限项（按其原来的次序）加括号，得到一个新的级数. 若原级数收敛，则新级数也收敛，而且其和不变.

推论 1　一个级数如果添加括号后所成的新级数发散，那么原级数一定发散.

以上 4 个性质的证明留给读者自行完成.

性质 5　（级数收敛的必要条件）若级数 $\sum\limits_{n=1}^{\infty}u_n$ 收敛，则必有 $\lim\limits_{n\to\infty}u_n=0$.

证　设 $\sum\limits_{n=1}^{\infty}u_n=S$ ，即 $\lim\limits_{n\to\infty}S_n=S$ ，则 $\lim\limits_{n\to\infty}S_{n-1}=S$. 于是 $\lim\limits_{n\to\infty}u_n=\lim\limits_{n\to\infty}(S_n-S_{n-1})=\lim\limits_{n\to\infty}S_n-\lim\limits_{n\to\infty}S_{n-1}=S-S=0.$

推论 2　若级数 $\sum\limits_{n=1}^{\infty}u_n$ 的通项 u_n 当 $n\to\infty$ 时不趋于零，则此级数必发散.

注意：

（1）级数的一般项趋于零并不是级数收敛的充分条件，比如调和级数

$$1+\frac{1}{2}+\frac{1}{3}+\cdots+\frac{1}{n}+\cdots$$

它的一般项 $u_n=\dfrac{1}{n}\to 0(n\to\infty)$ ，但是它是发散的.

（2）经常用这个推论来判定某些级数是发散的.

本节主要是依据级数的定义及其性质判别级数的敛散性.

例 3　判断下列级数的敛散性.

（1）$\sum\limits_{n=1}^{\infty}(\sqrt{n+1}-\sqrt{n})$；

（2）$\left(\dfrac{1}{2}+\dfrac{1}{3}\right)+\left(\dfrac{1}{2^2}+\dfrac{1}{3^2}\right)+\left(\dfrac{1}{2^3}+\dfrac{1}{3^3}\right)+\cdots+\left(\dfrac{1}{2^n}+\dfrac{1}{3^n}\right)+\cdots$；

（3）$\dfrac{1}{3}+\dfrac{1}{\sqrt{3}}+\dfrac{1}{\sqrt[3]{3}}+\cdots+\dfrac{1}{\sqrt[n]{3}}+\cdots$.

解　（1）$\because S_n=\sum\limits_{k=1}^{n}(\sqrt{k+1}-\sqrt{k})$

$$= (\sqrt{2} - 1) + (\sqrt{3} - \sqrt{2}) + (\sqrt{4} - \sqrt{3}) + \cdots + (\sqrt{n+1} - \sqrt{n})$$

$$= \sqrt{n+1} - 1 \to \infty (n \to \infty)$$

∴ 级数发散.

(2) ∵ 级数为 $\displaystyle\sum_{n=1}^{\infty} \left(\frac{1}{2^n} + \frac{1}{3^n} \right) = \sum_{n=1}^{\infty} \frac{1}{2^n} + \sum_{n=1}^{\infty} \frac{1}{3^n}$, 两项分别为等比级数且 $q = \dfrac{1}{2}$ 和 $\dfrac{1}{3}$,

∴ 原级数收敛.

(3) ∵ $u_n = \dfrac{1}{\sqrt[n]{3}} \to 1 (n \to \infty)$, ∴ 由级数收敛的必要条件可知原级数发散.

习 题 9-1

1. 写出下列级数的前 6 项:

(1) $\displaystyle\sum_{n=1}^{\infty} \frac{2+n}{1+n^2}$;

(2) $\displaystyle\sum_{n=1}^{\infty} \frac{2 \cdot 4 \cdot 6 \cdot \cdots \cdot (2n)}{1 \cdot 3 \cdot 5 \cdot \cdots \cdot (2n-1)}$;

(3) $\displaystyle\sum_{n=1}^{\infty} \frac{(-1)^{n+1}}{4^n}$;

(4) $\displaystyle\sum_{n=1}^{\infty} \frac{n!}{n^n}$.

2. 写出下列级数的一般项:

(1) $\dfrac{1}{2} + \dfrac{1}{4} + \dfrac{1}{6} + \dfrac{1}{8} + \cdots$;

(2) $\dfrac{2}{1} - \dfrac{3}{2} + \dfrac{4}{3} - \dfrac{5}{4} + \dfrac{6}{5} - \cdots$;

(3) $\dfrac{\sqrt{x}}{1} + \dfrac{x}{1 \cdot 3} + \dfrac{x\sqrt{x}}{1 \cdot 3 \cdot 5} + \dfrac{x^2}{1 \cdot 3 \cdot 5 \cdot 7} + \cdots$;

(4) $\dfrac{a^2}{2} - \dfrac{a^3}{4} + \dfrac{a^4}{6} - \dfrac{a^5}{8} + \cdots$.

3. 根据级数收敛与发散的定义判别下列级数的敛散性:

(1) $\displaystyle\sum_{n=1}^{\infty} (\sqrt{n} - \sqrt{n+1})$;

(2) $\dfrac{1}{1 \cdot 3} + \dfrac{1}{3 \cdot 5} + \dfrac{1}{5 \cdot 7} + \cdots + \dfrac{1}{(2n-1)(2n+1)} + \cdots$;

(3) $\sin \dfrac{\pi}{6} + \sin \dfrac{2\pi}{6} + \cdots + \sin \dfrac{n\pi}{6} + \cdots$.

4. 判别下列级数的敛散性:

(1) $-\dfrac{5}{7} + \dfrac{5^2}{7^2} - \dfrac{5^3}{7^3} + \cdots + (-1)^n \dfrac{5^n}{7^n} + \cdots$;

(2) $\dfrac{1}{3} + \dfrac{1}{6} + \dfrac{1}{9} + \cdots + \dfrac{1}{3n} + \cdots$;

(3) $\dfrac{1}{2} + \dfrac{1}{\sqrt{2}} + \dfrac{1}{\sqrt[3]{2}} + \cdots + \dfrac{1}{\sqrt[n]{2}} + \cdots$;

(4) $\dfrac{4}{3} + \dfrac{4^2}{3^2} + \dfrac{4^3}{3^3} + \cdots + \dfrac{4^n}{3^n} + \cdots$;

(5) $\left(\dfrac{1}{5} + \dfrac{1}{7} \right) + \left(\dfrac{1}{5^2} + \dfrac{1}{7^2} \right) + \left(\dfrac{1}{5^3} + \dfrac{1}{7^3} \right) + \cdots + \left(\dfrac{1}{5^n} + \dfrac{1}{7^n} \right) + \cdots$.

第二节　常数项级数的审敛法

一、正项级数及其审敛法

定义 1　每项均为非负的级数称为正项级数.

设级数 $u_1 + u_2 + u_3 + \cdots + u_n + \cdots$ 是一个正项级数（$u_n \geqslant 0$），它的部分和数列 $\{S_n\}$ 显然是一个单调不减数列，即

$$S_1 \leqslant S_2 \leqslant S_3 \leqslant \cdots \leqslant S_n \leqslant \cdots$$

从而由单调有界定理，有下面定理：

定理 1　正项级数 $\sum\limits_{n=1}^{\infty} u_n$ 收敛的充要条件是它的部分和数列 $\{S_n\}$ 有界.

推论 1　如果正项级数 $\sum\limits_{n=1}^{\infty} u_n$ 发散，则它的部分和数列 $S_n \to +\infty$　（$n \to \infty$）.

根据定理 1，立即得到如下被经常用于判断正项级数敛散性的比较判别法；

定理 2　（比较判别法）已知正项级数 $\sum\limits_{n=1}^{\infty} u_n$ 与 $\sum\limits_{n=1}^{\infty} v_n$，且 $u_n \leqslant v_n$（$n = 1, 2, \cdots$），

（1）若级数 $\sum\limits_{n=1}^{\infty} v_n$ 收敛，则级数 $\sum\limits_{n=1}^{\infty} u_n$ 也收敛.

（2）若级数 $\sum\limits_{n=1}^{\infty} u_n$ 发散，则级数 $\sum\limits_{n=1}^{\infty} v_n$ 也发散.

证　设 A_n 和 B_n 分别表示级数 $\sum\limits_{n=1}^{\infty} u_n$ 和 $\sum\limits_{n=1}^{\infty} v_n$ 的前 n 项和.

（1）由定理 1 可知：如果级数 $\sum\limits_{n=1}^{\infty} v_n$ 收敛，则 B_n 有界. 因为 $A_n \leqslant B_n$，故 A_n 也有界. 所以级数 $\sum\limits_{n=1}^{\infty} u_n$ 收敛.

（2）用反证法. 若级数 $\sum\limits_{n=1}^{\infty} v_n$ 收敛，则因已设 $u_n \leqslant v_n$，由（1）推知 $\sum\limits_{n=1}^{\infty} u_n$ 收敛，与题设矛盾，故 $\sum\limits_{n=1}^{\infty} v_n$ 发散.

***推论 2**　设 $\sum\limits_{n=1}^{\infty} u_n$ 和 $\sum\limits_{n=1}^{\infty} v_n$ 都是正项级数，如果级数 $\sum\limits_{n=1}^{\infty} v_n$ 收敛，且存在自然数 N，使得 $n \geqslant N$ 时，有 $u_n \leqslant kv_n$ 成立，则级数 $\sum\limits_{n=1}^{\infty} u_n$ 收敛；如果级数 $\sum\limits_{n=1}^{\infty} v_n$ 发散，且当 $n \geqslant N$ 时有 $u_n \geqslant kv_n$（$k > 0$）成立，则 $\sum\limits_{n=1}^{\infty} u_n$ 发散.

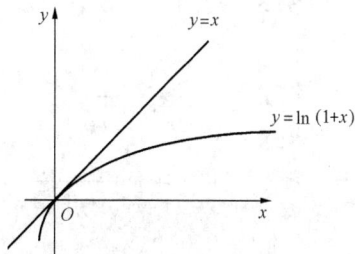

图 9-1

例 1　证明调和级数

$$\sum_{n=1}^{\infty} \frac{1}{n} = 1 + \frac{1}{2} + \frac{1}{3} + \cdots + \frac{1}{n} + \cdots$$

是发散的.

解 由微分学可证得一个不等式：当 $x > 0$ 时，$x > \ln(1+x)$（见图 9-1），所以

$$S_n = 1 + \frac{1}{2} + \frac{1}{3} + \cdots + \frac{1}{n} > \ln(1+1) + \ln\left(1+\frac{1}{2}\right) + \ln\left(1+\frac{1}{3}\right) + \cdots + \ln\left(1+\frac{1}{n}\right)$$

$$= \ln 2 + \ln\frac{3}{2} + \ln\frac{4}{3} + \cdots + \ln\frac{n+1}{n} = \ln\left(2 \cdot \frac{3}{2} \cdot \frac{4}{3} \cdots \frac{n+1}{n}\right)$$

$$= \ln(1+n) \to +\infty \, (n \to \infty)$$

即 $\sum\limits_{n=1}^{\infty} \frac{1}{n} = +\infty$，所以调和级数发散.

一般地，称正项级数 $\sum\limits_{n=1}^{\infty} \frac{1}{n^p} = 1 + \frac{1}{2^p} + \frac{1}{3^p} + \cdots + \frac{1}{n^p} + \cdots$ 为 p 级数（或广义调和级数）. 调和级数是广义调和级数当 $p = 1$ 时的情形.

例 2 讨论 p 级数 $1 + \frac{1}{2^p} + \frac{1}{3^p} + \cdots + \frac{1}{n^p} + \cdots$ 的收敛性，其中常数 $p > 0$.

解 设 $p \leqslant 1$，则 $\frac{1}{n^p} \geqslant \frac{1}{n}$，但调和级数发散，由定理 2 可知，当 $p \leqslant 1$ 时级数 $\sum\limits_{n=1}^{\infty} \frac{1}{n^p}$ 发散.

设 $p > 1$，当 $n-1 \leqslant x \leqslant n$ 时，有 $\frac{1}{n^p} \leqslant \frac{1}{x^p}$，所以

$$\frac{1}{n^p} = \int_{n-1}^{n} \frac{1}{n^p} \mathrm{d}x \leqslant \int_{n-1}^{n} \frac{1}{x^p} \mathrm{d}x = \frac{1}{p-1}\left[\frac{1}{(n-1)^{p-1}} - \frac{1}{n^{p-1}}\right] \quad (n = 2, 3, \cdots)$$

考虑级数（1）

$$\sum_{n=2}^{\infty} \left[\frac{1}{(n-1)^{p-1}} - \frac{1}{n^{p-1}}\right]$$

其部分和

$$S_n = \left[1 - \frac{1}{2^{p-1}}\right] + \left[\frac{1}{2^{p-1}} - \frac{1}{3^{p-1}}\right] + \cdots + \left[\frac{1}{n^{p-1}} - \frac{1}{(n+1)^{p-1}}\right] = 1 - \frac{1}{(n+1)^{p-1}} \to 1 \, (n \to \infty)$$

故级数（1）收敛，由定理 2 知，级数 $\sum\limits_{n=1}^{\infty} \frac{1}{n^p}$ 当 $p > 1$ 时收敛.

综上，对于 p 级数，当 $p > 1$ 时收敛，当 $p \leqslant 1$ 时发散.

例 3 判别下列级数敛散性：

(1) $\sum\limits_{n=1}^{\infty} \frac{1}{\sqrt{4n^2 + n}}$;   (2) $\sum\limits_{n=1}^{\infty} \frac{\sin^2\frac{n\pi}{3}}{n^2}$.

解 (1) 由于 $\frac{1}{\sqrt{4n^2 + n}} \geqslant \frac{1}{\sqrt{4n^2 + n^2}} = \frac{1}{\sqrt{5}} \cdot \frac{1}{n}$，因为 $\sum\limits_{n=1}^{\infty} \frac{1}{n}$ 发散，所以原级数发散.

(2) 由于 $\frac{\sin^2\frac{n\pi}{3}}{n^2} \leqslant \frac{1}{n^2}$，而 $\sum\limits_{n=1}^{\infty} \frac{1}{n^2}$ 收敛. 由定理 2 可知原级数收敛.

定理 3（比较判别法的极限形式） 设 $\sum\limits_{n=1}^{\infty} u_n$ 和 $\sum\limits_{n=1}^{\infty} v_n$ 都是正项级数，如果：

(1) $\lim\limits_{n\to\infty}\dfrac{u_n}{v_n}=l(0\leqslant l<+\infty)$，且级数 $\sum\limits_{n=1}^{\infty}v_n$ 收敛，则级数 $\sum\limits_{n=1}^{\infty}u_n$ 收敛；

(2) $\lim\limits_{n\to\infty}\dfrac{u_n}{v_n}=l>0$ 或 $\lim\limits_{n\to\infty}\dfrac{u_n}{v_n}=+\infty$，且级数 $\sum\limits_{n=1}^{\infty}v_n$ 发散，则级数 $\sum\limits_{n=1}^{\infty}u_n$ 发散.

用比较判别法或其极限形式判定一个正项级数的敛散性时，经常将需要判定的级数的一般项与几何级数或 p 级数的一般项比较，然后确定该级数的敛散性.

例 4 判别级数 $\sum\limits_{n=1}^{\infty}\sin\dfrac{1}{n}$ 的收敛性.

解 $\because \lim\limits_{n\to\infty}\dfrac{\sin\dfrac{1}{n}}{\dfrac{1}{n}}=1$，$\therefore$ 由定理 3 知此级数发散.

定理 4 （比值判别法）若正项级数 $\sum\limits_{n=1}^{\infty}u_n$ 满足条件 $\lim\limits_{n\to\infty}\dfrac{u_{n+1}}{u_n}=\rho$，则：

(1) $\rho<1$ 时，级数收敛；

(2) $\rho>1$（或 $\lim\limits_{n\to\infty}\dfrac{u_{n+1}}{u_n}=\infty$）时，级数发散；

(3) $\rho=1$ 时，级数可能收敛也可能发散.

例 5 判别级数 $\sum\limits_{n=1}^{\infty}\dfrac{2^n\cdot n!}{n^n}$ 的敛散性.

解 $\because \dfrac{u_{n+1}}{u_n}=\dfrac{2^{n+1}\cdot(n+1)!}{(n+1)^{n+1}}\cdot\dfrac{n^n}{2^n\cdot n!}=2\cdot\left(\dfrac{n}{n+1}\right)^n=2\cdot\dfrac{1}{\left(1+\dfrac{1}{n}\right)^n}$

$\therefore \lim\limits_{n\to\infty}\dfrac{u_{n+1}}{u_n}=\lim\limits_{n\to\infty}\dfrac{2}{\left(1+\dfrac{1}{n}\right)^n}=\dfrac{2}{\mathrm{e}}<1$，由定理 2 可知级数收敛.

定理 5（根值判别法） 设 $\sum\limits_{n=1}^{\infty}u_n$ 为正项级数，如果它的一般项 u_n 的 n 次根的极限等于 ρ 即 $\lim\limits_{n\to\infty}\sqrt[n]{u_n}=\rho$，则当 $\rho<1$ 时，级数收敛，$\rho>1$（包括 $\rho=+\infty$）时级数发散，$\rho=1$ 时级数可能收敛也可能发散.

证略.

例 6 判别级数 $\sum\limits_{n=1}^{\infty}\left(\dfrac{n}{2n+1}\right)^n$ 的收敛性.

解 $\lim\limits_{n\to\infty}\sqrt[n]{u_n}=\lim\limits_{n\to\infty}\dfrac{n}{2n+1}=\dfrac{1}{2}<1$，由定理 2 可知级数收敛.

比值判别法和根值判别法用起来很方便，但当 $\rho=1$ 或极限不存在且不是 ∞ 时，比值（根值）判别法就无效了.

对级数 $\sum\limits_{n=1}^{\infty}\dfrac{1}{n}$，有

$$\rho = \lim_{n \to \infty} \frac{u_{n+1}}{u_n} = \lim_{n \to \infty} \frac{\frac{1}{n+1}}{\frac{1}{n}} = \lim_{n \to \infty} \frac{n}{n+1} = 1$$

而 $\sum_{n=1}^{\infty} \frac{1}{n}$ 是发散的；对级数 $\sum_{n=1}^{\infty} \frac{1}{n^2}$ 同样有 $\rho = 1$，而 $\sum_{n=1}^{\infty} \frac{1}{n^2}$ 是收敛的，因此仅凭 $\rho = 1$，是不能判断级数敛散性的，需要另外的方法去解决.

二、交错级数及其收敛性判别法

定义 2   一个级数的各项如果是正负相间的就叫做交错级数.

例如，若 $u_n > 0$（或 $u_n < 0$），$n = 1, 2, 3, \cdots$，则 $u_1 - u_2 + u_3 - u_4 + \cdots + (-1)^{n-1} u_n + \cdots$ 就是一个交错级数.

关于交错级数的收敛性有如下判别法：

定理 6（莱布尼兹判别法）   若交错级数 $\sum_{n=1}^{\infty} (-1)^{n-1} u_n$，$u_n > 0$，$n = 1, 2, 3 \cdots$，满足：

(1) $u_n \geqslant u_{n+1}$（$n = 1, 2, \cdots$）；

(2) $\lim_{n \to \infty} u_n = 0$；

则级数收敛，且其和 $S \leqslant u_1$，其余项 r_n 的绝对值 $|r_n| \leqslant u_{n+1}$.

证   先证前 $2n$ 项的和 S_{2n} 的极限存在.

$$S_{2n} = (u_1 - u_2) + (u_3 - u_4) + \cdots + (u_{2n-1} - u_{2n})$$

由条件 (1) 可知所有括号中的差都是非负的，因此 $\{S_{2n}\}$ 单调递增.

又

$$S_{2n} = u_1 - (u_2 - u_3) - (u_4 - u_5) - \cdots - (u_{2n-2} - u_{2n-1}) - u_{2n}$$

所以 $S_{2n} < u_1$，即 $\{S_{2n}\}$ 有界，则 $\lim_{n \to \infty} S_{2n} = S \leqslant u_1$.

又因为 $\lim_{n \to \infty} S_{2n+1} = \lim_{n \to \infty} (S_{2n} + u_{2n+1}) = S$，故 $\lim_{n \to \infty} S_n = S \leqslant u_1$.

例 7   证明交错级数 $\sum_{n=1}^{\infty} (-1)^{n-1} \frac{1}{n} = 1 - \frac{1}{2} + \frac{1}{3} - \frac{1}{4} + \cdots + (-1)^{n-1} \frac{1}{n} + \cdots$ 收敛.

证   因为 $u_n = \frac{1}{n} > 0$，$u_n = \frac{1}{n} > \frac{1}{n+1} = u_{n+1}$（$n = 1, 2, \cdots$）及 $\lim_{n \to \infty} u_n = \lim_{n \to \infty} \frac{1}{n} = 0$. 由交错级数的莱布尼兹判别法，知 $\sum_{n=1}^{\infty} (-1)^{n-1} \frac{1}{n}$ 收敛.

三、绝对收敛与条件收敛

每一个任意项级数的各项都换为其绝对值，则对应地有一个正项级数，该正项级数与任意项级数的收敛性有下面定理所述的关系：

定理 7   若 $\sum_{n=1}^{\infty} |u_n|$ 收敛，则 $\sum_{n=1}^{\infty} u_n$ 也收敛.

证   令 $v_n = \frac{1}{2} (|u_n| + u_n)$，则 $v_n \geqslant 0$，即 $\sum_{n=1}^{\infty} v_n$ 是正项级数，因为 $v_n \leqslant |u_n|$，而 $\sum_{n=1}^{\infty} |u_n|$ 收敛，从而 $\sum_{n=1}^{\infty} 2v_n$ 收敛. 又 $2v_n - |u_n| = u_n$，由基本性质，知 $\sum_{n=1}^{\infty} u_n$ 收敛.

必须指出，此定理的逆命题不成立.

定义 3 若 $\sum\limits_{n=1}^{\infty} |u_n|$ 收敛，则称 $\sum\limits_{n=1}^{\infty} u_n$ 是绝对收敛的.

定义 4 如果 $\sum\limits_{n=1}^{\infty} u_n$ 收敛而 $\sum\limits_{n=1}^{\infty} |u_n|$ 发散，则称 $\sum\limits_{n=1}^{\infty} u_n$ 是条件收敛的.

例如，级数 $\sum\limits_{n=1}^{\infty} (-1)^{n-1} \dfrac{1}{n}$ 是条件收敛的.

例 8 判定下列级数是绝对收敛还是条件收敛还是发散：

(1) $\dfrac{1}{2} - \dfrac{1}{2} \cdot \dfrac{1}{2^2} + \dfrac{1}{3} \cdot \dfrac{1}{2^3} + \cdots + (-1)^{n+1} \dfrac{1}{n} \cdot \dfrac{1}{2^n} + \cdots$;

(2) $\sum\limits_{n=1}^{\infty} \dfrac{x^n}{n}$.

解 (1) $\because \lim\limits_{n\to\infty} \left| \dfrac{u_{n+1}}{u_n} \right| = \lim\limits_{n\to\infty} \dfrac{\dfrac{1}{n+1} \cdot \dfrac{1}{2^{n+1}}}{\dfrac{1}{n} \cdot \dfrac{1}{2^n}} = \lim\limits_{n\to\infty} \left(\dfrac{n}{n+1} \cdot \dfrac{1}{2} \right) = \dfrac{1}{2} < 1,$

$\therefore$ 所给的级数是绝对收敛的.

(2) $\because \lim\limits_{n\to\infty} \left| \dfrac{u_{n+1}}{u_n} \right| = \lim\limits_{n\to\infty} \left| \dfrac{\dfrac{x^{n+1}}{n+1}}{\dfrac{x^n}{n}} \right| = \lim\limits_{n\to\infty} \dfrac{n}{n+1} \mid x \mid = \mid x \mid ,$

$\therefore$ 当 $\mid x \mid < 1$ 时，级数绝对收敛；当 $\mid x \mid > 1$ 时，级数发散；当 $x = 1$ 时，级数成为调和级数，级数是发散的；当 $x = -1$ 时，级数成为 $\sum\limits_{n=1}^{\infty} \dfrac{(-1)^n}{n} = -\sum\limits_{n=1}^{\infty} (-1)^{n-1} \dfrac{1}{n}$ ，级数是条件收敛的.

可以将正项级数的比值（或根值）判别法应用于判定任意项级数的绝对收敛性，可以得到如下定理：

定理 8 若任意项级数 $\sum\limits_{n=1}^{\infty} u_n$ 满足

$$\lim\limits_{n\to\infty} \left| \dfrac{u_{n+1}}{u_n} \right| = \rho$$

则当 $\rho < 1$ 时，级数绝对收敛；$\rho > 1$（或 $= +\infty$）时，级数发散；$\rho = 1$ 时，级数可能绝对收敛、条件收敛或发散.

证明略.

例如下面三个级数：

$$\sum\limits_{n=1}^{\infty} \dfrac{(-1)^{n+1}}{n^2}, \quad \sum\limits_{n=1}^{\infty} \dfrac{(-1)^{n+1}}{n} \text{ 和 } \sum\limits_{n=1}^{\infty} (-1)^{n+1}$$

都满足 $\rho = 1$，但第一个级数绝对收敛，第二个级数条件收敛，第三个级数发散.

习 题 9-2

1. 用比较判别法或极限形式的比较判别法判别下列级数的敛散性：

(1) $1 + \dfrac{1}{3} + \dfrac{1}{5} + \cdots + \dfrac{1}{2n-1} + \cdots$;

(2) $1 + \dfrac{2+2}{1+2^2} + \dfrac{2+3}{1+3^2} + \cdots + \dfrac{2+n}{1+n^2} + \cdots$;

(3) $\dfrac{1}{2 \cdot 5} + \dfrac{1}{3 \cdot 6} + \cdots + \dfrac{1}{(n+1)(n+4)} + \cdots$;

(4) $\sin \dfrac{\pi}{3} + \sin \dfrac{\pi}{3^2} + \sin \dfrac{\pi}{3^3} + \cdots + \sin \dfrac{\pi}{3^n} + \cdots$;

(5) $\displaystyle\sum_{n=1}^{\infty} \dfrac{1}{1+a^n} \ (a > 1)$.

2. 用比值判别法判别下列级数的敛散性：

(1) $\dfrac{4}{1 \cdot 2} + \dfrac{4^2}{2 \cdot 2^2} + \dfrac{4^3}{3 \cdot 2^3} + \cdots + \dfrac{4^n}{n \cdot 2^n} + \cdots$;   (2) $\displaystyle\sum_{n=1}^{\infty} \dfrac{n^3}{5^n}$;

(3) $\displaystyle\sum_{n=1}^{\infty} \dfrac{3^n \cdot n!}{n^n}$;   (4) $\displaystyle\sum_{n=1}^{\infty} n \tan \dfrac{\pi}{3^{n+1}}$.

3. 用根值判别法判别下列级数的敛散性：

(1) $\displaystyle\sum_{n=1}^{\infty} \left(\dfrac{n}{3n+1} \right)^n$;   (2) $\displaystyle\sum_{n=1}^{\infty} \dfrac{1}{[\ln(n+2)]^n}$;

(3) $\displaystyle\sum_{n=1}^{\infty} \left(\dfrac{n}{2n-1} \right)^{2n-1}$;

(4) $\displaystyle\sum_{n=1}^{\infty} \left(\dfrac{b}{a_n} \right)^n$, 式中 $a_n \to a \ (n \to \infty)$, a_n、a、b 均为正数.

4. 判别下列级数的敛散性：

(1) $\dfrac{4}{5} + 2 \left(\dfrac{4}{5} \right)^2 + 3 \left(\dfrac{4}{5} \right)^3 + \cdots + n \left(\dfrac{4}{5} \right)^n + \cdots$;

(2) $\dfrac{1^3}{1!} + \dfrac{2^3}{2!} + \dfrac{3^3}{3!} + \cdots + \dfrac{n^3}{n!} + \cdots$;

(3) $\displaystyle\sum_{n=1}^{\infty} \dfrac{n+2}{(n+1)(n+3)}$;

(4) $\displaystyle\sum_{n=1}^{\infty} 3^n \sin \dfrac{\pi}{4^n}$;

(5) $\sqrt{2} + \sqrt{\dfrac{3}{2}} + \cdots + \sqrt{\dfrac{n+1}{n}} + \cdots$.

5. 判别下列级数是否收敛？如果是收敛的，是绝对收敛还是条件收敛？

(1) $1 - \dfrac{1}{\sqrt{2}} + \dfrac{1}{\sqrt{3}} - \dfrac{1}{\sqrt{4}} + \cdots$;

(2) $\displaystyle\sum_{n=1}^{\infty} (-1)^{n-1} \dfrac{n}{2^{n-1}}$;

(3) $\dfrac{1}{3} \cdot \dfrac{1}{2} - \dfrac{1}{3} \cdot \dfrac{1}{2^2} + \dfrac{1}{3} \cdot \dfrac{1}{2^3} - \dfrac{1}{3} \cdot \dfrac{1}{2^4} + \cdots$;

(4) $\dfrac{1}{\ln 2} - \dfrac{1}{\ln 3} + \dfrac{1}{\ln 4} - \dfrac{1}{\ln 5} + \cdots$.

第三节 幂 级 数

如果级数 $u_1(x) + u_2(x) + u_3(x) + \cdots + u_n(x) + \cdots$ 的各项都是定义在某区间 I 上的函数, 这个级数就叫做函数项级数. 当自变量 x 取特定值, 如 $x = x_0 \in I$ 时, 级数变成一个数项级数 $\displaystyle\sum_{n=1}^{\infty} u_n(x_0)$. 如果这个数项级数收敛, 称 x_0 为函数项级数 $\displaystyle\sum_{n=1}^{\infty} u_n(x)$ 的收敛点; 如发散, 称 x_0 为发散点. 一个函数项级数的收敛点的全体构成其收敛域, 发散点的全体构成其发散域. 本节研究一类基本的函数项级数——幂级数.

一、幂级数及其收敛域

定义 1 形如

$$\sum_{n=0}^{\infty} a_n x^n = a_0 + a_1 x + a_2 x^2 + \cdots + a_n x^n + \cdots \tag{9-1}$$

的函数项级数称为 x 的幂级数, 式中常数 $a_0, a_1, a_2, \cdots, a_n, \cdots$ 叫做幂级数的系数.

注: 幂级数的一般形式是

$$\sum_{n=0}^{\infty} a_n (x - x_0)^n = a_0 + a_1 (x - x_0) + a_2 (x - x_0)^2 + \cdots + a_n (x - x_0)^n + \cdots \tag{9-2}$$

经变换 $t = x - x_0$ 就可化为式 (9-1) 的形式. 例如

$$1 + x + x^2 + \cdots + x^n + \cdots$$

$$1 + x + \frac{1}{2!} x^2 + \cdots + \frac{1}{n!} x^n + \cdots$$

幂级数 $\displaystyle\sum_{n=0}^{\infty} x^n = 1 + x + x^2 + \cdots + x^n + \cdots$ 是公比为 x 的等比级数. 当 $|x_0| < 1$ 时 $\displaystyle\sum_{n=0}^{\infty} x_0^n$ 收敛于和 $\dfrac{1}{1 - x_0}$; 当 $|x_0| \geqslant 1$ 时 $\displaystyle\sum_{n=0}^{\infty} x_0^n$ 发散. 因此它的收敛域为 $(-1, 1)$, 且对 $\forall x \in (-1, 1)$, 有函数 (称为和函数) $\dfrac{1}{1-x} = 1 + x + x^2 + \cdots + x^n + \cdots$.

显然, 当 $x = 0$ 时, 幂级数 $\displaystyle\sum_{n=0}^{\infty} x^n$ 收敛. 可以证明, 若有 $x_0 \neq 0$ 使 $\displaystyle\sum_{n=0}^{\infty} a_n x_0^n$ 收敛, 则当 $|x| < |x_0|$ 时, 幂级数 $\displaystyle\sum_{n=0}^{\infty} a_n x^n$ 绝对收敛; 若有 x_0 使 $\displaystyle\sum_{n=0}^{\infty} a_n x_0^n$ 发散, 则当 $|x| > |x_0|$ 时, 幂级数 $\displaystyle\sum_{n=0}^{\infty} a_n x^n$ 发散. 由此可知, 幂级数 $\displaystyle\sum_{n=0}^{\infty} a_n x^n$ 不一定仅在 $x = 0$ 一点收敛, 也不一定在整个数轴上都收敛. 则必有一个确定的正数 R 存在, 使得

(1) 当 $|x| < R$ 时, 幂级数 $\displaystyle\sum_{n=0}^{\infty} a_n x^n$ 绝对收敛;

(2) 当 $|x| > R$ 时, 幂级数 $\displaystyle\sum_{n=0}^{\infty} a_n x^n$ 发散;

(3) 当 $x = R$ 与 $x = -R$ 时, 幂级数可能收敛也可能发散.

正数 R 通常称为幂级数 $\sum\limits_{n=0}^{\infty} a_n x^n$ 的收敛半径，开区间 $(-R，R)$ 叫做幂级数的收敛区间. 关于收敛半径的求法有如下定理：

定理 1　如果幂级数 $\sum\limits_{n=0}^{\infty} a_n x^n$ 当 n 充分大以后都有 $a_n \neq 0$，且 $\lim\limits_{n\to\infty}\left|\dfrac{a_{n+1}}{a_n}\right| = \rho (0 \leqslant \rho \leqslant +\infty)$，则：

(1) 当 $0 < \rho < +\infty$ 时，$R = \dfrac{1}{\rho}$;

(2) 当 $\rho = 0$ 时，$R = +\infty$;

(3) 当 $\rho = +\infty$ 时，$R = 0$.

证　考察幂级数 $\sum\limits_{n=0}^{\infty} a_n x^n$ 的各项取绝对值所成的级数

$$| a_0 |+| a_1 x |+| a_2 x^2 |+\cdots+| a_n x^n |+\cdots$$

相邻两项之比为

$$\frac{| a_{n+1} x^{n+1} |}{| a_n x^n |} =\left| \frac{a_{n+1}}{a_n} \right| | x |$$

(1) 如果 $\lim\limits_{n\to\infty}\left|\dfrac{a_{n+1}}{a_n}\right| =\rho (\rho \neq 0)$ 存在，根据比值判别法，当 $\rho | x | < 1$ 即 $| x | < \dfrac{1}{\rho}$ 时，级数收敛，从而级数 $\sum\limits_{n=0}^{\infty} a_n x^n$ 绝对收敛；当 $\rho | x | > 1$ 即 $| x | > \dfrac{1}{\rho}$ 时，级数发散并且从某一个 n 开始 $| a_{n+1} x^{n+1} | > | a_n x^n |$，因此一般项 $| a_n x^n |$ 不能趋于零，所以 $a_n x^n$ 也不能趋于零，从而级数 $\sum\limits_{n=0}^{\infty} a_n x^n$ 发散，于是收敛半径 $R = \dfrac{1}{\rho}$.

(2) 如果 $\rho = 0$，则任何 $x \neq 0$，有 $\dfrac{| a_{n+1} x^{n+1} |}{| a_n x^n |} \to 0 (n\to\infty)$，所以级数收敛，从而级数 $\sum\limits_{n=0}^{\infty} a_n x^n$ 绝对收敛，于是 $R = +\infty$.

(3) 如果 $\rho = +\infty$，则对于除 $x = 0$ 外的其他一切 x 值，级数 $\sum\limits_{n=0}^{\infty} a_n x^n$ 必发散，于是 $R = 0$.

例 1　求幂级数的收敛半径 R.

(1) $\sum\limits_{n=0}^{\infty} n! \ x^n$; (2) $\sum\limits_{n=1}^{\infty} \dfrac{x^n}{n 3^n}$.

解　(1) 由 $\rho =\lim\limits_{n\to\infty}\left|\dfrac{a_{n+1}}{a_n}\right| =\lim\limits_{n\to\infty}\dfrac{(n+1)!}{n!} =\lim\limits_{n\to\infty}(n+1) =+\infty$，得收敛半径 $R = 0$.

(2) 由 $\rho =\lim\limits_{n\to\infty}\left|\dfrac{a_{n+1}}{a_n}\right| =\lim\limits_{n\to\infty}\dfrac{\frac{1}{(n+1)3^{n+1}}}{\frac{1}{n 3^n}} =\lim\limits_{n\to\infty}\dfrac{n}{3(n+1)} =\dfrac{1}{3}$，得收敛半径 $R = 3$.

例 2　求幂级数 $\sum\limits_{n=0}^{\infty} \dfrac{x^n}{n}$ 的收敛半径、收敛区间及收敛域.

解　$\because \lim\limits_{n\to\infty}\left|\dfrac{a_{n+1}}{a_n}\right|=\lim\limits_{n\to\infty}\dfrac{\frac{1}{n+1}}{\frac{1}{n}}=1$，$\therefore R=1$，于是收敛区间为 $(-1,1)$．

当 $x=1$ 时，幂级数成为级数 $\sum\limits_{n=1}^{\infty}\dfrac{1}{n}$，发散；

当 $x=-1$ 时，幂级数成为级数 $\sum\limits_{n=1}^{\infty}(-1)^n\dfrac{1}{n}$，收敛．

所以，幂级数 $\sum\limits_{n=0}^{\infty}\dfrac{x^n}{n}$ 的收敛域为 $[-1,1)$．

例 3　求幂级数 $\sum\limits_{n=1}^{\infty}\dfrac{4^n}{n^2}x^{2n}$ 的收敛半径．

解　级数缺少奇次幂的项，定理不能应用．可根据比值审敛法来求收敛半径，即

$$\lim_{n\to\infty}\left|\dfrac{u_{n+1}(x)}{u_n(x)}\right|=\lim_{n\to\infty}\left|\dfrac{4^{n+1}\cdot x^{2n+2}}{(n+1)^2}\cdot\dfrac{n^2}{4^n\cdot x^{2n}}\right|=\lim_{n\to\infty}\dfrac{4n^2}{(n+1)^2}|x|^2=4|x|^2$$

当 $4|x|^2<1$ 即 $|x|<\dfrac{1}{2}$ 时级数收敛；当 $4|x|^2>1$ 即 $|x|>\dfrac{1}{2}$ 时级数发散，所以收敛半径为 $R=\dfrac{1}{2}$．

例 4　求幂级数 $\sum\limits_{n=1}^{\infty}\dfrac{(x-1)^n}{\sqrt{n}}$ 的收敛域．

解　令 $t=x-1$，上述级数变为 $\sum\limits_{n=1}^{\infty}\dfrac{t^n}{\sqrt{n}}$，则

$$\rho=\lim_{n\to\infty}\left|\dfrac{a_{n+1}}{a_n}\right|=\lim_{n\to\infty}\dfrac{1/\sqrt{n+1}}{1/\sqrt{n}}=1$$

所以收敛半径 $R=1$．

当 $t=1$ 时，级数成为 $\sum\limits_{n=1}^{\infty}\dfrac{1}{\sqrt{n}}$，此级数发散；当 $t=-1$ 时，级数成为 $\sum\limits_{n=1}^{\infty}\dfrac{(-1)^n}{\sqrt{n}}$，此级数收敛．

因此级数 $\sum\limits_{n=1}^{\infty}\dfrac{t^n}{\sqrt{n}}$ 的收敛域为 $-1\leqslant t<1$，即 $-1\leqslant x-1<1$，所以原级数的收敛域为 $[0,2)$．

二、幂级数的性质及应用

幂级数有下列重要性质：

性质 1　幂级数 $\sum\limits_{n=0}^{\infty}a_nx^n$ 的和函数 $S(x)$ 在其收敛域 I 上连续．

性质 2　幂级数 $\sum\limits_{n=0}^{\infty}a_nx^n$ 的和函数 $S(x)$ 在其收敛域 I 上可积，并有逐项积分公式

$$\int_0^x S(x)\mathrm{d}x=\int_0^x\left[\sum_{n=0}^{\infty}a_nx^n\right]\mathrm{d}x=\sum_{n=0}^{\infty}\int_0^x a_nx^n\mathrm{d}x=\sum_{n=0}^{\infty}\dfrac{a_n}{n+1}x^{n+1},\ x\in I$$

逐项积分后所得到的幂级数和原级数有相同的收敛半径.

性质 3   幂级数 $\sum\limits_{n=0}^{\infty} a_n x^n$ 的和函数 $S(x)$ 在其收敛区间 $(-R, R)$ 内可导，且有逐项求导公式

$$S'(x) = \left(\sum_{n=0}^{\infty} a_n x^n\right)' = \sum_{n=0}^{\infty} (a_n x^n)' = \sum_{n=1}^{\infty} n a_n x^{n-1}, \quad |x| < R$$

逐项求导后所得到的幂级数和原级数有相同的收敛半径.

性质 4   如果幂级数 $f(x) = \sum\limits_{n=0}^{\infty} a_n x^n$、$g(x) = \sum\limits_{n=0}^{\infty} b_n x^n$ 的收敛半径分别为 R_1、R_2，则

$$\sum_{n=0}^{\infty} a_n x^n \pm \sum_{n=0}^{\infty} b_n x^n = \sum_{n=0}^{\infty} (a_n \pm b_n) x^n = f(x) \pm g(x)$$

其收敛半径 $R = \min\{R_1, R_2\}$.

利用上述性质，可由已知幂级数求另一些幂级数的和函数及收敛域，又可得到几个初等函数的幂级数展开式.

例 5   对于幂级数 $\sum\limits_{n=0}^{\infty} x^n$，已经知道它的和函数为 $\dfrac{1}{1-x}$，$x \in (-1, 1)$，即

$$\sum_{n=0}^{\infty} x^n = \frac{1}{1-x}$$

两端求导得

$$1 + 2x + 3x^2 + \cdots + n x^{n-1} + \cdots = \frac{1}{(1-x)^2}$$

即函数 $\dfrac{1}{(1-x)^2}$ 的幂级数展开式为

$$\frac{1}{(1-x)^2} = \sum_{n=1}^{\infty} n x^{n-1}, \quad x \in (-1, 1)$$

若将幂级数 $\sum\limits_{n=0}^{\infty} x^n$ 从 0 到 x 积分，则得到

$$\ln(1-x) = -\sum_{n=1}^{\infty} \frac{x^n}{n}, \quad x \in (-1, 1)$$

例 6   求幂级数 $\sum\limits_{n=1}^{\infty} n x^{n-1}$ 在收敛区间 $(-1, 1)$ 内的和函数.

解   设 $\sum\limits_{n=1}^{\infty} n x^{n-1}$ 的和函数为 $S(x)$，则

$$\int_0^x S'(x) \,dx = \int_0^x \left(\sum_{n=1}^{\infty} n x^{n-1}\right) dx = \sum_{n=1}^{\infty} \left(\int_0^x n x^{n-1} \,dx\right) = \sum_{n=1}^{\infty} x^n = \frac{x}{1-x}$$

因此，$S(x) = \dfrac{d}{dx}\left[\int_0^x S(x)\,dx\right] = \dfrac{d}{dx}\left(\dfrac{x}{1-x}\right) = \dfrac{1}{(1-x)^2}$.

三、将函数展开成幂级数

1. 泰勒级数

要解决的问题：给定函数 $f(x)$ 是否能在某个区间内"展开成幂级数"，就是说，是否能找到这样一个幂级数，它在某区间内收敛，且其和恰好就是给定的函数 $f(x)$. 如果能找到

这样的幂级数，就说函数 $f(x)$ 在该区间内能展开成幂级数，或简单地说函数 $f(x)$ 能展开成幂级数，而该级数在收敛区间内就表达了函数 $f(x)$.

定义 2 泰勒级数：如果 $f(x)$ 在点 x_0 的某邻域内具有各阶导数 $f'(x)$，$f''(x)$，…，$f^{(n)}(x)$，…，形如

$$f(x_0)+f'(x_0)(x-x_0)+\frac{f''(x_0)}{2!}(x-x_0)^2$$
$$+\frac{f'''(x_0)}{3!}(x-x_0)^3+\cdots+\frac{f^{(n)}(x_0)}{n!}(x-x_0)^n+\cdots$$

的 这一幂级数称为函数 $f(x)$ 的泰勒级数. 显然，当 $x=x_0$ 时，$f(x)$ 的泰勒级数收敛于 $f(x_0)$.

需回答的问题：除了 $x=x_0$ 外，$f(x)$ 的泰勒级数是否收敛？如果收敛，它是否一定收敛于 $f(x)$？对初等函数，不加证明的给出下面定理：

定理 2 设函数 $f(x)$ 为初等函数，在点 x_0 的某一邻域 $U(x_0)$ 内具有各阶导数，则 $f(x)$ 在该邻域内能展开成泰勒级数，且展开式系数唯一，即

$$f(x)=f(x_0)+f'(x_0)(x-x_0)+\frac{f''(x_0)}{2!}(x-x_0)^2+\cdots+\frac{f^{(n)}(x_0)}{n!}(x-x_0)^n+\cdots$$
$$=\sum_{n=1}^{\infty}\frac{f^{(n)}(x_0)}{n!}(x-x_0)^n \qquad |x-x_0|<R$$

$$(9-3)$$

当 $x_0=0$ 时，式 (9-3) 化为

$$f(x)=f(0)+f'(0)x+\frac{f''(0)}{2!}x^2+\cdots+\frac{f^{(n)}(0)}{n!}x^n+\cdots=\sum_{n=1}^{\infty}\frac{f^{(n)}(0)}{n!}x^n$$

其中 $x\in(-R，R)$，此级数称为 $f(x)$ 的麦克劳林级数.

2. 初等函数展开成幂级数的方法

(1) 直接展开法.

第一步：求出 $f(x)$ 的各阶导数 $f'(x)$，$f''(x)$，…，$f^{(n)}(x)$，…；

第二步：求函数及其各阶导数在 $x=0$ 处的值 $f(0)$，$f'(0)$，$f''(0)$，…，$f^{(n)}(0)$，…；

第三步：写出 $f(x)$ 的展开式，并求出收敛半径 R.

$$f(x)=f(0)+f'(0)x+\frac{f''(0)}{2!}x^2+\cdots+\frac{f^{(n)}(0)}{n!}x^n+\cdots \quad (-R<x<R)$$

例 7 将函数 $f(x)=\mathrm{e}^x$ 展开成 x 的幂级数.

解 所给函数的各阶导数为 $f^{(n)}(x)=\mathrm{e}^x(n=1，2，\cdots)$，因此 $f^{(n)}(0)=1(n=0，1，2，\cdots)$. 于是得级数

$$1+x+\frac{1}{2!}x^2+\cdots\frac{1}{n!}x^n+\cdots$$

它的收敛半径 $R=+\infty.$，从而有展开式

$$\mathrm{e}^x=1+x+\frac{1}{2!}x^2+\cdots\frac{1}{n!}x^n+\cdots \quad (-\infty<x<+\infty)$$

例 8 将函数 $f(x)=\sin x$ 展开成 x 的幂级数.

解 因为 $f^{(n)}(x)=\sin\left(x+n\cdot\dfrac{\pi}{2}\right)$, $n=1$, 2, $\cdots$, 所以 $f^{(n)}(0)$ 顺序循环地取 0, 1, 0, -1, $\cdots(n=0$, 1, 2, 3, $\cdots)$, 于是得级数

$$x-\frac{x^3}{3!}+\frac{x^5}{5!}-\cdots+(-1)^{n-1}\frac{x^{2n-1}}{(2n-1)!}+\cdots$$

它的收敛半径为 $R=+\infty$. 因此得展开式

$$\sin x=x-\frac{x^3}{3!}+\frac{x^5}{5!}-\cdots+(-1)^{n-1}\frac{x^{2n-1}}{(2n-1)!}+\cdots \quad (-\infty<x<+\infty)$$

同样可以求出

$$(1+x)^m=1+mx+\frac{m(m-1)}{2!}x^2+\cdots+\frac{m(m-1)\cdots(m-n+1)}{n!}x^n+\cdots$$
$$(-1<x<1)$$

其中 m 为任意常数.

(2) 间接展开法.

第一步：根据函数 $f(x)$，选择适当的已知函数的展开式.

第二步：利用幂级数的性质和运算，与函数建立某种联系，便可得到所求函数的展开式，并写出其收敛区间.

例 9 将函数 $f(x)=\cos x$ 展开成 x 的幂级数.

解 已知

$$\sin x=x-\frac{x^3}{3!}+\frac{x^5}{5!}-\cdots+(-1)^{n-1}\frac{x^{2n-1}}{(2n-1)!}+\cdots(-\infty<x<+\infty)$$

对其两边求导得

$$\cos x=1-\frac{x^2}{2!}+\frac{x^4}{4!}-\cdots+(-1)^n\frac{x^{2n}}{(2n)!}+\cdots \quad (-\infty<x<+\infty)$$

例 10 将函数 $f(x)=\dfrac{1}{1+x^2}$ 展开成 x 的幂级数.

解 因为 $\dfrac{1}{1-x}=1+x+x^2+\cdots+x^n+\cdots(-1<x<1)$, 把 x 换成 $-x^2$, 得

$$\frac{1}{1+x^2}=1-x^2+x^4-\cdots+(-1)^nx^{2n}+\cdots \quad (-1<x<1)$$

注：收敛半径的确定，由 $-1<-x^2<1$ 得 $-1<x<1$.

例 11 将函数 $f(x)=\dfrac{1}{x^2+4x+3}$ 展开成 $(x-1)$ 的幂级数.

解 $\quad f(x)=\dfrac{1}{x^2+4x+3}=\dfrac{1}{(x+1)(x+3)}=\dfrac{1}{2(1+x)}-\dfrac{1}{2(3+x)}$

$$=\frac{1}{4\left(1+\dfrac{x-1}{2}\right)}-\frac{1}{8\left(1+\dfrac{x-1}{4}\right)}$$

$$=\frac{1}{4}\sum_{n=0}^{\infty}(-1)^n\frac{(x-1)^n}{2^n}-\frac{1}{8}\sum_{n=0}^{\infty}(-1)^n\frac{(x-1)^n}{4^n}$$

$$=\sum_{n=0}^{\infty}(-1)^n\left(\frac{1}{2^{n+2}}-\frac{1}{2^{2n+3}}\right)(x-1)^n \quad (-1<x<3)$$

注意，此处：

$$\frac{1}{1+\dfrac{x-1}{2}}=\sum_{n=0}^{\infty}(-1)^n\frac{(x-1)^n}{2^n}\qquad\left(-1<\frac{x-1}{2}<1\right)$$

$$\frac{1}{1+\dfrac{x-1}{4}}=\sum_{n=0}^{\infty}(-1)^n\frac{(x-1)^n}{4^n}\qquad\left(-1<\frac{x-1}{4}<1\right)$$

收敛域由 $-1<\dfrac{x-1}{2}<1$ 和 $-1<\dfrac{x-1}{4}<1$ 的共同部分确定，得 $1<x<3$.

习 题 9-3

1. 求下列幂级数的收敛半径 R 和收敛域：

(1) $\sum\limits_{n=0}^{\infty}(2n)!\,x^n$;

(2) $\sum\limits_{n=0}^{\infty}2^n x^n$;

(3) $\sum\limits_{n=0}^{\infty}(-1)^{n-1}\dfrac{1}{2^n n!}x^n$;

(4) $\sum\limits_{n=1}^{\infty}\dfrac{4^n}{n(n+1)}x^n$;

(5) $\sum\limits_{n=0}^{\infty}\dfrac{(x-1)^n}{3n+1}$;

(6) $\sum\limits_{n=1}^{\infty}\dfrac{2^n}{n+1}x^{2n-1}$.

2. 求下列幂级数的收敛半径和收敛域：

(1) $\sum\limits_{n=1}^{\infty}n^2 x^n$;

(2) $\sum\limits_{n=1}^{\infty}\dfrac{2^n}{n!}x^n$;

(3) $\sum\limits_{n=1}^{\infty}\left[\dfrac{1}{2^n}+(-2)^n\right]x^n$;

(4) $\sum\limits_{n=1}^{\infty}(-1)^{n-1}\dfrac{x^n}{n}$.

3. 将下列函数展开为 x 的幂级数，并写出收敛区间：

(1) $f(x)=\dfrac{1}{x+2}$;

(2) $f(x)=\ln(3-x)$;

(3) $f(y)=\sin^2 x$;

(4) $f(x)=\dfrac{1}{x^2+2x-3}$.

4. 将 $f(x)=\dfrac{1}{x+2}$ 展开成 $x-1$ 的幂级数.

复 习 与 小 结

(1) 级数收敛的必要条件是其通项趋于 0，因此，如果通项不趋于 0，级数一定发散. 但是，通项趋于 0 的级数未必收敛，如调和级数 $\sum\limits_{n=1}^{\infty}\dfrac{1}{n}$ 的通项趋于 0，但级数发散.

(2) 正项级数的部分和 S_n 单调增加，所以如果证明了 S_n 有上界，则正项级数收敛.

(3) 三个重要的级数：

1) p 级数 $\sum\limits_{n=1}^{\infty}\dfrac{1}{n^p}$ ，$p\leqslant 1$ 时发散，$p>1$ 时收敛；

2) 几何级数 $\sum\limits_{n=1}^{\infty} aq^{n-1}$，$|q| \geqslant 1$ 时发散，$|q| < 1$ 时收敛；

3) $\sum\limits_{n=1}^{\infty} (-1)^{n-1} \dfrac{1}{n}$ 收敛.

（4）正项级数收敛的判别法是比较法、比较法的极限形式、比值法和根值法.

（5）交错级数有莱布尼兹判别法；任意项级数有绝对值判别法.

（6）幂级数在其收敛区域内表示一个函数，即其和函数 $S(x)$. 和函数具有连续性、可积性及可导性等结论，并给出逐项积分和逐项微分公式. 利用幂级数的这些重要性质，可以在已知的幂级数展开式的基础上将一个函数展开为幂级数或求一个幂级数的和函数.

（7）展开式小结：

$$\frac{1}{1-x} = 1 + x + x^2 + \cdots + x^n + \cdots \quad (-1 < x < 1)$$

$$e^x = 1 + x + \frac{1}{2!}x^2 + \cdots \frac{1}{n!}x^n + \cdots \quad (-\infty < x < +\infty)$$

$$\sin x = x - \frac{x^3}{3!} + \frac{x^5}{5!} - \cdots + (-1)^{n-1} \frac{x^{2n-1}}{(2n-1)!} + \cdots \quad (-\infty < x < +\infty)$$

$$\cos x = 1 - \frac{x^2}{2!} + \frac{x^4}{4!} - \cdots + (-1)^n \frac{x^{2n}}{(2n)!} + \cdots \quad (-\infty < x < +\infty)$$

$$\ln(1+x) = x - \frac{x^2}{2} + \frac{x^3}{3} - \frac{x^4}{4} + \cdots + (-1)^n \frac{x^{n+1}}{n+1} + \cdots \quad (-1 < x \leqslant 1)$$

$$(1+x)^m = 1 + mx + \frac{m(m-1)}{2!}x^2 + \cdots + \frac{m(m-1)\cdots(m-n+1)}{n!}x^n + \cdots \quad (-1 < x < 1)$$

复习题 九

1. 单项选择题：

（1）下列级数中收敛的是（　　）.

A. $\sum\limits_{n=1}^{\infty} \dfrac{4^n + 8^n}{8^n}$ 　　B. $\sum\limits_{n=1}^{\infty} \dfrac{8^n - 4^n}{8^n}$ 　　C. $\sum\limits_{n=1}^{\infty} \dfrac{2^n + 4^n}{8^n}$ 　　D. $\sum\limits_{n=1}^{\infty} \dfrac{2^n \cdot 4^n}{8^n}$

（2）下列级数中不收敛的是（　　）.

A. $\sum\limits_{n=1}^{\infty} \ln\left(1 + \dfrac{1}{n}\right)$ 　　B. $\sum\limits_{n=1}^{\infty} \dfrac{1}{3^n}$ 　　C. $\sum\limits_{n=1}^{\infty} \dfrac{1}{n(n+2)}$ 　　D. $\sum\limits_{n=1}^{\infty} \dfrac{3^n + (-1)^n}{4^n}$

（3）如果 $\sum\limits_{n=1}^{\infty} u_n$ 收敛，则下列级数中（　　）收敛.

A. $\sum\limits_{n=1}^{\infty} (u_n + 0.001)$ 　　B. $\sum\limits_{n=1}^{\infty} u_{n+1000}$ 　　C. $\sum\limits_{n=1}^{\infty} nu_n$ 　　D. $\sum\limits_{n=1}^{\infty} \dfrac{1000}{u_n}$

（4）设 $\sum\limits_{n=1}^{\infty} u_n = 2$，则下列级数中和不是 1 的为（　　）.

A. $\sum\limits_{n=1}^{\infty} \dfrac{1}{n(n+1)}$ 　　B. $\sum\limits_{n=1}^{\infty} \dfrac{1}{2^n}$ 　　C. $\sum\limits_{n=2}^{\infty} \dfrac{u_n}{2}$ 　　D. $\sum\limits_{n=1}^{\infty} \dfrac{u_n}{2}$

(5) $\displaystyle\sum_{n=1}^{\infty} u_n$ 为正项级数，下列命题中错误的是（　　）.

A. 如果 $\displaystyle\lim_{n\to\infty}\frac{u_{n+1}}{u_n}=\rho<1$，则 $\displaystyle\sum_{n=1}^{\infty} u_n$ 收敛

B. 如果 $\displaystyle\lim_{n\to\infty}\frac{u_{n+1}}{u_n}=\rho>1$，则 $\displaystyle\sum_{n=1}^{\infty} u_n$ 发散

C. 如果 $\dfrac{u_{n+1}}{u_n}<1$，则 $\displaystyle\sum_{n=1}^{\infty} u_n$ 收敛

D. 如果 $\dfrac{u_{n+1}}{u_n}>1$，则 $\displaystyle\sum_{n=1}^{\infty} u_n$ 发散

(6) 判断 $\displaystyle\sum_{n=1}^{\infty}\frac{1}{n^{1+\frac{1}{n}}}$ 的收敛性，下列说法正确的是（　　）.

A. $\because 1+\dfrac{1}{n}>0$，$\therefore$ 此级数收敛　　　　B. $\because\displaystyle\lim_{n\to\infty}\frac{1}{n^{1+\frac{1}{n}}}=0$. $\therefore$ 此级数收敛

C. $\because\dfrac{1}{n^{1+\frac{1}{n}}}>\dfrac{1}{n}$. $\therefore$ 此级数发散　　　　D. 以上说法均不对

(7) 若幂级数 $\displaystyle\sum_{n=1}^{\infty} a_n x^n$ 在 $x=x_0$ 处收敛，则该级数的收敛半径 R 满足（　　）.

A. $R=|x_0|$ 　　　　B. $R<|x_0|$ 　　　　C. $R\leqslant|x_0|$ 　　　　D. $R\geqslant|x_0|$

(8) 下列级数中绝对收敛的是（　　）.

A. $\displaystyle\sum_{n=1}^{\infty}\frac{(-1)^{n-1}}{n}$ 　　　　　　　　B. $\displaystyle\sum_{n=1}^{\infty}(-1)^{n-1}\frac{n}{2n-1}$

C. $\displaystyle\sum_{n=1}^{\infty}\frac{(-1)^{n-1}}{\sqrt{n}}$ 　　　　　　　　D. $\displaystyle\sum_{n=1}^{\infty}\frac{(-1)^{n-1}}{n^2}$

(9) 级数 $\displaystyle\sum_{n=1}^{\infty}(-1)^{n-1}\frac{x^n}{n\cdot 2^n}$ 的收敛域为（　　）.

A. $(-2,2)$ 　　　　B. $(-2,2]$ 　　　　C. $[-2,2)$ 　　　　D. $[-2,2]$

(10) 函数 $f(x)=\mathrm{e}^{-x^2}$ 展开成 x 的幂级数为（　　）.

A. $\displaystyle\sum_{n=0}^{\infty}\frac{(-1)^n\cdot x^{2n}}{n!}$ 　B. $\displaystyle\sum_{n=0}^{\infty}\frac{x^{2n}}{n!}$ 　C. $\displaystyle\sum_{n=0}^{\infty}\frac{x^n}{n!}$ 　D. $\displaystyle\sum_{n=0}^{\infty}\frac{(-1)^n\cdot x^n}{n!}$

2. 填空题

(1) 若 $\displaystyle\sum_{n=1}^{\infty} u_n$ 的部分和 $S_n=\dfrac{n}{n+1}$，则 $u_n=$＿＿＿＿＿＿＿＿＿＿＿；

(2) 若 $\displaystyle\sum_{n=1}^{\infty} u_n$ 为正项级数，且其部分和数列为 $\{S_n\}$，则 $\displaystyle\sum_{n=1}^{\infty} u_n$ 收敛的充要条件是＿＿＿＿＿＿＿＿＿＿；

(3) 级数 $\displaystyle\sum_{n=1}^{\infty} u_n$，$\displaystyle\sum_{n=1}^{\infty} v_n$ 满足 $u_n<v_n(n=1,2,\cdots)$，则当 $\displaystyle\sum_{n=1}^{\infty} u_n$ ＿＿＿＿＿＿＿＿＿＿＿时，级数 $\displaystyle\sum_{n=1}^{\infty} v_n$ 发散；

(4) 级数 $\sum\limits_{n=0}^{\infty} \dfrac{(\ln 3)^n}{2^n}$ 的和为＿＿＿＿＿＿＿＿＿ ;

(5) $\lim\limits_{n \to \infty} \dfrac{2^n}{n!} = $ ＿＿＿＿＿＿＿＿＿ ;

(6) 当 a 满足条件＿＿＿＿＿＿＿＿时，级数 $\sum\limits_{n=1}^{\infty} \dfrac{(-1)^{n-1}}{n^{1-2a}}$ 收敛;

(7) 若级数 $\sum\limits_{n=1}^{\infty} u_n^2$ 收敛，则级数 $\sum\limits_{n=1}^{\infty} u_n$ ＿＿＿＿＿＿＿＿＿ ;

(8) $\sum\limits_{n=1}^{\infty} a_n x^n$ 在 $x=-3$ 时收敛，则 $\sum\limits_{n=1}^{\infty} a_n x^n$ 在 $|x|<3$ 时＿＿＿＿＿＿＿＿ ;

(9) 幂级数 $\sum\limits_{n=1}^{\infty} (-1)^{n-1} \dfrac{(x-1)^n}{\sqrt{n}}$ 的收敛域为＿＿＿＿＿＿＿＿＿ ;

(10) 函数 $f(x)=\ln(2+x)$ 关于 x 的幂级数展开式为＿＿＿＿＿＿＿＿ .

3. 根据级数的收敛定义，判别下列级数是否收敛:

(1) $\sum\limits_{n=1}^{\infty} \dfrac{3^n+1}{q^n}$, $|q|>3$;　　　　(2) $\sum\limits_{n=1}^{\infty} \ln \dfrac{n+1}{n}$;

(3) $\sum\limits_{n=1}^{\infty} \dfrac{1}{(2n-1)(2n+1)}$.

4. 判别下列级数是否收敛:

(1) $\sum\limits_{n=1}^{\infty} \dfrac{1}{3n}$;　　　(2) $\sum\limits_{n=1}^{\infty} \dfrac{1}{\sqrt[n]{3}}$;　　　(3) $\sum\limits_{n=1}^{\infty} \left(\dfrac{1}{n} - \dfrac{1}{2^n} \right)$;

(4) $\sum\limits_{n=2}^{\infty} \dfrac{1}{\ln n}$;　　　(5) $\sum\limits_{n=1}^{\infty} \dfrac{2^n n!}{n^n}$;　　　(6) $\sum\limits_{n=1}^{\infty} 5^n \sin \dfrac{\pi}{4^n}$.

5. 判断下列级数是否收敛、绝对收敛:

(1) $\sum\limits_{n=1}^{\infty} \dfrac{\cos(n!)}{n\sqrt{n}}$;　　　　(2) $\sum\limits_{n=1}^{\infty} (-1)^{n-1} \dfrac{1 \cdot 3 \cdot 5 \cdot \cdots \cdot (2n-1)}{3^n n!}$;

(3) $\sum\limits_{n=1}^{\infty} (-1)^{n-1} \dfrac{1}{n-\ln n}$.

6. 求下列幂级数的收敛区间:

(1) $\sum\limits_{n=1}^{\infty} \dfrac{x^n}{n}$;　　　　(2) $\sum\limits_{n=1}^{\infty} \dfrac{(x+3)^n}{n \cdot 2^{n-1}}$;

(3) $\sum\limits_{n=1}^{\infty} (-1)^n \dfrac{x^{2n}}{n^2}$;　　　　(4) $\sum\limits_{n=1}^{\infty} \dfrac{2n-1}{2^n} x^{2n}$.

7. 求下列幂级数的收敛区间及和函数:

(1) $\sum\limits_{n=1}^{\infty} 2n x^{2n-1}$;　　　　(2) $\sum\limits_{n=1}^{\infty} \dfrac{x^{2n-1}}{2n-1}$.

*8. 求级数 $\sum\limits_{n=1}^{\infty} \dfrac{1}{n \cdot 2^n} x^{n-1}$ 的收敛区间及和函数，并求数项级数 $\sum\limits_{n=1}^{\infty} \dfrac{1}{n \cdot 2^n}$ 的和.

参 考 答 案

第一章

习 题 1-1

1. (1) B；(2) B；(3) D；(4) D.

2. (1) 略；(2) $f[\phi^{-1}(x)]=e^{\frac{x-4}{2-x}}+1$；(3) 略.

习 题 1-2

1. $C(x)=140+7x$，$x\in[0,200]$.

2. $R(Q)=\begin{cases}150Q & 0\leqslant Q\leqslant 100\\ 150\times100+150\times0.9(Q-100), & 100<Q\leqslant 200.\\ 150\times100+150\times0.9\times100+150\times0.85(q-200) & Q>200\end{cases}$

3. $L(x)=(p-b)x-a$，$0\leqslant x\leqslant M$；$\dfrac{a}{p-b}$.

4. $R=4x-\dfrac{1}{2}x^2$.

复 习 题 一

1. (1) A；(2) B；(3) A；(4) B；(5) A；(6) C；(7) C.

2. (1) $(-\infty,-\sqrt{11})\cup(-\sqrt{11},-1)\cup(1,2]$；(2) $-1,1,1$；

(3) $f[g(x)]=\begin{cases}e^{x+1}, & x<0\\ e^{x^2-1}, & 0\leqslant x<\sqrt{2}\\ x^2-1, & x\geqslant\sqrt{2}\end{cases}$；(4)1；(5)$1-2x^2$.

3. (1) $f(x)=x^2-x+1$；(2) 400；(3) $a=10$，$b=5$，$c=2$；

(4)$R(Q)=\dfrac{20000}{3}Q-\dfrac{1}{3}Q^2$，$C(Q)=5000+0.1Q$，$L(Q)=-\dfrac{1}{3}Q^2+\dfrac{199997}{30}Q-5000$.

第二章

习 题 2-1

1. (1) 0；(2) 0；(3) 1；(4) 不存在.

2. (1) 收敛；(2) 发散；(3) 收敛.

习 题 2-2

1. (1) 1；(2) 4；(3) -4；(4) 0.

2. $\lim\limits_{x\to2^-}f(x)=2$，$\lim\limits_{x\to2^+}f(x)=4$，$\lim\limits_{x\to2}f(x)$ 不存在.

3. $\lim\limits_{x\to0}f(x)=1$.

4. $f(x)$ 左极限为 1，右极限为 1，极限为 1；$\varphi(x)$ 左极限为 1，右极限为 -1，极限不存在.

习 题 2-3

1. (1) 无穷大量；(2) 无穷小量；(3) 无穷大量；(4) 无穷小量.

2. $100x$，$\sqrt{x}$，$\dfrac{x}{0.1}$，$\dfrac{3x^2}{x}$，$\sin x$，$\tan x$ 为 $x\to0$ 时的无穷小量.

3. (1) 0；(2) 0.

习 题 2-4

1. (1) 25；(2) ∞；(3) $-\dfrac{3}{4}$；(4) $\dfrac{1}{5}$；(5) 0；(6) ∞；(7) 0；(8) 3.

2. (1) $\dfrac{1}{2}$；(2) $\dfrac{1}{2}$；(3) $-\dfrac{1}{8}$；(4) 0；(5) 1；(6) 4.

3. (1) $\dfrac{1}{2}\ln3$；(2) $\sqrt{3}$.　　4. 1.

习 题 2-5

1. (1) 2；(2) $\dfrac{3}{5}$；(3) 1；(4) 1；(5) 9；(6) 1.

2. (1) e^3；(2) e^{-2}；(3) e^2；(4) e^2；(5) e^{-1}；(6) e；(7) e^3；(8) 2.

3. 522.05（元）.

习 题 2-6

1. 略.

2. x^2-x^3 是比 $2x-x^2$ 高阶的无穷小量.

3. (1) $\dfrac{2}{3}$；(2) $\dfrac{1}{2}$；(3) 5.　(4) $-\dfrac{2}{5}$；(5) $\dfrac{m^2}{2}$；(6) $\begin{cases}0,&n>m\\1,&n=m\\\infty,&n<m\end{cases}$.

习 题 2-7

1. $a=-1$.

2. (1) $x=1$；(2) $x=-1,2$；(3) $x=0$.

3. 略.

复 习 题 二

1. (1) B；(2) A；(3) A；(4) D；(5) B；(6) C；(7) B；(8) C；(9) A；

(10) D.

2. (1) 同阶；(2) $\dfrac{3}{4}$ ；(3) e^4；(4) 0，-1；(5) 5；(6) 1；(7) 5；(8) 0；(9) $\dfrac{1}{2}$ ；

(10) $e^{\frac{1}{3}}$.

3. (1) $\dfrac{3}{5}$ ；(2) 3；(3) $\dfrac{1}{2}$ ；(4) e^2；(5) 0；(6) $e^{-\frac{1}{6}}$ ；(7) 0；(8) $\dfrac{1}{2}$.

4. (1) 1；(2) 0；(3) $\dfrac{5}{2}$ ；(4) 0.

5. (1) 0；(2) 1.

6. $x=0$，$x=1$ 处都不连续.

7. $a=1$，$b=-1$.

8. 10 万元.

第三章

习 题 3 - 1

1. (1) 4；(2) 4.

2. $y=-\dfrac{1}{x^2}$.

3. $y+x-2=0$.

4. $\dfrac{1}{3}$.

5. $a=4$，$b=-4$.

习 题 3 - 2

1. (1) $y'=\dfrac{7}{2}x^{\frac{5}{2}}$ ；(2) $y'=2x(3x+1)$ ；(3) $y'=\dfrac{2x-x^2}{(1-x)^2}$ ；(4) $y'=\cos x+2\sin x$ ；

(5) $y'=\dfrac{1}{x}\left(1-\dfrac{3}{\ln 4}\right)$ ；(6) $y'=\dfrac{x\cos x-\sin x}{x^2}$.

2. (1) $-\dfrac{3}{4}$ ；(2) $-\dfrac{1}{2}$.

3. $y=x$.

4. $y=x-1$.

5. (1) $y'=10(1+2x)^4$；(2) $y'=\dfrac{2x}{3\cdot\sqrt[3]{(1+x^2)^2}}$；(3) $y'=2x\cos(x^2+2)$；

(4) $y'=e^x\cos e^x$；(5) $y'=\dfrac{2+e^x}{2x+e^x}$；(6) $y'=\dfrac{2}{\sin 2x}$；

(7) $y'=\sec\dfrac{1}{x}\left(1-\dfrac{1}{x}\tan\dfrac{1}{x}\right)$；(8) $y'=\dfrac{1}{\sin 2x\cdot\sqrt{\ln(\tan x)}}$.

6. (1) $y' = \dfrac{e^x}{\sqrt{1-e^{2x}}}$; (2) $y' = e^{\sin x}\cos x$; (3) $y' = \dfrac{1}{2\sqrt{x}\,(1+x)}$;

  (4) $y' = \dfrac{1}{(3+\arctan x)(1+x^2)}$.

7. $x + y - \pi = 0$.

8. (1) $\dfrac{dy}{dx} = \dfrac{9}{4}t$; (2) $\dfrac{dy}{dx} = -\dfrac{2\cos 2t}{\sin t}$.

习　题　3 - 3

1. (1) $\dfrac{dy}{dx} = -\dfrac{2+x}{y}$; (2) $\dfrac{dy}{dx} = \dfrac{1+y^2}{2+y^2}$; (3) $\dfrac{dy}{dx} = \dfrac{\sec^2(x+y)}{1-\sec^2(x+y)}$;

  (4) $\dfrac{dy}{dx} = \dfrac{e^{x+2y}-y}{x-2e^{x+2y}}$; (5) $y' = \dfrac{e^{\sin(x+y)}\cdot\cos(x+y)}{1-e^{\sin(x+y)}\cdot\cos(x+y)}$;

  (6) $\dfrac{dy}{dx} = \dfrac{-1}{1-(x+y)[1+\ln^2(x+y)]}$.

2. $x + y = 0$.

3. (1) $x\cdot\sqrt{\dfrac{1-x}{1+x}}\left(\dfrac{1}{x}-\dfrac{1}{1-x^2}\right)$;

  (2) $\dfrac{x^2}{1-x}\sqrt{\dfrac{x+1}{x^2+x+1}}\left[\dfrac{2}{x}+\dfrac{1}{1-x}+\dfrac{1}{2(x+1)}-\dfrac{2x+1}{2(x^2+x+1)}\right]$;

  (3) $x^{\sin x}\left(\cos x\ln x+\dfrac{\sin x}{x}\right)$;

  (4) $x^2\sqrt{\dfrac{2x-1}{x+1}}\left(\dfrac{2}{x}+\dfrac{1}{2x-1}-\dfrac{1}{2x+2}\right)$.

习　题　3 - 4

1. 0. 11.

2. (1) $\left(\cos x+\dfrac{1}{x}\right)dx$; (2) $(\cos 2x-2x\sin 2x)dx$; (3) $e^x(1+x)dx$; (4) $\dfrac{2\ln x}{x}dx$;

  (5) $e^{\sin x}\cos x\,dx$; (6) $e^x(\cos x-\sin x)dx$.

3. (1) 0. 995; (2) 0. 03.

4. (1) $2-\dfrac{1}{x^2}$; (2) $-2\sin x-x\cos x$; (3) $\dfrac{6x^2+2}{(1-x^2)^3}$; (4) $2\arctan x+\dfrac{2x}{1+x^2}$;

  (5) $\dfrac{-2\sin x-1}{(2+\sin x)^2}$; (6) $\dfrac{2\sin x}{\cos^3 x}$ 或 $2\sec^2 x$、$\tan x$.

5. $ne^x + xe^x$.

习　题　3 - 5

1. 17. 5.

2. 2 和 350.

3. 10.

4. -5.

5. 0. 3684.

6. $\dfrac{2}{15} \approx 0.1333$.

复 习 题 三

1. (1) A；(2) D；(3) C；(4) B；(5) D；(6) C；(7) B；(8) D；(9) A；
(10) D.

2. (1) $-f'(x_0)$；(2) $f'(0)$；(3) $-2f'(x_0)$.

3. (1) $10x^4$；(2) $-3\sin x \cos^2 x$；(3) $\dfrac{6(\arcsin 2x)^2}{\sqrt{1-4x^2}}$；(4) $\dfrac{-3x\sin 3x - 2\cos 3x}{x^3}$；

(5) $\dfrac{\sec^2 x - \sin x}{\cos x + \tan x}$；(6) $2\cot 2x$；(7) $\dfrac{3\mathrm{e}^{2\arctan\sqrt{3x}}}{(1+3x)\sqrt{3x}}$；(8) $\left(5\cos 5x - \dfrac{1}{3}\sin 5x\right)\mathrm{e}^{-\frac{x}{3}}$.

4. 略.

5. $2\sqrt{3}\,y - 3x + \pi - \sqrt{3} = 0$.

6. (1) $\dfrac{\mathrm{e}^{x+y} - y^2}{2xy - \mathrm{e}^{x+y}}$；(2) $-\dfrac{2x\,\mathrm{e}^y}{1 + x^2\mathrm{e}^y}$.

7. (1) $30x - \dfrac{1}{x^2}$；(2) $9\mathrm{e}^{3x-4}$.

8. (1) $\left(\dfrac{3}{2\sqrt{x}} - \dfrac{2}{x^2}\right)\mathrm{d}x$；(2) $(2x\cos 3x - 3x^2\sin 3x)\mathrm{d}x$.

9. $-\dfrac{1}{2}$ 和 $\dfrac{P}{P-24}$.

10. $\dfrac{4}{5\ln 5}$.

第四章

习 题 4 - 1

1. (1) 满足 $\xi = \dfrac{1}{\ln 2}$；(2) 满足 $\xi = \dfrac{9}{4}$；(3) 满足 $\xi = \sqrt{\dfrac{4}{\pi} - 1}$；

(4) 满足 $\xi = \dfrac{5 - \sqrt{43}}{3}$.

2. 略.   3. 略.   4. 略.

5. (1) $\dfrac{a}{b}$；(2) ∞；(3) 1；(4) 1；(5) 3；(6) 0；(7) 0；(8) 1.

习 题 4 - 2

1. (1) 在 $(-\infty, -1] \cup [1, +\infty)$ 上递减，在 $[-1, 1]$ 上递增；

(2) 在 $\left[0, \dfrac{1}{2}\right]$ 上递减，在 $\left[\dfrac{1}{2}, +\infty\right)$ 上递增；

(3) 在 $[1, 2]$ 上递减，在 $[0, 1]$ 上递增；

(4) 在 $(-\infty, 0) \bigcup (0, +\infty)$ 上递增.

2. (1) 极大值 $f\left(\dfrac{3}{2}\right) = \dfrac{27}{16}$；(2) 极大值 $f(1) = 1$，极小值 $f(-1) = -1$；

(3) 极大值 $f(e^2) = 4e^{-2}$，极小值 $f(1) = 0$；

(4) 极大值 $f(1) = \dfrac{\pi - 2\ln 2}{4}$；(5) 无极值；

(6) 极小值 $f\left(-\dfrac{\ln 2}{2}\right) = 2\sqrt{2}$；(7) 极小值 $f(3) = \dfrac{27}{4}$；

(8) 极大值 $f\left(\dfrac{7}{3}\right) = \dfrac{4}{27}$，极小值 $f(3) = 0$.

3. $a = -\dfrac{2}{3}$，$b = -\dfrac{1}{6}$，在 $x = 1$ 处取得极小值，在 $x = 2$ 处取得极大值.

4. (1) 最大值 $y(\pm 2) = 13$，最小值 $y(\pm 1) = 4$；(2) 最大值 $y(4) = 6$，最小值 $y(0) = 0$；

(3) 最大值 $y(4) = \dfrac{3}{5}$，最小值 $y(0) = -1$；(4) 最大值 $y(2) = \ln 5$，最小值 $y(0) = 0$.

5. 容器的底半径与高相等时，所用材料最省.

6. 围成正方形时面积最大.

习　题　4 - 3

1. 30kg，80 元.

2. 70kg.

3. 92 件，10344 元.

4. $Q = 250$，$L = 425$.

5. 200 个单位.

6. 1000 件，5 批.

7. 310t.

习　题　4 - 4

1. (1) 拐点为 $\left(\dfrac{5}{3}, \dfrac{20}{27}\right)$，凸区间为 $\left(-\infty, \dfrac{5}{3}\right)$，凹区间为 $\left[\dfrac{5}{3}, +\infty\right)$；

(2) 拐点为 $(1, -7)$，凸区间为 $(0, 1]$，凹区间为 $[1, +\infty)$；

(3) 无拐点，凸区间为 $(0, +\infty)$；

(4) 拐点为 $(0, 0)$，凸区间为 $(0, +\infty)$，凹区间为 $(-\infty, 0)$；

(5) 拐点为 $(2, 64)$、$(4, 206)$，下凹区间为 $(2, 4)$，凹区间为 $(-\infty, 2)$、$(4, +\infty)$；

(6) 拐点为 $\left(\pm\sqrt{2}, \dfrac{\sqrt{e}}{e}\right)$，凸区间为 $\left(-\dfrac{\sqrt{2}}{2}, \dfrac{\sqrt{2}}{2}\right)$，凹区间为 $\left(-\infty, -\dfrac{\sqrt{2}}{2}\right)$、

$$\left(\frac{\sqrt{2}}{2},\ +\infty\right).$$

2. $y=0$.

3. $x=-3$.

4. $a=3$, $b=-9$, $c=8$.

5. 略.

复 习 题 四

1. (1) $\dfrac{1}{\ln2}-1$; (2) 0; (3) $e^{-\frac{\pi}{2}}$; (4) $(-\infty,\ 0)\bigcup(1,\ +\infty)$, $(0,\ 1)$; (5) $f(0)=2$, $f(-1)=0$; (6) 凹区间为 $(-1,\ 1)$, 凸区间为 $(-\infty,\ -1)$、$(1,\ +\infty)$, 拐点为 $(-1,\ \ln2)$ 和 $(1,\ \ln2)$; (7) $x=-\dfrac{1}{2}$; (8) 1, -3, -24, 16; (9) 2; (10) $(1,\ 0)$; (11) $\sqrt{3}+\dfrac{\pi}{6}$.

2. (1) D; (2) D; (3) A; (4) D; (5) D; (6) B; (7) C; (8) D; (9) D; (10) C.

3. (1) 2; (2) $\dfrac{1}{2}$; (3) -1; (4) $\dfrac{1}{2}$; (5) 1; (6) $e^{\frac{1}{2}}$; (7) $\ln2-\ln3$; (8) 1.

4. (1) 单调减区间为 $\left(-\infty,\ \dfrac{1}{2}\right]$, 单调增区间为 $\left[\dfrac{1}{2},\ +\infty\right)$; (2) 单调增区间为 $[0,\ n]$, 单调减区间为 $[n,\ +\infty)$.

5. (1) 极小值 $f\left(\dfrac{1}{\sqrt{e}}\right)=-\dfrac{1}{2e}$; (2) 极大值 $f(2)=\sqrt{5}$.

6. (1) 最大值 $y(-1)=e$, 最小值 $y(0)=0$; (2) 最小值 $y(-3)=27$, 没有最大值.

7. 单调增区间为 $(0,\ 1)$, 单调减区间为 $(1,\ \sqrt{3})$, $(\sqrt{3},\ +\infty)$; 凹区间为 $(\sqrt{3},\ +\infty)$, 凸区间为 $(0,\ 1)$、$(1,\ \sqrt{3})$; 极大值为 $\dfrac{1}{2}$; 当 $x<0$ 时 $y<0$, $y>0$; 当 $x>0$ 时, $y>0$; $y=0$ 为曲线的水平渐进线; 拐点为 $\left(\sqrt{3},\ \dfrac{\sqrt{3}}{4}\right)$.

8. 提示: 令 $f(x)=x^5+3x^3+x-3$, 注意 $f(0)=-3$, $\lim\limits_{x\to+\infty}f(x)=+\infty$, $f'(x)=5x^4+9x^2+1>0$, $x\in(-\infty,\ +\infty)$.

第五章

习 题 5-1

1. (1) $f(x)$; (2) $f(x)+C$; (3) 是, $y'_1=y'_2$; (4) $y=-\cos x+2$; (5) x^5+C; (6) $2\sqrt{x}-\dfrac{4}{3}x^{\frac{3}{2}}+\dfrac{2}{5}x^{\frac{5}{2}}+C$.

2. (1) $x - \arctan x + C$; (2) $x^3 + \arctan x + C$; (3) $\dfrac{-1}{x} + \arctan x + C$;

(4) $2e^x + 3\ln|x| + C$; (5) $\dfrac{3^x e^x}{\ln 3 + 1} + C$; (6) $\tan x - \sec x + C$;

(7) $\dfrac{1}{2}x + \dfrac{1}{2}\sin x + C$; (8) $\dfrac{1}{2}\tan x + C$; (9) $\sin x - \cos x + C$;

(10) $\tan x - \cot x + C$; (11) $-\tan x - \cot x + C$; (12) $3x - \dfrac{\left(\dfrac{2}{3}\right)^x}{\ln 2 - \ln 3} + C$.

习 题 5-2

1. (1) $\dfrac{1}{4}$; (2) $-\dfrac{1}{6}$; (3) $\dfrac{1}{3}$; (4) $-1\,y = -\cos x + 2$; (5) $\dfrac{1}{2}$; (6) 2 ; (7) -1 ;

(8) $\dfrac{1}{n}$.

2. (1) $-\dfrac{1}{12}(3 - 2x)^6 + C$; (2) $-\dfrac{1}{2}\ln(1 - 2x) + C$;

(3) $-2\cos\sqrt{x} + C$; (4) $\dfrac{1}{11}\tan^{11}x + C$;

(5) $-\dfrac{1}{2}e^{-x^2} + C$; (6) $-\dfrac{3}{4}\ln(1 - x^4) + C$;

(7) $\dfrac{3}{2}\arcsin\left(\dfrac{2}{3}x\right) + \dfrac{1}{4}\sqrt{9 - 4x^2} + C$; (8) $\dfrac{1}{2}\sec^2 x + C$.

3. (1) $\sin(\arctan x) + C$; (2) $3[\tan(\text{arcsec}\,x) - \text{arcsec}\,x] + C$;

(3) $\ln\left|\dfrac{\sqrt{1 + e^x} - 1}{\sqrt{1 + e^x} + 1}\right| + C$; (4) $6\arcsin\sqrt[6]{x} + C$;

(5) $\text{arcsec} + C$; (6) $\text{arcsec}\,x - \tan\left(\dfrac{1}{2}\text{arcsec}\,x\right) + C$.

习 题 5-3

(1) $x\arcsin x - \dfrac{1}{2}\ln(1 + x^2) + C$; (2) $\dfrac{1}{3}x^3\ln x - \dfrac{1}{9}x^3 + C$;

(3) $\dfrac{1}{3}x^3\arcsin x - \dfrac{1}{2}x^2 + \dfrac{1}{2}\ln(1 + x^2) + C$; (4) $-\dfrac{1}{2}e^{-x}(\cos x - \sin x) + C$;

(5) $x\tan x + \ln|\cos x| - \dfrac{1}{2}x^2 + C$; (6) $\sqrt[3]{x^2}\,e^{\sqrt[3]{x}} - 6(\sqrt[3]{x}\,e^{\sqrt[3]{x}} - e^{\sqrt[3]{x}}) + C$.

复 习 题 五

1. (1) $\dfrac{1}{2}$, $\dfrac{1}{2}\ln|2x - 1| + C$; (2) $\cos x$, $\dfrac{1}{4}\cos^4 x + C$; (3) $\dfrac{1}{x}$; (4) $-\sin\dfrac{x}{3}$;

(5) $\sin x + C$.

2. 略.

3. (1) $2\sqrt{x}-3\sqrt{x^3}+\dfrac{2}{5}\sqrt{x^5}+C$；(2) $\dfrac{1}{3}x^3-x-2\arcsin x+C$；

(3) $\dfrac{(2e)^x}{\ln2+1}3x^{\frac{1}{3}}+C$；(4) $\tan\dfrac{x}{2}+C$；(5) $\arctan x+\sqrt{1-x^2}+C$.

4. (1) $-\dfrac{1}{10}\cos^{10}x$；(2) $\dfrac{1}{4}\sin2x-\dfrac{1}{2}x+C$；

(3) $\dfrac{1}{2}\cos x-\dfrac{1}{10}\cos5x+C$；(4) $\dfrac{1}{3}\tan^3x+\tan x+C$.

5. (1) $\dfrac{1}{a}\arctan\dfrac{x}{a}+C$；(2) $\dfrac{1}{2a}\ln\left|\dfrac{x-a}{x+a}\right|+C$；

(3) $\arcsin\dfrac{x}{\sqrt{3}}+C$；(4) $-\dfrac{1}{3}(1-x^2)^{\frac{3}{2}}+C$；

(5) $\dfrac{x^3}{3}+\dfrac{x^2}{2}+x+\ln|x-1|+C$；(6) $\ln\dfrac{(x-4)^2}{|x-3|}+C$.

6. (1) $x-\ln(1+e^x)+C$；(2) $\dfrac{1}{4}\ln^2(1+x^2)+C$；

(3) $\mathrm{arc}^2\tan\sqrt{x}+C$；(4) $\ln(\ln|\sin x|)+C$.

7. (1) $\dfrac{2}{3}(1+\ln x)^{\frac{3}{2}}+C$；(2) $\ln(x+\ln x)+C$；

(3) $\ln x-x-\ln(1+xe^x)+C$；(4) $-\dfrac{1}{3}\tan\left(\arctan\dfrac{2}{3}x\right)+C$.

8. (1) $\dfrac{1}{2}x^2\ln-\dfrac{1}{4}x^2+C$；(2) $x^2e^x-2(xe^x-e^x)+C$；

(3) $\dfrac{1}{4}(x-x\sin2x-\cos2x)+C$.

第六章

习 题 6-1

1. $\int_{-1}^{2}(x^2+1)\mathrm{d}x$.

2. $\int_{0}^{24}(4t-0.8t^2)\mathrm{d}t$.

3. (1) $\geqslant$；(2) $\leqslant$；(3) $\leqslant$；(4) $\leqslant$.

4. (1) $6\leqslant\int_{1}^{4}(x^2+1)\mathrm{d}x\leqslant51$；(2) $\dfrac{\pi}{9}\leqslant\int_{\frac{1}{\sqrt{3}}}^{\sqrt{3}}x\arctan x\mathrm{d}x\leqslant\dfrac{2}{3}\pi$；

(3) $\left(1-\dfrac{\sqrt{2}}{2}\right)\pi\leqslant\int_{\frac{\pi}{4}}^{\frac{5\pi}{4}}(1+\sin x)\mathrm{d}x\leqslant2\pi$；(4) $0\leqslant\int_{-1}^{2}(4-x^2)\mathrm{d}x\leqslant12$.

习 题 6-2

1. (1)0；(2)$\sin x^2$；(3)$2x\sin x^4$；(4)0.

2.(1)$45\dfrac{1}{6}$; (2)$\dfrac{\pi}{3}$; (3)$1-\dfrac{\pi}{4}$; (4)$\dfrac{495}{\ln 10}$; (5)$\dfrac{\pi}{6}$; (6)$\dfrac{\pi}{6}$; (7)1; (8)4.

3.(1)1; (2)2; (3)$\dfrac{1}{3}$; (4)$\dfrac{2}{3}$.

习　题　6-3

1.(1)0; (2)$\dfrac{\pi^3}{324}$; (3)0; (4)π .

2.(1)$\dfrac{4}{5}\ln 2$; (2)$\dfrac{\pi}{6}-\dfrac{\sqrt{3}}{8}$; (3)$1-\dfrac{\pi}{4}$; (4)$2\left(1+\ln\dfrac{2}{3}\right)$; (5)$1-\dfrac{1}{\sqrt{e}}$; (6)$\dfrac{1}{4}$; (7)$\dfrac{4}{3}$;

(8)$\dfrac{2}{5}(1+\ln 2)$; (9)$2(\sqrt{3}-1)$; (10)$2-\dfrac{\pi}{2}$.

3.(1)$1-\dfrac{2}{e}$; (2)$-\dfrac{2\pi}{\omega^2}$; (3)$\dfrac{\pi}{4}-\dfrac{1}{2}$; (4)$\dfrac{e^\pi-2}{5}$; (5) $e-2$; (6)$\dfrac{\pi}{4}-\dfrac{\sqrt{3}}{9}\pi+\ln\dfrac{\sqrt{6}}{2}$;

(7)$\dfrac{\pi^2}{8}+1$; (8)$8\ln 2-4$; (9) $\dfrac{\pi}{2}-1$; (10) $\dfrac{5\pi}{32}$.

习　题　6-4

1.(1) 收敛,$\dfrac{1}{3}$; (2) 发散; (3) 收敛,$\dfrac{1}{4}$; (4) 发散; (5) 收敛,$1-\dfrac{\pi}{4}$; (6) 收敛,π;

(7) 收敛,$\dfrac{1}{2}$; (8) 发散.

2. 当$k>1$时收敛, 当$k\leqslant 1$时发散.

3.(1) 收敛, 1; (2) 发散; (3) 收敛, -1.

4.(1) 收敛,$\dfrac{1}{2}$; (2) 发散.

习　题　6-5

1. (1) $\dfrac{4}{3}+2\pi$ 与 $6\pi-\dfrac{4}{3}$; (2) $e+\dfrac{1}{e}-2$.

2. $\dfrac{9}{2}$.

3. $\dfrac{2}{3}$.

4. 2.

5.(1)$V_x=\dfrac{\pi}{5}$, $V_y=\dfrac{\pi}{2}$; (2) 8π; (3) $\dfrac{\pi^2}{2}$; (4) $V_x=\dfrac{8}{5}\pi$, $V_y=2\pi$.

6. 675, 1950.

7. 1200.

8. 3.

9. $36\left(e^{-\frac{3}{10}}-e^{-3}\right)$.

10. (1) 490；(2) 12.3125，11.9375.

11. 260.8（单位）.

12. 7.6×10^5（元/年）.　　13. $\mu\approx0.04$.

复 习 题 六

1. (1) 0；(2) $1-\dfrac{\pi}{4}$；(3) 2π；(4) 0；(5) $\tan x$；(6) $2x\tan x^2$；

(7) $f(b)-f(a)+2(b-a)$；(8) $-2x\ln(1+x^2)$；(9) $\displaystyle\int_0^{\frac{\pi}{2}}\sin x\,dx$，1；

(10) $\pi\displaystyle\int_0^1 x^4\,dx$，$\dfrac{\pi}{5}$.

2. (1) D；(2) C；(3) D；(4) C；(5) B；(6) C；(7) D；(8) D；(9) D；
(10) C.

3. (1) $\sqrt{2}-1$；(2) $\ln(e+1)-\ln 2$；(3) $2\sqrt{2}-2$；(4) $\dfrac{5}{3}$；(5) $3-3\ln\dfrac{5}{2}$；

(6) $\dfrac{3}{2}$；(7) $1+\ln 2-\ln(1+e)$；(8) $\dfrac{2e\sqrt{e}}{9}+\dfrac{4}{9}$；(9) $\sqrt{2a^2}-\sqrt{3a^2-2a}$；

(10) 4π.

4. $2x\sin x^2-\sin x$.

5. (1) $\dfrac{4}{3}$；(2) $\dfrac{16\pi}{15}$.

6. 4π.

7. (1) 2080，52；(2) 2895.

8. 187.4.

9. (1) 140 千件；(2) 176（万元/千件）.

10. 10 单位，290 元.

11. (1) $C(x)=-\dfrac{1}{2}x^2+2x+22$，$L(x)=-\dfrac{3}{2}x^2+18x-22$；(2)$x=6$(台).

12. (1) $C(x)=0.2x^2+2x+20$，$L(x)=-0.2x^2+16x-20$；

(2) 生产 40t 时，最大利润为 300 万元.

第七章

习 题 7-1

(1) $x\geqslant 0$，$-\infty<y<+\infty$；(2) x，y 不同时为 0；(3) $x>y$；(4) $x^2+y^2\leqslant 4$；
(5) $-\infty<x<+\infty$，$-\infty<y<+\infty$.

习 题 7-2

1. (1) $\dfrac{\partial z}{\partial x}=y$，$\dfrac{\partial z}{\partial y}=x$；(2) $\dfrac{\partial z}{\partial x}=-\dfrac{2y}{x^3}$，$\dfrac{\partial z}{\partial y}=\dfrac{1}{x^2}$；(3) $\dfrac{\partial z}{\partial x}=-\dfrac{1}{x}$，$\dfrac{\partial z}{\partial y}=\dfrac{1}{y}$；

(4) $\dfrac{\partial z}{\partial x} = 2\sin 2y$, $\dfrac{\partial z}{\partial y} = 4x\cos 2y$；(5) $\dfrac{\partial z}{\partial x} = -\dfrac{2y}{(x-y)^2}$，$\dfrac{\partial z}{\partial y} = \dfrac{2x}{(x-y)^2}$；

(6) $\dfrac{\partial z}{\partial x} = y - \dfrac{y}{x^2}$，$\dfrac{\partial z}{\partial y} = x + \dfrac{1}{x}$；

(7) $\dfrac{\partial z}{\partial x} = e^{x+y}\left[\cos(x-y) - \sin(x-y)\right]$，

$\dfrac{\partial z}{\partial y} = e^{x+y}\left[\cos(x-y) + \sin(x-y)\right]$；

(8) $\dfrac{\partial z}{\partial x} = \dfrac{1}{2\sqrt{x}}\sin\dfrac{y}{x} - \dfrac{\sqrt{x}\cdot y}{x^2}\cos\dfrac{y}{x}$，$\dfrac{\partial z}{\partial y} = \dfrac{\sqrt{x}}{x}\cos\dfrac{y}{x}$；

(9) $\dfrac{\partial u}{\partial x} = 2x\cos(x^2+y^2+z^2)$，$\dfrac{\partial u}{\partial y} = 2y\cos(x^2+y^2+z^2)$，$\dfrac{\partial u}{\partial z} = 2z\cos(x^2+y^2+z^2)$；

(10) $\dfrac{\partial u}{\partial x} = \dfrac{y}{z}x^{\frac{y}{z}-1}$，$\dfrac{\partial u}{\partial y} = x^{\frac{y}{z}}\dfrac{\ln x}{z}$，$\dfrac{\partial u}{\partial z} = -x^{\frac{y}{z}}\dfrac{y\ln x}{z^2}$．

2. (1) $\dfrac{\partial^2 z}{\partial x^2} = 6x + 4y$，$\dfrac{\partial^2 z}{\partial y^2} = -10x$，$\dfrac{\partial^2 z}{\partial x\partial y} = 4x - 10y$；

(2) $\dfrac{\partial^2 z}{\partial x^2} = 12x^2 y^3$，$\dfrac{\partial^2 z}{\partial y^2} = 6x^4 y$，$\dfrac{\partial^2 z}{\partial x\partial y} = 12x^3 y^2$；

(3) $\dfrac{\partial^2 z}{\partial x^2} = 2y(2y-1)x^{2y-2}$，$\dfrac{\partial^2 z}{\partial y^2} = 4x^{2y}\ln^2 x$，$\dfrac{\partial^2 z}{\partial x\partial y} = 2(1+2y\ln x)x^{2y-1}$；

(4) $\dfrac{\partial^2 z}{\partial x^2} = e^x(\cos y + 2\sin y + x\sin y)$，$\dfrac{\partial^2 z}{\partial y^2} = -e^x(x\sin y + \cos y)$，

$\dfrac{\partial^2 z}{\partial x\partial y} = e^x(\cos y - \sin y + x\cos y)$；

(5) $\dfrac{\partial^2 z}{\partial x^2} = -\dfrac{2xy}{(x^2+y^2)^2}$，$\dfrac{\partial^2 z}{\partial y^2} = \dfrac{2xy}{(x^2+y^2)^2}$，$\dfrac{\partial^2 z}{\partial x\partial y} = \dfrac{x^2-y^2}{(x^2+y^2)^2}$；

(6) $\dfrac{\partial^2 z}{\partial x^2} = y^x\cdot\ln^2 y$，$\dfrac{\partial^2 z}{\partial y^2} = x(x-1)y^{x-2}$，$\dfrac{\partial^2 z}{\partial x\partial y} = y^{x-1}(y\ln^2 y + 1)$．

习 题 7-3

1. (1) $dz = 2xy^3 dx + 3x^2 y^2 dy$；(2) $dz = \dfrac{1}{2\sqrt{xy}}dx - \dfrac{\sqrt{xy}}{2y^2}dy$；

(3) $dz = e^{x+2y}dx - 2e^{x+2y}dy$；(4) $dz = \dfrac{4x}{2x^2+3y^2}dx + \dfrac{6y}{2x^2+3y^2}dy$；

(5) $dz = \dfrac{ydx - xdy}{y\sqrt{y^2-x^2}}$；(6) $du = yzx^{yz-1}dx + zx^{yz}\ln x\,dy + yx^{yz}\ln x\,dz$．

2. (1) 2.95；(2) 108.9078.

习 题 7-4

1. (1) $\dfrac{\partial z}{\partial x} = xe^{x^3-y^3}(2+3x^3+3xy^2)$，$\dfrac{\partial z}{\partial y} = ye^{x^3-y^3}(2-3x^2 y+3y^3)$；

(2) $\dfrac{\partial z}{\partial x} = \dfrac{y^2}{x^2(x-y)} - \dfrac{2y^2}{x^3}\ln(x-y)$，$\dfrac{\partial z}{\partial y} = \dfrac{2y}{x^2}\ln(x-y) - \dfrac{y^2}{x^2(x-y)}$；

(3) $\dfrac{\mathrm{d}z}{\mathrm{d}x} = \dfrac{1}{(2x^2+1)\sqrt{x^2+1}}$；

(4) $\dfrac{\mathrm{d}z}{\mathrm{d}t} = \mathrm{e}^{\sin t - 2t^3}(\cos t - 6t^2)$．

2. 证略.

3. (1) $\dfrac{\mathrm{d}y}{\mathrm{d}x} = \dfrac{yx^{y-1}}{1 - x^y\ln x}$； (2) $\dfrac{\partial z}{\partial x} = \dfrac{yz}{\cos z - xy}$，$\dfrac{\partial z}{\partial y} = \dfrac{xz}{\cos z - xy}$；

(3) $\dfrac{\partial z}{\partial x} = \dfrac{z}{x+z}$，$\dfrac{\partial z}{\partial y} = \dfrac{z^2}{y(x+z)}$； (4) $\dfrac{\partial z}{\partial x} = \dfrac{xF_1}{zF_2}$，$\dfrac{\partial z}{\partial y} = -\dfrac{yF_1 - yF_2}{zF_2}$．

习 题 7-5

1. (1) 极大值 $f(0, 0) = 4$；(2) 极小值 $f(-4, 1) = -1$；

(3) 无极值；(4) 极大值 $f(2, -2) = 8$．

2. $x = 3$，$y = 4$，最小成本为 36.

3. A 原料 100t，B 原料 25t，最大产量 1250t.

习 题 7-6

1. (1) $\dfrac{1}{6}$；(2) $\dfrac{1}{12}$；(3) $\dfrac{15}{4}$；(4) $\dfrac{27}{4}$；(5) $\dfrac{23}{6}$；(6) $\dfrac{6}{55}$．

2. (1) $I = \displaystyle\int_0^4 \mathrm{d}x \int_x^{2\sqrt{x}} f(x, y)\mathrm{d}y = \int_0^4 \mathrm{d}y \int_{\frac{y^2}{4}}^{y} f(x, y)\mathrm{d}x$；

(2) $I = \displaystyle\int_1^2 \mathrm{d}x \int_{\frac{1}{x}}^{x} f(x, y)\mathrm{d}y$

$= \displaystyle\int_{\frac{1}{2}}^1 \mathrm{d}y \int_{\frac{1}{y}}^{2} f(x, y)\mathrm{d}x + \int_1^2 \mathrm{d}y \int_{y}^{2} f(x, y)\mathrm{d}x$；

(3) $I = \displaystyle\int_{2}^{-1} \mathrm{d}x \int_{\sqrt{4x^2}}^{\sqrt{4-x^2}} f(x, y)\mathrm{d}y + \int_{-1}^{1} \mathrm{d}x \int_{\sqrt{1-x^2}}^{\sqrt{4-x^2}} f(x, y)\mathrm{d}y$

$+ \displaystyle\int_{-1}^{1} \mathrm{d}x \int_{-\sqrt{4-x^2}}^{-\sqrt{1-x^2}} f(x, y)\mathrm{d}y + \int_{1}^{2} \mathrm{d}x \int_{-\sqrt{4-x^2}}^{\sqrt{4-x^2}} f(x, y)\mathrm{d}y$

$= \displaystyle\int_{-2}^{1} \mathrm{d}y \int_{-\sqrt{4-y^2}}^{\sqrt{4-y^2}} f(x, y)\mathrm{d}x + \int_{-1}^{1} \mathrm{d}y \int_{\sqrt{1-y^2}}^{\sqrt{4-y^2}} f(x, y)\mathrm{d}x$

$+ \displaystyle\int_{-1}^{1} \mathrm{d}y \int_{-\sqrt{4-y^2}}^{-\sqrt{1-y^2}} f(x, y)\mathrm{d}x + \int_{1}^{2} \mathrm{d}y \int_{-\sqrt{4-y^2}}^{\sqrt{4-y^2}} f(x, y)\mathrm{d}x$．

3. (1) $\displaystyle\int_0^1 \mathrm{d}x \int_x^1 f(x, y)\mathrm{d}y$； (2) $\displaystyle\int_0^4 \mathrm{d}x \int_{\frac{1}{2}x}^{\sqrt{x}} f(x, y)\mathrm{d}y$； (3) $\displaystyle\int_{-1}^1 \mathrm{d}x \int_0^{\sqrt{1-x^2}} f(x, y)\mathrm{d}y$；

(4) $\displaystyle\int_0^1 \mathrm{d}y \int_{2-y}^{1+\sqrt{1-y^2}} f(x, y)\mathrm{d}y$．

4. (1) 0；(2) $\dfrac{\pi}{2} + \dfrac{2}{3}$；(3) 0；(4) $\pi(\mathrm{e}-1)$．

5. (1) $\dfrac{49}{72}$; (2) $\dfrac{\pi}{6}$; (3) $1-\ln2$; (4) $\dfrac{14}{3}\pi$.

复 习 题 七

1. (1) D; (2) C; (3) A; (4) C; (5) D; (6) C; (7) D; (8) C; (9) D; (10) C.

2. (1) $x^2+y^2>1$; (2) $\dfrac{x^2+y^2}{3xy}$; (3) yx^{y-1}; (4) $2(1+2x^2)e^{x^2+y}$;

(5) $\displaystyle\int_0^1 \mathrm{d}y\int_{y^2}^y f(x,\ y)\mathrm{d}x$; (6) 0; (7) $\displaystyle\iint\limits_{D} f(x^2+y^2)\mathrm{d}x\,\mathrm{d}y=\int_{\frac{\pi}{4}}^{\frac{5\pi}{4}}\mathrm{d}\theta\int_1^2 rf(r^2)\mathrm{d}r$;

(8) $\displaystyle\int_0^{2\pi}(\cos\theta+\sin\theta)\mathrm{d}\theta\int_0^2 r^2\mathrm{d}r$; (9) $\dfrac{\pi}{2}$; (10) $\displaystyle\int_0^2\mathrm{d}y\int_0^{2-y} f(x,\ y)\mathrm{d}x$.

3. (1) $\dfrac{\partial z}{\partial x}=3x^2\sin y\cos y(\cos y-\sin y)$; (2) $\mathrm{d}z=\dfrac{1}{y}e^{\frac{x}{y}}\left(\mathrm{d}x-\dfrac{1}{y}\mathrm{d}y\right)$;

(3) $\dfrac{\mathrm{d}y}{\mathrm{d}x}=-\dfrac{\sin(x+y)}{1+\sin(x+y)}$; (4) $\dfrac{\partial^2 z}{\partial x\partial y}=4x\sin(x^2-y)$; (5) $\dfrac{1}{15}$;

(6) -2; (7) $\dfrac{e^2}{4}-\dfrac{5}{12}$; (8) $\dfrac{81}{10}$; (9) $\dfrac{\pi}{16}$; (10) $\dfrac{32}{9}$.

4. $x=25$，$y=20$ 达到最佳效果.

5. (1) 在 (0.75，1.25) 处达到最大值；(2) 在 (0，1.5) 处取得最大值.

第八章

习 题 8-1

略.

习 题 8-2

1. (1) $y^2=2x+C$; (2) $x^2+\dfrac{1}{y}=C$; (3) $e^y=e^x+C$; (4) $\dfrac{1}{x}-\dfrac{1}{y}=C$.

2. $x^3+y^3=9$.

3. (1) $y=x\arcsin\dfrac{x}{C}$; (2) $2xy-y^2=C$; (3) $y=xe^{C(x+1)}$; (4) $x^2+2xy=C$.

4. (1) $y=Ce^{\frac{1}{x}}$; (2) $y=\dfrac{e^{2x}}{5}+Ce^{-3x}$; (3) $y=x(\ln x+C)$; (4) $y=(1+x^2)(x+C)$.

习 题 8-3

1. (1) $y=\dfrac{x^4}{12}+C_1x+C_2$; (2) $y=\dfrac{e^{2x}}{4}+C_1x=C_2$.

2. (1) $y=C_1\ln x+C_2$; (2) $y=C_1e^x-\dfrac{x^2}{2}-x+C_2$; (3) $y=-\dfrac{1}{2}\ln(2x+C_1)+C_2$;

(4) $y = 1 - \dfrac{1}{C_1 x + C_2}$.

习 题 8-4

1. (1) 无关； (2) 无关； (3) 相关； (4) 无关； (5) 相关； (6) 相关.

2. $y = C_1 e^{r_1 x} + C_2 e^{r_2 x}$.

3. $y = (C_1 + C_2 x) e^x$.

4. $y = (C_1 + C_2 x) e^x + \dfrac{a}{4} e^{3x}$.

5. $y = e^{\alpha x} (C_1 \cos\beta x + C_2 \sin\beta x)$.

6. $y = C_1 x^2 + C_2 (e^x - 1) + 1$.

习 题 8-5

1. (1) $y = C_1 e^{-x} + C_2 e^{4x}$ ； (2) $y = C_1 + C_2 e^{-5x}$ ； (3) $y = C_1 \cos x + C_2 \sin x$ ； (4) $y = (C_1 + C_2 x) e^{-5x}$ ； (5) $y = e^t \left(C_1 \cos\dfrac{t}{2} + C_2 \sin\dfrac{t}{2} \right)$ ； (6) $y = e^x (C_1 \cos 3x + C_2 \sin 3x)$ ； (7) $y = C_1 e^x + C_2 e^{-x} + C_3 \cos x + C_4 \sin x$ ； (8) $y = C_1 + (C_2 + C_3 x) e^x$ ； (9) $y = (C_1 + C_2 t + C_3 t^2) e^t$.

2. (1) $y = 4e^x + 2e^{3x}$ ； (2) $y = (2 + x) e^{-\frac{x}{2}}$ ； (3) $y = 2\cos 5x + \sin 5x$ ； (4) $y = e^{2x} \sin 3x$.

习 题 8-6

1. (1) $y^* = a_0 x^2 + a_1 x + a_2$ ； (2) $y^* = x(a_0 x + a_1) e^{-x}$ ； (3) $y^* = [(a_0 x + a_1)\cos 4x + (b_0 x + b_1)\sin 4x] e^{-x}$ ； (4) $y^* = a_0 x e^{-4x} + a_1 \cos x + a_2 \sin x$.

2. (1) $y = C_1 e^{-x} + C_2 e^{\frac{1}{2} x} + 2e^x$ ；

(2) $y = C_1 \cos Kx + C_2 K \sin x \dfrac{1}{a^2 + K^2} e^{ax}$ ；

(3) $y = C_1 + C_2 e^{-\frac{2}{5} x} + \dfrac{1}{3} x^3 - \dfrac{3}{5} x^2 + \dfrac{7}{25} x$ ；

(4) $y = C_1 e^{-x} + C_2 e^{-2x} + \left(\dfrac{3}{2} x^2 - 3x \right) e^{-x}$ ；

(5) $y = (C_1 + C_2 x) e^{3x} + (x + 3) e^{2x}$ ；

(6) $y = C_1 \cos 2x + C_2 \sin 2x + \dfrac{x}{3} \cos x + \dfrac{2}{9} \sin x$ ；

(7) $y = e^x (C_1 \cos 2x + C_2 \sin 2x) + \dfrac{e^x}{3} \sin x$ ；

(8) $y = e^x (C_1 \cos 2x + C_2 \sin 2x) - \dfrac{x e^x}{4} \cos 2x$ ；

(9) $y = C_1 \cos x + C_2 \sin x + \dfrac{1}{2} x \sin x + \dfrac{1}{2} e^x$ ；

$(10)\,y = C_1 e^x + C_2 e^{-x} - \dfrac{1}{2} + \dfrac{1}{10}\cos 2x.$

3. $(1)\,y = -\cos x - \dfrac{1}{3}\sin x + \dfrac{1}{3}\sin 2x;$

$(2)\,y = -5e^x + \dfrac{7}{2}e^{2x} + \dfrac{5}{2};$

$(3)\,y = (x^2 - x + 1)e^x - e^{-x}.$

4. $x = \dfrac{m^2 g}{k^2}(e^{-\frac{k}{m}t} - 1) + \dfrac{mg}{k}t.$

习 题 8 - 7

1. $Q = 100 e^{-\frac{p}{5}}.$

2. $L = Q\ln Q + \dfrac{1}{2}Q.$

3. $p = \dfrac{3}{4}e^{-8t} + \dfrac{5}{4},\ p(0.3) \approx 1.32.$

4. $Q = 10 e^{\frac{Q^3}{3} + \frac{Q^2}{2}}.$

习 题 8 - 8

1. $(1)\,\Delta y_x = 6x^2 + 4x + 1,\ \Delta^2 y_x = 12x + 10;$

$(2)\,\Delta y_x = e^{3x}(e^3 - 1),\ \Delta^2 y_x = e^{3x}(e^3 - 1)^2;$

$(3)\,\Delta y_x = \log_a\left(1 + \dfrac{1}{x}\right),\ \Delta^2 y_x = \log_a \dfrac{x(x+2)}{(x+1)^2};$

$(4)\,\Delta y_x = 4x^{(3)},\ \Delta^2 y_x = 12x^{(2)}.$

2. 略.

3. A.

4. $a = 2e - e^2.$

5. (1) 三阶; (2) 六阶.

6. 略.

习 题 8 - 9

1. $y_x = C\left(\dfrac{3}{2}\right)^x;$ $(2)\,y_x = C(-1)^x;$ $(3)\,y_x = C.$

2. $(1)\,y_x^* = 3\left(-\dfrac{5}{2}\right)^x;$ $(2)\,y_x^* = 2.$

3. $(1)\,y_x = C \cdot 5^x - \dfrac{3}{4};$ $(2)\,y_x = C(-4)^x + \dfrac{2}{5}x^2 + \dfrac{1}{25}x + \dfrac{14}{125};$

$(3)\,y_t = \dfrac{2^{t+1}}{3} + C\left(\dfrac{1}{2}\right)^t;$ $(4)\,y_x = \dfrac{1}{10}x^{(10)} + C;$

(5) $y_t=(t-2)2^t+C$;　　　(6) $y_t=\left(\dfrac{t}{2}-\dfrac{1}{4}\right)3^t+\dfrac{t}{3}+C.$

4. (1) $y_x^*=2+3x$;　　　(2) $y_x^*=\dfrac{3}{5}(-1)^x+\dfrac{1}{3}\cdot 2^x$;

(3) $y_x^*=\dfrac{2}{9}(-1)^x+\left(\dfrac{x}{3}-\dfrac{2}{9}\right)2^x$;

(4) $y_x^*=-\left(\dfrac{36}{125}\right)+\dfrac{x}{25}+\dfrac{2x^2}{5}+\dfrac{161}{125}(-4)^x.$

习 题 8-10

1. (1) $y_x=C_1 2^x+C_2 3^x$;　　　(2) $y_x=(C_1+C_2 x)(-5)^x$;

(3) $y_x=\left(\dfrac{1}{3}\right)^x\left(C_1\cos\dfrac{\pi}{2}x+C_2\sin\dfrac{\pi}{2}x\right)$;　(4) $y_x=C_1(-1)^x+C_2 4^x$;

(5) $y_x=-(-4)^x+2\cdot 3^x.$

2. (1) $y_x=C_1+C_2(-4)^x+x$;　(2) $y_x=(C_1+C_2 x)\left(\dfrac{1}{2}\right)^x+8$;

(3) $y_x=C_1(-1)^x+C_2(-2)^x+x^2-x+3$;

(4) $y_x=C_1+C_2 2^x+\dfrac{1}{4}\cdot 5^x$;

(5) $y_x=C_1+C_2(-4)^x+x\left(-\dfrac{7}{50}+\dfrac{1}{10}x\right)$;

(6) $y_x=3+3x+2x^2$;　　　(7) $y_x=4x+\dfrac{4}{3}(-2)^x-\dfrac{4}{3}.$

复 习 题 八

1. (1) A; (2) C; (3) B; (4) A; (5) B.

2. (1) 2; (2) $y-x=0$; (3) $y=\dfrac{C}{1+e^x}$; (4) 线性; (5) 齐次.

3. (1) $y=C(a+x)(1-ax)$; (2) $1+y^2=C(1-x^2)$; (3) $y=Ce^{\frac{x^3}{3y^3}}$;

(4) $y=\dfrac{3}{2}+Ce^{2x}$; (5) $y=\dfrac{1}{x^2+1}\left(\dfrac{4}{3}x^3+C\right)$; (6) $y=\dfrac{C}{x}+\dfrac{1}{3}x^2+\dfrac{3}{2}x+2$;

(7) $y=x\arctan x-\dfrac{1}{2}\ln(1+x^2)+C_1 x+C_2$; (8) $y=C_1 e^x-\dfrac{x^3}{3}-x^2-2x+C_2$;

(9) $y=\dfrac{1}{3}x^3-x^2+2x+C_1+C_2 e^{-x}$;

(10) $y=\dfrac{1}{2}e^{3x}+\dfrac{x}{20}+\dfrac{49}{400}+C_1 e^{5x}+C_2 e^{4x}$;

(11) $y=\dfrac{3}{4}+\dfrac{1}{4}(1+2x)e^{2x}$;

(12) $y=xe^{-x}+\dfrac{1}{2}\sin x.$

4. $Q=10p^{-k}$.

5. $y=-1.0133\mathrm{e}^{0.003t}+1.0133$.

6. $C(Q)=30\mathrm{e}^{Q}-10\mathrm{e}^{0.3Q}$.

*7. (1) $y_t=C+\left(\dfrac{3}{4}-\dfrac{t}{2}\right)3^{t-1}-\dfrac{t}{3}$;

 (2) $y_x=C_1\left(\dfrac{2}{3}\right)^x+C_2(-1)^x-(x^2-x+2)\left(\dfrac{1}{3}\right)^x$.

*8. (1) $\dfrac{\mathrm{d}x}{\mathrm{d}t}=kx(N-x)$;

 (2) $x(t)=\dfrac{N}{1+C\mathrm{e}^{-Nkt}}$ ，其中 $C=\dfrac{N}{x_0}-1>0$.

 (3) 略.

第九章

习 题 9-1

1. 略.

2. 略.

3. (1) 发散；(2) 收敛；(3) 发散.

4. (1) 收敛；(2) 发散；(3) 发散；(4) 发散；(5) 收敛.

习 题 9-2

1. (1) 发散；(2) 发散；(3) 收敛；(4) 收敛；(5) 收敛.

2. (1) 发散；(2) 收敛；(3) 发散；(4) 收敛.

3. (1) 收敛；(2) 收敛；(3) 收敛；

 (4) $a>b$ 时收敛，$a<b$ 时发散，$a=b$ 时无法判断.

4. (1) 收敛；(2) 收敛；(3) 发散；(4) 收敛；(5) 发散.

5. (1) 条件收敛；(2) 绝对收敛；(3) 绝对收敛；(4) 条件收敛.

习 题 9-3

1. (1) $R=0$，仅在 $x=0$ 收敛；(2) $R=\dfrac{1}{2}$，$\left(-\dfrac{1}{2},\dfrac{1}{2}\right)$；(3) $R=+\infty$，$(-\infty,$

 $+\infty)$；(4) $R=\dfrac{1}{4}$，$\left[-\dfrac{1}{4},\dfrac{1}{4}\right]$；(5) $R=1$，$[0,2)$；(6) $R=\dfrac{\sqrt{2}}{2}$，$\left(-\dfrac{\sqrt{2}}{2},\dfrac{\sqrt{2}}{2}\right)$.

2. (1) 0，$\{0\}$；(2) $+\infty$，$(-\infty,+\infty)$；(3) $\dfrac{1}{2}$，$\left(-\dfrac{1}{2},\dfrac{1}{2}\right)$；(4) 1，$(-1,1]$.

3. (1) $\displaystyle\sum_{n=0}^{\infty}\dfrac{(-1)^n}{2^{n+1}}x^n$，$x\in(-2,2)$；(2) $\ln3-\displaystyle\sum_{n=1}^{\infty}\dfrac{x^n}{n\cdot3^n}$，$x\in(-3,3)$；

 (3) $\dfrac{1}{2}-\displaystyle\sum_{n=0}^{\infty}\dfrac{(-1)^n\cdot x^n}{(2n)!\cdot2^{2n+1}}$，$x\in(-\infty,+\infty)$；(4) $-\dfrac{1}{4}\displaystyle\sum_{n=0}^{\infty}\left((-1)^n+\dfrac{1}{3^{n+1}}\right)x^n$，

$x \in (-1, 1).$

4. $\dfrac{1}{3}\displaystyle\sum_{n=0}^{\infty}(-1)^n\dfrac{(x-1)^n}{3^n}$, $x \in (-2, 4)$

复 习 题 九

1. (1) C; (2) A; (3) B; (4) C; (5) C; (6) C; (7) D; (8) D; (9) B; (10) A.

2. (1) $\dfrac{1}{n(n+1)}$; (2)$\{S_n\}$有界; (3)发散; (4)$\dfrac{2}{2-\ln3}$; (5)0; (6)$a<\dfrac{1}{2}$; (7)可能收敛也可能发散; (8)绝对收敛; (9)(0, 2]; (10)$\ln2+\displaystyle\sum_{n=1}^{\infty}\dfrac{(-1)^{n-1}}{n\cdot2^n}x^n(-2<x\leqslant2).$

3. (1) 收敛; (2) 发散; (3) 收敛.

4. (1) 发散; (2) 发散; (3) 发散; (4) 发散; (5) 收敛; (6) 发散.

5. (1) 绝对收敛; (2) 绝对收敛; (3) 条件收敛.

6. (1) $[-1, 1)$; (2) $[-5, -1)$; (3) $[-1, 1]$; (4) $(-\sqrt{2}, \sqrt{2}).$

7. (1) $S(x)=\displaystyle\sum_{n=1}^{\infty}2nx^{2n-1}=\left(\displaystyle\sum_{n=1}^{\infty}x^{2n}\right)'=\left(\dfrac{x^2}{1-x^2}\right)'=\dfrac{2x}{(1-x^2)^2}$, $|x|<1$;

(2) $S(x)=\displaystyle\int_0^x\dfrac{1}{1-t^2}dt=\dfrac{1}{2}\ln\left|\dfrac{1+x}{1-x}\right|$, $|x|<1.$

8. $S(x)=\begin{cases}\dfrac{1}{x}\ln\dfrac{2}{2-x}, & x\in[-2, 0)\cup(0, 2)\\ \dfrac{1}{2}, & x=0\end{cases}$; $\displaystyle\sum_{n=1}^{\infty}\dfrac{1}{n\cdot2^n}=S(1)=\ln2.$

参 考 文 献

［1］丁勇. 经济数学. 北京：清华大学出版社，2005.

［2］张杰明. 经济数学. 北京：清华大学出版社，2007.

［3］仇庆久. 高等数学（上、下册）. 北京：高等教育出版社，2001.

［4］同济大学数学系. 高等数学. 5 版. 北京：高等教育出版社，2000.

［5］冯翠莲，赵益坤. 应用经济数学基础. 北京：高等教育出版社，2004.

［6］吴赣昌. 微积分. 北京：中国人民大学出版社，2007.

［7］吴传生. 经济数学——微积分. 北京：高等教育出版社，2009.

［8］孙毅，赵建华，等. 微积分（上、下册）. 北京：清华大学出版社，2006

［9］张裕生. 微积分学习指导与作业设计. 安徽：安徽大学出版社，2009.